19

历史卷

柏杨全集

人民文学出版社

图书在版编目(CIP)数据

柏杨全集:限量版.19/柏杨著.—北京:人民文学出版社,2010

ISBN 978-7-02-008000-7

Ⅰ.柏… Ⅱ.柏… Ⅲ.①柏杨(1920~2008)-全集②中国-历史-文集 Ⅳ.C52

中国版本图书馆CIP数据核字(2010)第048953号

责任编辑:葛云波 装帧设计:翁 涌
责任校对:刘光然 责任印制:张文芳

19 历史卷

柏杨全集

柏杨曰（上）

目　录

柏杨曰(上)

柏杨曰（上）

提 要

史之有“太史公曰”、“臣光曰”，有“论曰”，有“赞曰”，无非是史家在相对客观的史事陈述之后，明确表达他的史观、史识，《柏杨版资治通鉴》的“柏杨曰”亦然，柏杨语译司马光《资治通鉴》，十年有成，八百六十二则“柏杨曰”是另一项更重要的成就，辑录成书，以“《柏杨曰》——读通鉴·论历史”为名，“通鉴学”在二十世纪再添成果，与王船山《读通鉴论》前后相互辉映。

但诚如唐德刚先生所说，过去的史论家论史，从“太史公曰”到“臣光曰”，就只是孔门一家的框框之见，而柏杨在翻译《资治通鉴》时，从他本身的现代多元文化背景，读不下去而痛批之，是为“柏杨曰”，它为传统的论赞学打下了句点。所谓“读不下去”，约有以下数端，一是司马光所述的那个史事本身，其次是司马光之“所述”或隐或显表达的褒贬议论，最后是“臣光曰”的史论所存有的价值。而司马光所代表的正是传统的儒家，因此柏杨通过“柏杨曰”除了和历史对话，和司马光对话，也和众多的儒家菁英对话。

柏杨所标举的是现代的民主、法治以及人权的新价值。柏杨说，抚今思昔，历史也就不再是舞台上的往事陈迹，因此他试图从历史着手，去了解我们这一代苦难的根源；他以古为鉴，要表达的是他作为一个现代人的领悟与感受。

序

——诚实地面对历史

人类与其他动物最大的不同是:人类发明了文字,能够把自己的生活记载下来,成为历史。使后代的人,可以凭借这些记载,寻觅自己的归属,作生存的依据,不但精神上得到支持,还可以身历其境,感受祖先的言行举止、音容笑貌,倾听他们从旷古的空山,传下来高亢飞扬的言论,揣摩他们在深宫内院窃窃私语的权谋术数。历史让我们分享前人沙场上激烈的战斗,搏命的厮杀,也让我们分享闺房内儿女情长的悱恻缠绵。有了历史的记载,我们短短的人生一世,才不致是一场没有背景、没有剧本,不知前因后果的荒唐的独幕剧。

就在我们惊心动魄阅读历史的同时,面对当前的人事、景物,抚今思昔,有时不得不击节赞叹,有时又不免低头沉思,无限感慨。于是,这些历史就不再是舞台上的往事陈迹,而是活生生的和我们血肉相连,让我们产生深入了解、透视、分析,和批判议论的兴趣。

自从白色恐怖压顶,身系绿岛,我就试图从历史着手,去了解这一代苦难的根源,最后,非常震惊地发现,不仅对我们这一代,而是对几千年中国历史,做出的总结是:"中国人,你活得没有尊严!"因为,在几千年的历史时光隧道中,我们看到的全是统治阶层永无休止的权力恶斗,口口声声仁义道德、诗书礼乐,却根本不顾人民的生死;绝大多数的中国人,活得像虫豸、像罪犯、像奴隶一般。活着，不过是等待被囚、被辱、被杀、被驯服。统治者的暴政之下，有些人被彻底摧残，有些人为了苟且人世，不得不附庸权贵，成为统治者的帮凶打手。中国人民唯一盼望的就是出现英明领袖——明君，以德治天下，天下自然太平。从来没有人思考过：人，可以创造出一个人人可以遵行的制度，和人人有机会争取到尊严，却没有一个人可以为所欲为的合理的社会。结果，几千年来层出不穷的领袖人物，都在玩弄欺骗的把戏，一旦权力在握，马上百毒并发，无所顾忌地发挥个人贪婪邪恶的欲望。勉强称得上英明的，不过苻坚、李世民、玄烨，三数人而已。前代研究历史的人司马光，本来就是皇家的史官或代言人，维护帝王的立场，是他的本分。如王夫之，则是在统治者之前，乞讨一点残茶剩饭的士大夫之流，终其一生，全副精力集中在狭隘的族群和儒家主流利益之上。哀哀无告，受苦受难、辗转呻吟的小民疾苦，全被隔绝在他们的认知之外。

我不认为我的评论能概括全局，司马光和王夫之的治史，有他们的历史意义和地位。但我庆幸生在这个时代，让我对事实的真相，能从更宽广的角度，和更多资讯中去观察。我尊重前人治史的勤奋，但大多数时候不认同他们的史观，而且，如果一千多年，和三百多年之后的我们，对历史上的事件，仍采取与一千多年，和三百多年之前同样的看法，那无疑的是对人类文明的亵渎，和良知的无能。今天从历史时光隧道一路走来，自有我们这个时代的领悟与感受。

历史的教训，因为人类的健忘和野心家的篡改，而微乎其微，但我们应该有诚实地面对历史的勇气，才能掌握一个崭新时代的脉动。

1998年7月于台北

正名主义

春秋时代晋国（首府新田【山西曲沃】），长期以来都在魏、赵、韩三大家族控制之下，国君不过徒拥虚名。但形式上，晋国仍是一个完整的独立封国，魏、赵、韩不过三大豪门。公元前403年，周王国（首都洛阳【河南洛阳东白马寺东】）国王（三十八任威烈王）姬午，下令擢升三大家族族长，瓜分晋国领土，分别建立封国，成为国君。晋国在被瓜分后，只剩下一小片国土。司马光认为这是历史上一件大事，所著《资治通鉴》就从这一年开始；又写出长长的一篇评论，指出姬午破坏礼教，不能正名，导致圣贤后裔当国君的封国，全部消灭；人民受到涂炭，几乎死绝。

司马光从没有一本专书或一篇专文，完整地表达他的政治思想和政治立场，却在《资治通鉴》“臣光曰”评语里，陆陆续续、零零星星地透露无遗（这是写给皇帝看的，所以称“臣光”）。当十一世纪宋王朝宰相王安石先生推行政治改革，以图拯救正奔向死亡之谷的帝国之时，司马光率领传统保守的知识分子群，坚决抵制。结果改革失败，腐烂加速，半个中国，丧失在北方新崛起的金帝国之手。

在“臣光曰”中，可以充分看出司马光的意识形态，他有一种崇古的狂热，和一种维持现状的固执。他关心的是官僚群和大地主群的利益，远超过关心人民的利益。我们了解他的基本立场后，才能了解他苦口婆心全力以赴的目的何在。

司马光最服膺的是孔丘的正名主义，现代人对正名的认知是：“是什么就是什么。”当选总统还没有就职，是“总统当选人”；就职之后，则是“总统”；下台摆地摊，则是“小贩”。而孔丘的正名认知，却恰恰相反：“是什么偏不是什么。”具体地说：“曾经是什么，就永远是什么。”楚王国早就是一个王国，身为首领的酋长早就是自称和被称国王，可是《春秋》却咬定牙关，硬称楚国王是“楚子”，你不是说你是国王么，我偏偏称你五百年前周国王初封你时的那个官位——“子爵”，因为你本来就是“子爵”！这种胶柱鼓瑟式讲礼教、定名分的正名主义，在当时不过是为了对抗动乱的一种手段，然而，发展下来却成为一种政治意淫，不切实际，而且把自己陷入一个被嘲笑的困局。

公元前478年，齐国国君（三十任平公）姜骜先生，跟鲁国国君（二十八任哀公）姬蒋先生，在蒙邑（山东蒙阴）举行高阶层会议，二人见面时，姜骜向姬蒋叩头（八世纪之前，中国人席地而坐——正确地说，是坐在自己的小腿上，所谓叩头，只是深深地把头俯下。这跟八世纪后必须屈辱地先行双膝跪地的叩头不同），这是所有礼节中最尊敬的一种。可是，鲁国国君姬蒋，却双手一拱，只作了一个揖。这情形跟现代社会交际场合，你先伸手，对方却不伸手，只微微地点一下头一样。姜骜跟他的随从大臣，都怒不可遏。鲁国宰相引经据典地说：“依照礼教的规定，国君见国君，不过作揖，国君只有见国王时才叩头，你们怎么连这都不懂？”齐国确实不懂，不过不久就懂了。四年后的公元前474年，两国国君在顾邑（山东鄄城）再度会盟，齐国早就准备妥当，届时一声令下，跳出几个壮士，抓住姬蒋，强迫他向姜骜叩头。这时礼教派不上用场，姬蒋只好叩头。齐国为这件事，还编了一首诗歌：“鲁国人冥顽不灵/多少年都不清醒/使我们难以为情/他们死守着儒书/引起无谓的纷争。”

公元前五世纪二十年代就成为笑柄的这种礼教，司马光不但用来评论同为公元前五世纪九十年代的三家分晋，还在该笑柄发生后一千五百年的十一世纪，拿到桌面上膜拜。

司马光是一位正统的儒家学派学者，竭力反对古代所没有的任何东西和任何改革现状的措施。他跟宋王朝六任帝（神宗）赵顼先生之间，有一段生动的对话，充分表露出这种思想。赵顼曾经问他：“西汉王朝，如果一直守着它第一任宰相萧何制定的法律规章，不加改变，你以为可以吗？”司马光回答说：“当然可以，岂止守着西汉王朝可以,即令夏、商、周王朝所制定的法律规章,一直用到今天(十一世纪)的话,也都十分适当。刘彻(七任武帝)改变祖宗的法,盗匪遂遍中国。刘奭(十一任元帝)改变父亲的法,西汉王朝因之衰弱。所以,祖宗所制定的法律规章,绝对不可有任何改变。"

司马光的政治思想是一项狂热偏执的时代反动,跟鲁国国君(二十八任哀公)姬蒋先生一样,只能把事情搞得更糟。赵、魏、韩三大家族,瓜分晋国,司马光断定,如果周国王不加封爵,他们如果自称为封国国君,那就是叛逆,遇到像姜小白(齐国十六任国君桓公)或姬重耳(晋国二十四任国君文公)这样的人,就会兴兵讨伐。然而事实俱在,楚王国首领早就自称和被称国王,并没有人封他,那可是最早的和最典型的叛逆,而且跟姜小白、姬重耳同一个时代,撞了个正着,姜、姬二人岂敢给楚王一记耳光?对称"国王"的叛逆,都干瞪眼,怎么能预卜对不过称"国君"的叛逆,就动手把他干掉?封国林立下的国君们,他们自己互相攻杀,大吃小、强吃弱,从没有人因为谁是国王加封过的"圣贤的后裔"而饶了对方的。怎么偏偏赵、魏、韩会由于是国王加封的而没人敢碰?而且恰恰相反,碰他们的人可多的是,就在加封后的第二年(公元前401年),秦国就攻击魏国。

司马光还犯了举证的错误。周王国所以残存,不是因为他们国王遵守名分——仅只遵守名分,便可保持政权不坠,天下没有这回事。而是它太弱太小,不构成力量,而又有残余的利用价值。卫国比周王国生存更久,难道卫国比周王国更为美妙?至于子启先生之宁愿国亡也不愿当君王,不知道是听谁说的。史实是:子受辛先生以嫡子身份继承帝位时,根本没有人拥护庶子子启夺权!不是他不敢,而是他不能。犹如柏杨先生,不是我不敢当美国总统,而是我不能当美国总统。吴季札是另一种情势,他如果当了国王,才是遵守礼教;拒绝当国王,反而破坏礼教,因为老爹下令兄终弟及,哥哥们都严格遵守,只有吴季札公然背叛"君""父",以致引起流血政变。

司马光这位儒家学派大师,所代表的儒家思想中,没有民主观念,更没有人权观念,只有强烈的维护既得利益阶层的奴性。他要求的是，平民必须安于被统治的现状。等级不可改变，名分不可改变；君王永远是君王，平民永远是平民，夹在当中的司马光所属的以做官为唯一职业的知识分子——士大夫阶层，永远是士大夫。赵、魏、韩三大家族瓜分晋国，是一项可能促使平民惊醒的巨响，拆穿了礼教的，和等级、名分不可改变的神话。因为礼教、等级、名分，全部来自官位和权力。姬发先生如果不使朝歌（河南淇县）"血流漂杵"，他和他爹姬昌先生，哪里来的礼教？哪里来的尊严等级？哪里来的高贵名分？当平民觉醒，了解礼教只是保护既得利益阶层的铁丝网，尊严的等级、高贵的名分，自己同样可以争取到手时，士大夫才发生真正的恐慌。司马光看出平民借着三家分晋这件事的启示，可能培养出独立思考能力，不禁又气又惧，遂在"臣光曰"中，要求皇帝重建统治者和既得利益者永恒的权威。不过，连司马光自己，也不能坚守他的立场，《资治通鉴》中，对叛逆的楚王国头目，只好仍称"楚王"，不敢称"楚子"。

赵无恤狡猾

晋国赵姓家族族长赵鞅（简子）有两个儿子，长子赵伯鲁，幼子赵无恤。赵鞅将决定继承人时，不知道哪个儿子最好，于是在两块竹简上，刻一段普通训诫的话，交给他们研读收藏。吩咐说："要切记在心！"三年之后，再问他们，赵伯鲁张口结舌，忘了个净光，而且连竹简也无影无踪，赵无恤却背诵如流。问他要竹简，立刻从袖子里掏出来（古人宽衣大袖）。于是老爹赵鞅对赵无恤留下深刻印象，指定他当继承人。

赵无恤的才干，无庸置疑。但立刻从袖子里掏出竹简，却有点蹊跷。竹简是笨重之物，放在袖子里长达三年之久，天下岂有这种怪事。似乎只有一项可能,赵无恤在老爹身旁埋有暗探,早就得到消息。只能证明他的狡狯,不能证明所预期的他一定能忍辱负重。

君子和小人

三家分晋前,晋国(首府新田【山西曲沃】)本有四大家族:魏、赵、韩、智。赵姓族长赵鞅逝世后,智姓族长智瑶掌握晋国政府大权,向赵姓新任族长赵无恤索取皋郎(山西离石)等地,赵无恤拒绝,智瑶遂联合魏韩,围攻赵家根据地晋阳(山西太原),并掘开汾水灌城,距城头仅有三块木板的惊险差距。困守孤城的赵无恤,派出密使张孟谈,策动魏韩两家改变立场。两家遂向智家军反击,掘开堤防,大水汹涌,倒灌智家军阵地,生擒智瑶,立即斩首,把智姓家族全部屠灭。

司马光曰:"智瑶所以覆亡,在于他的才能胜过他的品德。才能和品德是两码子事,才能品德兼备是圣人,才能和品德全部没有是愚人,品德胜过才能是君子,才能胜过品德是小人。"

司马光把人性当成一个无机体,所以对才能和品德所作的界说,似是而非。"强毅",固是才能,也是品德;"公正",固是品德,也是才能。尤其在实际的政治操作中,判断一个人到底是"才能"胜过"品德"或是"品德"胜过"才能",根本无法办到。哪一个君王领袖,不是肯定他的亲信部属,都是天下第一贤明兼天下第一忠心?如果早就知道他是一个邪恶小人,岂肯赋以重任?中国传统上的用人行政,一直绕着这种"才能"、"品德"、"君子"、"小人"的圈圈打转,连诸葛亮都强调要"亲君子"、"远小人"。咦,芸芸众生,挤挤群官,模样都差不多,谁是"君子"?谁是"小人"?结果形成一项"我是君子,你是小人"定律,互相指控。几个著名的王朝,如宋王朝和明王朝,就是在这种互相指控中,使中央政府陷于瘫痪,终于灭亡。而且,纯理论上,"愚人"比"小人"更糟,俗话说:"昏官之害,胜于贪官。"贪官在无赃可贪,或刀架到脖子上不敢贪的时候,他的才能还足以做出有利于人民的事。而昏官,无论什么时候,他都不能运转。司马光这种论调,使历届王朝政府,都拼命强调"品德",结果大多数都毁于庸才之手。因为人心复杂,二分法既天真而又简单,一个人身上的邪恶与高贵,固同时并存,在盖棺之前,无法化验,也无法提出分析报告。只有一个方法可以防止邪恶,那就是民主制度和法治精神,用选举和法律来控制他的邪恶程度,同时也用选举和法律激发他高贵的品德。然而司马光那个时代,却没有民主,法律更没有力量,使司马光只好诉诸抽象原则。于是,我们困惑(不是责备):以司马光学问的渊博,为什么没有冒出一点民主法治的构思?

田文当宰相

魏国(首府安邑)国君(二任武侯)魏击,任命田文当宰相,大将吴起不高兴。田文说:"当君王年纪还小,有权势的重要官员互相猜忌,随时可能发动政变,民心恐慌。这个时候,宰相位置,应该属于你,还是属于我?"吴起沉默良久,抱歉说:"我承认应该属于你。"

当政治的运转有一定的秩序,人们也习惯并接受这种秩序时,压根不会产生"主少国疑,大臣未附,百姓不信"的危机。只有腐烂的政权,在转移时才有这种特殊现象。

吴起

公元前381年,楚王国(首都郢城【湖北江陵】)国王(十七任悼王)芈疑逝世。从魏国逃到楚王国,在楚王国又被赋重任的大将吴起,厉行政治革新。而丧失既得利益的皇亲国戚,乘丧暴动。吴起逃到灵堂,趴在芈疑尸体旁边,暴徒们乱箭齐发,射死吴起,但同时也射中芈疑的尸体。下葬既毕,太子芈臧即位(十八任肃王),逮捕作乱的暴徒,屠杀七十余家。

吴起何负于鲁国(首府曲阜【山东曲阜】)?被疑逃亡。何负于魏国(首府安邑【山西夏县】)?又被疑逃亡。何负于楚王国(首都郢城)?更遭杀身之祸。吴起的遭遇,正是一个封建社会中,心直口快,胸无城府,却既有能力,而又正直的知识分子的悲剧。杀妻求将,从稍后再没有人抓这个小辫子,可证明只不过是政客们所使用的一种斗臭手段。鲁国在他手中不再受侵略,魏国在他手中强大,衰老的楚王国在他手中得到重生。忠心耿耿,才干之高,历史上很难找到匹敌,竟不容于当世,不禁为吴起悲,也为那些国家悲。伏到国王尸体之旁,能在死后复仇,这种智谋,也无人可及。如果有一个国家能对他始终重用,历史可能重写。

田因齐晋谒周王

公元前370年,齐国(首府临淄【山东淄博东临淄镇】)国君(四任)田因齐,前往洛阳晋见周王国国王(四十任烈王)姬喜。周王国衰弱不堪,封国国君们早把它忘到脑后,田因齐突然有此举动,各封国都感惊讶,认为是他贤明之处。

齐国(首府临淄)国君田因齐先生突然晋谒那个长久以来都没有人把他放在眼里的周王国(首都洛阳)国王,是一种政治手段,用以发人思古的幽情,提高自己的形象。各封国赞扬他高明,在意料之中。但赞扬他贤明,便太离谱。

司马光原文是:"齐威王来朝……天下以此益贤威王。"事实上,田因齐要到三十六年后的公元前334年,才宣布称王。本年(公元前370年)的身份,仍不过一个封国国君而已。根据我们的正名主义:"是什么就是什么。"此时压根不能说他就是国王。提前称呼官衔,是中国传统史书最使人困扰的特点之一,读起来好像掉到云雾之中。仅以这项记事而论,封国国君跟王国的国王,距离相差十万里。既不知道"威王"在哪里,更不知道"威王"在何方。世界上还没有这种东西时,传统史学家却硬说有这种东西。

司马光曾严厉谴责三大家族瓜分晋国(首府新田【山西侯马】)是破坏礼教。孔丘的《春秋》,还固执地把"楚王"称为"楚子",而司马光连这点固执都没有。对"叛逆"田因齐的头衔,不但倍加尊重,反而提前使用,把他最重视的"等级"、"名分",先自己砸个稀烂。

这至少证明传统的史笔史观,已无法立足,孔丘如果现在写《春秋》,他也不能坚持"楚子"。形势比人强,一个只站在少数统治立场的主观盼望,绝不可能动摇事实。司马光已尽了全力,但仍不能不屈服。

不可思议

公元前371年,魏国(首府安邑【山西夏县】)国君(二任武侯)魏击逝世,生前没有指定继承人,他的儿子魏罃跟公中缓,为夺取宝座,斗争激烈,内乱历时三年,韩国(首府新郑【河南新郑】)国君韩若山,及赵国(首府晋阳【山西太原】)国君赵种,于公元前369年,联合包围安邑。赵种主张:“杀掉魏罃,立公中缓当魏国国君,割一部分土地给我们;我们就退兵。”韩若山说:“杀掉魏罃,我们落得一个残暴的名声。割让土地,又落得一个贪心的名声。不如把魏国一分为二,二人都当国君。魏国一分为二之后,就成了小国,我们就可以摆脱魏国的压力。”赵种不同意,韩若山大不高兴,撤军而去,赵种人单势孤,也只好撤军而去。魏罃遂趁机击斩他的对头,继任国君。

魏国(首府安邑)在大军溃败之后,只有静等敌人宰割的份,那是一个连神仙都救不了的危局。可是,敌人却于霎那间拔营班师,意外得不可思议。课题就在这里,世界上偏偏多的是这种不可思议,脱险脱得不可思议,受害也受得不可思议。韩若山、赵种,都是当时的大人物,不要以为大人物每一项决定都是有道理的,遇到庸碌之辈或凶暴之徒,就有可能发生不可思议的变局。

桂陵战役

齐国(首府临淄)人孙膑,和魏国(首府安邑)人庞涓,同时学习兵法。后来庞涓返魏国谋职，担任三军统帅，自以为才能不如孙膑，遂把孙膑邀到魏国，然后诬以谋反，砍掉孙膑的双脚，又在孙膑脸部刺上花纹（黥刑）。齐国派人把孙膑救回。公元前354年，魏国攻击赵国，包围赵国首府邯郸（河北邯郸）。明年（公元前353年），齐国任命田忌当统帅，孙膑当参谋长，挥军深入魏国国境，庞涓得到后方告急警报，急行撤军堵截，走到桂陵（河南长垣西北），跟齐军发生遭遇战，魏军大败。

原文叙述简略，事实上历程复杂，里面还包括一桩著名的卖友求荣的故事。庞涓和孙膑同是鬼谷子的门徒，也是感情最亲密的朋友。庞涓先离开老师，当上魏国（首府安邑）大将，最初还怀着纯洁的友情，向魏国国君魏罃，推荐孙膑。可是庞涓不久就发现孙膑的才干远超过自己，可能受到国君的赏识，而夺走自己的位置。他没有鲍叔牙对国家和对管仲那种高贵的情操，最后决心采用冤狱手段，排除孙膑。于是，他命人告发孙膑谋反，当然是证据确凿，然后庞涓再虚情假意地一再哀求，国君魏罃才勉强赦免孙膑一死，但仍砍断他的双足，以防逃亡。从此孙膑不能走路，只能在地上爬。庞涓所以没有杀他，是为了要他写出记忆中鬼谷子所传授的一部兵法。孙膑感谢老友救命之恩，当然愿意写出。但写了一半，发现被陷害的真相，就伪装疯狂，啼笑无常，有时连屎尿都吃下去。等到庞涓的防范稍微松懈，孙膑就逃回他的祖国——齐国（首府临淄），被齐国最高军事首长田忌，任命为参谋长（军师），作战时不能骑马，就坐在特制的车子上指挥。

马陵战役

公元前341年，魏国（首府安邑【山西夏县】）大将庞涓，再率军攻击韩国(首府新郑【河南新郑】)。齐国(首府临淄)任命田忌当统帅,孙膑当参谋长,用老战略直击魏国陪都大梁(河南开封),庞涓急撤军回堵。孙膑计算庞涓行程:某一天黄昏,当抵达马陵(河北大名),遂命削下一棵大树上的树皮,写上:"庞涓死此树下!"派一万余名弓箭手,夹道埋伏。下令说:"看见火光,集中射击!"时候终于来到,天已入夜,庞涓驰经树下,见树干一片雪白,上面有字,命举火观看,还没有看完,伏兵万箭俱发,魏军溃散,庞涓自知难逃罗网,拔刀自杀,临死时说:"竟然让白痴成名!"

庞涓真是一个典型的卑鄙无耻的瘪三,直到临死,都没有对自己的负义行为,感到丝毫内疚,反而诟骂孙膑侥幸成名。

田　忌

公元前341年,齐国(首府临淄)宰相邹忌,嫉妒大将田忌威震国际,企图栽赃陷害,派人手拿三百四十两黄金,到街上请人算卦,向卜卦先生说:"我是田忌的随从,我家将军作战,三战三胜,他打算进行大事,请看一下吉凶。"等卜卦先生出门,邹忌叫人把他逮捕,眼看就要掀起大狱,田忌无法澄清,又气又急,率领他的卫队发动攻击,打算逮捕邹忌。可是邹忌早有准备,田忌无法取胜,只好出奔楚王国(首府郢城)。

"诬以谋反"是中国传统政治中一件其效如神的法宝,强悍的头目要排除他有实力的政敌时,习惯使用,当之者无不粉碎。因为它是政治的和法律的结合物,政治是内容,法律不过形式,所以无罪不能无刑,至为狠毒,无人能解。田忌身为民族英雄、三军统帅,对国家有盖世功勋,跟国王的关系也十分密切,可是,一旦陷入"诬以谋反"诛杀大阵,立刻束手无策。

公叔痤的话座

公孙鞅,是卫国(首府卫丘【河南淇县】)国君庶子的孙儿,法家学派巨子,在魏国(首府安邑)宰相府充当一名职员,宰相公叔痤知道他有才干,正准备推荐,却染病在床。魏国国君魏罃前往探病,十分悲痛说:"人,天寿有命,谁能不死?然而你大去之后,国家大事,我跟谁磋商?"公叔痤说:"我的随从官公孙鞅,年纪虽轻,却胸有奇才,盼望你信任他,把国家交给他治理。"魏罃大吃一惊。公叔痤接着说:"如果你不能用他,那么,请马上把他杀掉,别叫他离境,否则投奔别的国家,魏国必有后患。"魏罃又是一惊,支吾几句,起身告辞。公叔痤把公孙鞅找来,据实相告,劝他逃走。公孙鞅说:"领袖既不能听你的话用我,又怎能听你的话杀我?"魏罃出了相府,对左右说:"宰相语无伦次,一会儿叫我用公孙鞅当宰相,一会儿又叫我把公孙鞅杀掉,他自己都不晓得他在说什么。"公孙鞅遂投奔秦国(首府咸阳【陕西咸阳】),受到重用。公元前340年,公孙鞅率秦军攻击魏国,生擒魏军统帅魏罃,魏军溃败。魏罃心胆俱裂,请求和解,并把首府迁到大梁(河南开封),叹息说:"我恨不听公叔痤的话!"

人在大失败之后,关键性的往事,常会在脑海升起。魏罃先生的叹息,内容不明,可能后悔没有听公叔痤的话重用公孙鞅,但也更可能后悔没有听公叔痤的话杀了公孙鞅。历史上这种叹息,不绝如缕,显示错误的决策,必然付出错误决策的代价。问题只在于反省的内涵,智能型的,检讨错误后承认自己不够智慧:"我该重用他!"顽劣型的,检讨错误后显示自己更为顽劣:"我该杀了他!"庞涓就是顽劣之尤,临死时对孙膑仍咬牙切齿,他没有后悔不该那样对待老友。

魏国(首府安邑)在战国时代初期,是唯一的超级强国,位置恰恰坐落在物产最富饶的中原地带,文化水平极高。可惜,国家领导人不断伤害自己的国家,逼走吴起,逼反孙膑,最后又轻易丧失可以旋乾转坤的公孙鞅。到了下世纪(公元前3年),更变本加厉,用冤狱和酷刑,把另两位可以旋乾转坤的人物范雎、张仪,驱逐到敌人阵营,于是,魏国就成了烈日下的冰块。人才决定国家的命运,而政府领导人又决定人才的命运。政治虽不属自然科学,小环节也不能丝丝入扣,但大的发展,却是因果不爽。

义利并不冲突

邹国(首府邹邑【山东邹城东南】)人孟轲,晋见魏国(首府大梁【河南开封】)国君(三任)魏罃。魏罃问说:"老先生,你不嫌遥远,跋涉千里而来,有什么有利于我们国家的建议?"孟轲说:"你为什么总是把利挂到嘴上?我所追求的,只有仁义。你说:有什么利于我们国家?官员们(大夫)说:有什么利于我们家族?平民们说:有什么利于我个人?为了追求自己的利益,上下互相斗争,国家就发生危险。而追求仁义则不然,从来没有充满爱心的人会忘掉他的亲人,也从来没有充满道义精神的人会把他的君王放到脑后。"魏罃回答:"你说的对。"

当初,孟轲是孔伋的学生,曾经提出问题说:教育民众,第一件要先做的事是什么?孔伋说:"先训练民众追求利益。"孟轲说:"高贵人士教育民众,应教育民众仁义,你为什么会有这种主张?"孔伋说:"仁义是最高最大的利益。官员没有爱心,人民便无法过平安日子;人民没有道义,则大家崇尚诈骗,就成了最大的'不利'。《易经》说:'利益,是仁义的最后目标。'(利者,义之和也。)又说:'追求利益,才可以使生活安定，培养更高的品德。'（利用安身，以崇德也。）这正是最大的利益。"

司马光曰："孔伋、孟轲的话，看似相反，其实相成。只有仁义的人知道仁义是最高利益，不仁不义的人却不知道。孟轲对魏罃率直的褒扬仁义，而贬谪利益，对象不同而已。"

司马光认为孔伋的说法跟孟轲的说法，是一样的，我们不以为然。孔伋认为最高的利益，就是最高的仁义，二者浑然一体。元首追求国家的利益，他就是一个仁义的君王，追求国家利益如果不是仁义的君王，难道是残暴的君王？孟轲大刀一挥，劈成两半，一半是"利益"，一半是"仁义"，使二者互相排斥、尖锐对立。什么叫"仁义"？又什么叫"利益"？修桥筑路是仁义还是利益？发展商业是仁义还是利益？从孟轲跟孔伋的对话上，可看出孟轲并没有被说服，反而一直坚持；孔伋虽然是老师，却没有学生吃香。孟轲的思想——强调"义利"之辨，以及简单粗糙的二分法思考模式，影响中国知识分子至巨。

齐魏称王

齐国（首府临淄【山东淄博东临淄镇】）国君（四任）田因齐、魏国（首府大梁【河南开封】）国君（三任）魏罃，在徐州（山东滕州南）会晤，互相承认对方是国王（自此，齐、魏分别建立王国。田因齐即一任威王，魏罃即一任惠王。）

司马光认为三家瓜分晋国（首府新田【山西侯马】）是一大巨变，礼教、等级、名分，全部崩毁。事实上当然不是那回事，因为他们仍然都在周国王统御之下，而周国王本来就有权擢升任何一个人当国君。

但依司马光的标准来评论，本年(公元前 334 年)，齐国和魏国国君忽然宣称自己成了国王，才是真正的巨变。从此以后，两国国君跟周国王一般高，平起平坐，公然成为可怕的叛逆，却并没有产生司马光所预料的效应，反而这种当国王的风气，使其他封国纷纷跟进。战国时代，遂进入跑道。

合纵瓦解

秦国(首府咸阳【陕西咸阳】)国君(二十六任)嬴驷，命客卿公孙衍用诈术驱使齐王国(首都临淄【山东淄博东临淄镇】)和魏王国(首都大梁【河南开封】)，向赵国(首府邯郸【河北邯郸】)发动攻击，希望破坏合纵同盟。赵国国君(五任肃侯)赵语，责备苏秦，苏秦惊恐，请求出使燕国(首府蓟城【北京】)，以便对齐王国报复。苏秦既离开赵国，合纵同盟遂告瓦解。赵国决河水灌入齐、魏联军阵地，齐、魏联军才行撤退。

依当时情势，苏秦的合纵同盟阵线，是拯救各国的唯一法宝。可是秦国(首府咸阳)稍用诈术，向魏王国(首都大梁)表示愿归还前所占领的襄陵(参考公元前 352 年)等七个城市，魏王国那个蠢材君王，和那些蠢材官员，竟然兴高采烈地吞下钓饵。短视、贪婪，只看见眼前三寸利益，是造成悲剧的一大动力。贾谊说："亡六国者，六国也，非秦也。"事实上绝大多数国家的覆亡，都覆亡在自己手上，岂止六国而已。

一段奇异鬼话

卫国(首府濮阳【河南濮阳】)国君(四十四任)平侯(名不详)逝世,子嗣君(名不详)继位(四十五任)。卫国有一个逃犯,逃到魏王国(首都大梁【河南开封】),因精通医术,给魏国王(一任惠王)魏罃的王后妻子治病。卫嗣君要求用一千二百两黄金交换逃犯,经过五次交涉,魏国王五次拒绝。最后,卫嗣君不提赎金,而愿以左氏城(山东定陶东)交换,官员们阻止说:"用一个城买一个逃犯,实在不值。"卫嗣君说:"这你就不知道了。治理国家,不能因小事就疏忽它,不能因扰乱不大就轻视它。法律的尊严如果不建立,刑罚如果不能执行,虽有十个左氏城有什么用?法律尊严得以确保,刑罚得以贯彻,就是失去十个左氏城,又有什么关系?"魏罃说:"人主的欲望,不满足他,必有灾殃。"下令把逃犯交还卫国。

卫嗣君这一番话,掷地有金石声,必须有此观念,法治才能建立。然而,我怀疑发生过这种怪事。卫国当时已衰弱到连侯爵都不敢亮相,而自贬为"君","君"跟魏王国的"王",相差十万八千里。真有逃犯,而且该逃犯又给王后治病,卫嗣君就不可能提出这个要求。只因卫国不过一粒绿豆,此时只剩下首府所在地的濮阳(河南濮阳)一个大城,左氏(山东定陶东)不过城外一个小镇,用来换一个逃犯,并不符合国家利益,只符合卫嗣君一个人的利益。他跟逃犯之间,恐怕有什么不可告人的私仇,必欲得之而后快。没有抓回逃犯,卫国还是卫国。卫国不过几个左氏城大小,恐怕不断泄愤之后,世界上便没有了卫国。这是流氓的斗气态度,不应是掌握国家命运人物的斗志态度。而且,即令卫嗣君发了疯,非要得到逃犯不可,魏罃也不会在乎他这个小头目,竟认为拒绝了他,他会带给魏王国什么灾难,卫国泥菩萨过河,自身难保,魏王国不带给他灾难,已是上帝保佑。

然而,魏罃先生的话,却是一种暗示。暗示中国人如果不能满足"人主"的欲望,无论该"人主"是什么东西,都铁定不祥。有此一念,"人主"就福如东海,平民就只好为了满足"人主"的欲望而活,代代当奴。

把错误反而说成美德

燕王(三任)子之统治三年,全国大乱。高级将领(将军)市被,跟太子姬平,密谋攻击子之。齐王(二任宣王)田辟疆派人告诉姬平说:"我听说你要整顿纲纪,使君臣父子名分,恢复正常。我佩服你的勇气作为。现在,齐王国就是你的,你叫我做什么,我就做什么。"姬平受到鼓励,集结英雄豪杰,由市被率领,进攻皇宫,子之党羽在皇宫奋力抵抗,不能攻陷。不知道什么缘故,忽然间,市被改变主意,反过来攻击他的统帅姬平,混战几个月,死难军民好几万人,全城恐慌。

齐王国(首都临淄)大军,乘此机会,长驱直入燕王国首都蓟城(北京),生擒子之,剁成肉酱,并顺便杀掉前任王(二任)姬哙。田辟疆向孟轲征求意见说:"有人劝我不要吞并燕王国(首都蓟城),有人劝我吞并,你以为如何?"孟轲回答说:"吞并它而燕王国人民快乐,就吞并它。吞并它而燕王国人民不快乐,就不吞并它。"此时,各国正在加速会商如何支持燕王国对抗侵略,田辟疆再征询孟轲的意见说:"国际情势紧张,有些国家可能向我发动攻击,我应该如何反应?"孟轲说:"我听说过仅有七十华里土地,却统一了中国的故事。还没有听说过一个拥有一千华里的国家,却怕别人怕得要命。现在燕王国君王虐待他们的人民,你发兵前往,人民认为你拯救他们于水深火热之中,所以夹道欢呼,迎接仁义的军队。到了后来,仁义的军队忽然变了模样,你已成了吸铁石,吸引天下所有的武器,向你集中攻击。不过,现在还来得及补救,立刻下令释放被捕的老人和儿童,停止掠夺,跟燕王国有影响力的人士接触,恢复他们的独立,为他们设立新的君王,然后光荣撤退。这样,仍有希望维持齐王国的威信。"田辟疆拒绝接受。不久,燕王国到处发生抗暴战争。田辟疆后悔说:"我真没脸再见孟轲。"陈贾说:"大王不必如此,谁能一生永远不犯错误?"于是前往拜访孟轲,问说:"姬旦(周公)是什么人?"孟轲说:"古代圣人。"陈贾说:"姬旦曾经命令他老哥姬鲜(管叔),监视商王朝遗民首领子武庚,结果姬鲜却跟子武庚联合起来叛变,反抗中央政府(参考公元前1115年),请问,是不是姬旦知道姬鲜将来会叛变而仍任用他?"孟轲说:"当然不知道。"陈贾说:"好啦,圣人也有犯错误的时候。"孟轲说:"姬旦是老弟,姬鲜是老哥。老哥有过失,老弟的责任并不严重。但主要的还是古代的人,有过失的时候就改正过失。现代的人,有过失的时候反而错误到底。古代的人不隐瞒过失,好像日蚀,人人都看得见。当他改过以后,人民莫不钦敬。现代的人岂止继续错误而已,反而制造出许多理由,把错误说成美德。"

原文对燕王国(首都蓟城)这项大灾难的记载,含糊不清。尤其看不出孟轲发表了这段言论之后,田辟疆有什么反应。司马光主要的目的不在于报导史实,只在于介绍孟轲的言论。史实是,田辟疆终于放弃吞并燕王国的雄心壮志,在遍地抗暴的战火中,仓促撤退,带走了燕王国的金银财宝,并种下了两国之间的深仇大恨。

孟轲的言论,说明儒家学派所以在战国时代,始终被排斥的原因。苏秦、张仪的身价,比孟轲低得多,苏秦和张仪不过一介贫苦的知识分子,孟轲却是大富之辈。但苏秦和张仪提出的是一项可以执行的方案,而孟轲只能诉诸原则。燕王国人民高兴不高兴,如何分辨?人民虽然高兴,手握杀人大权的统治集团却不高兴,又该怎么处理?所举的两个例子,更混淆视听,姬发之取代子受辛,全靠一番苦战。姬昌之没有取代子受辛,只因他那时还没有力量。教条派的学者,往往把复杂的社会现象,强塞进一个预铸的模式之中。

然而孟轲对于死不认错的痛心指责,两千年后的今天,读起来仍不陌生。

芈槐轻浮

秦王国(首都咸阳)准备攻击齐王国(首都临淄),考虑到楚王国跟齐王国邦交敦睦,订有共同抵抗外患的盟约。于是派宰相张仪到楚王国(首都郢城),向楚王(二十一任怀王)芈槐进言说:"假如你采纳我的意见,跟齐王国(首都临淄)断绝邦交,敝国愿把商(陕西丹凤)、于(河南西峡)地区六百华里的土地,割让给贵国,而且挑选秦王国(首都咸阳)最漂亮的美女,当你的小老婆和婢女。"芈槐大喜过望,立刻承诺,政府所有官员都为这场丰收的外交谈判祝贺。于是,宣布跟齐王国绝交,下令关闭边界关卡,派一位将领,随张仪到秦王国办理割地手续。到了秦王国,张仪忽然从车上摔下来,闭门养伤,三月之久,不肯露面。芈槐思量说:"张仪莫非认为我跟齐王国绝交绝得不够彻底?"于是派勇士宋遗,拿宋王国的护照到齐王国,辱骂齐王(二任宣王)田辟疆。田辟疆气得眼冒火星,立即改变一向跟秦王国(首都咸阳)敌对的立场,转过来跟秦王国结盟。

等这件事发生之后,张仪才召见楚王国(首都郢都)使节,一脸惊讶,说:"你呆在这里干什么?还不去接收我承诺的土地,从某处到某处,六华里。"楚王国使节急急回报芈槐,芈槐眼冒火星。下令向秦王国(首都咸阳)攻击。秦王国(首都咸阳)起兵迎战。

芈槐的反应在常情之中,一个壮汉受到刺激,提刀就上,是武氓;一个知识分子受到刺激,提笔就写,是文痞。成功不过出了口气,失败顶多赔上性命或尊严,血流三尺,影响还小。国家领导人如果不能自我克制,怒火不但可能焚身,也可能焚国。

国际之间,充满诡诈,只有利害,没有道义。英国人自己就说:"英国没有永远的朋友,也没有永远的敌人。"岂止英国如此,任何一个国家,只要它是一个国家,而不是街头小贩摆的地摊,它就受这项定律支配。楚王国没有实力翻云覆雨,却硬去翻云覆雨,灾难一定兜回来砸到自己头上。国与国之间,弱者总是倒霉。

张仪、苏秦的贡献

秦王国(首都咸阳)宰相张仪,向秦王(二任武王)嬴荡进言说:"为了秦王国的利益,必须要东方国际发生变化,大王才可以得到更多土地。人人皆知,齐王国(首都临淄【山东淄博东临淄镇】)恨透了我,我在哪一个国家,它就会攻击哪一个国家。请大王准许我前往魏王国(首都大梁【河南开封】),则齐王国必然向魏王国进攻。齐、魏交兵,陷于缠斗,一时难解难分,大王就可以乘虚而上,攻击韩王国(首都新郑【河南新郑】),挟持周王国(首都洛阳【河南洛阳东白马寺东】)国王(四十三任赧王姬延),搜集天下地图户籍图册,这是统一天下的大业。"嬴荡同意。

果然,齐王国(首都临淄)攻击魏王国(首都大梁),魏王(二任襄王)魏嗣,大起恐慌。张仪说:"大王不必担心,我会叫齐军自己撤退。"于是派他的随从(舍人)前往楚王国(首都郢城【湖北江陵】),聘请楚王国的人充当使节,晋见齐王(二任宣王)田辟疆,假装惊讶说:"大王,真是糟透了,你竟用这种手段加强秦王国对张仪的信任?"田辟疆说:"你怎么会有这种想法?"使节说:"这是很明显的事,张仪跟秦王国是何等深厚的关系?怎会那么洒脱地说走就走?一定有什么阴谋,正要齐、魏爆发战争,而使秦军袭取三川(大洛阳地区)。而今你果然挑起大战,使自己的国力疲惫,又背上攻击盟友的恶名,反而更加强秦王国对张仪的信任。”田辟疆即下令班师。张仪担任魏王国的宰相一年,病逝。

张仪跟苏秦,以纵横奇才,为各国设计谋略,夺得高位和财富,天下知识分子纷纷效法,其中有魏王国人公孙衍,号犀首,也以谋略名满国际。还有苏代、苏厉、周最、楼缓之辈,足迹遍天下,以辩才和诈术说动君王。为数太多,记不胜记。而以张仪、苏秦、公孙衍,最为高竿。

《孟子》曰:“有人说:‘公孙衍、张仪,岂不是大丈夫,一怒而各国恐惧,不怒则天下战火全熄?’孟轲说:‘那算什么大丈夫?一个人坐的是正当的位置,做的是正当的事情。当权时跟人民同甘苦,无权时自己修身:富贵不能淫,贫贱不能移,威武不能屈,这才是大丈夫。’”

《法言》曰:有人说:“‘张仪、苏秦在鬼谷子那里学习纵横之术,各使中国维持十余年的和平,是不是有这回事?’扬雄说:‘一群骗徒而已,圣人对他们深恶痛绝。’那人说:‘表面上信仰孔丘的学说,实际上却做张仪、苏秦所做的事,怎么样?’扬雄说:‘这就好像听起来是凤凰美丽的鸣声,却长着一身凶禽的羽毛。’那人说:‘可是,端木赐(子贡)也干过这种勾当?’(公元前484年,齐国【首府临淄】攻击鲁国【首府曲阜】,孔丘派他的学生端木赐,到吴王国【首都姑苏,今江苏苏州】请求救助,吴、鲁联军大败齐军。《史记》赞扬说:“端木赐一出,使鲁国生存,齐国败乱,吴王国力竭残破,晋国坐以强大,越王国【首都会稽,今浙江绍兴】奠立霸权基础。”)扬雄说:‘端木赐的动机是追求和平,张仪、苏秦的动机是追求富贵,两者并不一样。’那人说:‘张仪、苏秦,真是难得的奇才,抛弃传统的管道,用他独立的奋斗方式。’扬雄说:‘对于巧言令色的佞幸之辈,有见识的人才能辨别。并不是不看重他的才能,而是那种所谓的才能,不为我们所认同。’”

孟轲跟张仪、苏秦一样,也是周游列国,推销政治理想的高级知识分子之一。可是,司马光和扬雄,对此却只字不提。战国时代,各国危急,犹如一家正在大火熊熊,张仪、苏秦教他们如何汲取山涧里的水扑救。而孟轲却教他们事先防火,和平时挖井;而又没有指出如何防火,和如何挖井。对于运转庞大的专制政治,儒家学派唯一的法宝是"圣君贤相",一旦君不圣、相不贤,可就只好干瞪眼。在这种情形下,只有傻子才相信儒家那一套——偏偏就出了一个傻子:燕王国(首都蓟城【北京市】)二任王姬哙,他照葫芦画瓢,效法禅让童话,把王位禅让给子之,结果带来千万人死亡。大家不但不同情他、不支持他,反而因为他搞砸了锅,破坏了"禅让"美好的形象,纷纷大骂。

孟轲惨败在实务性的高级知识分子之手,一肚子气。所以当人们一致公认张仪、苏秦是大丈夫的时候,他坚决反对。什么叫"正位"?国王任命的宰相,是不是正位?什么是"正道"?有计划地追求和平,是不是正道?如果那还不是"正位"、"正道",那么,孟轲仆仆风尘,东奔西跑,难道想当天子或想当国王?难道想要屠杀人民?至于"富贵不能淫,贫贱不能移,威武不能屈",确实是人生最高的质量,也确实是大丈夫,但那仅是个人的修养,只可以作为最高的道德指标,不能用来衡量对国家社会的贡献。孟轲幸亏已不在人世,否则,我们就要求他开一个"大丈夫"名单,看看哪些人可以上榜。

扬雄是动机论者,指出端木赐追求的是和平,张仪、苏秦追求的是富贵。他有什么积极证据,证明端木赐不追求富贵?又有什么积极证据,证明苏秦、张仪并不追求和平?如果我们认定苏秦、张仪是追求和平,端木赐是追求富贵,扬雄又如何反驳?孔丘和孟轲,就曾仆仆风尘,东奔西走,说破唇舌,希望二者全都到手。问题只看你追求时用的方法,和追求到手后做些什么,能够"安中国者,各十余年",已经够人民顶礼。

我们并不歌颂张仪、苏秦,理由跟儒家系统不同。他们主要的缺点是他们根本没有立场,也没有理想,不过是官场上,靠条陈过日子的两大政客。但他们毫无凭借,唯一的凭借是自己的能力。笼罩中国数千年之久的封建社会,司马光所赞誉的礼教——贵者恒贵,贱者恒贱,到此被这一群不安于礼教的小人物突破,而且还发生实质上的影响。

赵雍"胡服骑射"

赵国(首府邯郸【河北邯郸】)国君(六任)赵雍,跟肥义讨论"胡服骑射"方案(战国时代,华人宽袍大袖,不但浪费资源,行动也不方便,在战场上拖泥带水,等于自杀。当时作战,仍以战车为主,车用马牵引,车上载战士,运转迟钝,无论追击或逃跑,都不灵活。赵雍主张改穿蛮族部落战士们穿的短衣窄袖,抛弃战车,改乘战马,近则用刀枪,远则用弓箭,这是战术上一项空前突破。但基于社会惰性,赵雍不得不谨慎从事),赵雍说:"顽劣之辈会嘲笑,贤明的人会明白。即令全世界的人都反对,北方胡部落(内蒙古西辽河上游)的土地,和中山王国(首都顾城),我一定夺取到手。"于是积极准备。贵族们果然反对,赵雍的叔父赵成,更宣称病情沉重,在家躺床,拒绝参加中央政府会议。

赵国(首府邯郸)自胡服骑射后,国力陡增,成为战国时代后期唯一可以跟秦王国(首都咸阳)对抗的强权,如果不是错用了赵括(参考公元前260年),秦王国不可能东进。然而,利益这么明显的一项改革,而又不伤害任何人的既得利益,都这么困难。停滞的力量,似乎永远超过进步的力量,正是中国人苦难的源头。

天下第一脓包

被诱骗囚禁在秦王国的楚王(二十一任怀王)芈槐,病势沉重,于公元前296年，死在咸阳（陕西咸阳）。秦王国送回他的灵柩，楚王国人民夹道祭奠，不胜悲痛，各国对秦王国这种恶霸行径，印象强烈。

西洋有句谚语："第一次被骗，错在对方；第二次再被骗，错在自己。"芈槐先生真是天下第一脓包，脑袋像一个糨糊罐，被张仪、嬴稷之辈，玩得团团而转。叫他爬，他就爬；叫他跳，他就跳。这种糨糊罐政治领袖，历史上车载斗量，十个巴掌都数不完。他阁下的所有遭遇，都咎由自取。可是，死伤的那些军民，却又何辜？他们唯一的罪状只是因为有一个昏庸的糨糊领袖。芈槐的灵柩回国，人民悲不自胜，这是人民的厚道，忘了所有苦难，都来自他一人。芈槐事实上被他所宠爱的郑袖、靳尚所控制，以郑袖、靳尚为首的鲨鱼群，日夜猛噬，芈槐要想不死都不可能，这只是一个信号，警告楚王国（首都郢都）：再不补救，船即下沉。可惜，芈槐之死毫无意义，并不能唤醒国人，也不能消除鲨鱼，因为楚王国已腐朽到完全丧失改革的能力。

人人都知团结好

各国对秦王国（首都咸阳）诱骗芈槐的卑劣行径，再起反应，重组南北合纵同盟。公元前296年，齐王国（首都临淄【山东淄博东临淄镇】）、韩王国（首都新郑【河南新郑】）、魏王国（首都大梁【河南开封】）、赵王国（首都邯郸【河北邯郸】）、宋国（首府睢阳【河南商丘】），五国联军攻击秦王国（首都咸阳），军抵盐氏（山西运城），即行撤退。秦王国把武遂（山西垣曲东南）归还韩王国，把封陵（山西芮城风陵渡）归还魏王国，谋求和解。

人人都知道团结好，然而，只要有一个人是近视眼，就可以破坏团结。战国时代的合纵抗秦同盟,是各国唯一的救命仙丹,功效立竿见影。不过,只要秦王国抛出一块骨头,团结即行粉碎。这是人类最可悲的一面,也是野心家最兴奋的一面。

第一个饿死的君王

赵王国(首都邯郸)国王赵雍,罢黜长子赵章,而命幼子赵何继承王位,自称太上皇(主父)。再把赵章封到代郡(河北蔚县),号安阳君。赵章本来应该继承王位的,现在只封一个"君",自然耿耿于怀。他又一向挥霍奢侈,赵雍任命田不礼当他的秘书长(相)。李兑告诉宰相肥义说:"赵章年轻力壮,态度傲慢,党羽多而欲望大。田不礼生性好斗,而且骄傲不可一世,喜爱杀戮。两个人聚在一起,必然产生阴谋。小人物一旦有了大欲望,就不可能深思远虑,看到的全是利益,却看不到灾难,巨变将要爆发。"

赵雍携同赵何,出游沙丘(河北平乡,首都邯郸东北航空距离八十公里),分别住在两座行宫。赵章跟田不礼认为时机成熟,采取行动。假传太上皇(赵雍)命令,召唤赵何进宫。信期通知肥义,肥义先行,中伏被杀。信期立刻动员戒备,双方血战。恰巧赵成、李兑,从首都邯郸率军赶到,再火急征调附近驻军参战,斩赵章跟田不礼,屠灭他们的党羽。赵成出任宰相,号安平君。李兑出任国家安全部部长(司寇)。这时候,赵何年纪还小,赵成、李兑完全控制政府。

赵章战败时,投奔老爹赵雍,赵雍把他藏在行宫之内。大军进入行宫,搜出赵章处决。赵成、李兑警觉到自己的危险,商量说:"我们为了逮捕赵章,竟然包围太上皇(赵雍)的行宫。事情过后,太上皇(赵雍)追究围宫杀子的罪状,我们全家恐怕就要死光。"索性一不做、二不休,下令行宫人员:"先出来的有赏,后出来的格杀。"宫人们霎时间一哄而散。赵雍也想出宫，却被阻在宫门之内。广大的行宫之中，只剩他一个人，没有伴侣、没有饮食，饥饿难忍之际，只好爬到屋檐树上，搜索鸟蛋或刚孵出的雏鸟下肚。这样支持了三个多月，凡是可以吃的东西，全都吃光，最后竟活活饿死。赵王国政府（首都邯郸）一直等到确定赵雍死亡，才向各国报丧。

赵雍是一代传奇人物，从他坚持变更服装、更新装备一事，可看出他观察力之强和意志力之坚。赵王国（首都邯郸）疆土，在他手中倍增，战斗力也倍增。如果他能再活二十年，秦王国（首都咸阳）可能受到严重威胁，历史如何发展，难以预料。然而，凡是英雄，都儿女情长，一个美丽的吴娃，就把他搞得神魂颠倒，一误再误。李兑和赵成，平常受赵雍的尊敬，而他们也对赵雍忠心耿耿，可是一旦事变，涉及到切身利害，却不惜把君王置之死地。中国政治上的领导人物，似乎都在斤斤计较对方的忠心，而忘了忠心不能孤立，它含有太多的变数。形势逼面，猪忠难以持久，刹那之间，猪化为狼。赵雍如果不自乱章法，赵章如果再有耐心，李兑、赵成之辈，何致竟成弑君凶手？

宋偃和希特勒

宋王国首都睢阳（河南商丘）城墙拐角处麻雀巢里，发现一只刚孵出来的雏鹰，巫法师说："小生大，乃反弱为强，成为霸主的先兆。"宋国王（一任康王）宋偃，大为兴奋，挥军出击，把滕国（山东滕州）灭掉，并顺道攻打薛国（山东枣庄南薛城）。然后四面扬威：一连串惊人的军事胜利，使他提高称霸世界的自信。他用弓箭射天、长鞭扑地，表示敢向神灵挑战。把祭祀天地祖先的祭坛（社稷）摧毁，表示他连鬼也不在乎。在皇宫中长夜饮酒，房子里侍从人员喊"万岁"，大厅中官员们随口响应，宫门外的人群，也同声高呼。于是，全城一片"万岁"之声。齐王国国王(三任涌王)田地首先发动攻击,宋军溃散,宋偃逃奔魏王国,死在温城(河南温县西)。

宋偃在首都睢阳(河南商丘)陷落前开溜,逃到温城(河南温县西),终于被齐王国(首都临淄)追兵捕获。这位年已八十岁的皓首匹夫,跳神农涧(河南温县西)不死,被拉上来斩首。他似乎是二十世纪恶棍之一的希特勒的前身。二人相似之处,至少有下列数项:

——他们都是国家的领袖。

——他们的国家都有悠久而光荣的历史。

——他们的国家都被列强密密包围,动弹不得。

——他们都搞个人崇拜,迫害自己的国民。

——他们都灭掉一些较小的国家,使自己的声望,达到巅峰。

——他们都同样横挑强邻,并把强邻击败,领土大幅膨胀。

——他们都大言不惭,没有自我克制能力。

——他们发疯的时间都不太长。

——他们都把国家驱入灾难,受到大包围反击,千万人死亡。

——最后,他们都在敌前丧生。

——他们都留下万世恶名,为人不齿。

田地之死

公元前284年,燕王国集结倾国兵力,任命乐毅当远征军总司令。赵王国同时任命乐毅兼任赵王国宰相;秦王国将领(尉)斯离,也率军抵达,跟赵、魏、韩军会合。乐毅兼五国联军总指挥官,以泰山压顶的威力,向齐王国进攻。齐国王(三任)田地,征召全国武装部队,在济西会战(济河以西,今济河已经不在,则指黄河以西地区,战场当在山东阳信附近),齐军大败。乐毅请秦军、韩军先行班师。请魏军占领原来宋王国的领土，请赵军夺取河间（山东高唐、堂邑一带）。乐毅亲自率领燕王国远征军，深入齐王国国土，捕捉齐王国野战军主力。齐王国人心崩溃。田地逃走，乐毅进入首都临淄（山东临淄），把齐王国的金银财宝和贵重的祭祀用具（包括公元前314年从燕王国抢夺来的），运回燕王国。

田地投奔卫国（河南濮阳），卫国国君（四十五任）卫嗣君（名不详），让出皇宫给他下榻，自己称“臣”，供应他所有的用品。然而田地口出恶言，卫国官员反唇相讥。田地住不下去，再投奔邹国（山东邹城）、鲁国（山东曲阜），仍然一副傲慢脸色，两国拒绝入境。最后，田地逃到莒城（山东莒县）。

楚王国派大将淖齿，率军援齐，田地任命淖齿当齐王国宰相。淖齿阴谋跟燕王国瓜分齐王国。于是，逮捕田地，数落他说：“千乘（山东高青）、博昌（山东博兴）之间，地方数百里，天降血雨，衣服都被污染，你可知道？”田地说：“知道。”淖齿说：“嬴邑（山东莱芜）、博邑（山东泰安）之间，土地崩裂下陷，看到泉水，你可知道？”田地说：“知道。”淖齿说：“有人伏在宫门外大哭，找人找不到，不找时又听到哭声，你可知道？”田地说：“知道。”淖齿说：“天降血雨，是天警告你。地崩下陷，是地警告你。有人在宫门大哭，是人警告你。天地人都警告你，而你却满不在乎，怎能不杀？”就在鼓里（莒县附近），把田地处死。

田地之死，原文记载太过简略，冲淡了事情的严重性，也剥夺了读者获得真相的权利。田地之被淖齿处决，可不是大刀一砍，人头落地，而用的却是一种残忍的酷刑。淖齿把田地悬挂在屋梁之上，活生生地剥皮抽筋。这个颟顸傲慢的老汉，在酷刑之下，哀号两天两夜，才行气绝。我们不了解的是，淖齿跟他相处的时间很短，不可能有血海深仇。即令利害冲突，当场格毙，也就足够，何致下此毒手？不要说对付一个君主，即令对付一个盗匪，用此酷刑，也是一件骇人听闻的暴行。

只有一个解释是合理的，那就是田地的颟顸傲慢态度，超过淖齿所能忍受的上限,才引起残忍杀机——淖齿要看看田地被吊到梁上剥皮抽筋时,露出什么模样的面孔。原文记载淖齿数落田地:“你可知道?”田地的回答,一律是:“知道。”但在《战国策》上,田地的回答,却一律是:“不知道。”司马光把“不知道”改作“知道”,原因不明,但却削弱了田地的暴戾气焰。当他回答“不知道”时,显然没有料到淖齿会那样对付他,所以一问三不知,看你又奈我何? 恶棍口吻,跃然纸上。

田地之所以被卫国(首府濮阳)驱逐,是他根本没有把卫国国君放到眼里,对卫国高级官员,更当作奴仆,迫使对方切断供应,他就不能不逃。然而他并没有接受教训,当他到达鲁国(首府曲阜)边境时,他要鲁国以天子的礼节侍奉他,鲁国国君必须早晚到厨房察看烹调,站在台阶下面伺候他阁下进餐,等田地吃罢,鲁国国君才能告退,办他自己的事,鲁国终于把他赶走。到邹国(山东邹城东南)时,恰恰邹国国君逝世,田地要以天子的身份吊丧,新任国君要背向棺木,站在西面台阶上,向北哀哭。田地却坐在北面祭坛那里,一面接受新任国君的哭,一面举手表示慰问。邹国也终于把他赶走。

身在逃亡途中,国家已破,吉凶未卜,还在端架子、耍派头。后来到了莒城(山东莒县),莒城可是自己的领土,淖齿又是自己任命的宰相,他展示给淖齿,使淖齿留下强烈印象的嘴脸,一定可观,那正是残忍报复的能源。

小聪明与小动作

卫国(首府濮阳【河南濮阳】)国君(四十五任)卫嗣君(名不详)好刺探别人隐私,有位廉洁的县长,一次收拾褥子时,露出破席。第二天,卫嗣君就送给他一条新席,县长大吃一惊,认为他的国君真如神明。卫嗣君又派人在经过关卡时,故意向税务人员行贿,既而召见税务人员,叫他把贿赂送还,税务人员吓得魂不附体。卫嗣君宠爱他的小老婆泄姬,信任他的大臣如耳。为了避免自己受蒙蔽,故意尊崇大老婆魏妃,使跟泄姬平衡;并擢升另一位大臣薄疑的官职,使与如耳对抗。卫嗣君解释说:"我要他们之间,互相牵制监视。"

荀况曰:"卫遬(卫国四十三任国君成侯)以及卫嗣君(四十五任国君),不过是小家子气、聚敛小财的人物,谈不到收揽民心。郑国(首府新郑【河南新郑】)大臣公孙侨(子产),虽然可以收揽民心,却谈不到治理国家。管仲虽然可以治理国家,却谈不到建立礼义。能够建立礼义的,才能够成为圣王。能够治理国家的,才能够成为霸主。能够收揽民心的,才能够获得安全保障。小家子气、聚敛小财的,只有灭亡一条路。"

卫嗣君不过小聪明多如牛毛,沾沾自喜于他的小动作,认为那一套就是治理国家的正规,三家村的地头蛇而已。但荀况的议论,却一连串抨击公孙侨、管仲,重提他的"圣王"。中国历史悠久,元首成群结队,够"圣王"的,能有几个?儒家学派眼眶里,只伊祁放勋(尧)、姚重华(舜)、姒文命(禹)、子天乙(汤)、姬昌(周文王)、姬发(周武王),屈指可数,事实上不过托古改制,造神运动下的产品。圣王跟耶和华先生一样,是一个根本不存在的形象。但基督教并没有教人去当耶和华,儒家学派却一味瞧不起一切被认为当不了"圣王"的人,拚命教人去当根本不存在的圣王。结果三千年以降,除了上述的六位活宝外,再没有别的活宝,政治理念遂成为一堆空话。

司马错与汉尼拔

公元前280年,秦王国(首都咸阳【陕西咸阳】)大将司马错,征召陇西(陇山以西)地区民兵及驻军,在蜀国(首府成都【四川成都】)协助下,攻击楚王国黔中郡(湖南沅陵),完全占领(黔中郡约包括今湖南西部及贵州北部)。楚王国震动,献出汉水以北及上庸(湖北竹溪)土地。

秦王国(首都咸阳)于公元前280年向楚王国(首都郢城)发动的迂回攻击,是空前冒险的军事行动。秦王国首都咸阳(陕西咸阳)到陇西(陇山以西),航空距离三百公里,从陇西到蜀国(首府四川成都)航空距离五百五十公里。自蜀国到黔中郡(湖南沅陵),航空距离六百五十公里。当中横亘着千万穷山恶水,包括岷山山脉、摩天岭山脉、长江和“地无三里平”的云贵高原,以及像章鱼一样狰狞的武陵山脉。公元前三世纪时,沿途还是一片蛮荒,烟瘴虫蛇,鸟道险苦。司马错的伟绩,跟汉尼拔进击罗马帝国,先后辉映,都是直捣敌国后门。

秦军此次出击,战争升高到另一种形态,使六国同时面对随时都会覆灭的厄运。然而,六国互斗不但不息,反而更烈。只不过为了贪图眼前的一点小便宜,使战斗力完全消耗。最后秦王国轻轻一击,大家一齐粉碎。

英雄行径

秦国王嬴稷与赵国王赵何,在渑池(河南渑池。渑,音miǎn【免】)会面。二人对饮,嬴稷请赵何弹瑟,赵何不敢不从。蔺相如立刻要求嬴稷敲缶(缶,音fǒu【否】,大肚小口,状如花瓶的乐器),嬴稷拒绝,认为有损尊严,蔺相如警告说:“五步之内,我脖子的血可要溅到大王身上!”侍卫正要拔刀相救,蔺相如怒目大喝,侍卫唯恐伤及嬴稷,不敢再动。嬴稷一肚子不高兴,勉强敲了一下,不欢而散。嬴稷始终无法占得上风，赵王国（首都邯郸）方面也严密戒备，秦王国（首都咸阳）不敢再无理取闹。

赵何回国，擢升蔺相如当首席国务官（上卿），位在大将廉颇之上。廉颇喊叫说："我是赵王国（首都邯郸）大将，攻城略地，功在国家。蔺相如出身贫贱，只靠一片舌头，却坐在我前面，这算什么话，怎能甘心？"扬言说："等我们碰了头，一定要他好看。"蔺相如想尽办法不跟廉颇碰头，每逢朝见或御前会议，总是称病，避免跟廉颇发生上位下位的争执。路上偶尔相遇，远远望见，就早早绕道。随从们（舍人）深以为耻。蔺相如说："以嬴稷的威风，我都敢当众呼喝他，羞辱他的部属。我虽然差劲，难道反而害怕廉将军？只是因为秦王国（首都咸阳）所以不敢大规模攻击赵王国（首都邯郸）的原因，不过为了有我跟廉将军二人在。两虎相斗，不能同时都活着。我所以躲避，不过把国家大事放在第一位，把私人恩怨放在其次。"廉颇顿然惊悟，脱下上衣，背着荆条（荆条，刑罚用的藤条），到蔺相如门前请求宽恕，二人遂成为刎颈之交。

蔺相如和廉颇，为世人留下英雄人物的行事典型。换一个瘪三角色，宁愿国家受到伤害，也要私斗到底。蔺相如的容忍能力可贵，廉颇的反省能力和弥补过失的能力，更为可贵。两千余年后的今天，人们的敬意，历久弥新。

论乐毅

燕王国大军包围齐王国即墨（山东平度）三年，不能攻克。公元前279年，燕国王（四任平王）姬平逝世，儿子姬乐资继位（五任）。姬乐资在当太子时，就对乐毅不满意。田单得到这项情报，遂用反间手段，在燕王国传播一项谣言："田地已经死掉，齐王国仅只剩下两座孤城。乐毅跟新王(姬乐资)早有嫌隙,恐惧受到处分,不敢回国,所以一直借口进攻两个孤城,实际上却是想当齐王国国王。只因齐王国人民还没有全部心服,不得不减缓对即墨(山东平度)的攻击。即墨最恐惧的是,如果一旦发动认真的攻击,一定陷落。"(这段反间的话,跟被姬平杀掉的那位鲨鱼分子所讲的一样,没有新奇之处,似乎不能发挥打击力量,但反间内容尚有:"老王在,乐毅不忍心叛变。"这才击中要害。)姬乐资派大将骑劫,前往接任远征军统帅,征召乐毅返国。乐毅不敢回燕,径行投奔赵王国。燕军将士既痛恨领袖昏庸,又惋惜统帅狼狈离去,群情不平,军心激愤。

公元前279年,田单收集城里所有的牛只,有一千余头,披上土黄色绸缎,画上五彩花纹,牛角绑扎钢刀,牛尾绑扎苇草,苇草经过油浸,然后燃烧。事先早在城墙上秘密凿出数十个洞口,当攻击开始时,正逢夜半,纵牛出洞,战士五千人紧跟牛后(像步兵紧跟在坦克车之后一样)。牛尾燃烧,痛不可当,同时狂奔,一直冲向燕军营垒。燕军梦中惊醒,发现满身花纹的怪物成群结队,践踏触杀,霎时崩溃,四散逃命,大混战中,骑劫被杀。齐王国陷落六年之久的七十余座城市,全部光复。

直到二十世纪末叶,中国仍酱在个人崇拜的思想里,政治的操作,不靠对国家的尽责,而靠对个人的驯服。偏偏对个人的驯服,可靠度最低,所以每个君王都充满猜忌。姬平的胸襟和智慧,使人动容,可惜最多见到的,却是姬乐资之辈。以乐毅之忠,都不能摆脱鲨鱼群的狂噬。普通人一旦陷入鲨鱼之口,只有被撕成碎片的份。于是,效忠和背叛往往相通,田忌起兵反击,乐毅"畏罪逃亡",使国家的菁英,尽丧于一味要求对个人效忠的政治头目之手。

乐毅是最幸运的,他没有死于刑场,而骑劫的溃败,证明乐毅三年不对即墨(山东平度)采取猛攻的策略正确。问题是,假如骑劫不是一条猪,而是一条龙,竟然夺取了即墨,甚至更进一步夺取了莒城(山东莒县),乐毅恐怕无法为他的缓攻辩解。他之不敢回燕王国(首都蓟城),而径行逃往赵王国(首都邯郸),可能由于这个原因。

骑劫惨败,使乐毅更增光彩。陷害他的人,反而成全他。人生命运,有时如此。

形势比人强

公元前 273 年,赵王国(首都邯郸【河北邯郸】)、魏王国(首都大梁【河南开封】),联合攻击韩王国(首都新郑【河南新郑】),包围华阳(河南新郑北)。韩王国派国际闻名的元老陈筮前往秦王国(首都咸阳【陕西咸阳】)求救,秦王国宰相魏冉说:"局势一定火急,所以连你也亲自出马。"陈筮说:"局势并不紧急。"魏冉怒火冲天,说:"你们还不紧急?"陈筮说:"如果真的紧急,韩王国(首都新郑)早就投降了。正因为还没有十分紧急,才再派我来。"魏冉跳起来说:"我们立即发兵。"率大军赴援,急行军八天,即到战场。就在华阳(河南新郑北)大败魏军,击败芒卯,俘掳三员大将,杀十三万人。白起继续攻击赵军统帅贾偃所部,把赵军二万人驱入黄河。

魏王国(首都大梁)大臣段干子请割让南阳(指河南修武以西,黄河以北及太行山以南之间,非今河南省南阳市,今河南省南阳市,明年【公元前 272 年】,秦王国才设郡)给秦王国(首都咸阳)求和。苏代反对,告诉魏国王(四任安釐王)魏圉说:"想得到官印的是段干子,想得到土地的是秦王国。如果使想得到土地的人控制想得到官印的人,想得到官印的人却控制土地,魏王国的土地就会割让净光。用割让土地的手段讨好秦王国,好像抱着木柴救火,木柴不烧光,火不熄灭。"魏圉说:"你说的对。然而,事已经决定,无法变更。"苏代叹息说:"这就好像玩扑克牌,大家所以都重视'艾司'(A),因为形势允许时,他是老大。形势不允许时,他是老么。大王用头脑,还没有用'艾司'(A)灵光。"魏圉仍不接受,终于割让南阳求和。

苏代的真知灼见,千古犹新,没有人可以反驳。然而,形势比人强,谁愿投降?绳子拴到脖子上,不得不降。谁愿割地?战火烧到首都,不得不割。魏王国(首都大梁)如果拒绝割让南阳(河南修武以西),大梁(河南开封)可能会被连根拔除。当有实力做后盾时,苏代的意见是一种当头棒喝,当没有实力做后盾时,任何意气轩昂的陈词,都足以坏事。事到如今,拒绝割让比承诺割让的伤害更大。应该忍耐的时候,必须忍耐,才是负责态度。苏代才华如昔,只国际形势已不如昔。

然而,魏王国(首都大梁)国家领导人的愚蠢,使人捶胸,自己已不堪一击,却先出拳击人、横挑强邻,灾祸都是自找。一场侵略战争,落得灰头土脸,十三万人的生命,作为愚蠢的代价。魏王国能有多少十三万人,经得起如此消耗?

互相出卖

公元前273年,韩、魏既然屈服,沦为秦王国的尾巴国,秦王(三任昭襄王)嬴稷,准备派白起率韩魏两国军队,攻击楚王国(首都陈丘【河南淮阳】)。还没有出发,楚王国的使节黄歇,恰巧抵达咸阳(陕西咸阳),听到消息,向嬴稷呈递一份条陈,建议与楚结盟,改而攻击韩王国,当可势如破竹,统一东方。嬴稷立刻转变立场,全部接受。

战国时代末期,各国成了一群羔羊,面对着巨狼秦王国张大的血口,每天颤抖,君王和官员们从没有人想到改革内政、培养战力,只想到能过一天舒服日子,就过一天舒服日子。他们借着互相出卖的卑鄙行为,利用国际关系的矛盾,尽量拖延自己被吞食的时间,典型的"等我死了再天塌地陷"世界末日思想,连上帝都无法拯救。

赵 胜

赵王国(首都邯郸)农业部(田部)职员(吏)赵奢,征收租税,平原君赵胜家拒绝缴纳,赵奢依照法律规定,诛杀赵胜家的管事九人。赵胜怒不可遏,反过来要斩赵奢。赵奢说:"你是赵王国尊贵的贵族,如果任凭你家逃税玩法,法律力量必然削弱,法律力量削弱,则国家力量会跟着削弱。国家力量削弱,则各国大军压境。到那时候,赵王国就没有了,你还有什么富贵?以你崇高的地位,如果奉公守法,上下才能一片祥和,上下一片祥和,国家才能强大,国家强大,政权才能稳固。你身为国王的弟弟,难道有人敢轻视你?"赵胜大为惭愧,认为赵奢是一位了不起的奇才,向国王(二任惠文王)赵何推荐,赵何任命赵奢负责整理全国赋税,建立公正常规。赵王国人民开始富足,国库也跟着充实。

赵奢指出:"法律力量削弱,国家力量也跟着削弱。"这话说于公元前三世纪。想不到公元后二十世纪,还有些当权人士,咬定法律并不重要,官僚和政府的面子才重要,不惜于破坏法律,去维护面子。赵奢固是奇才,既有见识又有胆量。但赵胜的反应,更使人起敬,他不但没有暴怒不息,反而提拔冒犯他的人升迁。不要以为高位的人都头脑清晰,会向理性低头。事实上,高位的人往往昏庸得可观。换了另外一人,赵王国(首都邯郸)亡了没有关系,我的财富要紧;何况我不缴那几个钱,赵王国并亡不了!

魏齐与须贾

魏王国(首都大梁【河南开封】)人范雎,随从中级国务官(中大夫)须贾,出使齐王国(首都临淄),齐国王(四任襄王)田法章因范雎口才敏捷,十分欣赏,赠送他一些贵重礼物,包括黄金和饮食。须贾认为一定是范雎泄露了国家机密。回国之后,禀告宰相魏齐,魏齐发现用别人的痛苦表现自己忠贞的机会已到,于是大宴宾客,把范雎摔倒在地,乱棍捶打,任何呼冤辩解,都不置理。范雎肋骨被打断,牙齿被打脱落,奄奄一息。用竹席包起来,像丢死狗一样丢到粪坑旁边。魏齐为了展示爱国的愤怒情操,还叫宾客们轮流往他身上撒尿,范雎受尿素刺激,悠悠苏醒,魏齐已喝得大醉,命抬到野外。魏齐不久酒醒,下令通缉。

魏王国(首都大梁)小市民郑安平,窝藏范雎,更改姓名叫张禄。这时,秦王国(首都咸阳)礼宾官(谒者)王稽,正在魏王国,范雎趁夜晋见王稽,王稽惊为奇才,把他秘密载回秦王国,推荐给国王(三任昭襄王)嬴稷,嬴稷在行宫中接见,大喜,任命范雎当外籍顾问官(客卿),磋商军务。

范雎一席谈话,为秦王国(首都咸阳)制定"远交近攻"的全方位外交政策,直到今天,仍是所有侵略者奉行唯谨、誓守不渝的神圣经典。秦王国自崛起以来,东征西讨,收获有限,在于全凭蛮力,与全世界为敌。远交近攻大战略确定之后,兵力所及,就成了摧枯拉朽之势,无人可当。

范雎是被魏王国(首都大梁)逼反的最后一个人才。我们不能想象:如果公孙鞅、张仪和范雎,在魏王国得到重用,历史会演变成什么模样。魏王国当权人物化友为敌、化忠为叛的手段,实在高竿。一个有趣的课题是，魏王国政府中每人都能言善道，要计划有计划，要方案有方案，要爱国情操，如魏齐、须贾之辈，更比驴毛都多，哪个不是人才？至于公孙鞅不过一个想升官想疯了的小职员，张仪不过一个不切实际的贫寒书生，范雎不过一个油腔滑舌、大言不惭、里通外国的卖国贼。他们既没有参加某一派，又没有被接纳为某一帮，能逃一死，已是皇恩浩荡。在鲨鱼的血口之下，人才不是被吞噬，便是变成敌人，强烈反弹。政权盛衰和国家兴亡，轨迹十分明显。

丝袍之情

魏王国（首都大梁）派须贾出使秦王国（首都咸阳），范雎穿着破旧的衣服，到宾馆拜访。须贾既惊讶他竟然没有死，又怜悯他落魄异域，忍不住说："范叔，分手后你还好吧。"（"叔"的意义不明，可能是须贾陷害范雎前，二人尚是好友时的昵称"老三"，也可能是战国时代人们互相招呼时的一种普通称谓"范老弟"。）留范雎坐下进餐饮酒，发现范雎身上寒冷，又送给他一件丝袍。范雎遂充当他的车夫，同到宰相府，对须贾说："我先进去找我的朋友，请他引见你晋谒宰相。"须贾等了又等，不见范雎出来，到门房询问，侍卫说："什么范雎？我不认识他。刚才进来身穿破衣服、手拿丝袍的，是我们宰相，他叫张禄。"须贾一听，好像巨雷击中他的头顶，轰然一声，几乎昏倒，他知道堕入陷阱，已在监视之下，跑绝跑不掉。于是，双膝下跪，用膝盖匍匐爬行而进，请求宽恕。范雎也大宴宾客，对须贾出卖朋友的不义行为，痛加责备，最后告诉他："你今天之所以还能保全性命，只因你送给我这一件丝袍，多少还有一点老友的旧情。"请宾客们上座，叫须贾坐在下方，把一盘供给马吃的饲料——碎草拌黑豆，放到须贾面前，教他吞下去。范雎命他带给魏王（四任安釐王）魏圉一项警告:“把魏齐的人头砍下送来,如果你拒绝,我们攻下大梁(魏首都,河南开封),可要屠城。”须贾回国后,告诉魏齐。魏齐吓得魂不附体,宰相也不干了,逃到赵王国(首都邯郸),投靠赵胜(平原君)。

须贾虽然是一位大使,地位很高,其实也不过官场中一个混混。他出卖范雎并不是因为他真的疑心范雎泄露国家机密,而是他对范雎妒火中烧。身为大使的都没有得到国王的礼遇,而一个随员却获得荣耀,不仅使自己没面子,而且范雎经此锦上添花,势将危及自己的前途。这才暗下毒手,诬以谋反。一则拔除潜在的政敌,二则加强忠贞的厚度,可以说一举两得。再见范雎时,那一星点未泯的天良救了他。以秦王国(首都咸阳)之强之蛮,诛杀一个外国使节,不会眨眼。

司马光语无伦次

公元前265年,秦王国(首都咸阳)皇太后(宣太后)芈八子逝世。九月,芈八子的弟弟魏冉被解除所有政府职务,返回他的封地陶邑(山西永济北)。

司马光曰:“魏冉倾全力拥立嬴稷,诛杀所有政敌,推荐白起当大将,向南攻取鄢城(湖北宜城南)、郢城(湖北江陵。参考公元前279年、公元前278年),向东跟齐王国(首都临淄【山东淄博东临淄镇】)和解,使列国君王屈膝归附。秦王国(首都咸阳)所以更为强大,都是魏冉的功劳。虽然他专权横行、骄傲贪暴,足以使他招徕大祸,但也并不像范雎所形容的那样恶劣。范雎这个人,可不是真正的效忠秦王国,为秦王国利益打算,不过要夺取魏冉的高位而已,所以一有机会扼住对方咽喉,就不放手。结果使嬴稷断绝了母子之情,也断绝了舅父跟外甥间的恩义。总而言之,范雎是一个危险人物。”

我们同意范雎是一位危险人物的看法,问题是,在专制政体下参与政治斗争的每一个人,没有一个不是危险人物。范雎必须夺取魏冉的高位,才能实施他的外交政策。犹如司马光必须夺取王安石的高位,才能废除新法一样。魏冉对秦王国(首都咸阳)开疆拓土,诚然有很大贡献,然而,再大的贡献都不能允许他"专权横行,骄傲贪暴"。司马光却认为只要看他拥立国王和烜赫功业的份上,他的官位就应该是铁铸的,神圣不可侵犯。而我们认为,一位女大亨加上四位男大亨,当权四十二年之久,也应该欠起屁股了。司马光所以有如此想法,只因为"专权横行,骄傲贪暴"的直接受害人,都是无权无势的普通平民,而当权派竟被一个小人物赶下台,打破"贵者恒贵,贱者恒贱"铁律,司马光就忍不住兔死狐悲,物伤其类。

即以纯私情而言,嬴稷并没有杀了亲娘,不过请她老人家不再干涉政治,也没有杀了老舅,不过请他老人家退休,这就叫"断母子之情、断舅甥之恩"?难道眼睁睁看着他继续"专权横行,骄傲贪暴",不闻不问,才合乎礼教纲常?如果这就是礼教纲常,礼教纲常可是毒药,平民可不希望永远被踩在皇亲国戚的御脚之下。

诚如司马光所言,唯有官位和权力,不可以随便给人,也不应是私人报恩或复仇的工具。事实上,嬴稷请老舅掌握了四十二年的权柄,酬佣不可谓薄。如果把国家断送,司马光又要责备他乱把官位和权力给人了。司马光在评论田文时,曾说:"只要他的意见是正确的,即令本意奸诈,都应该采纳。"(参考公元前321年)然而面对嬴稷的改革,却忘了这段自己的话。范雎对一女四男的抨击,是不是公正?如果他说的是真的,嬴稷采纳,便应赞扬。如果他信口雌黄,嬴稷采纳,才应谴责。而司马光也承认一女四男"专权横行,骄傲贪暴",那么,为什么就在这节骨眼上,却去探讨他"奸诈"的动机?

司马光总是忘记自己说过的话,但永不忘记既得利益的士大夫立场。

福气和灾难

秦王国(首都咸阳)武安君白起,大举攻击韩王国(首都新郑【河南新郑】),陷野王(河南沁阳)。韩王国首都新郑(河南新郑)和北方的上党郡(山西长子)之间的交通,被拦腰切断。上党郡长(上党守)冯亭,派使节到邯郸(河北邯郸)说:“韩王国不能守上党(山西长子),势必被秦王国攫取,然而我们宁愿成为赵王国的臣民。上党郡所属大小十七个城市,谨呈献在大王面前。”赵王(三任惠文王)赵丹向平阳君赵豹征求意见,赵豹说:“圣人有句话:无缘无故,平空降临的好处,是一种灾难。”赵丹说:“上党军民都愿意归附我们,怎么能叫无缘无故,平空降临?”赵豹说:“秦王国对邻国采取的是蚕食政策,一口一口地下肚。它把韩王国拦腰砍断,使韩王国领土南北隔绝,难道目的只在占领野王(河南沁阳)一个地方?很显然的,他们的目标是上党,认为自然会掉到他们口袋里。韩王国驻守上党的那些官员,所以不向秦王国投降的原因,是想把灾难转嫁到我们赵王国头上。秦王国辛辛苦苦耕种,赵王国却去快快活活收割,即令我们强大,也不能从弱小手中夺取。何况我们弱小,怎么能从强大手中夺取?我建议,千万不可以接受。”赵丹再问平原君赵胜的意见,赵胜赞成接受。

上党(山西长子)不但是个烫手的山芋,简直是个点燃了引信的炸弹,抛出去都来不及,赵王国却紧搂入怀,认为天纵奇福。赵豹的分析,入骨三分。而赵胜却像一个白痴,这个以“江湖义气”自豪的贵族,不过一个普通的浮夸之徒,眼睛只看到蝉,没看到黄雀;只看到土地,没看到秦王国大军。弱小国家,有弱小国家的立国之道,千千万万,不可横挑强邻。违犯这个原则,一定挫败,甚至覆亡。接受上党,是一项错误的决策。可怜的战士和人民——多达四十五万之众,为高级官员这项错误的决策,付出生命。

白起杀降

公元前260年,秦王国大军围攻上党,赵军已四十六日没有粮食供应,官兵们饥饿难忍,在营垒里互相谋杀吞食。秦军包围圈越缩越小,而且不断挑战。赵军统帅赵括遴选精锐,组成四队,同时向四面冲杀。秦军阵地防卫森严,坚固得好像铜墙铁壁,赵军反复冲杀四五次,死伤遍地,仍不能动摇秦军一根毫毛。赵括决心孤注一掷,以统帅身份,亲自率领大军,发动最凶猛惨烈的一次突围。然而秦军拒绝肉搏,只以强弓对付,箭如雨下,赵括中箭而死。

统帅阵亡,赵军崩溃,四十万疲惫的官兵,向秦军投降。他们正在庆幸终于逃出浩劫,想不到更悲惨的浩劫还在后面。白起说:"秦王国(首都咸阳)已占领上党(山西长子),上党人却归顺赵王国。赵王国军队一向强悍,绝不会甘心当俘虏,如果不当机立断,将来可能发生大乱。"于是使用诈术,先使赵军安心,然后全部坑杀,只留下年轻军官二百四十人,放回赵王国,使他们报导凶信。这次战役,秦王国获空前胜利,前后总共杀四十五万人,赵王国野战军主力全灭,全国震恐。

任何一个具有高贵心灵的将领,绝不杀降。俗云:"杀降者不祥。"杀降的功效是立竿见影的,但杀降造成的伤害,却长久不愈。白起虽然两年后就被诛杀,但我们并不认为那是杀降的报应。因为杀降的报应要严重得多,国家、社会,甚至全国人民的道德质量,都要为杀降付出代价。历史上从没有一个准许杀降的政府付得起这种代价。白起固然是名将,竟做出这种残忍的事,也不过一条恶狗而已,我们乐于看到他在杜邮(陕西咸阳东北)所担任的角色(参考公元前257年)。

中途跳楼

孔斌,是孔丘的六世孙。魏国王(四任安釐王)魏围敬慕孔斌贤能,请孔斌担任宰相。可是,九个月之久,凡是涉及到国家大计方针的建议,魏围都听不进去。孔斌于是辞职,说:“对一个身患必死绝症的病人而言,世界上没有良医。从前,伊尹在夏王朝,姜子牙在商王朝,两个王朝仍然灭亡,难道伊尹、姜子牙不打算救他们?当然不是,而是形势不允许。不出二十年,天下将全被秦王国吞没。”

孔斌引用的燕雀之喻,发人深省。他指出:有些人的见解跟燕雀一样,不知道大祸就要临头!那种颟顸恍惚态度,使人惊讶。然而,两千余年的历史,我们却看到更多这样的镜头。一个人从六十层高楼摔下来,经过五十层窗口时,他说:“我活得很好。”经过四十层窗口时,他说:“我活得很好。”经过三十层窗口时,他说:“我活得很好。”平安讯息连续传出。太多时候的芸芸众生,都是在这种自以为“活得很好”声中,欢天喜地,甚至还争权夺利,掀起茶杯风波。

太浓的忧患意识使人变成惊弓之鸟,太淡的忧患意识使人麻木不仁。中国人分趋两个极端,使灾难更惨重,更难摆脱。

魏齐

秦国王（三任昭襄王）嬴稷，决心用国家力量为范雎复仇。情报说，魏齐躲到赵王国（首都邯郸）平原君赵胜住所，嬴稷于是邀请赵胜到秦王国（首都咸阳）访问。等赵胜抵达，立即囚禁。派人告诉赵国王（三任孝成王）赵丹说："不砍下魏齐的头，你的叔父（赵胜）就出不了函谷关（河南灵宝东北）。"魏齐只好逃出赵胜住所，投奔宰相虞卿。虞卿立即辞职，跟魏齐逃到魏王国（首都大梁），打算请王弟魏无忌帮助，再逃向楚王国（首都陈丘）。魏无忌考虑到国家利益，不敢马上见面。魏齐一气之下，自杀。赵丹砍下他的人头，送给秦王国，秦王国才把赵胜送回。

魏齐虽贵为宰相，但本质上跟须贾一样，不过官场混混，他在流别人的血、使别人痛苦，来展示他的忠义时，慷慨激昂，神采飞扬。等到需要流自己的血维护国家的安全，却卑劣地弃职潜逃。凡是残暴的人，没有一个不胆小如鼠，想当年他巍坐高堂，下令对范雎苦刑拷打，何等凛然，再也想不到会有今日。胆小如鼠之辈，因为坚信对手不能翻身，才忽然胆大包天。魏齐直到临死，都没有一句话对自己过去诬陷忠良的行为，表示歉意，反而愤怒地斥责别人不够朋友。咦，他竟要天下人都为他一个人的罪恶去送命受苦，可算是中国历史上最古老的一个人渣。他的下场，使天下所有负屈受冤的孤苦灵魂，都扬眉吐气。读者先生如有酒在手，请干一大杯。

杜邮之祸

公元前257年,秦王国(首都咸阳【陕西咸阳】)国王(三任昭襄王)嬴稷,免除白起所有爵位和职务,贬作士兵,放逐到阴密(甘肃灵台)。

十二月,秦王国再度动员兵力,增援前方,先锋抵达汾城(山西新绛)。白起因病,不能启程。时各国援军攻击王龁,王龁屡次战败,向政府紧急求救的使节,络绎于途。这使嬴稷更为火爆,下令强迫白起出发,不准在首都咸阳(陕西咸阳)片刻逗留。白起只好离开,出咸阳西门十里,到了杜邮(陕西咸阳东北【秦首都咸阳城西南小镇】)。嬴稷跟范雎,以及高级官员商议:"白起对加到他身上的处罚,表示不满,而且还发牢骚!"嬴稷派人送给白起一把宝剑,白起接剑后,知道君王的用意,遂举剑自杀。

白起最大的罪恶,是长平(山西高平西北)杀降。然而,对秦王国(首都咸阳)而言,他功勋盖世。他之拒绝担任大军统帅,可能是在斗气,也可能确实预见到必不能胜。秦王国对败军之将,处分严厉,他不敢冒这个险。但更有一种可能是,他真的患病。问题是,专制体制之下,不允许任何人有个性。白起胆敢拒绝君王恩赐的高官,已犯了大忌(轻视官爵就是轻视君王,君王全凭这个法宝维持他的权威),而在被贬逐之后,竟然仍不满意,还发牢骚,这种行为,谓之"怨望"。因此,官场中的狡猾之辈,一旦受到迫害或委屈,不但不敢表示不满、口吐真言,反而诚惶诚恐,自认"臣罪当诛"和"天王圣明",希望首领肯定他的忠贞不贰。重罪或可免死,轻罪或可重新出头。

横挑强邻

公元前256年，秦王国攻击韩王国，杀四万人；又攻击赵王国，斩杀及俘掳九万人。位于洛阳（河南洛阳白马寺东）的周王国国王（四十三任赧王）姬延，大起恐慌，秘密跟各王国联络，企图重组南北合纵同盟，由姬延亲自率领联军，出伊阙（河南洛阳南五公里），切断秦军粮道，使它再不能进入阳城（河南登封东南）。秦军的反应迅速而猛烈，大将掐（姓不详）率军直抵洛阳，生擒姬延，掳往秦王国献俘。周王国所属三十六个城市，人口总计三万，全部并入秦王国。稍后，又把姬延放回，贬作平民，死于洛阳。

周王朝自公元前1134年一任王姬发（周武王）即位，到本年（公元前256年）四十三任王姬延（周赧王）死亡，共立国八百七十九年，悄悄消失，没有引起一丝涟漪和一声抗议。“共主”“天子”，何等神圣，时候来到时，不值一文。周王国到了只剩下三十六个城市和三万人口，已没有资格过问国际政治，甚至连“大起恐慌”的资格都不具备。唯一的一条路，只有静观待变。而姬延却忽然大展宏图，我们虽不在场，但可以想象：慷慨激昂，“有土一城，有众一旅”，如少康中兴的话，一定说了一箩筐。等到国亡家破，那些大言不惭之徒，当然不知去向。

荀况呓语

楚王国(首都陈丘【河南淮阳】)春申君黄歇,任命荀况当兰陵(山东苍山)县长。荀况,是赵王国(首都邯郸【河北邯郸】)人,曾经跟临武君(名不详)在赵国王(三任孝成王)赵丹之前,讨论军事,一场辩论后,陈嚣问说:"先生谈论军事,总是认为仁义才是根本。问题就出来了,仁者有爱心,义者有理性、有法则,怎么能统军作战?统军作战,就是为了争取胜利。"荀况说:"这就不是你所能了解的了。仁者有爱心,正因为有爱心,才厌恶害人的人。义者有理性有法则,正因为有理性有法则,才厌恶摧残理性、摧残法则的人。军事行动的目的,是除暴安良,不是夺取权力和财产。"

司马光用六七千字的巨大篇幅,引述荀况的论点,对这项论点,显然认同。荀况是儒家学派的修正主义者,在他思想中,已透露法家学派的信息。他跟孟轲一样,是一位雄辩家,但他没有孟轲可爱。孟轲虽然有时陷于举证和逻辑的错误,但他热情洋溢、气势澎湃,现场的说服力很强。荀况却一副冷冰面孔,好为人师。这篇跟临武君的辩论,洋洋洒洒,不过一场闹剧,因为临武君谈的是战术,荀况谈的是政略,根本是两码子事。不但不冲突,而且相辅相成。荀况后来谈到战术时,还不也是临武君那一套。文中频频提示临武君大为佩服的表情,使人怀疑。

荀况的见解,有时候荒唐得离谱太远,竟然幻想出来敌国人民喜爱我们如同喜爱爹娘,而视他们的统治者如同仇寇。所以一旦战争爆发,他们绝不会站在暴君的一边,绝不会攻击被当作爹娘的我们这一边!这可是午夜奇谈,再了不起的仁政,可能使敌国人民羡慕,不可能使敌国人民把入侵者当成爹娘,更不可能促使敌人全国背叛。

交锋一旦开始，战士完全被杀人的行动和被杀的恐惧所控制，还管什么谁是“义师”，谁是“盗兵”？自从人类有历史以来，从没有出现过的“仁人”，和从没有具体实现过的“仁政”，被儒家系统无限制地扩大它的效果，竟成为一个无往不利的符咒。

事实上，荀况崇拜诈术、暴力，他阁下以“莫邪”宝剑自喻，喊出“顺我者生，逆我者死”的血腥口号。对于稍后归附的，一律：“冒犯的衰落，叛变的灭亡。”这种“仁人”的军队，可是够凶恶的了。最难堪的是：“仁政”之下，还有冒犯、叛变之事，“仁政”的力量就并不如所形容的万能，也要靠封爵升官奖赏维持，怎么有资格讥刺别国的军队如此？荀况说，诛杀姒履癸和子受辛，像诛杀两个地痞流氓，未免轻松过度，他应该知道那是两场血战，千万人死亡。《书经》文献俱在，怎能当作一首抒情诗篇？这是一种不负责任的态度。而“六术”“五权”，不过一些肤浅的知识分子对他一知半解的事物，所作的纸上作业，漏洞百出。幸亏没有把军队交给他，否则，另一位赵括先生出场。

然而，荀况的见解，有他的价值，至少“三至”，是做将领的铁则。掌握权柄的人如果明令或暗示欺虐人民，将领如果执行，应叫他付出代价。集中营魔头艾希曼在以色列绞死，谷寿夫在南京枪决，说明“上级命令”已不能使凶手逃避责任。

年号制度造成混乱

公元前255年，楚王国（首都陈丘）军队占领鲁国（首府曲阜【山东曲阜】），把鲁国国君（三十七任）顷公姬雠，放逐到莒城（山东莒县）。

去年（公元前256年），《通鉴》纪年为“周赧王五十九年”。今年

(公元前255年),《通鉴》纪年为"秦昭襄王五十二年"。五十九年的次年,竟是五十二年,年号制度造成的混乱,在通史上第一次显示。而我们去年用"公元前256年",今年用"公元前255年",不但一目了然,也免得查年号的读者先生,活活累死。

"人主"的威力

卫国(首府濮阳【河南濮阳】)国君(四十六任)卫怀君(名不详),于公元前252年,到魏王国首都大梁(河南开封)朝见,魏政府把他诛杀,另立他的老弟(名不详)继位(四十七任),是为卫元君。卫元君是魏国王(四任安釐王)魏圉(音yǔ【雨】)的女婿。

史书并没有说明卫怀君先生犯了什么罪,非处死不可,但却指出新君是魏王国皇家姻亲,这明显的是一场借助外力的政治斗争。魏王国的凶暴,不亚于秦王国,一高兴或一不高兴,就把跟自己毫不相干的另一个国家的元首,像囚犯一样地处决。卫国(首府濮阳)是周王朝(首都镐京【陕西西安西】)封的,并不是魏王国封的,只不过国小民弱而已。魏王国碰见秦王国,就心惊胆战,碰到小邻居,就另一副态度。

这件事使我们想到上世纪(前四世纪)发生的另一件事,魏王国一任王(惠王魏罃),强调卫国国君是"人主",声称:"不听人主的话不祥。"(参考公元前325年)现在魏国王不但不听"人主"的话而已,甚至还把"人主"的人头砍掉,却没有一点不祥。充分证明当年交还逃犯的理由,不是真正的理由。不知道专制魔王又要发明什么别的理由,再来证明"人主不同凡品"?

弱者有时更凶暴

燕王国(首都蓟城【北京市】)国王(八任)姬喜,派大臣栗腹担任亲善大使,晋见赵王国(首都邯郸)国王(三任孝成王)赵丹,呈献黄金十二万两,作为祝福,誓言两国永结同盟。栗腹回国后,向姬喜报告说:“赵王国壮年人都死在长平(山西高平西北。参考公元前260年),少年人还没有成长,这个国家已没有人力资源,可以攻击。”姬喜询问昌国君乐闲(乐毅的儿子)的意见,乐闲说:“赵王国四面都是强敌,无险可守,全靠武装部队捍卫国家,人人都是强悍的战士,绝不可轻视。”姬喜说:“我用压倒性五倍的力量,赵王国无法抵挡。”乐闲坚决反对,姬喜勃然大怒,立刻板起面孔。所有高级官员都支持国王的正确判断,姬喜遂下令出动战车一千辆,南下进攻。大臣将渠说:“跟人家缔约盟誓,永结友好,又用黄金十二万两的隆重礼品,向人家君王祝福。使节一回国,就翻脸无情,要灭人国,这不是一件高贵的行为,不可能获得战果。”姬喜不听,并且亲自率领一支援军,在大军之后出发。将渠情急,抓住姬喜佩挂印信的锦带,姬喜更加光火,一脚把他踢开,将渠垂泪说:“我不是为自己打算,而是为大王打算。”

燕军抵达宋子(河北赵县),赵王国大将廉颇迎战,在鄗城(河北柏乡北)击败栗腹,赵王国另一大将乐乘在代郡(河北蔚县)击败卿秦,向北追击五百余华里,包围燕王国首都蓟城(北京市)。姬喜束手无策,只有请求和解,赵王国表示:“我们只跟将渠谈判。”姬喜任命将渠当宰相和谈,赵军方才撤退。

燕国王的不信不义,凶暴残忍,又岂亚于秦王国?姬喜只看见眼前的骨头,硬看不见骨头下面的钢刀。正因为这种唯利是图的近视眼太多,人间的悲剧和丑剧,才层出不穷。战国时代已近尾声,大家都将同归于尽,却仍勇于互相残杀。世人只注意强者的不信不义、凶暴残忍,忽略了弱者往往更不信不义,更凶暴残忍。

孔斌论高士

魏王国(首都大梁【河南开封】)国王(四任安釐王)魏圉(音yǔ【雨】),询问孔斌:“谁是天下的高士?”孔斌说:“世界上没有这种人,假使一定要指出的话,那就是鲁仲连。”魏圉说:“鲁仲连故意做作,不是天生的高贵气质。”孔斌说:“一个人拼命去实践,从不懈怠,就成了君子人物。一直故意做作到底,不中途改变,那就是天生的高贵气质。”

美德是逐渐培养出来的,大人物是自我训练出来的。世界上从没有一个人纯靠天赋,在娘亲肚子里便与众不同,生下更胸怀大志,只有摇尾分子才敢这么认定他的主子就是这样。魏圉先生不相信他所看到的事实,目的只在贬低对方身价,这种反应,如果不是妒火中烧,一定是政治挂帅。

传统史学的特征

魏王国(首都大梁)安陵(河南鄢陵)人缩高的儿子,在秦王国(首都咸阳)供职,充当管城(河南郑州)守将。魏无忌无法攻下,派人晋见安陵君(名不详),说:“请你遣送缩高到我这里来,我打算任命他当五大夫(文官第十二级),充全权执法官(执节尉)。”安陵君说:“我这里是一个小小的封国,所发号令,人民不见得听从,请使节直接告诉他。”叫人引导使节到缩高那里,宣读魏无忌的书信。缩高说:“王子之所以看重我,是要用我攻击管城(河南郑州)——使作父亲的攻打儿子坚守的城市,天下人都会讥笑。如果我的儿子为了我而投降,是背叛他的主人。作父亲的鼓励儿子背叛主人,魏无忌先生也不会喜欢,所以,请原谅我不敢接受任命。”使节回报后,魏无忌怒火上升,再派人通知安陵君说:“安陵虽是封国,却也是魏王国领土。我现在不能攻陷管城,秦王国就会利用管城作为基地,对我们反扑,魏王国将面临危险(管城【河南郑州】大梁【河南开封】间航空距离六十公里)。盼望你能把活着的缩高送来,如果你不能或不肯,我将率领十万大军到你城下。”安陵君说:“我父亲成侯(名不详)奉我祖父(二任襄王魏嗣)的命令,镇守此城,亲手把刑事法规交给他。刑事法规上最重的条款是:‘臣属谋杀君王,子女谋杀父母,绝不赦免。即令大赦,凡举城投降敌人,或临阵逃亡的将领,也绝不赦免。’现在缩高拒绝你赐给他的高位,用以解除他们父子面对的困境,你却要我生擒他。这使我违背襄王(二任王魏嗣)的诏令,废除国家的刑法,宁可以死,不敢接受你的指示。”缩高听到消息,说:“魏无忌性情刚猛,而且自信心很强,使节回去,如果把安陵君这段话原封转告,大祸立即临头。我已经尽了我当臣属的信义,不可以叫我的国君被自己祖国的军队攻打。”于是,缩高到使节官舍,刎颈自杀。魏无忌没有料到会演变到这个地步,立刻改穿丧服,迁住厢房(缟素辟舍,表示最高的哀悼),派人向安陵君致歉说:“我真是一个小人物,思虑不周,在你面前说了些不该说的话,请你宽恕。”

这段史迹的重点应在管城(河南郑州),可是,原文却全力描述缩高和安陵君的对话。管城是否攻陷,或是解围而去,却没有交代。中国传统的史学家,习惯于这种僵硬的机会教育。于是,事实不重要,意识形态才重要。管城不重要,缩高、安陵君的言论才重要,历史不成为历史,而成了儒家学派的传道书。

魏无忌死于内斗

秦王国(首都咸阳)对魏王国强人魏无忌的强大实力,感到震恐。国王(五任庄襄王)嬴异人(嬴楚)抛出黄金二十万两,在魏王国(首都大梁)制造耳语运动,透过晋鄙的宾客,向魏国王(四任安釐王)魏圉(音 yǔ【雨】)提出警告说:"魏无忌在外国流亡十年,擢升他当最高统帅之后,全世界国家都甘愿听他的指示,这是一个明显的危机。普天之下,大家都只知道魏无忌,而不知道你国王。"嬴异人(嬴楚)又屡次派出使节,向魏无忌致敬,问他什么时候登极。魏圉日夜听到的全是不利于魏无忌的情报,不能不信以为真,于是派人接任他统帅的职务。魏无忌了解他的处境,声称有病,不再出席朝会,日夜喝酒和沉湎在美女群里,只求速死。四年(公元前 243 年)后,果然逝世。

使魏圉决心排除魏无忌的,有两句话:"人们只知道有他,不知道有你!"这是"知他不知你"模式。范雎刚用它打击过皇太后芈八子和魏冉(参考公元前 266 年),魏无忌能保全性命,真是奇迹。因为,随着历史演进,这两句话越来越有杀伤力。

魏无忌忠义震天下,万众钦敬。何以魏圉所听到的,全是谗言?这固然是秦王国(首都咸阳)的银子厉害,也是魏无忌的一种错误。以他的权势和能力,足可以切断国王与外界的交通,至少也可以在国王左右,安置自己亲信——像田单在国王田法章左右安置貂勃一样(参考公元前 279 年),然而魏无忌却没有这样做,只缘他认为跟国王是亲兄弟,不可以待以机心,更不可以怀疑对方会心狠手辣。他缺少保护自己的行动,而终于使大局全非。仅只忠心没有用,必须使主子相信你忠心才有用。而又如何使主子相信你的忠心,那要看官场手段。然而一个人的精力有限，全部投入工作之后，已没有时间供他逢迎。中国历史上魏无忌故事一再重演，原因恐怕在此。

世界第一奇计

韩王国（首都新郑【河南新郑】）发动一项使秦王国（首都咸阳）民疲财尽的攻势。水利工程师郑国，假装逃亡，投奔秦王国，说服秦政府，在仲山（东仲山，陕西泾阳西北境）开山掘道，引导泾水，沿着北山（北方诸山）南麓，注入洛河（郑国渠于陕西蒲城东南，注入洛河，东西长达一百五十余公里。而今，两千年后，郑国渠旧道大多湮没，只泾阳县西北一段尚存，作为泾惠渠的一部分）。在这项庞大水利工程进行途中，阴谋被发现。秦王国要诛杀郑国，郑国说："我为了延长韩王国几年生命，才来投效。然而，水渠落成，秦王国将享受万世的福利。"秦王国认为他的话合理，命他仍主持这项工程。用挖出的泥土，填高低洼地区，并覆盖在咸质土地上，使寸草不生的土地，变成肥沃良田，多达四万余顷（一顷是一百亩），每亩收获高达六斛四升，秦王国更加富庶。

韩王国（首都新郑）当权头目这种头脑，属于世界一奇。苏秦打算叫齐王国（首都临淄【山东淄博东临淄镇】）没落，用的是使他们把国力浪费在堕落性的消费行为上，诸如盖皇宫宝殿，开辟御花园、动物园等。而韩王国干的勾当，却是使敌国投资到建设性工程上，实在不可思议。犹如一只老虎逼门，不想办法擦枪磨刀，反而每天引它去五里路外去吃一条小羊，希望它跑得疲倦，没有力气再吃，却没有想到它会一天比一天更为雄壮。一个国家拥有这样智商的统治阶层，如果不亡，简直没有天理。

英雄不敌鲨鱼

赵王国(首都邯郸【河北邯郸】)任命廉颇当名誉宰相(假相国),率军攻击魏王国(首都大梁),占领繁阳(河南内黄)。正在此时,赵王(三任孝成王)赵丹逝世,儿子赵偃继位(四任悼襄王)。赵偃在当太子时,就不喜欢廉颇,于是派武襄君乐乘(乐毅的儿子),接替廉颇。廉颇怒不可遏,攻击乐乘,乐乘走避,廉颇不能再留,遂投奔魏王国(首都大梁),可是魏王国对他不能信任。

赵军屡被秦军击败,赵偃又想请廉颇出任统帅,廉颇也愿意继续为祖国效力。赵偃派遣使节前往拜访,考察有没有复出的可能性。廉颇的仇人郭开,用重金买通那位使节,要使节想办法阻挠。廉颇接见使节,当场展示他的体力,一顿饭吃下一斗米、十斤肉,然后披甲上马。可是使节回去后,却报告说:"廉颇将军虽然已老,饭量尚好。可是他陪我坐的那段时间,却去拉了三次屎。"赵偃认为廉颇已不堪担负重任。

廉颇久候不见召回,大为失望。楚王国(首都陈丘【河南淮阳】)派人秘密迎接,叫他担任大将。可是,楚王国武装部队的腐败,已不堪救药,完全丧失战斗能力,无法建立功勋。廉颇感叹说:"我思念赵王国(首都邯郸)战士。"最后,在寿春(安徽寿县)逝世。

郭开所担任的角色,十分重要,这位在国王面前一脸忠贞的鲨鱼,宁愿国家灭亡,也要公报私仇,正是敌人最欣赏、最容易收买的对象。赵王国(首都邯郸)亡后,秦王国(首都咸阳)发现:郭开制造冤狱之多,打击民心士气之重,挖政府墙基之努力,其他卖国贼给他提鞋都不配,论功行赏,封他当高级国务官(上卿)。历史上,郭开这类人物不少。他们唯一的危险不是被人唾骂,而是新主子万一不领这份情。

剧辛与庞煖

最初，在赵王国（首都邯郸【河北邯郸】），剧辛跟庞煖相交，友情深厚。后来，剧辛到燕王国（首都蓟城【北京市】）做官（参考公元前312年）。燕国王（八任）姬喜眼见赵王国衰落，对秦王国（首都咸阳）作战，又不断失败，而名将廉颇又客死外国，由庞煖担任统帅，打算乘人之危，发动侵略。询问剧辛的意见，剧辛高兴说："我了解庞煖，容易对付得很。"姬喜遂任命剧辛当远征军统帅，大举攻击赵王国。赵王国三军统帅庞煖，率军迎击，格杀剧辛，俘掳燕军二万人。

战国时代七国之中，燕王国（首都蓟城）最为脓包。俗云："燕赵自古多慷慨悲歌之士。"似乎有赵无燕。只有乐毅当统帅时，燕军才能一战，其他时候，几乎战无不败。而所有君王，也只有姬平（四任昭王）一人，可称豪杰。自姬乐资（五任惠王）以降，虽不知道自己振作，却整天打赵王国（首都邯郸）领土的主意，而又不堪赵王国一击。宏观地看，燕王国应该诚心诚意，尽其全力帮助赵王国才对，赵王国像座大山，全力挡住秦王国（首都咸阳）的暴风。一旦大山倒塌，燕王国也就被席卷一空。想不到燕王国一再爆破那座大山，唯恐怕爆破不垮。有些人的脑筋，确实是粪做的。

警觉太迟

公元前242年，各王国警觉到秦王国（首都咸阳）不断侵略，危险日深,谋求对策。

直到今天,重组南北合纵同盟,仍不为晚。问题在于各国统治阶层的腐败,已入骨髓。掌握权柄的人,口袋里装满秦王国(首都咸阳)贿赂的金银财宝。没有好的政治,就没有好的作战部队。将领都是用不尊严的手段获取高位,士兵则全来自穷苦人家,在军中半饱半饥。于是官也好、兵也好,全无斗志,一旦投入战场,自然溃散。各国不知道改革政治,加强战力,却想靠那些离心离德的军队,保护自己的特权并创造奇迹,可真正成了异想天开。

茅焦神话

秦王国国王(六任)嬴政最初即位时,年纪还小,太后赵姬与嫪毐(音 lào ǎi【涝矮】)通奸,生下两个儿子。嬴政因娘亲的缘故,把太原(山西太原)封给嫪毐,并且委任他主持国家大事,权倾中外。有人向嬴政揭发真相,嬴政下令调查。嫪毐发动兵变,使用御玺,征调军队,攻击嬴政度假所在地雍县(陕西凤翔)蕲年宫(雍县城内东南角),企图捕杀嬴政。嬴政命宰相昌平君、昌国君(均是贵族,名不详)集结部队迎击,嫪毐兵败逃走,被追兵生擒,屠灭三族(父族、母族、妻族),车裂他和他的党羽。嬴政把娘亲囚禁在雍县萯阳宫(陕西户县西南。萯,音 bèi【贝】),把她所生的两个儿子杀掉。下令说:"跟我谈话时,胆敢涉及皇太后的,立即斩首,砍断四肢,堆到宫门之外。"于是,二十七个进言规劝的人,被当场处死。齐王国宾客茅焦要求晋见,嬴政坐在高堂,手按宝剑,口吐白沫。茅焦慢慢地走到跟前说:"大王的行为,十分狂悖,难道自己竟不知道?车裂假父、扑杀二弟、放逐娘亲、屠杀进谏的忠臣,即令是姒履癸(桀)、子受辛(纣),也不至这么残暴。一旦传遍天下,向心力立刻瓦解,没有人再向往秦王国。我为大王担忧,言尽于此。”嬴政顿然醒悟,急急下殿,用手扶他起身,说:“我接受你的忠告。”前往萯阳宫(陕西户县西南),迎接赵太后返回咸阳,母子感情,恢复往昔。

嬴政之诛杀嫪毐,并不违反善良风俗,也不违反国法。嫪毐不过娘亲的情人、奸夫而已,怎么能称“假父”? 茅焦每一句话都在刺激嬴政发疯,而嬴政竟没有发疯,简直不可思议。可能嬴政正在寻觅一个下台阶梯,而茅焦适逢其会。无论怎么吧,茅焦的言论并没有说服力量,而只有激怒力量,竟然发生说服效果,以致使我们怀疑事件经过的真实性,假定是真的,我们则怀疑是不是出于嬴政的安排。

最精彩的鲨鱼

楚王国(首都郢城【安徽寿县】)国王(二十三任考烈王)芈完,没有儿子。赵王国(首都邯郸【河北邯郸】)人李园,正准备把妹妹献给芈完,听说芈完没有生育能力,不敢贸然行事,恐怕进宫之后,也不能生儿子,就会失宠。春申君黄歇遂把李园妹妹迎接入府当小老婆。不久,她怀了身孕。黄歇把她送回哥哥李园家,然后向芈完推荐。芈完果然迎接她进宫,最后生下一个男孩(芈悍),封为太子。母以子贵,李园的妹妹也成了王后,舅爷李园遂进入政府。

李园既爬上高枝,不再需要黄歇,同时又害怕黄歇泄露机密,遂秘密结交亡命之徒,准备杀人灭口,消息逐渐传开。不久,芈完卧病,十七天后逝世,李园第一个被召入皇宫,李园在宫门设下埋伏,黄歇冒冒失失进去,伏兵突起,乱刀砍死,把头颅投到宫门外,派遣官员搜捕黄歇家属,全体诛杀。太子芈悍继位(二十四任),是为幽王。

芈完、黄歇、李园、李园的妹妹,四边关系筑成楚王国高阶层政治舞台。短兵夺权,无情无义,变化莫测。三寸之外,一片黑暗,谁都不知道黑暗中埋伏着什么。战国时代所谓“四大王子”之一的黄歇,他的高位不是他的小聪明能够承当得住的,这从他率领五国联军在函谷关外,没有交锋,就告溃败,可得到证明。站在社会史立场,李园的地位,十分重要,他是一个标准“腻人”,他要拍你马屁时,连漂亮的妹妹都双手送上,那种忠心和温情,以及善体人意的媚态,使你无法拒绝。可是翻脸时的疾如闪电和回报的酷烈,更使人发抖。在李园之前,还有一个人跟他相似,那就是夏王朝第七任帝寒浞。在李园之后,数目可就更多,直到今天二十世纪,随时都有人登台亮相。不过时代不同,方式稍异。寒浞、李园,是鲨鱼群中最精彩的两只,最好不要遇上。遇上必被缠住,轻者遍体鳞伤,重者全盘覆没。

赵王赵偃之蠢

公元前236年,赵王国(首都邯郸【河北邯郸】)攻击燕王国(首都蓟城【北京市】),占领狸阳(河北任丘东北),战役还没有结束,秦王国(首都咸阳【陕西咸阳】)大将王翦、桓齮(音 yǐ【椅】)、杨端和,率大军攻击赵王国,包围邺城(河北临漳南),占领九个城市。王翦继续攻阏与(山西和顺)、橑阳(山西左权。橑,音 liáo【聊】)。桓齮攻陷邺城、安阳(河南安阳)。

六国之间,这是最后一次互相撕咬。赵王国即令有充分的理由发动攻击,可是,国家领导人如果有一星点智慧,就应该自我克制。国家领导人不是黑道小瘪三,动则拔刀而上。

吕不韦是一代奇才

公元前235年,秦王国(首都咸阳【陕西咸阳】)文信侯吕不韦服毒自杀,家人把他埋葬,秦政府着手调查,凡是参加吊丧的随从和宾客,一律逐出国境。嬴政下令说:"从今之后,凡主持政府,像嫪毒lào ǎi(音【涝矮】)、吕不韦一样荒唐的,财产没收,以此为例。"

《法言》曰:"有人说:'吕不韦岂不是大智大慧之人,他把人当作货物,拿出来交易。'扬雄说:'谁说吕不韦大智大慧?为了贪图官爵,付出他的家族。我认为吕不韦不过是个大一点的小偷。小偷的意义是:眼睛只看见瓦罐,却看不见洛阳城。'"

传统史学家习惯于以成败论英雄,照扬雄所言,吕不韦如果能够善终,岂不就成了大智大慧!耶稣告诉他的门徒,为了传教的缘故,"应该灵活得像条蛇"。吕不韦不过灵活得像条蛇而已,他并没有伤天害理。一介平民到掌握国家权柄,现在可以诉诸选举,古时候并没有固定的管道。吕不韦深谋远虑,节节衔扣,智慧过人,无疑问的是一代豪杰。他唯一不能掌握的,是他的旧情人赵姬是那么淫荡,索取没有止境,而嬉戏在他怀中肩上的嬴政小娃,又是如此彻底的翻脸无情。

司马光诬陷韩非

公元前233年,秦王国(首都咸阳【陕西咸阳】)大将桓齮,再攻赵王国(首都邯郸【河北邯郸】),韩国王(五任)韩安恐慌,割让土地,献出国王印信,请降格作秦王国的附庸,派韩非到秦王国晋见。

韩非,是韩王国(首都新郑【河南新郑】)的王子之一,法家学派巨子。眼看祖国日益衰弱,忧心如焚,屡次向国王提出书面建议,国王都一笑置之。韩非对当权官员的颟顸,至为痛心。当权官员平常日子,优待御用的摇尾学者;当国家紧急时,却依靠平时瞧不起的武士。培养出来的人才不用,用的又不是培养出来的人才。目睹廉洁正直的人,被邪恶的当权分子排斥,考察过去的得失变化,韩非著《孤愤》《五蠹》《内储》《外储》《说林》《说难》,共五十六篇。

嬴政崇拜韩非的学问和才能,打算会见他。于是,韩非抓住出使秦王国(首都咸阳)的机会,上书给嬴政,说:"秦王国拥有数千华里广大领土,武装部队号称一百万,纪律森严,赏罚公平,号令分明,天下无人可及。我冒死请求大王赐予接见,将贡献破坏合纵同盟的具体方案。大王如用我的方案,不能一举成功——赵王国不投降,韩王国不灭亡,楚王国、魏王国不屈服,齐王国、燕王国不归顺,霸王之名不能建立,四邻所有封国国君不来朝觐,就请大王把我诛杀,作为对大王不够忠心的惩罚。"嬴政怦然心动,还没有任用,李斯已妒火中烧,打小报告说:"韩非,是韩王国的王子。大王的目的是在并吞天下,而韩非不可能忘情祖国,而全心全意效忠秦王国,这是人之常情。但送他回国也不是办法,以他的才能,万一韩王国重用他,将成为我们的后患,不如用法律除掉他。"嬴政认为合理,遂把韩非逮捕监禁。李斯派人送去毒药,叫韩非自杀。

《法言》曰:"有人问:'韩非作《说难》大文,却死于"说难",为什么他不能实践他的理论?'扬雄说:'正因为"说难",他才牺牲。'那人问:'为什么?'扬雄说:'君子以礼教支配行动,以信义克制自己。意志相合就合作,意志不相合就分开,而根本不忧虑会不会相合!假如企图说服别人而担心合不合对方的心意,那可是什么事都做得出来。'那人问:'韩非忧虑的正是合不合对方心意,难道不对?'扬雄说:'说服工作不采取正当手段,才值得忧虑。方案是不是被接受,不值得忧虑。'"

司马光曰:"君子爱他的亲人,也爱别人的亲人;爱自己的国家,也爱别人的国家。所以勋业伟大,美名照耀宇寰。而韩非向秦王国献策,第一就是要先覆灭他的祖国,目的只在证实他的学问和才能。他的罪恶并不是一死就可了之的,不必怜悯他的遭遇。"

韩非这份卖国上书,十分蹊跷。司马光跟他的编辑群,似乎在故意抹杀真相。据其他史书记载:嬴政拜读韩非的大作,佩服得五体投地,自怨自艾说:"我能够跟这个人做朋友,死而无恨。"当李斯告诉他韩非是韩王国(首都新郑)的王子后,嬴政遂对韩王国发动攻击,这次侵略行动,是传奇性的,不是为了土地,而是为了人才。这种情形下,韩非到了咸阳(秦首都,陕西咸阳),嬴政当然迫不及待地立刻接见,恐怕连撒尿的时间都无法等待。但该信语气,好像是韩非压根见不到嬴政,才哀哀上告。而且韩非有口吃的毛病,他顶多呈上他的大作,那就够了,不可能要求会面,以韩非的智慧,不致坚持自暴其短。即令韩非要求会面,也不可能写出那种幼稚言论,提出一连串灭国保证。韩非大作《韩非子》,每一句话都是一个钉锤,完全诉诸理性,字不虚发。而这份卖国上书,却像江湖郎中在卖包治百病的狗皮膏药,岂不低估了他的对手?《史记》不载这封信,《战国策》不但不载这封信,还指出另一桩公案(被姚贾陷害)。司马光所以如此,只是一桩政治上的小把戏。因为在现实政治上,司马光的对手王安石,是一位披着儒家外衣的法家,而韩非却是法家学派始祖。正好利用这封卖国上书,把法家丑化,使人们产生"法家就是卖国贼"的印象。

诬以谋反的威力

公元前229年,秦王国(首都咸阳【陕西咸阳】)向赵王国(首都邯郸【河北邯郸】)作灭国性攻击。赵王国大将李牧、司马尚,竭力抵抗,秦军不能前进。秦王国(首都咸阳)间谍给赵国王(五任)赵迁的宠臣郭开更多的金银珠宝,于是郭开向赵迁警告说:李牧、司马尚即将叛变。赵迁大起恐慌,派赵葱跟齐王国(首都临淄【山东淄博东临淄镇】)将领颜聚,接替李牧、司马尚职务。李牧悲愤,拒绝交出兵权,抵抗失败,在逃亡途中被杀,司马尚也被罢黜。

"诬以谋反"的铁帽,法力无边。天下多少忠臣义士和国家栋梁,丧生在这个铁帽之下,自古忠良多枉死,长使英雄泪满襟。赵王国(首都邯郸)亡在眉睫,还替敌人诛杀最后一员名将。郭开属于一脸忠贞分子,历史自有定论。而国王赵迁,这位摧毁赵王国的凶手,可真是名副其实婊子养的。

贪污的学问

公元前225年,秦王国(首都咸阳)大军进入楚王国(首都郢城【安徽寿县】),大败而回。嬴政亲自去频阳(陕西富平)探望王翦,致歉说:"我没有采用将军的建议,果然为秦王国带来羞辱,将军虽然有病,怎么忍心抛下我?"王翦说:"大王一定要用我的话,非六十万人不行。"嬴政说:"一切听你的。"王翦率六十万大军,向楚王国发动灭国性攻击,嬴政亲自送到霸上(陕西西安东,灞水河畔)。王翦向嬴政要求赏赐相当数目的美宅良田,嬴政说:"你只管出发,怎么还怕穷呀!"王翦说:"当大王的将领,功劳再大,也不能晋封侯爵。所以趁着大王还喜爱的时候,请求赏赐,不过为子孙打算罢了。"嬴政忍不住大笑起来。大军既出发,到了武关(陕西商南东南),又陆续派出五个使节,向嬴政请求继续赏赐。朋友说:"你这种贪得无厌的行为,岂不太过分。"王翦说:"不然,国王(嬴政)性格猜忌,从不信任别人,如今挖空全国的武装部队,交到我手里。我之大量请求赏赐,只不过为了表示眷恋子孙家财,用来保护自己。否则,他可能疑心我胸怀大志。”

在专制体制下,从没有过真正的精诚团结,领袖每天都在担心部下背叛,部下也每天都在担心被领袖怀疑背叛。这种心理状态构成的政治舞台,自然充满吊诡欺诈。因为这种缘故,贪污腐败不能绝迹!领袖希望部属贪污腐败,以转移他对政权的野心;部下也用贪污腐败,表示志仅于此,来保命保家。当然,必须有背叛能力的官员,才能这样。否则,一旦贪污案发,还是要吃官司。其中自有微妙的分际,不投入实际官场,不易明了。

论荆轲

公元前222年,秦王国出动大军,急攻辽东(辽宁辽阳),生擒燕王国(首都襄平【辽宁辽阳】)国王(八任)姬喜(燕王国自公元前333年至公元前222年,共立国一百一十一年,至此灭亡)。

司马光曰:“燕王国太子姬丹,不能忍一时激忿,去冒犯如虎似狼的秦王国(首都咸阳),思虑不周,谋略肤浅,使燕国第一任国君姬奭(召公)的祭祀,突然中断,这是一项大罪。竟然有人认为姬丹是一位贤才,未免过分。对一个国家领导人而言,主要的工作在于选拔有才干的人担任官职,把政治行为纳入礼教范围,以仁爱之心待人民,以信义之心待邻邦,这样才能使官员都是人才,干部都可安分守己,人民都怀感激之情,邻邦也愿意亲善。到了这种时候,国家自然安如磐石,发出火光,碰它的一定粉碎,撞它的一定被烧得焦头烂额。虽然有强暴的敌人,也没有害怕的理由。姬丹不走这条路,反而以一万辆战车的国家,用小偷大盗手段,去为他一个人泄愤。结果失败身死,国家摧毁,难道没有悲痛?双膝跪地,匍伏而前,不是恭敬。对自己的承诺,全部履行,不是信义。送人金银财宝,不是恩惠。自砍头颅,自剖腹肚,不是勇敢。盖只顾眼前,不管它的后遗症,不过是芈胜之辈(楚王国【首都郢城,湖北江陵】十二任王平王芈弃疾,因霸占儿子芈建的妻子,要杀芈建,芈建逃亡到郑国【首府新郑,河南新郑】,卷入郑国一场内斗,被郑国格杀。当时尚在怀抱中的儿子芈胜,后来回到楚王国,要求复仇,得不到允许,发动政变,失败丧生)。荆轲只为了酬报姬丹豢养的一点私情,竟不顾他的七族家属,企图用一尺八寸的小小匕首,使燕王国强大、秦王国衰弱,岂不是愚蠢无比。所以扬雄评论他时,认为:'要离不过是一个蜘蛛角色(要离,吴王国【首都吴城,江苏苏州】勇士,公元前514年,吴国王吴光,派要离刺杀前王吴僚的儿子吴庆忌),聂政不过一个壮士角色,荆轲不过一个刺客角色,都不能算是行义。'又说:'荆轲,以君子的眼光看来,一个强盗而已!'确实如此。"

司马迁曰:"人们谈论荆轲,总提到燕王国太子姬丹'天雨粟''马生角'故事(传说,姬丹在秦王国充当人质时,要求回国,他的老友嬴政不准,宣称:'除非是乌鸦头白,马头生角。'姬丹仰天长叹,乌鸦竟然头白,马也长出角来),太过夸张。又提到荆轲曾砍伤了嬴政,也不是事实。最初,公孙季功、董生,跟夏无且是好朋友,告诉我经过情形如此。自曹沫到荆轲,总共五个人(曹沫、专诸、豫让、聂政、荆轲),他们行义,或完成、或失败,但他们的立场,光明磊落,不掩饰自己的志向,声誉永垂后世,却是真实事实。"

对荆轲的评价,司马光跟司马迁,恰恰相反。司马迁胸襟开朗,气吞八荒。司马光不过一个拥有万贯家财的乡村绅士,兢兢业业,谨谨慎慎,听见一个铁锅掉到地上的声音,都会吓一大跳,唯恐怕那是一颗使他这个士大夫阶层失去既得利益的核子弹。

时势到了公元前三世纪的七十年代,秦王国吞并六国的力量,已达到巅峰,六国灭亡的条件已完全成熟,没有荆轲的一击,嬴政难道就饶了燕王国?如果一口咬定燕王国是因荆轲的一击才亡的,不是白痴,便是栽赃。至于说荆轲为了私情,竟然不顾他的家族,司马光更是在那里信口开河。一击而中,家族荣耀,一击不中,国都亡了,家族受苦受难的,又何止荆轲?而且,问题不在家族不家族,而在荆轲的行为。儒家系统一直在教导人:以家族的利益为标准,去计算什么事划得来,或什么事划不来。以致若干"君子"在大庭广众间都表演得非常忠心报国,可是一旦回家,就变了模样。

荆轲是为燕王国献身,他不为一己利益,他如果为一己利益,早就跟扬雄一样,关着门写《法言》去了。扬雄是一世纪一二十年代高级知识分子,在他眼目中,新王朝是一个叛逆集团。可是面对叛逆集团,他不但没有荆轲的勇气,挺身而起,反而为了保护他的家族,接受叛逆集团的官位。而就在叛逆集团的官位上,诋毁荆轲是一个强盗。自己没有道德勇气,反而讥讽有道德勇气的人,这种正人君子,布满官场,促使中国文化,一天比一天堕落。

司马光用一个最恶毒的字汇形容荆轲,说姬丹"豢养"他,完全否定荆轲的人格,荆轲岂是金钱美女可以收买的?如果豢养的意义就是雇佣,司马光可是宋王朝赵姓皇家豢养的文化打手,扬雄可是新王朝王姓皇家豢养的帮凶了。荆轲代表中国社会"士为知己者死"的侠义情操,固然图报知遇之恩,同时也向燕王国效忠。在荒郊诀别时,荆轲高声悲歌:"风萧萧兮易水寒,壮士一去兮不复还!"这是国家危机时,英雄豪杰们无可奈何的一次自杀性的拯救,人生艰难唯一死,而荆轲从容赴死。悲壮苍凉,千载之下,仍使人动容。竟有人坐在清风徐来的书桌之前,心旷神怡地说他:"岂不是愚蠢无比!"看起来,聪明人太多,正是中国苦难之源。

即墨城主

齐王国(首都临淄【山东淄博东临淄镇】)亡国前夕,即墨(山东平度)城主晋见国王田建说:"齐王国土地有数千华里,战士将近一百万。现在,三晋(魏、赵、韩)的官员们,不愿接受秦王国统治,逃亡在阿邑(山东东阿)、鄄邑(山东鄄城)之间的有好几百人。大王如果把他们集结起来,交给他们一百万战士,叫他们收复故国疆土,即令临晋关(陕西大荔东),也可以攻进去。鄢郢(楚首都,安徽寿县)人士,不愿接受秦王国统治,逃亡在首都临淄城南的,也有好几百人,大王把他们集结起来,交给他们一百万战士,使他们收复楚王国的故土,即令武关(陕西商南东南),也可以攻进去。如果这样,齐王国的威望可以建立,秦王国可以消灭,岂仅只保持国家安全而已。"田建拒绝接受。

幸亏田建不采纳这位即墨(山东平度)城主的意见,否则徒使人民受到更大的苦难。知识分子谈论政治,往往跟赵括谈论军事一样,千难万难的千症万结,信口发飙,都易如反掌。秦王国(首都咸阳)倾全国之力,可用之于战场的,不过六十万。即墨城主却要齐国王一下子交给三晋官员一百万,一下子又交给故楚人士一百万,好不热闹,不知道哪里来的两百万?武装部队不由自己将领率领,却交给那些流亡之徒,天下从没有这种可能。而四十余年没有经过严格训练的军队,一旦投入战场,面对百战百胜的秦军,恐怕又要劳动对方活埋降卒。即令稍稍胜利,要想一口气打到咸阳(陕西咸阳),又是一份美丽的纸上作业。齐王国唯一的生路是支持它的邻邦抵抗强秦。事到如今,只剩下齐王国一个孤雏,即令玉皇大帝下凡,也无法挽救。四十余年目光短浅,必须付出四十余年目光短浅的代价。

司马光承认国家利益在道义之上

公元前 221 年,秦王国(首都咸阳【陕西咸阳】)大将王贲向齐王国(首都临淄【山东淄博东临淄镇】)进发,突袭临淄。齐王国军民,没有一人抵抗。秦军承诺给齐王田建五百华里土地,田建遂投降(公元前 359 年至公元前 221 年,齐王国立国一百三十九年,到此灭亡)。

秦王国(首都咸阳)对亡国之君,当然不履行承诺,改把田建放逐到共邑(河南辉县),软禁在松柏树林之中,衣食不继,终于饿死。齐王国人民曾为他作了一首悼歌,表示对他信任外籍人士的不满:"满耳松树的涛声/满目柏树林/饥饿的时候不能吃/口渴的时候不能饮/谁使田建落得如此结局/是不是那些/围绕着他的客卿大臣。"

司马光曰:"南北合纵和东西连横的大战略,虽然反复百端,但明显地可以看出,南北合纵,符合六国利益。最初,周王朝的君王,建立千万封国,使他们交通来往,相亲相爱,用宴会增进感情,用会盟加强团结。无他,只不过要他们同心合力,保卫国家。如果六国都能以信义互相亲善,秦王国(首都咸阳)即令再为强大,怎么能被它灭亡?三晋(魏、赵、韩),是齐王国(首都临淄)、楚王国(首都郢城【湖北江陵】)的屏障,齐王国、楚王国,又是三晋(魏、赵、韩)的根基,形势上互相依靠,表面跟实质不可划分。三晋(魏、赵、韩)攻齐楚,是自挖根基,齐楚攻三晋,是自己动手拆毁屏障,天下竟有用拆毁屏障的手段,去向强盗献媚,说:'强盗爱我,不会攻我!'真是荒谬到了家。"

司马光这段评论中,赞扬苏秦的大战略:"南北合纵,符合六国利益。"似乎是露了底。因司马光和孟轲二位大亨,一向只谈仁义,不谈利益的,而今司马光也不得不把国家利益,列为第一。但他又主张“六国如果都能以信义互相亲善”,夫国与国之间,只有利益才能使他们永久结合。所谓信义,也必须建立在利益基础之上。最大的信义往往是最大的利益,最大的利益往往也是最大的信义。团体的立场和个人的立场并不一样,儒家学派一直在其中搅和不清,所以总是不断的捉襟见肘,不能自圆其说。

嬴政意淫

公元前221年,秦王国(首都咸阳)已吞并六国,统一当时已知的世界,国王(六任)嬴政洋洋得意,自以为品德超过三皇(天皇、地皇、人皇),功勋超过五帝(姬轩辕、姬颛顼、姬夋、伊祁放勋、姚重华),于是不再称国王,改称“皇帝”(这是“皇”和“帝”二字第一次结合,以后遂成为固定名词,连续使用两千年)。皇帝颁布的文告称“制”,皇帝下达的命令称“诏”(圣旨),皇帝自称“朕”(从前每个平民都自称朕,嬴政之后,只有皇帝才自称朕,人民只好自称“我”了);追尊老爹嬴异人(五任庄襄王)当太上皇(以后只有仍活着的老爹才称“太上皇”),下令说:“元首死了之后,所加的绰号(谥法),是儿子议论父亲、臣属议论君王,无聊透顶。从今天开始,废除谥法。我是始皇帝,后世以数目字顺序计算:二世、三世,以至于万世,传到无穷。”

嬴政搞出了一大套个人崇拜的玩意儿,诸如“制”“诏”“朕”“皇帝”之类,说明他的智商平平,不过废除谥法,却是一项真知灼见。谥法是儒家系统中最无聊的专门给死亡贵族起绰号的一种文字游戏。可惜秦王朝瓦解后,谥法复活,直到二十世纪清王朝末期,知识分子还乐此不疲,把人与人间的称呼,搞得其乱如麻、乌烟瘴气。

建立郡县

秦王朝(首都咸阳【陕西咸阳】)把全国分为三十六郡。

秦王国废止封建,设立郡县,是一个划时代的突破,和最使人惊骇的一种新政治结构。当时没有一个人敢于想象皇帝的儿子竟会跟平民的儿子一样,没有土地,没有封国。尤其是崇古的儒家学派的学者,面对这么大的巨变,大惑不解,而且不久就大起恐慌,因为这简直是敲了他们的饭碗。

嬴政坟墓

公元前210年,秦王朝一任帝(始皇帝)嬴政,东巡国土,因身体不适,折回京师(首都咸阳),在中途逝世,幼子嬴胡亥篡夺帝位。把嬴政安葬骊山(陕西临潼东南),墓穴极深,熔化铜汁,灌入地下,堵塞泉水,内部填满奇物珍宝。又命工匠在各处装置可以自动发射的强弓,对接近的人,立即射杀。墓穴中兴建江河海洋,用水银灌成小溪,设置机械使它流动运转。墓顶如同天空,星辰排列;墓底完全依照风水格局。凡是没有生儿子的小老婆,全部驱入墓穴殉葬。棺木入土之后,有人提醒说,制造机械的工匠,可是知道怎么破解的,一旦泄漏,仍有被掘被盗危险。于是,再把所有工匠驱入墓穴殉葬。

两千一百年后,嬴政先生的坟墓,开始从外围被挖掘,水银已涸,强弓已枯,专制帝王自认为铁打的地下江山,成为虚话。迄今挖掘出土的,虽不过一小部分,但仅只充当嬴政卫士的"秦俑",已引起世界瞩目。等到有一天,把嬴政本人的老骨头挖出来,当另有一番启示。而那么多被活埋的美女,以及被谋杀的工匠,可以想象,他们在封闭的墓穴中挣扎哀号,而最后纷纷窒息倒地,尸体纵横,千古含冤。人权被如此摧残,带给我们江海般悲愤。

谁建万里长城

秦王朝一任帝(始皇帝)嬴政在沙丘逝世时,遗命由太子嬴扶苏继位,而宦官赵高勾结宰相李斯,矫诏立嬴政的幼子嬴胡亥当太子,又矫诏谴责嬴扶苏颟顸无能,赐死。

在赵高教唆下,嬴胡亥决心诛杀老爹最宠爱的将领蒙氏兄弟。嬴扶苏的儿子嬴婴劝阻说:"赵国王赵迁杀李牧而用颜聚,齐国王田建杀他数世的忠臣而用后胜,最后终于亡国。蒙家累世都是我们的重臣和智囊,陛下却打算一次铲除。杀忠良而任用奸佞,后遗症是:在内使官员对政府失去信心,在外使将士们丧失斗志。"嬴胡亥听不进去,遂处决蒙毅、蒙恬。

《法言》曰:"或许有人问:'蒙恬忠心耿耿,而仍冤死,忠心又有什么用?'扬雄说:'开山填谷,西起临洮(甘肃岷县),东接辽水(辽宁辽阳),死伤狼藉。他的忠心不能抵消他的罪行。'"

司马光曰:"嬴政正在荼毒天下,而蒙恬接受驱使,他的残暴,可想而知。然而,蒙恬深切了解当臣属的本分,虽然没有罪而被诛杀,而仍忠贞不移,不生二心,实在足以称道。"

秦王朝长城,西起临洮(甘肃岷县),中经高阙(内蒙古乌拉特后旗),东到辽东(辽宁辽阳),全长约二千四百公里。是一个伟大而骇人的工程，但它由“秦王国长城”“赵王国长城”“燕王国长城”接连而成，并不是秦王朝从东筑到西，从头筑到尾。蒙恬先生仅只从事接连工程而已，依当时三国长城位置计算，蒙恬兴建的，不过三四百公里。嬴政统一中国后，各王国高级知识分子——诸如贵族们的食客，和王室的皇亲国戚，全都失业，而嬴政又特别垂青法家学派，以致失势的儒家系统，把他恨入骨髓，诟骂、诽谤，最后更索性昧尽天良，诬陷栽赃，一口咬定嬴政和他的部属蒙恬，共同兴建万里长城，就是一个例证。

扬雄这个酸腐兼备的可怜秀才，大笔一挥，轻松的“西起临洮，东接辽水”，把两千四百公里的账，全部扣到蒙恬头上，这是一种下流手段。然而，问题还在于，即令真的兴筑了两千四百公里长城，也是在为国家抵御外侮，并不是盖皇帝一个人玩乐的花园！蒙恬之忠，连司马光都击节赞叹，扬雄却肆意诬蔑。他这个人曾投降王莽，向王莽歌功颂德，依照儒家法则，可是一项严重的变节。自己奸诈，反而诋毁忠良。当他伏案撰写《法言》时，不知道脸烧不烧，心跳不跳？何以司马光硬把他搬上台盘，让他丢丑！

司马光因蒙恬是嬴政的大将，而予以抨击，说明六国反动的残余情绪，是如何的强烈。嬴政不比战国时代其他国王更坏，但他建立统一中国大业。统一大业如果是一种罪行，则司马光一定赞成四分五裂、群雄割据了。宋王朝向西夏帝国用兵，向辽帝国用兵，岂不也是“荼毒天下”？何以不敢发一字抨击赵家皇上？

在儒家系统中，秦王朝和嬴政成为罪恶箭靶，一有机会，不经过大脑，随手就是一箭。

嬴胡亥恐怖

赵高害怕沙丘矫诏的阴谋被揭发,向二世皇帝嬴胡亥建议制造恐怖,使用最严厉的法条和最残忍的手段,凡是有罪嫌的人,都扩大他们的案情,叫他们在口供中尽量说出他们亲友的名字,逮捕那些亲友后,再如法炮制,然后一网打尽,这样就可以把重要大臣和重要皇族,全部诛杀。嬴胡亥完全同意,于是,在法律外衣下,屠杀开始。任何大臣或王子,只要涉及到一件微小的事,就立即逮捕审讯,审讯时扩大打击面。不久,十二位王子在咸阳街头被处决,十位公主在杜邮(陕西西安西境小镇,白起死处)被车裂(五马分尸),家产全被没收。因口供中出现名字而被逮捕的人,更不可胜数。王子嬴将闾跟同母兄弟三人,囚禁在皇宫内院,最后才定罪。三人拔剑自刎。另一位王子嬴高想逃亡,但又怕家人被屠,只好上奏章请求赐死,嬴胡亥全部批准。

政治性冤狱是恐怖政治中最极致的一种手段,把恐怖推向人生尽头,中国传统权力运作中,冤狱比屠杀更能发挥镇压功能。但有计划地大规模推动,却由嬴胡亥首开其端。我们不相信嬴胡亥全无人性,只是无限权力使他的人性丧失。这种人不会尊敬蒙恬之忠,只会嘲笑蒙恬之蠢。嬴将闾显然跟嬴胡亥感情至笃,所以才囚禁内宫。最后审判已定,嬴将闾申诉他并未犯罪,当然不会发生作用,政治性冤狱最大的特征是:无罪不能无刑。不过,任何错误的决策,和任何人为的罪恶,都有个终结,都要付出代价。只是谁也没有嬴胡亥终结之日和付出代价之日,来得那么迅雷不及掩耳。

李斯之死

公元前208年，历史上最早和最大一宗冤狱，在秦王朝政府演出。宦官赵高仗恃皇帝嬴胡亥对他的宠爱，专权横行，各地变乱蜂起，宰相李斯颇为焦虑。赵高遂决定摧毁李斯，于是向嬴胡亥打小报告说："当初沙丘密谋，李斯是重要角色。而今陛下已即位皇帝，而宰相不过仍是宰相，他的愿望很明显，要陛下割给他土地，封他当王。另外，他的长子李由任三川郡长，故楚王国领土上的那群盗匪，像陈胜之流，都是宰相家乡邻县的子弟，双方有浓厚的乡情。所以盗匪公然横行。经过三川城下，李由都不攻击。"正巧，李斯与右相冯去疾、大将军冯劫联名上书，请求暂停阿房宫工程，削减边防军的轮调次数，减轻各种苛捐杂税与苦役。嬴胡亥阅后，大怒若狂，下令逮捕三人。冯去疾与冯劫闻讯自杀，李斯不肯自杀，独自到监狱报到，嬴胡亥任命赵高进行审判。赵高审判李斯，苦刑拷打达千余次，李斯不堪刑求，只好承认罪状（即现代的"突破心防""坦承不讳""自动招认"）。李斯所以自诬，因他自信他对国家的贡献和他的辩才，终可以恢复清白，获得昭雪。诬服之后，再上奏章，希望嬴胡亥醒悟赦免。奏章呈递上去，当然先到赵高之手，赵高把它扔到垃圾堆里，冷笑说："囚犯有什么资格表达意见！"然而也使他提高警觉，决定堵塞最后一个漏洞。于是派遣他部下十余位门客，冒充皇家检察官（御史）、宫廷礼宾官（谒者）、宫廷侍从（侍中）之类，宣称奉皇上命令，覆查李斯案情。李斯以为他的奏章发挥效力，据实回答。冒牌官员回报后，赵高责备李斯不肯合作，再加苦刑拷打。若干次之后，李斯畏惧痛苦，再有人来询问时，只好继续自诬。后来，有一天，嬴胡亥果然派遣亲信前来覆查，李斯无法辨识真假，不敢更改口供。嬴胡亥得到报告,感谢上苍说:“要不是赵高,几乎被李斯出卖。”于是李斯被判处五刑(一、先在面上刺字。二、削鼻。三、砍下双脚脚趾。四、用鞭捶死。五、斩首,剁成肉酱),在咸阳街上腰斩(可能代替鞭死)。李斯死后,屠灭三族。

李斯被处决,不是中国历史上第一件冤狱,但却是中国历史上最早和最大的一件冤狱。男主角竟是缔造秦帝国的巨头,担任宰相三十年,身兼法家学派巨子。这场冤狱为中国政治性冤狱政策,立下典范,被以后两千年间的暴君暴官,谨慎奉行。最主要的手段是“诬以谋反”,对有些人,如果不诬以谋反,简直无法铲除。这顶铁帽,即令是宰相,也无力承当。以致发展到最后,甚至还有强臣指控君王谋反的怪事,它是一种锐利的诛杀武器,对宰相固可以使用,对君王同样可以使用,对手无寸铁的文化人跟平民,其效更是如神。

次要的手段是“苦刑拷打”,它除了摧毁肉体的抵抗力外,还同时摧毁对手的尊严。于是产生了“攻破心防”“自动招认”“坦承不讳”专业术语,铁帽遂成为孙悟空头上的金箍,怎么拿都拿不掉。李斯自恃他的忠心和辩才,赵高何尝不知道李斯忠心!至于辩才,李斯的奏章即令到了嬴胡亥面前,也不能救他一命。从奏章上看,秦王朝的建立,仿佛李斯一手完成,那么,置嬴政于何地?专制封建政体下,天下只有一个人才,就是“领袖”。功归于上,或许还可自保;功归于己,纵在平时,也会招祸,何况缧绁之中?李斯对官场如此陌生,三十年宰相,可是白干。即令不会激起反感,嬴胡亥成见已深,岂会采信一个囚犯的一面之词?哪一个囚犯不喊冤枉?谁敢推翻案卷里调查所得的“确凿”证据?嬴胡亥真想了解真相,何必派人覆查?和李斯亲自面对就行了,但嬴胡亥岂是肯面对之人?

冤狱政策中最毒辣的一招是运用诈术,使李斯不敢翻供。诈术日新月异,再有智慧的人,都很难抵挡;以致李斯第一等英才,竟栽在三流狱吏之手。而嬴胡亥明知赵高是李斯的死敌,却把李斯交他审讯,结果当然可以预卜。但这一点却给后世的暴君暴官们,一个很大启发。

从发生冤狱的多寡大小,可以衡量一个政权的质量。了解这项因果,对中国人的苦难,当会获得深刻的感受。

宋 义

公元前三世纪九十年代,中国内战激烈,新兴的楚国(芈心)大将项梁连续于东阿(山东阳谷东北河城镇)、定陶(山东定陶),获得胜利,开始骄狂轻敌,士兵也呈懈怠,故楚国宰相宋义进谏无效后,断言其必败,不久项梁果然覆亡。秦政府大将章邯乘击斩项梁的余威,攻击赵国,包围巨鹿(河北平乡)。楚怀王芈心任命宋义当上将军,项羽任次将军,引兵赴援。宋义率军进至安阳(山东曹县),逗留四十六天不进。项羽催促说:"在秦军重重包围下,赵国十分危急,我们应该率大军北渡黄河,楚军由外,赵军由内,前后夹击,一定大破秦军。"宋义说:"不然! 秦军击赵,如果胜利,兵力已衰,我们可利用它的疲惫。如果不胜,则我们擂鼓西征,尾追进击,必能大获全胜。所以不如先使秦赵互斗,我们坐收其利。要说冲锋陷阵,我不如你。要说运用谋略,你不如我。"于是颁布军令说:"凡是猛如虎,狠如狼,贪如羊,桀骜不驯,不服从命令之辈,一律诛杀!"更派他的儿子宋襄前往齐国担任宰相,亲自送到无盐(山东东平东南),举行盛大宴会,饮酒取乐。项羽决定采取激烈反应,他告诉亲信说:"我们正应该同心合力,打击秦军,却逗留在这里,不肯前进一寸,竟说'利用他们疲惫'。以强大的秦军,攻击新建立的赵国,一定全部并吞,赵国消灭后,秦军将更强大,有什么'疲惫'可以'利用'? 如今不管士兵的死活,专心经营私事(指宋义送儿子前往齐国担任宰相),不能算是国家栋梁。"于是在军营朝会时,项羽进谒上将军,就在虎帐中,击杀宋义。

宋义的才干如何,我们没有更多数据。他预言项梁失败,而项梁果然失败,只能表示他有观察能力,不能证明他有指挥大兵团作战能力。尤其他以智囊自居,竟颁布了那种除了把对手激怒,毫无其他意义的军令。为什么没有想到:项羽岂是被文字吓倒之辈?既已激怒对手,而又不防备反击,所谓谋略,恐怕不会太高。项羽指摘他的那些论点,深中要害。若非项羽发动兵变,宋义准成赵括二世,秦王朝可能削平群雄,再定江山。

张耳与陈余

司马迁评论张耳、陈余说:"张耳、陈余,举世称为贤才,他们的门客,甚至仆役,也都是天下的俊杰,在他们所在的国家里,全取得宰相级的高官。张耳、陈余贫贱时,互相誓言为对方效死,并不是一句虚话,他们都有那种情操。可是,一旦身踞高位,争权夺利,竟至两败俱伤。为什么从前相爱如彼之深,现在却相恨如此之苛?岂不仍是势利之徒?"

人际之间的关系,亲密易,信任难,谅解尤难。张耳和陈余的友情,并不虚假,但他们并没有发展到绝对信任和绝对相谅的程度。所以,巨鹿被围之日,也就是张、陈二人友情瓦解之时。张耳日守危城,城随时会破,人随时会死,唯一的盼望就是陈余那支军力,而陈余却按兵不动,张耳岂不愤懑?可是陈余了解,只要出击,军必溃,身必亡,对局势毫无补益。从张黡、陈泽的例证,可说明他的乌合之众,确不堪秦军一击。张耳独责备陈余不死,而他的儿子张敖,也率军在外,同样一动都不敢动,置老爹的生死不顾,张耳对儿子为什么不发一言?如果说陈余背叛老友,张敖岂不是背叛老爹?形势犹如山崩,张黡、陈泽之事,不过火上加油。司马迁称二人是势利朋友,那么,张耳、张敖,难道是势利父子?

张耳即令相信陈余绝不会背叛(犹如他相信他儿子张敖绝不会背叛一样),纵然没有人从中挑拨,纵然不把印信收回,二人的友谊,也已无法恢复原状。相爱越深,一旦不信不谅时,谴责也越烈。此时如果张耳拒收印信,表面上还有和解可能。然而,二人当初不过两个光棍,如今各有各的摇尾系统,摇尾系统"效忠"到极致,一定会煽动主子之间互相仇恨,甚至火并,以便从中取点小利。所谓主子,在摇尾系统掇弄下,身不由己,父子都能被掇弄得反目,何况已经互相生疑的朋友?

秦王朝覆灭

楚怀王芈心任命大将刘邦,于公元前207年攻陷武关,战火已接近秦王朝心脏,宦官赵高怕二世皇帝嬴胡亥翻脸,遂诛杀嬴胡亥,改立嬴扶苏之子嬴婴登极(三世皇帝)。公元前206年,嬴婴坐着白马拉的丧车,脖子上套着绳索,把皇帝用的各种印信,包括"玺""符""节"(玉玺,皇帝印信。符信,或用金属,或用玉石,上面刻着文字,中分为二,一留中央,一交在外官员,参考前257年。符节,形状像一根竹竿,竿头有毛缨,使臣拿着它,表示君王亲临),在轵道(陕西西安东北)路旁,下车迎降,秦亡。

贾谊曰:"秦王国以那么一小块土地,夺取天下最高权力,胁迫八州(古中国分九州,秦王国居九州之一的雍州,六国则居八州)朝拜它这个同等地位的国家,凡百有余年。然后统一天下,化世界为一家,崤山和函谷关都成了宫殿,声势盖世。想不到一个人冒险犯难,庞大帝国的祖宗七庙(儒家礼制,从老爹上溯到高祖父的祖父,各建一座祭庙。加上创立政权那位祖先的祭庙,共七座庙。统称"太庙”),全部摧毁,身虽死而仍被天下讥笑,原因何在?在于不知道推行仁义。同时,攻守形势,恰恰相反。”

杜牧《阿房宫赋》,道出六国覆灭的真相:“亡六国者,六国也,非秦也。”贾谊强调仁义,仁义当然重要,但并不是唯一主宰。嬴政的仁义何在?还不是消灭六国,建立空前未有的大一统江山。至于攻守形势相反,战国时代,几次南北合纵同盟,秦王国都居于挨打地位,为什么不垮于当时各国训练有素的正规军,却垮于以后的乌合之众?刘邦的军队,不会强过赵括,为什么赵括攻不进秦军营垒,而刘邦一下子就击溃峣关防线?

这不是一项纯军事问题,即令白起复活,他的结局也不会比章邯更好。军事是政治的延长,秦政府首领如果不是嬴胡亥,而是嬴扶苏;不是赵高,而是李斯,章邯何至叛变?峣关守将何至阵前受贿停战?政治是人际关系的不断调整,治和乱、叛和忠,往往决定于这项调整是不是恰当和公平。赵高之流的鲨鱼群,最大的盲点是始终看不见当头劈下来的钢刀,他们高估了豢养他们的那个政权的能力,认为无论他们怎么伤害,那个政权仍能保护他们,所以对任何人都不珍惜。包括李斯在内的三公,一夕之间,歼灭无遗。国家唯一的栋梁章邯,也要扑杀。最后甚至认为,连他的保护神嬴胡亥,也可铲除,另换新人。

秦政府之亡,亡于最高领袖昏暴得出奇,当权官员冥顽得出奇,以及窝里斗惨烈而凶猛得出奇。

猕猴与蠢驴

公元前206年,刘邦既攻陷秦王朝首都咸阳,金银美女,一无所取,在与人民“约法三章”(杀人者死,伤人及盗抵罪)后,仍然返回霸上军营。不久，项羽率军抵达咸阳，屠城。把囚禁在监狱里的嬴婴（秦王朝三任帝）处决，焚烧宫殿，大火三个月不灭。大肆劫掠金银财宝和美女，撤退东返。韩先生（名不详）向项羽建议："关中（陕西中部）地区，拥有险要的山川形势，在四座要塞保护之下（四塞就是四关：北方萧关，南方武关，东方函谷关，西方散关），土地肥沃。在此建都，可以称霸天下。"项羽一则看见秦王朝宫殿已被烧成一片焦土，二则又急于回到东方，回答说："富贵不归故乡，好像穿着锦绣漂亮的衣裳，却在黑夜里走路，怎能显示荣耀？"韩先生退出后，扼腕说："人家都说楚国人肤浅暴躁，虽然戴着人的帽子，却仍是一只猕猴（Macacus Monkey），果然不错。"这话被项羽听到，逮捕韩先生，投入大锅煮死。

开凿隧道，山前山后同时动工，在精确测量下，高低相同，方向针对，然后双方才能衔接贯通。如果一边高一边低，一边向左一边向右，就永不能筑成，不但没有利益，反而造成损失。人际关系，也是如此，价值标准跟利害判断，以及智能的和知识的层面，必须相差无几，才容易契合。如果悬殊太大，就成了闽南语所形容的"鸡同鸭讲"，世界固然因此而多彩多姿，但也因此产生悲剧。

项羽不过一个头脑简单、肌肉发达的粗汉，有战场上的厮杀力，却没有政治上的思考力。韩先生所作的分析，项羽既看不出，也不了解，远超过他的智商。所以他只能做一件事：向天下人挺身证明他果然是一只戴着人帽的猕猴。韩先生对他的批评，有人信，有人不信，但经过项羽自己作证，人们就无法不信。项羽开端之后，历史上遂层出不穷这种挺身自证的镜头。一直延伸到近代，人世间不断有猕猴，也不断有烹刑，使人哀伤。

向蠢驴提出只有龙驹才可以了解的建议，一定碰壁；如果愤而指出它真是蠢驴，结果一定严重。韩先生就是一个榜样。

政治头脑贫乏

项羽进入咸阳后,尊芈心为义帝,把他迁往江南郴县(湖南郴州)。接着瓜分天下,大批封王。项羽自封西楚霸王,都彭城;封刘邦当汉王,都南郑(陕西汉中)。又封章邯当雍王、司马欣当塞王、董翳当翟王、魏豹当西魏王、申阳当河南王、韩成当韩王、司马卬当殷王、赵歇当代王、张耳当常山王、英布当九江王、吴芮当衡山王、共敖当临江王、韩广当辽东王、臧荼当燕王、田福当胶东王、田都当齐王、田安当济北王,另将南皮三个县封给陈余。

仔细研究项羽这份封王的名单,不禁叹息他的政治头脑,竟贫乏到这种程度,简直难以置信。他建立的不是一个统一的国家,连"邦联"的资格都够不上,不过一个地位互相平等的国际联盟。在制度上,项羽这个国王并不高过别的国王。项羽这次分封,完全被自己的喜怒和他左右政客们的喜怒所操纵,为自己制造出原本绝不可能发生的严重危机。像芈心,一个无权无势的小朝廷,项羽把他迁到一千华里外蛮荒地带郴县(湖南郴州),芈心也顺服地听命,项羽仍不容他存在,而于明年(公元前205年),竟派人把他刺死。像刘邦,项羽应该依芈心的指示,封他当秦王的,至少也应把他封到距家乡较近的地区,满足刘邦跟他部下的思乡之情,这对项羽并没有损失。但项羽仍记得刘邦比他先入咸阳,夺了风光,而把他驱逐到当时人们一致认为是蛮荒地带的汉中(陕西汉中)。像燕王韩广,派遣他的大将臧荼,率领军队参加项羽的联军西征,臧荼即令有功,正常的情形应由项羽对臧荼加以赏赐,遣送回国,再由国王韩广酌予擢升。可是项羽却卖弄他的权威,把臧荼封燕王,反而把顶头上司本来的燕王韩广,逐出首府蓟县(北京),贬到偏僻的无终(天津蓟县)当辽东王。对齐国(田福)和赵国(赵歇),也都如此。后来,更把韩王韩成当作罪犯一样地诛杀,韩成的智囊张良,遂被逼入刘邦阵营,跟项羽作对到底。

中国有句谚语:"天下本来太平无事,都是蠢材把它搞乱。"正是项羽的写照。

井陉关之役

公元前204年,汉王国大将韩信、张耳,率军东进,赵王赵歇与陈余在井陉口(井陉关,河北井陉西)集结重兵防守,广武君李左车向陈余说:"韩信、张耳,乘胜而前,离开他们的本土,在远远的外国战斗。进则生、退则死,势不可当。不过,粮秣转运,要经过千里之遥,士兵必然面露饥色。每到一个地方,都要先砍柴抢粮,才可以煮饭,显示大军没有隔宿之食,井陉关出入一线,不能同时通过两辆车和两匹马。汉军粮秣必然在大军之后。你交给我三万人,从小道出击,断绝他们的补给。你则坚守要塞,拒绝迎战。他们向前不能厮杀,向后不能撤退,而又抢不到东西,不出十天,韩信、张耳两颗人头,就可以放在我们的军旗之下。"陈余一向自称他的军队是"仁义之师",不肯使用诡计。回答说:"韩信军队既少,又十分疲惫,对这样的敌人,不给他一个迎头痛击,各国都会看不起我们。"韩信得知陈余拒绝采用李左车的建议,大喜。于是直入井陉险道,会战不久开始,赵军惊恐震骇,不但不能再战,而且不能成列。霎时,大家狂奔,四散逃命。赵军将领截杀,已不能阻止。汉军乘势夹击,赵军崩溃。在泊水(即井陉水,注入绵蔓水)水滨,斩陈余,生擒赵王赵歇。

再精密的作战计划,都不能保证胜利,还需要另一个因素的介入,才能成功,那就是敌人必须犯下致命的错误:错误的决策,或错误的判断。对这种不能控制的因素,我们称之为"运气"。韩信的军事能力,举世无双,可是,如果他的运气不佳,碰上的对手不是迂腐的陈余,而是天才李左车,千万汉军,势将在井陉丧生,所谓登台拜将,徒留笑柄。

公元前七世纪,出了一个子滋甫(宋国二十任国君襄公);公元前三世纪,出了一个陈余,使我们又多了一份研究儒家学说的资料。荀况在跟临武君那场洋洋洒洒辩论中,特别强调仁义之师。而儒家心目中的仁义之师,据说只有三次:姒文命(禹)建立夏王朝、子天乙(汤)建立商王朝,以及姬发(周武王)建立周王朝。而三次灭国兴邦的大战,却无一不靠诡诈的战略和战术。保卫国家的战斗,跟侵略掠夺的战斗,性质上虽然不同,但短兵相接,血肉相搏的时候,可不管你是圣贤还是禽兽,是正义还是邪恶,一旦进入战场,冲锋号响,便只有智慧之师、勇敢之师,没有仁义之师。拿破仑就曾说过:"上帝永远站在大炮最多的一边!"

修武夺军

公元前204年,困守成皋(河南荥阳西北汜水镇)的刘邦,被项羽强大凌厉的战力慑住,知道不能久守,就放弃成皋,再度逃亡。跟夏侯婴同乘一辆小车,悄悄溜出北门,北渡黄河,到达韩信、张耳统帅部所在的小修武(河南获嘉有东西二城,东城称小修武,西城称大修武),不声不响,投宿一家客栈。凌晨,自称是汉王的使节,驰入统帅部。韩信和张耳还没有起床,刘邦即直接闯到卧室,夺取韩信、张耳的印信(在中国,印信占极重要的角色,主管官如果没有了印信,就等于孙悟空没有了金箍棒。甚至以君王之尊,也必须像保护性命一样的保护他的印信。而罢黜一个君王时,第一件事就是夺取他的印信),用该项印信,召集紧急军事会议,调动他们的职务或工作。韩信、张耳起床,才知道来的不是汉王的使节,而是汉王本人,吓了一跳。刘邦既取得两人的部队,即命张耳巡行各地,加强故赵王国土地的战备。擢升韩信当宰相(相国),率领没有随着张耳出发的赵国(张耳)部队,向东攻击齐王国。

刘邦是中国历史上最伟大、最传奇的君王之一,他出身于地痞流氓阶层,可能还不识字(即令识字,教育程度也不会高)。世界上有很多头目,其蠢如驴,却自捧或被捧为天纵英明,实在使人背皮发紧。他阁下确实先天的就有超越普通庸才之处。他所有的重要决策,都来自部属们的建议,自己几乎完全没有主见。但他大多数时候,对部属的建议,都有正确判断,而在发现判断错误时,会立刻认错、马上改正。刘邦身上,找不到予智予雄的镜头,这要归功于他恢宏的胸襟,和对新事物吸收消化的强大能力。

荥阳(河南荥阳)陷落,成皋(河南荥阳西北汜水镇)出奔,刘邦不回关中(陕西中部),却直投韩信、张耳大营。像小偷一样,悄悄溜进小修武(河南获嘉东城),提心吊胆过了一夜。史书虽没有记载,我们可推想,他跟夏侯婴一定有一种忧虑和恐惧:万一韩信和张耳不肯买账,紧握军权不放,他们可是死路一条。魏无忌先生手拿国王兵符,带有随从宾客,晋鄙还拒绝交出军队。刘邦和夏侯婴,不过落荒而逃的两个光棍,韩信、张耳把他们宰掉,而自己称王,跟宰掉两条丧家之犬没有分别。即令不宰,把两位软禁大营,假传刘邦命令,还可控制关中(陕西中部)。刘邦出生入死得来的江山,将全部滑入韩信、张耳之手。

刘邦不敢把他的生命寄托韩信、张耳的效忠上,假使当天晚上就投入大营,一夜之间,足够酿成背叛密谋。所以必须一直等到夺取元帅印信,重新调整军官职务之后,才敢确信自己的安全,这是一种别人教导不出来的应变能力,反应疾如闪电。接着仍授权张耳负责赵军,并擢升韩信当宰相,使他们虽然军权被夺,却不以为意,而仍死心塌地。无疑的,刘邦是一个政治天才。

螃蟹型人物

公元前203年,西楚总参谋长(大司马)曹咎镇守成皋(河南荥阳西北汜水镇),汉军屡次挑战,曹咎都不作反应。汉军使用心战,在城外对项羽以及西楚官员,百般诟骂,肆意侮辱。几天下来,曹咎气得发抖,忘了项羽"不准攻击"的吩咐,大开东门,渡汜水(汜水流经汜水镇东门)出战。大军刚渡过一半,汉军迎头痛击,西楚军首尾不能相顾,立刻崩溃,成皋陷落。西楚储存的金银财宝,全到汉军之手。曹咎跟司马欣,在汜水河畔,双双自刎。刘邦遂从小修武(河南获嘉东城)南下,渡过黄河,再入成皋,把重兵进驻广武(河南荥阳北),接近敖仓粮库。

西楚王国(项羽)跟汉王国(刘邦)血战五年,西楚一直居于主动,占尽优势。公元前203年的成皋战役,是一个转折点。成皋一失,敖仓不保,敖仓不保,西楚开始缺粮。即令钢铁部队,一旦"乏食",便只有破败。长平战役(参考公元前260年),秦王国所用的秘密武器,就是饥饿。现在,饥饿抓住项羽。

成皋陷落,由于曹咎这个蠢货之不能忍。心胆俱裂,由衷屈服,是瘫痪了的奴才。跳高之前,先曲双膝,则是英雄豪杰。伊索寓言上介绍过一只螃蟹,当钓竿敲打它时,它立刻愤怒地把它钳住,死也不放。这种刚愎暴戾人物,当一个码头小流氓,已到顶端,当一个领袖——无论是政治的或军事的,曹咎就是榜样。

忍是一种艺术,韩信提供另一个榜样。奴才的忍,或英雄的忍,表现在外的形态是一样的,内涵却大大不同。螃蟹型人物不忍一时之愤所造成的严重后果,使人深思。

论项羽

公元前203年，西楚霸王项羽，在垓下（安徽灵璧东南），被汉王刘邦的军队击溃。项羽向南逃亡，抵达乌江（安徽和县东北二十公里乌江镇），自刎而死。

项羽是一员名将，他的致命伤是不懂政治，却在打了几场胜仗之后，忽然间自以为很懂政治。政治比军事复杂得多，绝不是一个习惯于发号施令、资质平凡的军事将领，所能胜任。项羽不但自认为他能够胜任，而且还游刃有余，他就注定地要付出代价，并连累千万无辜的人，跟着付出代价。

刘邦称帝

公元前202年，汉王刘邦消灭项羽后，各封国国王一齐上书刘邦，拥护他当皇帝。刘邦遂在汜水（发源嵩山，曲折北流，注入黄河）北岸，筑坛登极（一任高祖），妻吕雉本称王后，改称皇后，子刘盈本称太子，改称皇太子。追尊娘亲刘老太婆当昭灵夫人。

明明自己想干，却装腔作势，硬说不想干，然后教唆摇尾系统发动誓死拥护的闹剧，自己才作勉强状，扭扭捏捏，登台亮相。这种无聊的小动作，在政坛上不断演出，一直演到二十世纪，仍然有人乐此不疲。刘邦写下的这个剧本，遂永远被奉为经典。

秦王朝皇帝嬴政,在儒家学派刻意的丑化之下,被当作一个有百非而无一是的暴君。可是,他所建立的政治制度,包括"皇帝"的位置和排场,以及全部有利于专制行为的法令规章,却被刘邦所建立的西汉王朝,滴水不漏的一古脑继承,受到儒家学派的肯定,没有任何抵制。儒家学派攻击的只是嬴政本人,不是攻击嬴政所做出来的摧毁人权的专制制度。

刘邦杀丁公

西楚王国(项羽)将领季布,战场上曾经数度追逐刘邦,使刘邦受到很大的惊恐和羞辱。项羽死后,刘邦下令特赦季布,任命他担任宫廷禁卫官(郎中)。季布的同母老弟丁公(名不详),也是项羽的将领,彭城(江苏徐州)之战时(参考公元前205年4月),他追捕刘邦,马蹄到处,短兵器已可刺及,刘邦情急,向丁公乞怜说:"我们两个,都是一代贤才,为什么不能相容?"丁公遂手下留情。等到项羽覆亡,丁公晋谒。刘邦下令把丁公带到军营,巡回示众,宣布他的罪状:"丁公当项羽的部下,却不忠于项羽,使项羽丧失天下的,就是他。"然后诛杀。刘邦说:"使后世做人家部下的,再不要效法丁公。"

司马光曰:"刘邦从丰沛起兵,网罗豪杰,招降纳叛,数都数不完,等到登极称帝,却只有丁公受到惩罚,什么原因?因为进取跟守成,形势不同。当群雄转战疆场的时候,人民并没有固定的领袖,只要前来投奔,就一律接受,理所当然。等到已成了皇帝,四海之内,都是臣民,假如不强调礼教仁义,臣民们仍心怀二志,谋取政治暴利,国家岂能长久安定?是以用大义作为标准,向天下人显示:只要你是叛徒,连新领袖都不能容你。用背叛领袖的手段,去结私人恩德,虽然饶了自己一命,仍然以不义相待。杀一个人使千万人恐惧,刘邦的谋略，岂不深远？子孙们享受天子权位四百余年，理应如此。”

刘邦杀丁公，是一种最卑鄙的严重忘恩负义，不过三流权术，目的只在阻吓“后世”的人起而效法丁公！然而，没有多久，陈豨就向丁公看齐，接着英布也向丁公看齐！而刘邦反而巴不得陈豨和英布手下的将领，个个都是丁公。数千年来，丁公这类人物，多到动用计算机都数不完，司马光太高估杀丁公的效果。刘邦的子孙当皇帝四百余年，另有原因，任何专制帝王或任何独裁头目，都没有能力控制他死后政治情势的发展。刘邦刚翘了辫子，便出现了吕家班局面，杀丁公效应哪里去了？

张良辟谷远祸

张良健康不佳，一直多病，自从跟随刘邦从洛阳迁都长安（陕西西安）之后，就沉迷在玄虚的巫术里，每天静坐，使全身气息运转，不再吃饭，而只吃一种据说可以延年益寿的药物。在家幽居，很少出门。他说：“我们张家，几代都是韩王国的宰相，韩王国亡后，我变卖价值黄金二十四万两的家产，向秦王国报仇，曾引起天下震动（指博浪沙行刺嬴政，参考公元前218年）。今天，以口舌的功劳，被尊为帝王的师傅，封一万户侯爵，这是一个平民最高的极限，对我而言，已十分满足。目前唯一的愿望，是离开这个烦扰世界，追随赤松子先生，遨游世界之外。”（赤松子，太古时代的神仙。神农氏时，曾担任水利官，可以造雨。）

司马光曰：“有生就有死，犹如有白天就有黑夜。从古到今，还没有一个人能够例外，以张良的真知灼见，足可以了解神仙之事，不过虚话。然而他仍宣称要追随赤松子，一定有他的原因，说明他具备高度智慧。功名——功勋和名位，是人生最难处理的关节。诚如刘邦所称道的,西汉王朝开创基业的英雄,不过'三杰'。然而,韩信全族屠灭(参考公元前196年),萧何投入监牢(参考公元前195年),岂不都因为他们已经达到巅峰,而仍不知道停止?所以张良才假托神仙,放弃现实世界,把功名看成身外之物,把荣耀抛到脑后,所谓'明哲保身',张良正是一个榜样。"

司马光对张良晚年的怪诞行为,所作分析的原因,我们同意,以张良的聪明智慧,当然了解神仙并不存在。只不过为了保命,不得不言不由衷,信口开河。但司马光认为韩信和萧何的受到迫害,是因为他们已经达到巅峰,而仍"不知道停止",却远离事实。什么叫巅峰?侯爵是不是巅峰?王爵是不是巅峰?刘邦已经封王,还不满足,喋血上爬,为什么没有杀头坐牢?不但没有杀头坐牢,反而当上皇帝,好不威风。这已足够说明达到巅峰而仍不知道停止,并不是招祸的原因,至少不是主要原因。主要原因另有所在,那就是威权政治本质上是一种极不稳定的政体,钢铁般坚固的外貌,强有力的野心家随时都可能把它摧毁,不像民主政治那么有丰富的弹性。掌握权柄的人,不得不把全副精力用来防止叛变。每一个有能力或每一个有影响力、受到人民爱戴,以及有大功劳,军权、政权在手的人,都是潜在的仇敌。无论你知道不知道停止,都会被排除。最简单也是最迅速的手段,莫过于制造冤狱。韩信和萧何所受到的,不过一场大冤狱和一场小冤狱而已。韩信可能还有不收敛之处,萧何自始至终,都战战兢兢、俯首帖耳,根本没有"不知道停止"的行为,也难逃此劫。

司马光没有一句话触及到专制制度和当权分子的邪恶,反而千错万错,都是被迫害的人错,谁叫你不停止进取?谁叫你激起主子的疑心?因而大肆赞扬"明哲保身"。儒家系统对于不能明哲保身的人,总是冷嘲热讽,讥笑备至。数千年以降,遂使中国文化越来越缺乏正义和道德勇气。在明哲保身哲学引导下,中国人都有一种神经质的恐惧,连自己应有的权利,都不敢挺身保护,唯恐怕惹祸招灾,中华民族遂逐渐显现出獐头鼠目的气质,使人痛心。

嬴稷诛杀白起(参考公元前257年)不过是一个孤立的个案,刘邦一连串屠戮,却是专制政治必不可免的一项作业,成为中国历史发展的特征,几乎所有新兴的政权,都要通过这个窄门,血迹斑斑。

叔孙通制朝仪

公元前 200 年,长乐宫落成,各亲王和封国国君,以及高级官员,都来朝贺。天色未明,皇家礼宾官(谒者)到现场主持仪式,依照顺序,引导大家进入殿门,分别站立两厢,东西相对。侍卫武官沿着台阶布岗,并在庭院中戒备,手拿武器,旗帜招展,一切就绪后,前面传出警告:皇上就要驾到。不久,西汉帝(一任高祖)刘邦(本年五十七岁)坐着御辇(君王皇后专用的人力拉的小车),缓缓而至。皇家礼宾官引导亲王封王以下,直到年薪六百石(音 dàn【但】)的中央政府科长级官员,依照爵位及官位高低,顺序向前,向刘邦敬礼。气氛庄重肃穆,一个个心颤胆惊、紧张恐惧。朝拜礼毕,摆下向刘邦祝福的酒宴,大家端坐殿上,弯腰低头,不敢仰视,仍依照爵位跟官位高低,起身给刘邦献上祝福酒,九次之后,皇家礼宾官宣布朝会礼成。这时,监察官(御史)提出弹劾,指控若干举动不合规定的官员,立即逐出金殿。自开始到结束,没有一个人敢大声喧哗、动作粗鲁。于是刘邦乐不可支,拍大腿说:“到今天我才知道当皇帝可真他妈的过瘾!”擢升叔孙通当祭祀部长(奉常),赏赐黄金五百斤。

任何一个国家的君王,都有朝见仪式,但都没有中国的怪诞。最突出的一点是“跪”。而跪,是一种对人最尊敬、对己最屈辱的古礼。春秋战国时代,以及叔孙通先生“制朝仪”时代,跪还是一项简单动作,大家的屁股坐在小腿肚上,只要稍稍挺身,便算完成。三世纪之后,蛮族部落的“床”,引进中国,中国人虽不再席地而坐,可是“跪”却不废,遂变作一项难堪的负担,成为中国文化中的一个瘤疣,这瘤疣一方面阻碍血液正常运行,一方面培养奴性成长,直到二十世纪。

叔孙通搞的这一套,是儒家的拿手本领。“儒”的原始意义,就是“典礼专家”,所以胜任愉快。在君尊臣卑原则下,君王遂远离人群,春秋战国那种君臣促膝谈心——像嬴稷跟范睢交头接耳的美好时代,一去不返。皇帝和臣属之间,隔着一条“礼教”鸿沟,这鸿沟随着时代进展,而越来越深、越来越宽、越来越无法逾越。最初,特殊的几个官员,还可以坐在皇帝身旁。但到了十一世纪,司马光先生编撰《资治通鉴》时,宰相已没有座位,只好站在那里。而最后,到了明王朝、清王朝,宰相连站也不可能,跟平民一样,也得跪到皇帝面前(而且还得准备随时被揪翻在地,苦刑拷打)。中国人所陷入的,就是这种畸形的,官越小,尊严越少,平民根本就更没有尊严的传统。

对专制政体而言,叔孙通先生制定的朝仪,是一种屈辱剂,使人权、民主,受到严重的践踏。

“大儒”真是活宝

秦王朝统一全国,综合六个王国的礼仪,选择其中使君王尊贵,使臣属卑下的部分,特别保存。叔孙通制定朝仪,大体上承袭秦王朝的规矩,上自皇帝绰号,下至官位名称、宫殿名称,都没有什么更改。后来所制定的礼仪规章,跟法律书籍,合并装订,由司法机关保管,法官们又不肯外传,其他官员跟平民,遂不知道它的内容。

司马光曰:“礼教的功能太大了,用到个人上:无论动态的或静态的,都有一定法则,可以遵循;所有行为,都可达到尽善尽美之境。用到家族上:能够分别内外,敦睦九族。用到地方上:长幼的辈份,划分清楚,风俗习惯,都会由丑变美。用到国家上:君王和臣属就有一定的序列,可以顺利推动行政,治理人民。用到天下:则封国顺服,纪律严明;岂止使桌面上和门户内的小动作,不陷于混乱而已。以刘邦的聪明通达,听到陆贾的建议,立即接纳(陆贾著《新语》,指出穷兵黩武一定灭亡,崇尚礼教一定兴盛。每呈阅一篇,刘邦都要夸奖一次。参考公元前 196 年);看到叔孙通的礼仪,叹息欣赏。然而,刘邦却不能跟三代君王并列(三代君王:夏王朝一任帝姒文命、商王朝一任帝子天乙、周王朝一任王姬发),由于他学问贫乏。当开国之初,如果能得到儒家学派巨子(大儒)作为助理,他的勋业就不仅仅到此为止。可惜,叔孙通的抱负太小,只偷窃了一点礼教的渣滓,为了因应世俗的要求,谋求君王的恩宠,遂使先王(姒、子、姬)的礼教,永远沉沦,不能复兴;直到今天,使人痛心。所以扬雄讥讽叔孙通说:'从前,鲁国(首府曲阜【山东曲阜】)有位大臣,史书上不记载他的姓名。有人问:"怎么才算是大?"回答说:"叔孙通准备制定政府礼仪,到鲁国去请教师,只有两位请不到。"那人说:"孔丘周游列国的本意在此,难道不是?"回答说:"孔丘周游列国,是传授他的学问,贡献社会。如果放弃自己的立场,去屈从别人,随俗邀宠,怎能跟孔丘相比?即令有礼教、有法则,怎能使用?"'扬雄的话中肯扼要。儒家学派巨子(大儒),岂肯摧毁礼教法则,而只追求一时的表现?"

司马光的评论,把人引到五里雾端,不知道他说些什么,更不知道旨在何方。他责备叔孙通的话,尤其使人眼如铜铃。司马光说,当时如果有"大儒"就好了,就可帮助刘邦建立万世不朽的勋业。咦,三王(姒、子、姬)时代,"大儒"如云,万世勋业何在?即以政权存在长短而论,夏王朝四百四十年,还包括被后羿、寒浞所谓"篡夺"的六十七年。商王朝六百六十二年,首都不断迁移,好像难民营。周王朝八百七十九年,最后两三百年,连封国都不如。而刘邦建立的西汉王朝,加上后来延续的东汉王朝,虽没有"大儒",也有四百一十一年,不比"三王"逊色。儒家系统看来,"大儒"真是活宝,只要他出现,准益寿延年。事实上"大儒"不在人间,而只在儒家的书本之上。看情形备受扬雄赞扬的那两位不肯同行的家伙,恐怕就非是"大儒"不可。果真如此,"大儒"的形象实在使人作呕。他们认为,音乐礼教,必须高贵品德累积百年,然后才可制定。礼教既如此重要,这百年之间,岂不成了真空?没有礼教,如何能有高贵品德?如果说没有礼教,照样可以培养高贵品德,那礼教岂不是聋子的耳朵,成了多余之物,还要它干什么?

叔孙通曾批评那两个家伙:“腐儒,不知道时代不断在变!”司马光和扬雄在听了这两句话之后,仍要对号入座,为什么如此冥顽不灵,难以理解。

白登之围

刘邦于击破韩王(首府晋阳)韩信后,准备继续北进,一举消灭匈奴。北方正逢隆冬,天气酷寒,可是,身在温暖如春的晋阳宫的刘邦,却轻视这项灾难。他得到情报,匈奴汗国单于(二任)栾提冒顿正驻扎代谷(河北蔚县),决定发动一项大规模攻势,于是派出特使侦察。栾提冒顿知道西汉政府特使所负的任务,早就把精锐部队,以及肥壮的牛马,全部藏匿,使西汉政府特使只看到老弱残兵跟瘠瘦的牲畜。刘邦派出十次特使,十次特使都把所见到的,据实呈报,并判断匈奴汗国不堪一击。刘邦仍不放心,再派娄敬前往,作最后观察。娄敬还没有回报,刘邦认为良机绝不可失,迫不及待地下令所有的兵力,三十二万人的庞大军团,向北推进。前锋刚越过句注(山西代县西北二十五公里),娄敬回来,警告刘邦说:“我跟前面十位特使的看法,恰恰相反。两个国家一旦决裂,敌国一定会夸张他的强大,展示他的优点。可是,我在匈奴那里看到的,却全是老弱残兵,用意十分明显,他们要引诱我们攻击,然后伏兵四起。我认为:对匈奴汗国,绝对不可采取军事行动。”这时大军正向前挺进,不能停止。刘邦眼冒火星,咆哮说:“他妈的,你这个齐国(首府临淄【山东淄博东临淄镇】)死囚,靠着两片嘴皮,当上高官(娄敬建议定都长安,参考公元前202年),今天又站在这里胡说八道,打击士气,扰乱军心,散布失败思想,容你不得!"下令把娄敬囚禁广武(山西代县西南阳明堡镇)监狱,加上全副脚镣手铐。

刘邦先到平城(山西大同),主力仍在后面。栾提冒顿倾全国精锐——四十万骑兵,乘刘邦巡视白登(山西大同东北)之时,把白登团团围住,水泄不通。七日七夜,西汉军团完全孤立。城中和城外取不到联系,传递不出消息,得不到救援,陷落就在旦夕。最后,刘邦采用陈平的诡计,派出秘密使节,从小路找到匈奴汗国大营,晋见皇后(阏氏),送上贵重礼物。皇后(阏氏)对栾提冒顿说:"两国君王,不应该互相围困。我们所侵占的中国土地,事实上不能长久居住,而且中国皇帝有神灵保护,请你考虑!"

栾提冒顿本来跟王黄以及赵王赵利,约定日期会师,时间已到,而赵军不到。栾提冒顿怀疑赵军跟西汉军之间,可能勾结,于是趁此机会,下令解围一个城角。正好天降大雾,西汉军使节来往,没有人察觉。陈平命卫士使用强弓,弦上多加一箭,面向匈奴,保护刘邦从解围的城角,悄悄溜出。

刘邦回到平城(山西大同),西汉军主力也陆续抵达,匈奴兵团完全解围,撤退回国。经过这次挫折,西汉军无法再战,也跟着班师,刘邦回到广武(山西代县西南阳明堡镇),特赦娄敬,对娄敬说:"我不听先生的话,竟被困在平城(白登只是平城附近一个小城,人们习惯于用大包小)。我已把前面派出的十个瞎眼特使,全部处斩!"封娄敬二千户,擢升关内侯,号建信侯(关内侯,是准侯爵,没有封号,也没有采邑)。

陈平用什么方法,使栾提冒顿解除白登城墙一角的包围,是千古一大秘密。史书记载匈奴汗国皇后(阏氏)的那段话,丝毫没有说服力量。而赵军爽约,即令跟西汉军勾结,也不会影响匈奴兵团的优势。如果影响匈奴兵团的优势,解开城墙一角之围,难道优势就可恢复?胡三省说:"秘计者,以其失中国之礼,故秘而不传。"更属匪夷所思,史书上斑斑可考的诡诈血腥,诸如刘邦要喝他爹的肉汤,难道不失中国之"礼"?虽然我们不知道秘计内容,但可以肯定,该秘计一定严重地伤害刘邦的尊严,使子孙和中国人蒙羞。否则,匈奴不会平空网开一面。

然而,刘邦仍不失为中国历史上最伟大的君王之一。在白登之役后,了解自己力量有限,不急图报复,又向娄敬当面道歉,厚加酬报。比起以后历史显示的,像杨广在边疆丢脸之后,立求争回面子,为全国人民以及为他的王朝,带来死亡(参考614年)。像袁绍,当田丰劝他不可攻击敌人时,他跟刘邦囚禁娄敬一样,囚禁田丰,然而兵败之后,袁绍却恼羞成怒,把田丰处决(参考200年)。刘邦,固一代英豪,使人击掌。

反对"住的追求"

白登解围后,刘邦回到长安(陕西西安)。萧何兴建的未央宫落成(未央宫在长乐宫之西,相距半公里,方圆四公里),壮丽豪华。刘邦大发脾气,对萧何说:"天下纷扰,还没有平定,我东征西讨这么多年,仍不知道结局是成是败,你却盖这么奢侈的宫殿!"(刘邦一直没有安全感,正是谋杀功臣的心理状态。)萧何说:"当天下还没有平定时,宫殿简陋一点,还可将就。现在,天子以四海为家,假如不够壮丽豪华,便不能显示威严。另外有层意思,就是使后世感到不必再有什么增加,也可节省民力。"刘邦才转为高兴。

司马光曰:"圣贤君王,仁义就是华丽,道德就是威严,从来没有听说靠雄伟宫殿来镇服天下的。天下仍没有平定,更应当特别节约,用以解救人民的急困,却第一个先盖宫殿,岂知道先后轻重?从前姒文命(禹)住处简单,而姒履癸(桀)却兴建倾宫。祖先创业时,厉行节俭,用以教训子孙,到了后来,子孙还流于奢侈淫靡,何况一开始就过分奢侈?而竟然说,使后世无法再去增添,可谓荒唐。于是,到了刘彻(七任武帝),终于因大兴宫殿而使人民疲惫,未必不是由于萧何这个开端!"

大乱之后,立即为君王修建豪华宫殿,使人扼腕。然而,一个普通平民,生活稍微过得去,还要买栋新屋,布置新房。皇帝大权在握,扩张住处,正是人之常情。传统知识分子对皇帝兴筑宫殿,十分敏感,史书上频频记载反对的言论,目的虽然是盼望减轻人民的负担,但也显示它太不切实际。太不切实际的理念,没有价值。

不知道什么原因,儒家学派总反对"住"的追求。认为稍图舒适,便成罪过。历代君王自己虽不听这一套,拼命照盖;但对别人却会板起面孔,于是,限制高度、限制间数,规定某种官位的人才可以用什么砖瓦,某种官位的人才可以用什么椽柱,某种官位的人才可以用什么颜色,平民只好永住陋室。结果简单阴暗的建筑物,直到今天仍挤满每个角落。

娄敬的远见

匈奴汗国(王庭设蒙古共和国哈尔和林市)单于(二任)栾提冒顿,不断攻击中国北方边境,刘邦十分忧虑,征求娄敬的意见。娄敬说:"天下刚刚安定,无论人民和战士,都筋疲力尽,所以必须放弃用武力对付他们的念头。栾提冒顿杀死老爹,把一群庶母当作妻子,这种人,用仁义说服他也不可能,我们唯一的方法,是把眼光放到未来,使栾提冒顿的子孙,向中国屈服。可是,恐怕陛下办不到。"刘邦说:"说出来听听。"娄敬说:"假使陛下能把嫡长公主(鲁元公主,当时正是赵王张敖的妻子)嫁给栾提冒顿当老婆,送上一份丰富豪华的嫁妆,栾提冒顿这家伙眼皮薄,嫡长公主既是中国皇帝之女,有一个大富大贵的娘家,保证一定立她当皇后(阏氏)。好啦,她生的儿子,当然就是太子。陛下每年过节,把中国过剩而匈奴所缺少的东西,派使节送去,馈赠问安,乘势命一些能言善道有教养的人,常去教导或暗示一些女婿对岳父的礼节。栾提冒顿活着的时候,他是女婿,一旦死亡,陛下的外孙继任单于(君王),谁听说过外孙敢跟外祖父对抗?这样做,可以不必经过战争,就使匈奴汗国顺服。可是,我必须警告,要嫁就得嫁嫡长公主(指鲁元公主)。假如胡乱找一位普通的皇族女儿,或者在皇宫里随便物色一个女孩冒充,栾提冒顿一旦发觉,认为关系仍隔着一层,那可没有用处。"刘邦说:"好计谋。"就要下令送鲁元公主和亲。皇后吕雉得到消息,肝肠寸断,日夜哭泣,哀求说:"我只生一个女儿(鲁元公主)跟一个儿子(太子刘盈),你却狠心把她投到匈奴蛮荒!"刘邦的政治手段敌不过被激起的父女之情,竟作为罢论。

娄敬是中国历史上最有远见的政治家之一,建议定都长安,使国家的根本稳固。而创议和亲政策,更锐利地观察到十年百年之后的外交形势。"和亲"——中国皇女下嫁给外国君王,这一次虽然没有实施,但稍后却终于实施,为国家带来海洋般的利益。

"和亲"是一种能力,西汉王朝开始尝到和亲的美妙滋味,唐王朝简直几乎全靠和亲,才使边疆蛮族顺服。到了清王朝,和亲更成为一种秘密武器,使蒙古心甘情愿、俯首帖耳地作中国藩属。满洲人完全执行娄敬的策略,把大批皇女嫁给蒙古王子,生下的儿子,从小就随母亲住在皇宫,不但生活习惯几乎全部同化,而且跟外祖父(现在皇帝)、舅父(下任皇帝或亲王)、表哥表弟(再下任皇帝或亲王),玩耍在一起、读书在一起,那种浓厚的感情,使他在成年回到蒙古当权之后,跟中国关系更加密切。"和亲政策"像《西游记》盘丝洞的网,密不可破,在蒙古境内,自己、儿子、兄弟、侄儿,所拥有的家庭主妇,都是清王朝的皇女。日累月积,要想特立独行,连找个人商量都找不到。

只有宋王朝和明王朝在儒家僵固头脑压力之下，丧失了和亲能力，认为把皇女嫁给蛮族，是一项侮辱。文既不肯和亲，武又怎么打都打不过，结局大家共知：国土日缩，人民日苦，而终于覆灭沦亡，皇女成了婢女，不得不给蛮族当奴，备受凌虐。

隧道声音

刘邦既不能强嫁亲女，于是物色一位民间的女子，宣称她就是嫡长公主，隆重地送到匈奴汗国（王庭设蒙古共和国哈尔和林市），作单于（二任）栾提冒顿的妻子。派娄敬护送，前往缔结和亲盟约。

司马光曰："娄敬完全了解栾提冒顿的凶暴残忍，不可以用仁义感化，却主张跟他结成姻亲，为什么前后如此矛盾？骨肉间的恩情，高贵卑贱间的区别，只有仁义的人才能知道，怎么会想到用这种手段去使栾提冒顿屈服？古代君王统治蛮族，顺服时用恩德怀柔他，反抗时用武力镇压他，从来没有听说过用婚姻作为手段的。栾提冒顿把他的亲爹都当成禽兽，活活射杀，对于岳父，岂看在眼里？娄敬的谋略，太不严密。何况鲁元公主已是赵国（张敖）的王后，怎么能再嫁给匈奴单于？"

正因为对手残暴，才改用婚姻手段，怎么会有矛盾？只有仁义的人才知道骨肉之情和尊卑之分，可谓天下第一奇谈，野蛮人跟文明人一样地爱护他们的儿女，尊敬他们的父兄，爱和敬不是某一个阶层人士的专利，司马光如果不是无知，就是故意抹杀事实。娄敬已讲得明明白白：嫁出皇女，不是改造栾提冒顿，而是把效果放在栾提冒顿的子子孙孙，这正是可贵的远见。司马光却缠住栾提冒顿本人不放。娄敬是"和亲政策"的发明人，在娄敬之前，司马光固没有听说过，但在娄敬之后，西汉王朝跟唐王朝和亲政策，获得的丰富成果，《资治通鉴》记载得十分详尽,这些记载又都经司马光字字寓目,怎么忽然间咬牙发誓说:“从没有听说过用婚姻作为手段”?

宋王朝拒绝和亲的错误决策,已使中国付出极大代价。司马光不但没有反省,反而大言不惭地说:“对于蛮族,顺服时用恩德怀柔他,反抗时用武力镇压他。”宋王朝时的蛮族契丹和西夏,始终威胁中国生存。司马光也当过宰相,他为什么不用恩德怀柔,又为什么不用武力镇压?敌人,能击败他时击败他,不能击败他时只有和解——和亲是和解的方式之一。宋王朝就坏在战既不能战,和又不敢和的稀泥之中。人们所听的,全是些慷慨激昂、掷地有金石声的隧道声音,为害不浅。

口供主义

赵国(首府邯郸【河北邯郸】)宰相贯高等打算行刺刘邦,阴谋泄露,贯高的仇人得到内幕情报后,提出检举。刘邦像炮仗一样爆了起来,下令逮捕赵王张敖跟所有黑名单上的人。赵午等十余人,一听到消息,争先自刎。贯高怒不可遏,骂说:“谁叫你们干那种事?大王(张敖)明明没有参与阴谋,而今连他一并逮捕,你们都一死了之,还有谁能证明他的清白?”密封的囚车,把张敖跟贯高送到长安。在审讯中,贯高供称:“是我们作部下的单独行动,大王(张敖)并不知道。”审问官一定要他承认张敖也曾参与,对他苦刑拷打,用鞭子和木棍捶击数千次,又用铁锥乱刺,残忍酷烈,贯高全身溃烂,再找不出一块完整的肌肤下手,但贯高咬牙承受,誓不改口。

司法案件,中国一向采“口供主义”。因中国统治阶层,包括皇帝在内,都有一副大慈大悲的天使般心肠,除非嫌犯自己承认有罪,绝不判刑。于是,为了要嫌犯自己承认有罪,只有靠苦刑拷打,直到

“坦承不讳”“自动招认”才止。贯高是天下第一等奇人，也正是孟轲所称道的“威武不能屈”的大丈夫，而苦刑比威武更可怖。他只要一时难支，在哀号声中点一点头，张敖全族便化成一团脓血。

只重视口供，不重视证据，更不重视程序，是中国司法的传统特色。苦刑之下取得口供后，再制造证据坐实。于是，冤狱累累。张敖幸而是皇帝（刘邦）的女婿，有丈母娘皇后吕雉暗中保护，否则，把加到贯高身上的苦刑十分之一加到他身上，他早“坦承不讳”“自动招认”了。口供主义，是中国人的灾难之一。

帮凶更凶

司法部长（廷尉）把贯高的口供报告刘邦，刘邦赞扬说：“好一条汉子！谁认识他？去拜访一下，动以私情，套出实话。”高级国务官（中大夫）泄公（名不详）说：“我跟贯高同县，很知道他的为人，他在赵国豪气千秋，一把硬骨，守信重义。”刘邦叫泄公到已被拷打得倒地不起的贯高身旁，先谈论家世，互相叙述别后情况，好像朋友平常日子相见时把臂言欢，最后探询赵王张敖到底参与了没有。贯高说：“人之常情，谁不爱他的父母妻子。而今，我的三族（父族、母族、妻族）都全部处死，我爱大王（张敖）岂超过我的亲属？只因为大王（张敖）确实没有谋反，谋反的事全是我们单独行事。”把他行动过程，叙述一遍，说明张敖确不知情。泄公回宫，报告刘邦。刘邦下令释放张敖，撤销王爵，贬作宣平侯。改封代王（首府代县【河北蔚县】）刘如意当赵王（首府邯郸）。刘邦欣赏贯高的侠义担当，派泄公通知他：“张敖已经出狱。”下令特赦贯高。贯高喜不自胜，说：“大王（张敖）真的出狱了？”泄公说：“当然，难道皇上（刘邦）还骗你？”又说：“皇上（刘邦）敬重你的为人，所以特别赦免。”贯高说：“我全身脓血，而不肯死,只为了要证明大王(张敖)无辜。而今大王(张敖)既然已经出狱,我已尽到我的责任,死而无恨。而且人臣已背上篡弑的名声,还有什么面目再侍奉君王(刘邦),即令皇上不杀我,我也会内愧于心。"说罢,把头部猛烈后仰,颈骨折断,遂告死亡。

荀悦曰:"贯高领导谋反,是一个弑君的凶手。虽然为他的国王(张敖)洗刷清白,小的忠心,不能弥补大逆不道,私人的品德,不能抵销法律上的罪行。《春秋》昭示的大义是:要光明正大。他的罪不应赦免。"

司马光曰:"刘邦因骄傲的缘故,臣僚背叛。贯高因凶恶逆戾,使他的君王丧失国家。然而,促使贯高谋反,是刘邦的过失。促使张敖丧失国家,是贯高的过失。"

贯高贫贱不能移,他不在乎刘邦。富贵不能淫,他不在乎宰相高位。威武不能屈,他不在乎苦刑拷打。当刘邦破口大骂,百般侮辱张敖时,不会仅限于张敖,所有赵国臣僚,恐怕都难逃诟詈,这正是典型的"不把人当人"场面,一个有自尊、有人性的人,自然不能忍受。贯高没有淖齿(参考公元前284年)的能力,把刘邦吊起来剥皮抽筋,他唯一的反击方法只有暗杀。

荀悦却认为贯高应该全部忍受,奴才嘴脸,刘邦地下有知,一定拍大腿欣赏说:"有权有势真好,对无权无势的小民,想杀就杀,想砍就砍,想骂就骂,想怎么侮辱就怎么侮辱。自有学问冲天的无耻之徒,帮腔帮拳。"

专制封建的头目,有时还有天良,像刘邦竟然下令释放贯高。倒是帮凶往往比主凶更为恶毒,荀悦之流却要求诛杀无赦。两千年来,中国人就在这种《春秋》大义教育下,人性被消磨殆尽,中国进步历程,一天比一天艰难。

夺嫡

定陶(山东定陶)美女戚姬得到刘邦宠爱,生子刘如意,封赵王。刘邦对太子刘盈的仁爱忠厚性格,一直不满意,认为刘如意才像自己。所以,虽然封他赵王,却不命他前往封国(赵国首府邯郸),始终留在长安。刘邦每次到关东(函谷关以东),都带着戚姬。戚姬盼望由她的儿子当帝位的合法继承人,日夜向刘邦哭泣请求。皇后吕雉这时年龄已长,甚至渐老,不复当年姿色,反而不能随行,经常留守后方,夫妻感情,更为疏远。刘邦打算撤销刘盈的太子封号,改封刘如意,高级官员们全体极力反对,都没有用。最高监察长(御史大夫)周昌,在御前会议上,据理力争。刘邦问他什么缘故,周昌说话有点口吃,又在激愤情绪之下,不能畅言,只说:"我口不能言,然而我期期知道不可以,陛下要废太子,我期期不接受命令。"刘邦看他激愤的表情,忍不住大笑。一件严重的巨变,在笑声中暂时中止。吕雉躲在金銮殿东厢,侧着耳朵偷听。朝会完后,见到周昌,向周昌下跪叩头致谢,说:"如果没有你仗义直言,太子就完了。"转眼刘如意十岁,刘邦既不能下定决心立他当太子,又忧虑自己死后戚姬母子会遭受报复。掌玺监察官(符玺御史)赵尧,建议给赵王刘如意设置一位强有力的宰相,这位宰相平常必须被皇后吕雉、太子刘盈以及大臣们所敬爱畏惧,才能发生保护力量。刘邦问说:"你看谁是恰当人选?"赵尧说:"周昌。"刘邦遂任命周昌当赵国(首府邯郸)宰相,擢升赵尧接任周昌当最高监察长(御史大夫)。

"夺嫡"是所有政治斗争中最凶恶的一种斗争。戚姬在毫无外援支持下,只靠自己的美色,便发动这项攻势,幸而成功,也无法保证儿子就能平安登上宝座。吕雉不是普通家庭妇女,她帮助刘邦共创大业,跟大多数军政要员,情谊深厚。戚姬孤孤单单,儿子又小,谁肯为她们母子向主流派挑战?周昌手无一兵一卒,岂有抗衡力量?赵尧不过想挤掉周昌,以求自己蹿升而已。他的计谋毫无价值,然而,除此之外,又有何法?

金钱挂帅的动物

公元前197年,赵国宰相陈豨起兵叛变。刘邦得到情报,陈豨手下将领,都是商人出身,笑逐颜开说:"我知道怎么办了。"派人用重金行贿,陈豨所属的部将,遂纷纷归降。

商人是金钱挂帅的动物,虽然当了将领,仍然可以收购,所以刘邦知道他应做什么。而那些被收购的将领,却不能想一想他们被收购后,将有何等遭遇。任何一个政府,除了少数样板,都难以容忍收购过来的变节分子。问题是,马克思说过:你买吊死资本家的绳子,只要肯出钱,资本家仍卖给你。利益是今天的,灾难是明天的。不仅资本家而已,庸碌之辈,无不只看眼前。

王夫之论韩信

刘邦大举进攻陈豨,淮阴侯韩信声称有病,没有追随出征,秘密派人前往陈豨处,指示机宜。韩信准备跟他的侍卫官(家臣),乘夜假传圣旨,大赦做劳工的囚犯,跟被判罪充当官府奴隶的囚徒,集结他们,攻击皇后吕雉和太子刘盈。部署已经完成,只等陈豨方面回音,恰好韩信的一位随从(舍人)得罪了韩信,韩信把他囚禁,打算杀掉。那位随从(舍人)的弟弟向皇后吕雉告发韩信叛变阴谋。吕雉想召见韩信,又考虑韩信可能拒绝,跟宰相(相国)萧何磋商,于是宣称:皇帝(刘邦)派使节来,陈豨已死,侯爵们和高级官员,都到金殿祝贺。萧何告诉韩信说:“你虽然有病,也应该勉强去一趟。”韩信一进宫,吕雉立即命武士把韩信捆绑,就在长乐宫悬钟的房中处决。韩信临死时,叹息说:“我后悔不听蒯彻的话(参考公元前203年),竟被一个女人欺骗,岂不是天意!”为了根绝后患,吕雉下令屠灭韩信三族(父族、母族、妻族)。

司马光曰:“世人以为,韩信首先建立功业,跟刘邦起兵汉中(陕西汉中),平定三秦(项羽分故秦王国为三:雍国、塞国、翟国),率领部分军队,向北挺进,消灭魏国(魏豹),夺取代国(陈余),征服赵国(赵歇),威胁燕国(臧荼);东击齐国(田广),而加以并吞;南攻西楚(项羽),在垓下(安徽灵璧东南)把它铲除。西汉王朝之所以统一天下者,泰半是韩信的功劳。看他拒绝蒯彻的煽动,亲自到陈丘(河南淮阳)迎接刘邦,岂有谋反的心?只不过由于失去王位,于心不服,遂陷于犯上作乱的悖逆。像卢绾这样的人,不过刘邦同乡同里的幼年玩伴,还在燕国当王。韩信反而以一个侯爵身份,在首都按时朝拜,岂不是刘邦对韩信忘恩负义?刘邦在陈丘(河南淮阳)用诈术逮捕韩信,说刘邦对不起韩信,确实如此。然而,韩信也有自取之道。最初,汉王国跟西楚在荥阳(河南荥阳)对峙,韩信已灭齐国(田广),不向刘邦报到,却自己想当齐王。之后,刘邦追击项羽,到了固陵(河南淮阳北),跟韩信约定会师日期,而韩信却失约不来。当时,刘邦已有制裁韩信的决心,只是力量不足,不敢动手。等到天下平定,韩信还有什么可凭恃的?乘人窘困之际而逼取大利,是小市民小商人干的勾当,论功而报答恩德,是君子士大夫的本心。韩信以小市民小商人的作法,以求一己的好处,而希望对方用君子士大夫的风度回报,那是太难了,所以司马迁说:‘假如韩信了解君臣相处之道,虚怀谦让,不夸耀自己的功劳,不展示自己的才智,或许可以保全,而对于西汉王朝的贡献,也可能跟姬旦(周公)、姬奭(召公)、姜子牙(太公)媲美,后世荣华不绝,永享子孙的祭祀。不去那样做,却在天下已定之后,企图叛变,以致家族全被屠杀,岂不应该。'"

王夫之曰:"韩信最初拒绝蒯彻的建议,不跟刘邦为难,只因项羽还没有消灭,所谓'三分天下,鼎足而立',不过是蒯彻疯狂而愚昧的构想。从前韩王国(战国时代)曾用这种观点,纵横国际,最后被秦王国(战国时代)吞并,而无人援救,覆辙不远。形势很明显,韩信如果在齐国(首府临淄)叛变,西方有张耳,南方有彭越,同时反击。鼎的三脚折断一只,必然落得作为蟊贼的下场。韩信知道不可能,才不听蒯彻的话,是更深的谋略。项羽覆亡之后,刘邦筋疲力竭,返回关中(陕西中部),这时候韩信如果发动,才可以如愿以偿。蒯彻的意见,韩信岂须臾忘记?卞庄子刺虎,小死大毙,一举两得的比喻,韩信正是如此构想,只在等待时机发动。他说:'不忍心背叛',姑且堵蒯彻的嘴罢了。削去王位,降为侯爵,封国既小,而又无兵权,还要利用陈豨发难。何况当时拥有三齐(齐国、胶东国、济北国)的精锐部队,面向西方,虎视眈眈,还会怕谁?"

司马光以及司马迁对韩信的评估,深入问题核心,只是惋惜韩信不懂得封建专制政治的运转特质,以致丧生。韩信是英雄不是枭雄,是军事家不是政治家。他天性忠厚,信任刘邦的友情,却不知道政治上的头目,只认识利害,韩信把刘邦当成父兄,直到陈丘(河南淮阳)双手被缚,梦才初醒,以后软禁长安,在严密监视下,已插翅难飞。

王夫之的《读通鉴论》,享誉三百年之久,却篇篇使人失望,甘愿为奴、崇拜权势,使他对每件事情,都有奇异结论。他说韩信在齐国时即行叛变,张耳在西,彭越在南,双方阻击,必然失败,可谓痴人说梦。韩信一旦起兵,张耳的赵国,是韩信一手平定的,当时韩信的威望,震撼天下,张耳何以独爱刘邦,只为刘邦效命,而跟战无不胜、攻无不取的名将对抗?刘邦被困荥阳,既不能分兵,韩信又善于指挥大兵团作战,张耳即令敢对抗,又怎有力对抗?至于彭越,他跟刘邦的关系,始终游离,王夫之有什么根据,敢肯定他一定站在刘邦那一边?

王夫之更认为项羽死后，刘邦返回关中（陕西中部）之际，韩信发动兵变，才有把握，更是异想天开。恰恰在那时候，张耳和彭越，他们才必然阻截，因为形势比人强，大局已稳，君臣名分已定，刘邦正处巅峰。

王夫之肯定韩信早有谋反之心，这是最下流的一种“诛心”之论，责备人永没有止境。悲剧就发生在韩信并没有谋反之心，如果有的话就好了，刘邦自己都承认不堪韩信一击。韩信被削成侯爵，国土既小而又没有兵权，却企图谋反，正是逼出来的，没有彼一逼，焉有此一反。好像某甲痛揍某乙，某乙一口把某甲手臂咬了一口，不能证明某甲不痛揍某乙时，某乙一直都在那里想咬他一口。是非因果，不应被如此颠倒。

更重要的是，韩信之死，是一场冤狱。就西汉政府所作的指控，看不出有任何积极证据，仅凭着随从（舍人）弟弟的片面之词，没有调查，不容分辨，便急吼吼暗下毒手，而所使用的又是灭口手段。表面上由吕雉主持，从“伪游云梦”那件事推断，毒计恐怕酝酿已久，否则屠杀像韩信这样的重臣，吕雉岂敢遽作决定。

刘邦对韩信一直有一种自卑性的恐惧。韩信不死，刘邦睡不着觉。消灭对手的法宝，只有“诬以谋反”。重读蒯彻的言论，使人敬佩交集。然而，与其说韩信死于吕雉、刘邦，毋宁说死于专制封建政治。一个伟大的英雄惨遭屠灭三族，当巨变发生时，老幼妇孺，从豪华盖世的侯爵官邸，霎时间被他们效忠的政府乱刀齐下，毫无遗留，哭声号声，两千年后，仍然盈耳，却没有人为他们申诉，甚至还有高级知识分子如王夫之之流，在旁帮凶，认为韩信一生下来，就是一个叛徒，刘邦杀得好、杀得妙，不禁浩叹！

司马迁论彭越

刘邦杀韩信后,再杀彭越,屠三族,在洛阳城外集中处决。下令说:有人胆敢收殓彭越尸首的,一律治罪。梁国(首府定陶)国务官(大夫)栾布,正好出使齐国(首府临淄),回到洛阳(河南洛阳东白马寺东),就在彭越人头之下,简报他出使经过,然后焚香祭拜,放声大哭。官员把栾布抓住,上奏刘邦。刘邦召见栾布,破口大骂,要烹杀他。正要把他投到沸腾的巨锅里时,栾布回头告诉刘邦:"我想说一句话再死。"刘邦说:"好吧。"栾布说:"当陛下在彭城(江苏徐州)被困,在荥阳(河南荥阳)、成皋(河南荥阳西北汜水镇)之间战败,项羽所以不能向西穷追的缘故,因为彭越大军驻屯故魏王国(河南东部)土地,跟汉王国结盟,共同打击西楚。当时,彭越稍一偏向西楚,汉王国就会破碎。而跟汉王国站在一边,西楚也会破碎。而且,垓下(安徽灵璧东南)会战,如果不是彭越参与,项羽不会覆灭。等到天下已定,彭越受封王爵,也要传之万世。想不到只为了一次征兵不到,彭越正好卧病在床,不能亲行,陛下就疑心他谋反。事实上彭越并没有谋反,陛下更用芝麻绿豆的小事,屠灭三族,我恐怕所有功臣,都会寒心。而今彭越大王已去,我生不如死,请继续你的烹刑。"刘邦下令赦免,任命栾布当民兵司令(都尉)。

司马迁曰:"魏豹、彭越,虽然出身微贱,然而称霸一方,拥有千里疆土,面向南方称'孤',血战取得胜利,每天都传捷报,却心怀叛意。等到失败,不死于敌人,而死于自己人之手,身受刑杀。为什么这样?只为他们的行为不够水平。中等才能的人,都以他们的行为为羞,何况君王?他们没有大的罪恶,而又具有超人智谋,却缺少律己的品德,偶尔掌握一点点权柄,就打算呼风唤雨,更上层楼,以致陷于囚犯地位而无法摆脱。”

司马迁之言差矣，魏豹只是不能忍受刘邦的辱骂而反，情形跟贯高相同，并非有什么冲天大志。彭越更根本没有叛变的意图，他所遭遇的，不过一个比韩信更明显的“诬以谋反”的冤狱而已。传统历史学家总在责备被诬杀的千万冤魂，而不敢碰凶手一根毫毛，如果是恐惧当权派，不敢出此，其情可悯，如果真的内心认为如此，就不可原谅。

论刘邦

公元前195年，刘邦逝世（年六十二岁），埋葬长陵（陕西咸阳东北二十公里）。最初，刘邦厌恶读书，但天性聪明，胸襟开阔，能采纳最好的谋略，连看门人跟最低阶层的小兵，一见面都成为老友。当年进入关中（陕西中部），定三章约法（参考公元前206年）。等到全国统一，命萧何制定法律，韩信制定军律，张苍制定各种单行规章，叔孙通制定礼仪。跟功臣共剖符信（用金、玉、铜、竹、木之类做成，上刻文字，然后当中劈开，君王自留一半，一半交给当事人。参考公元前258年），丹书铁券（把字铸在铁券上，用朱砂涂在字上，保证永远有效。古代君王颁发给功臣，世世代代保存，可以凭它免除若干重罪，包括死刑），妥藏在皇家祖庙（太庙）的石屋金柜之中。虽然每天忙碌，没有片刻休息，但创立制度，规模宏远。

班固曰：“春秋晋国史臣蔡墨曾经考证，尧帝伊祁放勋（黄帝王朝六任帝），后裔中有刘累，学习养龙技术，曾侍奉夏王朝第十六任帝姒孔甲，他的后裔改姓为范。晋国国务官（大夫）范匄（范宣子）说：‘我的祖先最初是伊祁放勋（陶唐氏），夏王朝时是刘累（御龙氏）。商王朝时，子孙称豕韦部落（河南滑县东南）。周王朝时，子孙迁到唐国(山西翼城),周王朝二任王姬诵,消灭唐国,子孙再迁杜国(陕西西安东南郊)。杜国国君姬恒(杜伯),被周王朝十一任王姬靖诬杀,姬恒的儿子姬隰叔投奔晋国。等到晋国称霸国际时,姬隰叔改姓范,世代当晋国防务司令(工师)。公元前七世纪八十年代,晋国内乱,范姓后裔投奔秦国。后来全族再回到晋国,未回到晋国而仍留在秦国的族人,恢复姓刘。'刘向说:'战国时代,在秦王国的刘姓后裔,随军出征,被魏王国俘掳。魏王国覆亡后,刘姓后裔迁到大梁(河南开封)附近,聚集丰邑(江苏丰县)。因之周福告诉雍齿说:丰邑的人,是从大梁来的移民。'所以,我们歌颂刘邦:'汉王朝的皇帝,出自尧帝伊祁放勋,繁衍到周王朝的秦国,才开始姓刘。经过魏王国,往东再迁,出了一位丰公。'丰公,指刘邦的祖父,太上皇刘执嘉的老爹。事实上刘家在丰邑定居的日子很短,在丰邑的祖先坟墓也很少。所以刘邦当上皇帝后,在秦地(范隰叔孙儿范会留在秦王国的后裔)、晋地(范姓在晋做官)、魏地(被掳大梁)、楚地(丰邑属故楚王国)四个地方,分别设立祠堂祭祀——祭祀天地及祖先,这就是证据。由此推断,西汉王朝继承尧帝伊祁放勋的大运,盛德已高达顶点。斩杀大蛇,就是符信。国旗用红的颜色,乃火的标帜。这是上帝的安排,一切都出于天意。"

刘邦的出身,不过一个地痞流氓。可是当了头目之后,自有马屁精造神弄鬼,拼命往他脸上涂脂抹粉。连班固,这位受人尊重的史学家,也奋不顾身,查出刘邦竟然是儒家学派顶礼膜拜的尧帝伊祁放勋的后裔。看他这篇大作,左拉右扯,驴头马嘴,真是辛苦非常。司马迁在他的大作《史记》里,便没有这些呓语。

塞万提斯写《唐·吉诃德传》,借着吉诃德之口,告诉他的伙伴桑科说:只要你能混出一点名堂,就自会有人发现你有皇家血统。可说明这种摇尾手段,古今中外,相差不多。不过,刘邦也确实是中国历史上最英明的君王之一。所有关键性的大决策,都是别人的主意,没有一个是他自己想出来的。庸碌的领袖面对着比他智慧高的人,会感到一种压力,浑身不舒服,自己的愚蠢见解一旦被部属批驳,他会恼羞成怒，翻脸无情。左右必须全是比他更庸碌的蠢材，使他有机会表演"面授机宜""智从己出"，他才满意。刘邦几乎样样不如人，然而，他是一个优秀的统御人才，能作正确判断，能承认错误，能宽容别人的过失，能用度外之人；胸襟坦荡，不拘小节，具备一个理想领袖的条件。即令生在民主时代，他也会同样崛起。

刘邦最大的罪恶，是他用残忍的手段屠杀功臣，留下不可抹灭的劣迹，我们绝不宽恕他。但我们也了解，专制独裁政治就是杀戮，当初大家一块当小偷、当强盗，吃在一块，睡在一起，大哥、二哥、麻子哥，好不亲爱，一旦你高坐金銮宝殿，装模做样，想想你当年狼狈嘴脸，要不是我，你还能活呀？王朝政权建立伊始，效忠心理还没有凝聚成为惯性，互相猜忌之下，不但君要杀臣，臣也要杀君。猜忌犹如荆轲的毒刃，见血封喉，毫无回转余地。西汉王朝初期，我们只看到君杀臣。以后，我们将看到臣杀君，同样凶暴。

这是封建制度的特产，只有民主政治才可以消除这种毒瘤。

樊哙被捕

刘邦卧病时，有人诬陷樊哙，说樊哙是皇后吕雉的一党，只等刘邦死掉，就要派军队诛杀赵王（首府邯郸）刘如意跟他的随从。刘邦大怒若狂，用陈平的计谋，把绛侯周勃召到病榻之前，亲自下令："陈平乘坐驿车，带着周勃，火速前往前方，由周勃接替樊哙的职务，陈平就在军中斩樊哙。"

樊哙跟刘邦是连襟姻亲，从小玩伴，情同骨肉，为刘邦"大哥"出生入死，忠心耿耿。鸿门宴上，强闯项羽先生军营的镜头（参考公元前206年12月），仍历历在目。而刘邦却只听一句风言风语，便下毒手，当年恩义，霎时勾销。政治恩怨，本来变化莫测。而专制独裁下的政治恩怨,不但变化莫测,更带血腥。

人猪事件

西汉王朝(首都长安【陕西西安】)皇帝(二任惠帝)刘盈(本年十七岁),凌晨到郊外打猎,唤赵王(首府邯郸【河北邯郸】)刘如意一块前去,刘如意年幼(才十三岁),贪睡不肯起床,刘盈只好独自出发。皇太后吕雉得到消息,急派人拿毒酒闯进寝宫,强迫刘如意喝下,刘如意遂毒发身死。黎明时,刘盈回来,弟弟已成为尸体。根苗已除,吕雉的复仇之手直指戚姬,下令砍断戚姬双手双脚,挖掉双眼,凿聋双耳,灌下破坏声带的哑药,把她扔到厕所,命名"人猪"。几天之后,吕雉特地叫人引导刘盈前往参观。对墙角一团血肉模糊,蠕蠕而动的物体,刘盈询问是什么东西,左右据实回答,竟是戚姬。刘盈痛彻心腹,放声大哭,遂患病卧床,一年有余,不能行动。派人告诉娘亲吕雉说:"这不是人做的事。我是你的儿子,对你无可奈何。但竟不能保护老爹心爱的姬妾和弟弟,还说什么治理天下?"从此,刘盈每天饮酒、玩女人,恣意淫乐,不再主持政事。

司马光曰:"身为儿女,父母有过失时,应该规劝。规劝而父母仍不听,应该号泣规劝。岂有继承老爹创立的政权,当天下的领袖,只因不能忍受娘亲残忍,竟不管国家大事,纵情酒色,自伤身体的道理?像刘盈,正是只怀有小的爱心,而不知道什么是大义的那种人。"

刘盈是中国历史上少见的一位仁君,戚姬母子夺嫡利刃,对象就是刘盈。刘盈对她们的仇恨,应远超过娘亲。但危险既已消失,亲情仍是亲情,也只有刘盈这种具有宽厚心灵的人,才能如此不记旧恶。俗云:"天要下雨,娘要嫁人。"刘盈从小就在凶爹恶母控制之下,他有什么办法反应他的愤怒、悲哀？司马光轻轻一句："规劝不听，继续号泣规劝。"弟弟已死，庶母已成"人猪"，还有什么可规劝的？规劝不听，号泣规劝。号泣规劝再不听，下一步又该如何？是号泣个没有完，还是把娘亲皇太后的权柄剥夺？如果那样，司马光又要责备他不孝了。刘盈被迫逃避，是一种无力感的反应，那是对恶母的悲凉抗议，使人充满同情。

然而，问题仍在"人猪"。禽兽扑杀对手，目的只在置之于死，不在使对手痛苦。吕雉如果把戚姬一刀斩首，我们可以谅解她的积恨。但用"人猪"残酷手段，是禽兽不如。我们绝不反对报复，报复是一种激发人类奋斗进取的最大动力之一。没有报复之心，便成了一摊泥奴才。而"以德报怨"，更是一种狡狯诈术。连儒家系统开山老祖孔丘都强烈反对，认为应该"以直报怨"，那就是，报复不应超过对方应得的。《基度山恩仇记》上，当邓迪斯看到检察官发现妻子和儿子惨死，立刻发疯时，邓迪斯就后悔他做得过分。报复超过限度，心肠阴毒；有力量报复而不报复，属于最高层面的神圣质量，我们在刘盈身上找到。

死不认错的理论根据

刘盈住未央宫，经常前往长乐宫朝见娘亲吕雉，平常无事时，又常常跑去闲逛。而皇帝上街，都威风凛凛，军警夹道，禁止通行（这就是"出警入跸"，一种权威展示）。刘盈觉得扰乱社会秩序，就紧傍军械库之南（未央宫到长乐宫，中间是武库），修建双层大道（复道）。祭祀部长（奉常）叔孙通警告说："这是高皇帝（刘邦）衣冠出巡的道路，子孙的车马，怎么能在上面走？"（皇家礼仪：刘邦生前穿的衣服和戴的帽子，每月一次，都要从墓园捧出来，捧到刘邦的祭庙，称为

"游衣冠"。刘盈的双层大道,正筑在"游衣冠"那条路上。)刘盈慌忙说:"马上把它拆掉。"叔孙通劝阻说:"领袖永远没有过失,既然已经筑成,人民都已经知道,拆除了岂不自承错误。我建议陛下在渭水北岸,给高皇帝(刘邦)再建立一座祭庙,这样的话,'游衣冠'时,就不必再到长安城里的祭庙了。而且对祭庙大加扩建,正是大孝的基础。"刘盈立即下令在渭水北岸,为刘邦建第二座祭庙。

孟轲曾斥责陈贾,说:"现代的人岂止继续错误下去而已,反而捏造出许多理由,把错误说成美德。"但陈贾不过是偶尔干那么一票的小人物。叔孙通却为拒谏饰非,提供理论基础:"领袖永远没有过失。"于是,冥顽不灵兼死不认错,上行下效,遂成官场中的金科玉律,贻害两千余年,使中国人丧失了承认错误和改正错误的能力。到了现在,偶尔发现中国人主动向人道歉时,尤其在高位的中国人,主动向属下道歉时,简直是一幅美好的图画。

诛杀三族

公元前187年,西汉政府下令废除秦王朝的"诛杀三族令"及"妖言令"。

诛杀三族(父族、母族、妻族)是秦政府制定的法律,这是专制帝王企图彻底消除叛逆的手段,谓之"斩草除根"。问题是,叛逆有它产生的条件,一旦条件具备,不要说诛杀三族阻吓不住,即令诛杀三千族也阻吓不住。而且因有诛杀三族的恐惧,一旦推翻旧统治者,新统治者的报复性和预防性的屠戮,就更凶恶。中国历史上,帝王子孙几乎都被杀光,就是渊源于统治阶层先下毒手。

连坐,是野蛮民族的产物,时到二十世纪,中国虽不再有诛杀三族，但家属对罪刑的分担，仍保持这种余绪。

吕家班

公元前180年，西汉王朝皇太后吕雉逝世，政变爆发，吕家班最信任的郦寄，诱骗吕家班交出军权，吕家班遂全族被屠。

班固曰："刘恒（西汉王朝五任文帝）在位时，天下人都认为郦寄出卖朋友，见利忘义。然而，郦寄的老爹（郦商）是开国功臣，又被强力挟持，所以摧毁吕禄，安定国家，拯救父亲，拯救皇帝，大义已够。"

根据已知的史料，并没有吕家班要夺取刘姓政权的证据，吕雉不过一个泼辣的悍妇，跟《红楼梦》上的王熙凤，是一路货色。有小聪明，也有恶毒心肠，但没有疯狂野心。比起七世纪出现的、中国唯一女皇帝武曌女士，吕雉就像一个白痴。吕雉最大的愿望不过把她娘家人封王，风光风光而已。封王引起激烈的反应之后，才不得不更坚持封王政策，来保护她的家人和她的弱孙安全。看她饿死刘友，只是为娘家女儿出气。毒死刘肥，只是为了他坐在她儿子的上席，都非一个胸怀大志的人的作为。吕禄、吕产，一对荷花大少，更非政治人物，如果有意谋反，岂会被郦寄的三寸不烂之舌说服，轻率地交出军权？吕家班政变的消息，主要的来自刘章，自从逃席事件之后，双方对立立场，十分明显，吕家班纵有阴谋，也不可能对刘章毫不设防。刘章年轻躁进，利用妻子身份，制造无法求证，但却迎合人心的情报，也只不过为了博取政治暴利。

以陈平、周勃为首发动的政变，事实上是一场夺权斗争，所以必须使用"诬以谋反"法宝。郦寄当时就被人指责，可见即令在吕家班被肯定为叛逆的恐怖气氛下，公道仍在人心。班固为他辩解的理由：一、老爹是功臣，二、老爹被挟持。功臣之子，难道就可以丧天害理？

这种想法可谓奇异之极。而我们又根本不相信他老爹真被挟持这回事,军权在吕家班之手,太久的劫持会使阴谋暴露。

郦寄卖友求荣、见利忘义,已铁案如山,班固却把他美化得忠义千秋,只不过成则王侯败则贼,刘家班成功罢了。如果吕家班成功,对郦寄这种行为,又是如何评估?当时还有公论,后世的史学家,反而替郦寄开脱。

不过,无论如何,我不希望朋友中有郦寄先生这种"大义已够"人物,上帝保佑!

魏　勃

西汉王朝吕家班覆亡后,全国最高统帅(大将军)灌婴在荥阳(河南荥阳),听说齐军统帅魏勃,是说服齐王(首府临淄)刘襄起兵的人,派使节召他见面,责备他轻举妄动。魏勃回答说:"家里失火,岂有先禀告家长,才去救火的?"退立一旁,两腿发抖,害怕得说不出话。灌婴再问他,他仍是这一句。灌婴瞅看他,失笑说:"人们都说魏勃人中豪杰,简直胡扯,不过一个脓包罢了,有什么作为?"命魏勃回去。灌婴也自荥阳班师。

有些人久负盛名,平常日子里,嘴脸多端,俨然人物。一旦形势有异,如果再继续拍胸脯表演将要杀身成仁,可能真的要杀身成仁。于是立竿见影,立刻两腿发抖。不过,柏杨先生积六十年的经验,可以预测:魏勃回到齐国后,向齐王刘襄提出报告,或向他的部下训话时,准把这场"荥阳之会",描绘成据理力争,灌婴终于被他说服,对他充满敬意,待若上宾。说不定魏勃还会在媒体上发表一篇回忆录之类,说灌婴还向他下跪,请他宽恕。

达官贵人中,多的是魏勃,久瞧便知。

刘邦嫡系屠城

诛杀吕家班政变后，西汉王朝政府面对四任帝刘弘属于吕家班家人严重问题，共同会商对策，决定说："皇上（刘弘）、梁王（首府定陶）刘太、淮阳王（首府陈县）刘武、恒山王（首府真定）刘朝，都不是惠帝（二任帝刘盈）真正的亲生儿子，而是皇太后（吕雉）夺取别人的儿子，杀死他们的娘亲，送到皇宫养育，教惠帝（刘盈）收作自己的儿子，立为皇太子；晋封王爵，目的只在加强吕姓家族的力量。今天把吕姓家族全部屠灭，而皇帝也好、亲王也好，年纪一天天长大，一旦掌握权柄，我们可要付出代价。与其冒这项危险，不如在高皇帝（一任帝刘邦）儿子群中，遴选一位品德贤明的亲王，请他当天子。"于是全部诛杀。

刘盈十六岁即位，二十三岁逝世。七年之间，正是青春壮士，生儿子的可能性，远超过不生儿子。史书上只说皇后张嫣无子，并没有说刘盈无子，他的小老婆群照样可以生子。史书上强调刘恭（三任）、刘弘（四任）是"他人子"，只是指小老婆的儿子，交给张嫣抚养。站在张嫣立场，固然是"他人子"，站在刘盈立场，仍是刘家血统。正因为如此，吕雉才把孩子的娘亲杀掉。如果是抱自别家，难道独放过老爹，而不灭口？吕雉当然有可能把姓吕的孩子抱来充数，但屠灭吕家班罪状中，没有此条。如果有这种行为，反吕阵线难道不抖出来？而且，抱养一个就足够了，却抱养了七个，数目越多，泄露机密的机会越多。吕雉不傻。

我们肯定地认为，刘弘兄弟八人，全是刘盈亲生之子。他们的罪状在于他们身上所流的四分之一的吕姓血液。高官们对他们长大成人后的恐惧之情，溢于言表。政治斗争下常使事实真相淹没，反吕阵线的史学家,自然希望后人相信这项诬陷。不过,至少有一点可以证实,政变时口口声声保护皇帝安全,不过一个骗局。

乱世悲喜剧

公元前179年,西汉王朝五任帝(文帝)刘恒,封太子刘启的娘亲窦女士(名不详)当皇后。窦皇后,是清河郡(河北清河)观津县(河北武邑)人。弟弟窦广国。广国小时候,被人掠夺贩卖,共转卖了十余家,听说姐姐当了皇后,上书描述自己的身世。窦皇后召见,盘问出实情,于是,厚厚地赏赐给他田宅金钱,跟老哥窦长君,定居长安。右宰相周勃、全国武装部队总司令(太尉)灌婴等人说:"我们的性命,握在这二人之手。二人出身微贱,必须妥善地给他们遴选师傅和宾客。否则,如果再步吕姓家族后尘,可是关系国家的大事。"于是物色品德高尚有节操的人,跟他们同住。窦长君、窦少君遂成为谦恭之士,不敢用他们的尊贵身价,傲慢别人。

窦皇后跟窦广国,是观津(河北武邑)人,拥有使人唏嘘的凄凉身世,和传奇性的姐弟相会。他们的遭遇如果写成报导文学,一定会被人认为虚构,但史实俱在,悲惨世界中,偶尔出现一幕喜剧,也足以鼓舞人生。

窦皇后自幼家贫,被吕雉女士强迫征入皇宫。有一次,吕雉赏赐每个亲王五名宫女,窦女士在名册之中。她因家距赵国首府邯郸较近,哀求主持这件事的宦官,务必把她分发到赵国。宦官满口答应,但立刻也就忘记,他不会把一个穷苦的小宫女的话,放在心里。于是当动身时,窦女士才发现她被送到代国(首府晋阳【山西太原】),伤心哭泣,不肯上道。但皇宫岂允许一个小宫女反抗?想不到到了代国之后,受到代王刘恒宠爱,生一女刘嫖,再生一子刘启。后来刘恒当了皇帝,刘启又被封皇太子,她竟被尊为皇后,阴差阳错,使她走上巅峰。当初如果如愿以偿地分发到赵国,不过仍是一粒微尘。

弟弟窦广国四五岁时,被人掳去卖掉,一连转卖了十余家,最后卖到宜阳(河南宜阳),替主人到深山伐木烧炭,山忽然崩塌,压死一百余人,只窦广国死里逃生,跟随主人前往长安。听说皇后新立,姓窦,又是观津人。窦广国虽然四五岁时就离开家乡,但仍依稀记得县名姓氏,跟姐姐的模样,还记得有次跟姐姐爬到树上采桑叶,失足掉下来。就用这件往事,上书给皇后,请求相认。

这件只有姐弟二人才知道的往事,使窦皇后震撼,随即召见窦广国,询问一遍,又问:“还记不记得其他儿时事情?”作为验证。窦广国说:“姐姐被强夺进宫时,跟我在旅社诀别,讨了一盆水给我洗头,洗过头,又喂我吃饭,饭罢姐姐才走。”陈述未了,窦皇后把弟弟抱到怀里,泣不成声。侍奉在左右的随从和官员,都匍匐在地,陪着哭泣。

这项传奇背后,隐藏着中国人的命运,即令在所谓“汉唐盛世”的西汉王朝,男孩被掠为奴,女孩被迫入宫,人民都告诉无门。上帝特别用窦家姊弟二人的舞台式喜剧,显示人间悲剧的无穷。

张释之的利口

南阳(河南南阳)人张释之,当骑兵禁卫官(骑郎),十年没有升迁,准备辞职回家。袁盎知道他的贤能,向刘恒推荐,擢升当皇家礼宾执行官(谒者仆射)。有一天,刘恒游逛御花园(上林苑),张释之随从,参观虎圈。刘恒向御花园管理官(上林尉)询问禽兽数目和其他饲养情事,提出十余个问题,管理官结结巴巴,回答不出。虎圈管理员(虎圈啬夫)在旁代替应对。刘恒询问得十分详尽,打算考查他的能力,管理员随问随答,十分敏捷,无有穷尽。刘恒说:“一个负责的官员,难道不应该这样?管理官不过是个混饭吃的家伙罢了。"吩咐张释之:擢升虎圈管理员当御花园总管(上林令)。停了一段时间之后,张释之问刘恒说:"陛下认为绛侯周勃这人怎么样?"刘恒说:"忠厚长者。"张释之又问:"东阳侯张相如这人怎么样?"刘恒说:"忠厚长者。"张释之说:"周勃、张相如,都是忠厚长者。他二人谈话时,口舌迟钝,有话说不出口,岂有管理员那张利嘴,多言善辩?秦王朝一向重用条理分明的人,认为挑剔细微,明察秋毫,才是高手。发展到最后,都成了表面文章,而没有实质。在上位的听不到自己的过失,政府遂逐渐瓦解而终于崩溃。而今,陛下因为管理员能言善道,就给予不次升迁。我恐怕天下起而效法,竞相在言语上下功夫,而不注意本身工作。下级受上级的影响,比影子来得都快,擢升或贬谪,不可以不谨慎。"刘恒说:"好极!"遂停止擢升管理员。

史实俱在,御花园管理官可是一个典型的脓包。而虎圈管理员事先并不知道皇帝会向他百般盘查,而竟能对答如流,显示他的专业精神和对自己的工作全心投入。张释之竟攻击他"利口",还举出周勃、张相如木讷寡言,作为例证,看样子开国功臣陈平、陆贾、郦食其,都成了坏胚。就职责上的事务,作出条理分明的简报,怎么能叫"利口"?依张释之的诠释,一问三不知才是好官,这真是官场混混的福音。就在下文,刘恒询问他有关秦王朝所以衰亡的原因,张释之口若悬河,一一回答,如按他的标准,正是在逞"利口"。为什么不结结巴巴,回答不出?焦点应在于他回答得有无错误,如果没有错误,为什么怕天下效法?恰恰相反,正要天下效法。

张释之在思考了一段时间之后,才向刘恒说出这番似是而非的道理,似乎有其内情。御花园是皇帝皇后常去的地方,总管必然来自皇亲国戚的推荐,管理员的后台,当然要弱得多,张释之不得不接受强者的请托,或者乘机伸手一摸强者的马屁。依官场的运转规律,这位管理员即令当上总管,他也干不了多久。现在,既然当不上总管,他的管理员位置,也可能不保。管理官那个脓包绝不允许一个几乎夺走自己职位的干才,仍在身边。

只有刘邦才能用度外之人,刘恒没有这种能力。西汉王朝政府建立还不到四十年,政治活力便已僵化,以后就更难突破。

偷窃祭庙玉环

有人偷了刘邦祭庙(高庙)门上的玉环,被捕。刘恒震怒,交司法部(廷尉)审理,张释之按照"偷盗皇帝祭庙律"论罪,应当法场斩首。刘恒大发脾气,说:"这家伙胆大包天,竟然敢偷先帝(刘邦)祭庙的东西,我交给司法部,就是要诛杀他的家族,你却拿法律顶我,不是我敬祖的本意。"张释之脱下官帽,叩头请罪,说:"法律这样规定,我就这样判决。对于犯罪,应该看轻重大小,作为惩罚的根据。如果因为偷祭庙的一个玉环就诛杀他的全族。万一,没有知识的愚民,挖了长陵(刘邦坟墓)上一抔土,陛下将用什么更重的刑罚惩处?"刘恒报告薄太后,批准原判决。

中国帝王是世界上礼仪最多、日常生活花样最复杂的一种动物。非洲有些君主,可能比中国帝王更残忍,但是却没有中国帝王那么多禁忌,使人民动辄得咎。这种制度由嬴政先生创立,以后层面日益升高,到了明王朝,遂累积成为一项毒瘤,使中国人民受到致命的伤害。刘恒先生在帝王群中,算得上是一个明白人,可是在用别人的血来展示他的尊严和孝思时,却跟其他帝王一样的心狠手辣。祭庙上一个玉环算屁,甚至刘邦的坟墓又算屁,动了一下竟企图杀人全族。

传统文化中,没有人权,只有君权。后来帝王灭绝,而文化延伸,就成了只有官权。我们迄今面对的,仍是这种困局。

大儒和奴才

刘恒召见河东郡(山西夏县)郡长(守)季布,打算任命他当最高监察长(御史大夫)。有人打小报告,说他虽然有担当,却喜爱饮酒,难以接近。刘恒犹豫不决,季布留在宾馆一个月,刘恒竟打消原意。季布因向刘恒抗议说:"我本没有功劳,幸蒙宠爱,使我当河东郡长。陛下无缘无故,把我叫到京师(首都长安),一定有人言过其实地向陛下推荐我。我既然应命前来,陛下没有什么吩咐,又打发我回去,一定有人在陛下面前,说了谗言。陛下因一个人的称誉召唤我,又因一个人的诋毁而改变主意。恐怕天下有见解的人,会看出陛下的见识深浅。"刘恒沉默不语,内心惭愧,停了好一会,才说:"河东(山西夏县),是我最重要的一个郡,所以特别要你来了解郡情。"

王夫之曰:"由于一个人的称誉而征召季布,由于另一个人的诋毁而遣返季布,天下人自然看出刘恒的深浅。不过,那有什么关系?领袖权威在握,岂在乎天下不知道深浅,才能维持?季布忿怒他被遣返,而向上质问领袖,以逞一时之快,他之没有能力担任最高监察长(御史大夫),至为明显。使他喜好饮酒而难以接近的缺点,完全暴露。刘恒的过失,在于轻率地征召季布,不在于轻率地遣返季布。对高级官员谨慎任命,而勇于改正自己的过失。听到报告,延迟了一个月,终于查明对季布的指控并不是诬陷,沉默很久之后,才说:'河东是我重要的一郡,所以特别要你来了解郡情。'正是培养部属的羞耻之心,并不是内心惭愧。如果是惭愧的话,应该是惭愧轻率地征召季布,自恨没有知人之明。"

王夫之认为,季布忿怒他被遣返,而向上质问领袖,以逞一时之快,他之没有能力担任最高监察长(御史大夫),至为明显。我们的看法恰恰相反,季布忿怒他被遣返,而向上质问领袖,他之有足够的能力担任最高监察长(御史大夫),至为明显。所谓"逞一时之快",是王夫之千年后的判断,不知有什么根据。"领袖"这玩意儿,是何等的厉害角色,胆敢顶撞,轻者丢官,重者丧命。而季布却无畏地提出抗议,这种胆量,足以把奴才活活吓死,正是最高监察长(御史大夫)应具有的高贵素质。依王夫之之意,大概要季布像狗一样的驯服。主人吆喝一声即来,再吆喝一声即去。委屈不敢申诉,困惑不敢请求解释。任凭有权大爷摆布,除了叩头外,不出一声,才算合格。在"大儒"这种践踏自己人格的教育下,官场中到处都是软体动物。类似季布有个性的质问,遂成为绝响。

周勃之狱

绛侯周勃失宠,回到他的封国(绛县【山西侯马东】),每逢河东郡(山西夏县)郡长(守)、民兵司令(尉)下乡巡视各县,抵达绛县时,他都惊慌失措,恐怕负有特别使命,对他行刑,所以经常身披盔甲,在家人全副武装保护下,才敢出来接见。不久,有人检举周勃谋反,刘恒下诏交司法部(廷尉)调查。司法部立即逮捕周勃,审讯逼供。周勃紧张恐惧,对被指控的各项罪行,张口结舌,不知道如何分辩答对。审讯官员开始对这位失势的宰相,诟骂凌辱。周勃家人向审讯官员贿赂黄金二万两,审讯官员才答应指示生路。审讯时,在记录口供用的木简的背后,书写:"由公主作证"(请公主出面证明冤枉)。昌平公主(名不详)是刘恒的女儿,嫁给周勃的嫡长子周胜之。薄太后也认为周勃不可能谋反,刘恒朝见时,薄太后用头巾摔刘恒说:"周勃除掉吕家班,身怀皇帝玉玺印信,控制北军(野战军)重兵,不在那时候谋反。而今住在一个小小县城,却去谋反,天下岂有这种怪事?”正好,刘恒看到司法部呈上来的周勃的口供,抱歉说:“我没有肯定他谋反呀,已经调查清楚,就要释放。”于是派人“持节”,赦免周勃,恢复他的爵位跟采邑。周勃出狱后,对人说:“我曾经率领百万大军,怎知道狱吏有那么大的权威!”

周勃跟韩信、彭越,有同一的遭遇,属于“有人检举型”。这个“有人”,是隐藏在高位的杀手,韩信的“有人”是刘邦,彭越的“有人”是吕雉,周勃的“有人”当然是刘恒。唯一不同的是,刘恒目的不在杀他,而只在灭一下他这个“忠厚长者”的威风,叫人瞧瞧谁是老大。然而,周勃如果没有黄金二万两,如果儿子娶的不是公主,几场苦刑拷打下来,他就无法避免“攻破心防”“坦承不讳”“自动招认”(贯高先生那种铁石人物,是人间异数,我们敬他、爱他,为他垂泪,但不能希望每个人都是他)。铁证如山的供词,摆在公案之上,刘恒包管跟嬴胡亥对李斯的醒悟一样:“他妈的,原来是真的呀。”即令薄太后扔砖头,也救不了他的命。周勃死里逃生,是一个特殊的个案。这种个案,在历史上,寥若晨星。

周勃以盖世奇功——没有他的拥护,刘恒仍在他的代国喝米汤。但到了最后,却被吓得几乎神经失常。全身披甲,家人武装,能挡住什么?只要一纸逮捕令,还不是俯首帖耳,乖乖上道。但周勃惊恐失措,身不由主,可看出事情发生前,山雨欲来风满楼,已使他感觉到大祸将至。把一个元勋逼成这个样子,刘恒固然苛刻,但也是专制政治使然。一个人的安全,不系于自己的无罪,而系于领袖的高兴或不高兴。周勃最后叹息:“我曾经率领百万大军,怎知道狱吏有这么大的权威!”人,一旦陷入狱吏之手,犹如老鼠陷入响尾蛇的毒牙,除非“二万两黄金”,就难逃劫数。没有身受其害的人,根本不知道世上还有这种劫数。身受其害的人,呐喊嘶叫,又得不到响应,这是中国人的耻辱!

《治安策》

梁国(首府定陶【山东定陶】)亲王师傅(太傅)贾谊(贾谊原当长沙王师傅,不久调任梁王师傅),上奏章给刘恒(著名的《治安策》),刘恒采纳贾谊的建议,其中之一是:培养臣僚节操。以后,西汉王朝高级官员们一旦有罪,都自我了断,而不接受刑事审讯。

贾谊向刘恒上《治安策》时,才二十几岁,不过大学一年级学生而已,竟写出这篇见解深刻的政治评论,诚是一位奇才。《治安策》原文,已不可得。司马光在残篇中,摘录他认为重要的部分,连"六个长叹",都不能完整。

西汉王朝初叶的封国过于强大,贾谊早就发现是灾祸之源,不但指出它的危险,更提出具体,也是唯一可行的建议——在稍后,西汉政府便完全依照贾谊的建议实行:把亲王的儿子群,全部分封,用他自己的骨肉,削弱他自己的国土,不但没有怨言,反而欢天喜地。贾谊具有政治家的远见,可惜他遇到的不是刘邦,而是刘恒,不能立即采纳,徒使天下千万人民,在七国之乱中(参考公元前154年),为这个君王的苟且因循,流血丧生。

根据贾谊的分析,指出个人的品德修养,并不足以扭转环境的压力,这种思想是一种对儒家学派礼教万能的挑战。然而,贾谊基本上仍是儒家,所以他仍排斥"法治"。这种"法家"和"儒家"的争论,经贾谊把它抬到金銮宝殿之上,希望用政治力量,达到目的。然而二者并不冲突,犹如鸟之有两个翅膀,才能飞翔,不应引起争论的事,竟引起争论,主要原因,在于每一个翅膀都自命不凡地认为另一个翅膀是邪恶的,有了它不但不能飞,反而会被跌死。没有它不但能飞,反而飞得更高更漂亮。不久,儒家学派获得政治支持,大获全胜,然而却发现如果不使用法家那一套,国家就要稀烂,遂出现一系列的“外儒内法”的政治家和政客。

贾谊攻击公孙鞅的手段,是传统的“一手遮天”模式,信口雌黄。公孙鞅的罪恶在于他轻侮人权和建立绝对专制。除了这一点(这一点可是最重要的一点),他的其他建树,可与日月辉映。贾谊形容他:“遗弃仁义,排除恩德,实行了两年,秦王国的风俗,开始败坏。”大笔一挥,历史竟翻了一个倒栽葱。事实上,公孙鞅变法两年,秦王国向文明世界,作了大大的跃升,风俗日益美好。姑且举一个例子:秦王国那个落后地区的人民,父母妻子儿女,都是挤在一个大炕之上睡觉(炕,土制的床,床中有坑道,可用火烧热,冬天跟电毯一样),公孙鞅严令他们分居。媳妇公公并肩而坐,贾谊已大跳其脚,而媳妇公公睡在一个床上,难道反而成了“仁义”?公孙鞅下令禁止,难道就是“背弃仁义”?就是风俗败坏?

贾谊对于尊贵官员们在审讯过程中,或在牢房之内,所受到的屈辱,特别重视。但却提议:士可杀不可辱。导致一个残酷的发展:高级官员们一听说要吃官司,不但不准去公堂之上替自己辩护,反而必须马上自杀。咦,人,固不可辱,更不可杀。不仅对尊贵的官员如此,对卑贱的平民也应如此。贾谊竟然认定低阶层的差役之辈,全是无耻之徒,窃窃自喜他已挤身于统治阶级,使人失望。在此之后,凡受到诬告的官员,不允许申辩,只允许自杀。对拒绝自杀而要求澄清的人,往往痛加抨击。因为提议目的不在保持人格的尊严,而在保护皇帝的荣耀。司法如此黑暗,人权受如此可怕的蹂躏,上自皇帝,下到贾谊,没有听到他们说一句谴责和改革的话,反而出主意使冤狱更深。中国知识分子,似乎跟其他国家的知识分子,大不相同。

文景之治

公元前173年,西汉王朝(首都长安【陕西西安】)皇帝(五任文帝)刘恒(本年三十岁)下令:侯爵的娘亲(列侯太夫人)、侯爵的妻子(夫人)、亲王的儿子们,以及部长级(二千石)以上官员,不准擅自逮捕人民及擅自征收税捐。

刘恒这项命令,证明了一件事:中国人即令生在被歌颂的"文景之治"的盛世,侯爵的娘、侯爵的妻、亲王的儿子,以及政府高官,一高兴或一不高兴,都可以随意逮捕平民,玩玩猫捉耗子游戏。要你的女儿你拒绝,逮捕你。要你的房屋田地你拒绝,逮捕你。我出门时你走避不及,逮捕你。忽然看你不顺眼,逮捕你。而他们又可以征收捐税,穷人的血汗钱,穷人的卖儿卖女钱,只不过供他们吃一杯酒。如果你抵抗,如果你真的缴纳不起,那就又回到固定位置——逮捕你、凌辱你、拷打你,最后,一具血淋淋的尸体抬回家门。

刘恒这项命令有没有执行,是另外一个课题。而就在这项命令中,并没有禁止侯爷本人和王爷本人对人民逮捕和征税,老娘老婆只要透过儿子或丈夫的手,照样横扫全国。

龙

黄龙在成纪(甘肃静宁西南)出现。刘恒征召公孙臣命他当研究官(博士),他跟其他儒家学派的知识分子,重新提出土神是西汉王朝的保护神(土德),草拟改革历法及改革法定衣服颜色草案。宰相张苍自此逐渐失势。

水德土德,五行运转,本是连篇鬼话。问题是,鬼话只要有人相信,就是人话,相信的人如果手中掌握权柄,鬼话就更升了一级,成了真理,势不可当。

在成纪(甘肃静宁西南)出现的那条黄龙,意义重大。“龙”这玩意儿,跟“外层空间人”一样,都是想象出来的动物,谁都没有见过。截至二十世纪末叶,科学家终于证明中国传说里的龙,并不存在。一个根本不存在的东西,却活蹦乱跳地在一个荒僻小县出现,可能是人们把一条大蜥蜴,硬当成龙,也可能是一次官场骗局,公孙臣跟他的伙伴,在精密的布置下,隆重推出。一则打击张苍,一则图谋自己前程。

大 酺

公元前164年,魔法师新垣平叫他的伙伴拿着玉杯,到皇宫呈献。事先,新垣平向刘恒报告:“皇宫门外,有一种宝玉之气。”不久,果然玉杯出现,杯上刻字:“人主延寿”。新垣平又说:“我夜观天象,今日太阳将再度出现中天。”不久之后,天已正午,太阳果然向东方退回,然后再走向正午。刘恒大为惊佩,下令把明年(公元前163年)改称在位元年,特准全国平民欢宴。

全国平民欢宴,文言文称为“大酺”。西汉政府法律:三个人无缘无故在一起饮酒,罚银四两。以后专制制度日趋精密,限制更严,平民不准穿某种衣服,不准住某种房子,不准戴某种装饰,不准乘某种车辆(商人甚至根本不准坐车,但总算允许乘船,可谓皇恩浩荡,否则做生意的人只好游泳过江），积成中国传统政治中最阴暗的一面。这阴暗面一直未被发掘，以致近代知识分子相信古人过着伊甸园生活，好不自由自在，甚至有人声称中国人自由太多！连吃肉饮酒，都要政府下令特准，再请参考公元前 173 年刘恒宣布的禁止巨官随意逮捕小民的诏令。不禁为中国人落泪。上一次“大酺”时间，在公元前 222 年。秦王国连灭五国，统一天下，秦王嬴政特别允许平民来一顿大吃大喝，以示庆祝，距今已五十八年，才遇到西汉帝刘恒再一次高兴。一些短命的朋友，恐怕一辈子不知道什么是满桌酒肉的宴会。

刘恒改革丧礼

公元前 157 年，西汉王朝（首都长安【陕西西安】）皇帝（五任文帝）刘恒（本年四十六岁），在未央宫逝世。

中国历史上，刘恒属于第一流君王。长期动乱及一个接一个大屠杀，在刘恒手中，尘埃落定，人民终于回到和平。而他的朴实生活，也确为当代建立一个最好榜样。自从上古以降就根深柢固的厚葬，刘恒用实践做了一次使万民赞赏的突破措施。他要求薄葬，并缩短守丧时间。只因帝王之死，可比一条猪之死严重得多，除了有关系的亲属和官员外，连平民都得跟着倒霉。而帝王之丧，谓之“国丧”，国丧期间，人民不准演戏、不准喝酒、不准结婚、不准理发，甚至不准笑逐颜开，都要为那个已死的当权分子，一心一意地悲哀流泪。胆敢拒绝，那可是惹了虎头蜂，非死即伤。

从刘恒的遗诏，可发现一心一意悲哀流泪的人，实在不多，为了支撑场面，政府不得不强迫平民“自动自发”地进宫哭泣。礼教和权势逼人作伪，刘恒都一一禁止。然而，在以后的漫长历史中，统治阶层的老毛病不断发作,虽然有人力主薄葬,结果仍是厚葬,祖先崇拜的情操,使做儿子的人,觉得如不长期守丧,就是不孝;做部属的人,觉得如不搞得热热闹闹,就是不忠。于是,笑话百出,丧礼遂变成一场锣鼓喧天的趣剧,既不严肃,也没有一点悲哀的气氛。

晁错之死

晁错跟吴国宰相袁盎,互相仇视,晁错在的地方,袁盎总是躲开;袁盎在的地方,晁错也从不去,两人没有在一起说过话。晁错当了最高监察长(御史大夫)之后,就派人调查袁盎收受吴王刘濞贿赂的事情,证据确凿,依法应处死刑。刘启下令赦免,只把袁盎贬作平民。吴楚等七国既反,晁错准备趁机再打击袁盎,对总监察官(丞)和监察官(史)说:"袁盎收了刘濞太多的金银财宝,专门替他说话,蒙蔽皇上(刘启),誓言刘濞绝不会叛变。而今刘濞竟然叛变,我打算把袁盎定罪,相信袁盎一定参与刘濞们的阴谋。"总监察官(丞)和监察官(史)说:"叛变没有公开时,惩治袁盎,可能断绝刘濞的叛变念头。而今刘濞大军已经发动,杀掉袁盎,有什么补益?而且,袁盎只不过贪财而已,不可能参与。"晁错犹豫不决。而这时,已有人密报袁盎。袁盎惊慌恐惧。星夜拜访窦婴,对吴国叛变的原因,做一分析,愿晋见皇帝(刘启),当面陈述。窦婴入宫向刘启报告,刘启答应。袁盎遂即入宫晋见,当时,刘启正跟晁错讨论后方勤务及军队粮秣如何调度问题。刘启问说:"而今吴楚反叛,你有什么看法?"袁盎说:"用不着忧虑!"刘启说:"刘濞有矿山可以铸钱、海水可以制盐,集结天下英雄豪杰,在头发已白时才举大事。如果没有周密的计划,岂敢发动?怎么能不忧虑?"袁盎说:"吴国诚然有铸钱、制盐的财源,可是并没有被引诱上钩的英雄豪杰。假令有英雄豪杰,一定会辅佐刘濞走上正道，就不会叛变。吴国所引诱的，不过地痞流氓、无赖亡命，跟一些铸钱工人而已。”晁错认为袁盎倒向自己这一边，在旁插嘴说：“袁盎的判断正确。”刘启说：“那么，我们用什么办法对付？”袁盎说：“请求陛下屏退左右，单独听取我的意见。”晁错退出之后，袁盎说：“吴楚两国发表文告，声称：高皇帝（刘邦）封子弟们当王，各有固定的疆界。而奸臣晁错，擅自处分各国王侯，减削各国土地，所以被迫起兵。大军西上，只在诛杀晁错，恢复失土，一旦达到这两项目的，自然班师。现在唯一的办法，只有牺牲晁错，派使节赦免吴楚等七国，把原削减的土地，归还他们，不必流血，就能重获和平。”刘启同意。十余日后，刘启命宰相（丞相）陶青、首都长安警备区司令（中尉）嘉（姓不详）、司法部长（廷尉）张欧，联名弹劾晁错：“一切行为，不符合领袖的恩德信义，打算使领袖疏远群臣跟全国人民，又打算把城市割给吴国，失去臣属的立场，大逆不道。晁错应腰斩，父母、妻子、同母的兄弟姐妹，无论老幼，应全体绑赴街市处决。”刘启批：“可。”晁错一点消息都不知道，还在为前方军事尽力。刘启命首都长安警备区司令（中尉）嘉（姓不详），传话晁错入宫晋见。一同乘车，穿过街市。就在街头，晁错仍穿着朝服，被武士摔下，腰斩。刘启遂派袁盎，跟刘濞的侄儿、皇族事务部长（宗正）德侯刘通，出使吴国（首府广陵）。

人称晁错先生是“智囊”，看他种种方略，确实是“智囊”；唯一的遗憾是他的胸襟太窄、器宇太小，指尖刚触到权力，便急吼吼公报私仇，要把对方满门抄斩。政治家必须有三分混沌，才能把反对力量稀释到最低限度，一定要把账算得清清楚楚，去年张三瞪了我一眼，前年李四踢了我一脚，对方为了自保，自不得不奋起反击。反击失败，不会有再大的损失；反击成功，晁错便是一个榜样。他如果不先向袁盎下手，袁盎何至狗急跳墙。政治家固然不能没有敌人，但绝不努力制造敌人。

正因晁错不是一位政治家，所以才建议皇帝出去打仗而由自己坐镇京师，把皇帝置于险境而自己稳享太平，可谓荒唐得离谱。刘邦可以出征，而请萧何留守，但那要出自他的自愿。刘启不过一个嫩娃儿,他怎有那么大的胆量?至于忽然又要割两个城市给吴国,事属蹊跷。我认为那可能是晁错的一种谋略,而被刘启断章取义。但不管怎么吧,晁错显然临危已乱。叶公以画龙闻名于世,一旦真龙驾到,几乎把他吓死。晁错在文字上预卜吴国必反,看起来心有定见,一旦吴国真的起兵,面对那么多复杂难题,其中最可怕的一个难题是:中央军可能战败,中央政府可能崩溃。于是,方寸不安,遂掌不稳舵。高级知识分子很容易陷于这种窘境,因为说话容易,写文章容易。

然而,晁错却是忠于刘启的。为了和平而牺牲晁错,可以理解,但不理解的是,为什么叫他死得那么悲惨?砍头也行,何至腰斩?腰斩之人,因没有伤及心脏,上体仍然在活,清王朝一位官员在腰斩之后,用手沾自己的血,在地上连写"惨惨惨惨惨惨惨"七字,闻者垂泪。晁错在刘启还是孩提时,便在身旁陪伴,以后言听计从,宠信有加。即令有过,处死已经足够,杀就一杀了之,照样可以向吴国表态,何至指定用此酷刑,甚至"无少长皆斩"?古人云:"伴君如伴虎。"事实更为严重,在极权政体下,伴君简直像坐在百步蛇的毒牙之上。

刘启从决定到执行,中间有十余天时间,仍跟晁错在一起商讨军国大计,不知道每天面对猎物时,刘启心里有什么反应。更使人毛骨悚然的,是晁家的巨变,父子夫妻兄弟姐妹,霎时一堆鲜血人头。晁错并非大奸巨恶,手握兵权,何用如此闪电手段?鼓儿词有言:"说忠良,道忠良,忠良自古无下场。"数千年传统文化,化作三句唱词,令人兴悲。

桓将军

吴国(首府广陵)一位年轻将领桓将军(名不详),建议吴王刘濞:"吴国步兵多,步兵在险地才可以发挥威力。中央军骑兵多,骑兵在平原才可以驰骋。最好的战略是：对所经过的城市，置之不理，直扑洛阳，夺取军械库跟敖仓（河南荥阳北敖山粮仓）粮食，依仗黄河跟崤山的险阻，号令各个封国，虽没有攻入函谷关（河南灵宝东北），天下已进入掌握。如果大王（刘濞）进军不够迅速，被困在坚城之下，中央骑兵部队赶到梁国（首府睢阳【河南商丘】）跟楚国（首府彭城【江苏徐州】）交界处的大平原地带，我们就会失败。"刘濞征求一些老将领的意见，老将们说："这个年轻人，冲锋陷阵还可以，怎知道深谋远虑？"刘濞遂放弃桓将军计划。

桓将军的建议是一种跳蛙战术，二十世纪四十年代第二次世界大战末期，美国就用它直逼日本本土。桓将军在两千年前，便曾经提出来，可惜没有人领略，否则中国历史又是一种局面。一群老茧人物不考虑问题的实质和建议的内涵，却用"年轻"二字，打击新生代精英，是传统社会最流行的手段。老人固然有可敬的优点，但必须是优点。仅由岁月累积出来的纯老人，有时反而成为进步的阻力。年轻人的见解，固不全对，但不能仅因为年轻，就认为一无是处。世界上百分之九十以上的惊人功业，都由年轻人开创。

七国之乱

七国之乱（参考公元前154年），历时三月平息。吴王（首府广陵【江苏扬州】）刘濞逃亡东海王国（首都东瓯【浙江温州】），被击毙；胶东王（首府即墨【山东平度】）刘雄渠、菑川王（首府剧县【山东寿光南】）刘贤斩首，济南王（首府东平陵【山东章丘】）刘辟光等被处决；楚王（首府彭城【江苏徐州】）刘茂自杀、赵王（首府邯郸【河北邯郸】）刘遂、胶西王（首府高密【山东高密】）刘卬等自杀。

周王朝建立之初，除了天王直辖地区王畿一小块土地外，全部都是封国,封国林立,虽然巩固了王国的安全,但也使王国因分裂而毁灭。秦王朝建立之初,封国的流弊,记忆犹新,于是彻底扫除,改设郡县;而郡县首长因跟中央没有血缘上的亲情,一旦动乱,立刻游离。西汉王朝建立后,郡县的流弊,同样也记忆犹新。但全部封建,已不可能,而没有封建,也不可能。于是王国跟中央直属郡平行,也就是大幅地扩大王畿,使中央直辖郡县的面积,超过封国的总和。封国则比周王朝的封国为大,大到跟战国时代的各个独立王国相埒。

七国之乱是一个重大的转折点,如果七国胜利,中国势必回到战国时代,互相并吞,可能演出罗马帝国瓦解后欧洲各国林立,永不能复合的局面。七国失败,西汉王朝顺利通过瓶颈,大一统观念逐渐凝固,深植人心,认为“大一统”才是正常之规,分裂乃一种暂时现象。虽然经过大分裂时代和小分裂时代,这种心理都没有改变。

夺嫡斗争

公元前150年,西汉王朝(首都长安【陕西西安】)皇帝(六任景帝)刘启(本年三十九岁)罢黜太子刘荣,改封临江王(首府江陵【湖北江陵】)。刘荣的师傅(太子太傅)窦婴极力抗议,无法挽回,只好声称有病,去职。刘荣的娘亲栗姬恚恨而死。

西汉王朝宫廷第一次夺嫡斗争,发生在公元前二世纪第一个十年,吕雉经过无数屈辱挫折之后,大获全胜;戚姬惨败,母子同归于尽。四十年后的五十年代,第二次夺嫡斗争爆发,王娡跟栗姬,一生一死,失败者母子也同归于尽。皇宫之地,富丽堂皇,三步一岗,五步一哨,好不庄严肃穆,再想不到内部却是黑暗深洞,没有天理、人性、国法,而只有权势。一个女子一旦被吸入黑洞,可是达尔文所说的:

“优胜劣败。”千万如花似玉,哪一个不渴望跟那唯一的男人(皇帝)上床?又哪一个生了儿子,不渴望儿子继承宝座?弱者忍气吞声,强者必然火并。

个性造成悲剧,栗姬是一个标本,她的美艳绝伦,不在话下,如果不美艳绝伦,就不能把皇帝抓到手心。可是,她既缺乏见识,又缺乏头脑。皇宫之中,无论皇后也好,小老婆群也好,只要心怀嫉妒,一定付出代价。长公主刘嫖不断向老弟刘启推荐美女,栗姬当然不高兴,说明她的头脑远落在她的容貌之后。皇帝丈夫不是民间丈夫,无法独占,必须分割给其他美女。栗姬却像呆头鹅一样,一味自生闷气。刘嫖提议把女儿许配给栗姬的儿子,正是化解嫌隙的良机,求都求不到,幸运之神主动敲门,而栗姬竟把它一棒打出,可谓天下第一愚不可及。刘嫖考虑到将来栗姬当了皇太后后自己危险的处境,当然射出毒箭。

栗姬的最大错误,是把跟皇帝之间的关系,当成民间夫妻。民间丈夫一旦大发雷霆,不过痛揍一顿,皇帝丈夫一旦翻脸,那可是人头落地。刘嫖警告老弟说:“你那么疼爱王娡,一旦你去世以后,栗姬当了皇太后,恐怕‘人猪’惨祸,再见今世。”刘启打了一个冷战,于是向栗姬试探,拜托她照顾其他小老婆生的孩子。栗姬一听到那些狐狸精,血压就往上升,马上板起面孔,一语不发。这不是一个好兆头,没有当上皇太后,便如此强硬,连一句温情的话都没有,如果真的有那么一天,皇宫岂不成了屠场?刘启跺脚而去,她又骂他“老狗”,偏偏又被刘启的尖耳朵听见。他去年(公元前151年)才三十八岁,离“老狗”还有一大截。而在这节骨眼上,王娡女士借用礼宾总监(大行)的人头,激怒刘启,局势遂急转直下。

王娡不是一个野心家,但既进入宫廷,就不得不铤而走险。刘嫖在宫廷拥有绝对的影响力,栗姬看不出,而王娡看得出,成败利钝,决定在刹那之间。

郅　都

临江王(首府江陵【湖北江陵】)刘荣,被指控扩建王宫时,侵占祖父、五任帝刘恒祭庙(太宗庙)墙外余地。西汉帝(六任景帝)刘启(本年四十一岁)下诏,命刘荣前往首都长安警备区司令部(中尉府)听候审讯。刘荣报到后,即被囚禁,他要求借用刀笔写信给老爹,郅都下令监狱官,不准拿给他。魏其侯窦婴派人偷送进去,刘荣才得以留下遗书,写毕自杀。窦太后得知孙儿惨死,怒不可遏。后来竟运用法律条文,诛杀郅都。

侵占皇帝祭庙墙外余地,并不是十恶不赦的大罪。当初,晁错就干过这种勾当,刘启认为稀松平常(参考公元前155年6月)。何以对臣属如此之宽,对亲生之子如此之苛?显然,里面有不可告人的阴谋,可追溯到王娡跟刘嫖,她们要斩草除根。

郅都先生名列《史记》《汉书》的《酷吏传》,他的优点使人钦敬,但严格到残忍的程度,便丧失人性,他根本不知道什么是忠,什么是义,不过一只只认识谁是当权派的野兽。一旦刘启犯到他手里,他也会照样蹂躏。郅都不救贾姬,不过恐惧野猪。稍后阻止刘启奔往,也不过考虑到救得了或救不了的后果。如像他所责备的:"为什么不为皇太后着想?"那般充满爱心,则严酷地对待皇太后的爱孙,岂不更"不为皇太后着想"。任何人看见别人即将丧生兽爪之下,都会兴拔刀相助之念。孟轲说:"无恻隐之心的人,不是人。"郅都正是如此。

后来郅都当雁门郡(山西右玉)郡长(太守)时,匈奴汗国用反间手段,使郅都跟刘荣一样,也陷在法网之中,刘启说:"郅都是忠臣。"打算赦免。窦太后说:"难道你儿子刘荣不是忠臣?"于是,诛杀郅都。郅都在这项法网里，罪恶似不应至死。然而他摧残人权，不容宽恕。

周亚夫

刘启决定用“诬以谋反”的手段，铲除平定七国之乱的功臣周亚夫，于是在皇宫召见他，跟他共同进餐，故意在他面前放了一大块肉，既没有切开，又不放筷子。周亚夫心里不是滋味，请身旁管理筵席的人给他一双筷子。刘启凝视着他，笑说：“阁下还不满意呀？”周亚夫这才知道他已面临煞星，急忙脱下官帽，叩头请罪。刘启冷冷说：“起来吧。”周亚夫不敢再坐，用碎步退出。刘启一直看着他退出御殿，才说：“瞧他一肚子委屈，可不是幼主（指刘启的儿子刘彻将来登极）的臣属。”不久之后，周亚夫的儿子为了准备老爹死后陪葬的东西，向营造署（工管）购买作废的盔甲、盾牌五百件，命工人搬运。役使劳苦，却不给工资（这个儿子可是恶棍，大富大贵之家，竟剥削穷苦工人）。工人知道这些武器是从县政府暗中搬出偷卖，愤怒之余，径向政府检举周亚夫的儿子。于是，事情爆发，牵连到周亚夫。呈报刘启，刘启下令审判。法官去周亚夫家，询问口供，周亚夫愤怒已极，拒不回答。刘启得到报告，破口大骂说：“什么东西，用不着什么口供！”下令周亚夫去司法部（廷尉）报到。司法部长（廷尉）责问他：“你为什么叛乱？”周亚夫说：“我儿子买的对象，全是坟墓里用的葬器，怎么叫叛乱？”法官说：“阁下纵然活着不在地上叛乱，死后也会在地下叛乱！”然后横加侮辱，而且还要苦刑拷打。最初，法警逮捕周亚夫时，周亚夫就要自杀，周夫人劝阻他，认为事情终可大白，才到司法部。既了解陷阱已深，无法摆脱，而绝食五天，大口吐血，死在监狱。

周亚夫是周勃的儿子,如果没有周勃,刘恒就坐不上宝座(参考公元前180年);如果没有周亚夫,刘启的下场可以预测——四任帝(后少帝)刘弘,就是榜样,被新登极的刘濞处死。周家父子对刘家父子,有再造之恩,而刘家父子却先后两次用"诬以谋反"回报。

周亚夫虽然跟老爹同命,但是老爹还有薄太后投掷帽巾。周亚夫遇到的窦太后,投出的却是勾魂索。老爹还有"公主作证",周亚夫遇到的长公主刘嫖,虽然也在作证,却是证明他谋反。周亚夫已把足可以致他于死命的权贵,得罪了净光,包括皇帝的娘、皇帝的妻、皇帝的弟弟、皇帝的大舅子,以及皇帝本人。从刘启下令把一大块肉放到他桌上,以及露出注视着他的奸笑,可看出杀心已动,只等时机。

有人认为周亚夫儿子如果不乱买就好了,那可是儿童之见。当权派已经锁定对象,锁定的对象就一定在劫难逃,最后"有人告发",结局还是一样。不过在周亚夫冤狱历程中,最有价值的贡献,还是狱吏的两句话:"你活着不在地上叛乱,死后也会在地下叛乱。"无罪不能无刑,再提供一次重要证据。

刘启之刻薄寡恩,在晁错身上,已经显示;在周亚夫身上,再度显示。然而,也只有在极权政治制度下,"诬以谋反"才其效如神。

王　娡

公元前141年,刘启在未央宫逝世(年四十八岁)。太子刘彻即位(七任武帝),年十六岁。尊祖母皇太后窦女士当太皇太后,娘亲皇后王娡当皇太后。

王娡女士真是一个传奇尤物,使人难以置信。依古时早婚年龄计算,王娡当皇太后时,不过三十六七岁左右,前夫金王孙先生应该仍健在人间,不知道这一对当年恩爱夫妻,是否仍偶尔思及。然而,一个天上,一个地下。尤其女主角在天上,男主角在地下,便永不可能复合。有人认为当初拆散鸳鸯,王娡是被娘亲所迫。当然有被迫的成分,但如果她不怦然心动,娘亲也无法把她绑进太子宫。我们并不是责备她水性杨花,而只是感叹富贵逼人。

现在,世界上最快乐的人莫过于娘亲臧儿女士了,她用她女儿一生幸福作赌注,而今全盘都赢(参考公元前151年)。最荒谬卑劣的行为,却获得最丰富的幸福作为回报,历史上恐怕仅此一件。只有一点难以证实的,皇太后的尊位是不是可以代替中年丧夫?假使换了柏杨先生,我可是宁愿拥有妻子,绝不去当他妈的太上皇。

独尊儒术

公元前140年,西汉王朝(首都长安【陕西西安】)皇帝(七任武帝)刘彻(本年十七岁),下诏征求"贤良方正""直言极谏"人才,由刘彻亲自主持考试,题目是"古今治国之道"。参加考试的有一百余人。广川(河北冀县)人董仲舒在试卷上建议罢黜百家,独尊儒术。宰相(丞相)卫绾上奏,说:"各地所推荐的贤良方正、直言极谏人才,凡是研究申不害、韩非、苏秦、张仪言论,都是乱政之辈,请一律罢黜。"刘彻批准。

董仲舒这项"对策",经刘彻采纳后,就成了神圣的"国策"。一个巨大转变,在不声不响中产生,曾发出万丈光芒的思想学术自由的黄金时代,开始沉没。代之而起的,是漫长单调的儒家思想的黑暗时代。在此之前,中国学术界跟古希腊一样,百花齐放,百家争鸣。在此之后,中国人开始被儒家学派控制,随着岁月的增加,控制也越严密,终于完全丧失想象的空间,奄奄一息。而儒家是祖先崇拜、厚古薄今的,遂造成中国的停滞,并产生一种奇特的现象,凡是促使中国进步的任何改革措施,儒家系统几乎全都反对。使中国人因为被斲丧过度的缘故,对任何改革都畏缩不前,使现代化工作,进展至为迟缓。而儒家学派的始祖孔丘,虽然他也崇古,但这位心胸开阔、见解智慧,以及教人不倦,使人敬佩的教育家,在儒家学派造神运动下,被塑造成为一个不可侵犯的圣人,因而也承担阻碍进步的恶名,使人惋惜。

儒家一提起嬴政的"焚书坑儒"(参考公元前212年),便怒发冲冠。可是却抓住机会,借刀杀人,用政治手段,置其他学派学者于死地。不过采取的是慢性谋杀,人们看不见血染钢刀,不过事实已经说明,儒家学派没有能力单独存在,他必须跟权势结合,并且付出结合的代价,不久就沦为既得利益当权派的打手。

名义上,这项对策考试,由皇帝刘彻亲自主持。但本年(公元前140年)刘彻才十七岁,不过高级中学二三年级学生,还不能做这项重要抉择。所以事实上是宰相卫绾为首的一群儒家系统所搞的政治诈术,利用幼主,达到他们排斥异己的目的。世界上最可怕的事莫过于思想统一,因为思想统一会使智商衰退、思考能力消失。我们不能想象,如果不发生这项浩劫,中国会发展成什么模样。一想起春秋、战国那个百花齐放、百家争鸣的时代,不禁怦然心动,充满向往。

如何对待黄河决口

公元前132年,黄河在顿丘(河南内黄东南)决口,向东南奔泻。不久,再在濮阳瓠子(河南濮阳西南古黄河边上)决口,大水流向巨野(山东巨野),直注泗水、淮河,十六个郡一片汪洋。西汉王朝(首都长安【陕西西安】)皇帝(七任武帝)刘彻(本年二十五岁)派汲黯、郑当时,调发军工十万人,填堵缺口。好不容易填堵完毕,水势强劲,又告溃决。那时候,田蚡的采邑鄃县(山东高唐东北),正在黄河以北。黄河既在南岸决口,鄃县恰好避免水灾,农田收获,反而比平日加多。他乐意于维持现状,于是向刘彻报告说:"无论是长江或是黄河,决口大事,都是上天的意思,不应该用人力勉强把它塞住。如果塞住,恐怕违反天意。"而一些以观察天象为职业的法术师,也屡次指出,黄河决口出于天意。于是,刘彻拖了很久,不再施工。

黄河两次决口,造成十六个郡的水灾,面积跟台湾岛大小相若。这些郡正是土地最肥沃,人口最密集的地区。

黄河河床高于地面,全靠堤岸紧夹,一旦溃决,就像是巨坝突然崩裂,十公里外都听到万马奔腾的巨响。洪峰所指,如同一座高楼,排山倒海,城市村落,跟千万人民,从梦中惊醒,除非特别幸运,很少不像被灌穴的蚂蚁一样,被洪水吞没。尼罗河泛滥之后,留下沃土。黄河泛滥之后,留下的却是千里细粒黄沙,寸草不生。

死者已矣,未死的善良人民,他们相信领袖英明,会伸手拯救。却想不到,领袖为了自己的利益,把他们遗弃脑后,以致洪水为患二十四年之久(参考公元前109年)。这么深的悲苦怨恨,竟没有一条管道反映。罗马帝国早就设立元老院,人民总算还有一个气孔。东西方文化,在这种管道上分开,元老院发展成为议会和民选代表聚会之地,而中国人却噤若寒蝉,继续把生命财产和国家前程,交给领袖继续英明。

我们难以理解的是,刘彻也好,田蚡也好,怎么对他们日夜宣称爱如子女的小民,在大水中淹死、饿死、冻死、疾病瘟疫而死,能无动于心?

帝王绰号——谥

西汉王朝(首都长安【陕西西安】)河间王(首府乐成【河北献县】)刘德逝世。河间国首府乐成警备区司令(中尉)常丽奏报,说:“大王(刘德)立身端正,行为规矩,温柔仁爱,恭敬俭约,敬上爱下,智慧聪明,观察深入,恩惠及于鳏夫(无妻)、寡妇(无夫)。”外籍官民接待总监(大行令)呈报:“谥法:聪明睿智谓之‘献’,应赐给刘德绰号献王。”

河间王刘德之死,《资治通鉴》第一次透露皇家绰号(谥)的产生程序。“谥”跟“讳”,是中国传统文化中两大麻烦。一个人,如果不了解“谥”和“讳”,不但无法了解中国历史,更根本看不懂中国古书,至少无法看懂中国史书。“讳”属于另一个范围,我们现在只讨论“谥”。

谥(音 shì【是】)是政府立案的特别“绰号”,周王朝发明的玩意儿。帝王贵族和准贵族(高级官员或特殊人物)死了之后,中央政府项目小组评估他生前的言论和行为,给他另外起一个形容词,像《水浒传》上的好汉,宋江慷慨好义,绰号“及时雨”,李逵粗野莽撞,绰号“黑旋风”。不过民间绰号,生前就有;官方绰号,死后才能出笼。但意义一样,比本名更显出形象。刘德被认为聪明睿智,官方绰号称他为“献”,他就成了“河间献王”。民间绰号,大家顺口传播;官方绰号,则煞有介事,有一定的规格:尊贤贵义称“恭”、刚强直理称“武”、温柔贤善称“懿”、渊源流通称“康”、由义而济称“景”(刘启就是景帝)、柔质慈民称“惠”(刘盈就是惠帝)、除残去虐称“汤”(子天乙就是汤帝),悯民惠礼称“文”(刘恒就是文帝)。这些规格,由儒家学派高官制定,恍兮惚兮,罩到谁头上似乎都很合适。宋江绝不会是“黑旋风”，但刘恒是“文帝”也行，是“景帝”也行，是“惠帝”更行。尤其糟的是，遇到明明是一个坏蛋，偏偏他的子孙坐在宝座之上，谁敢口吐真言，说他是“桀”是“纣”？所以，不久以后，官方绰号都变得美不胜收，麻子成了美女，恶棍成了圣贤，跟他生前的行为，不但不符，而且相反。

然而，更难忍受的是，官方绰号越来越长，字数越来越多。古时候只不过一个字两个字，到了后来，像清王朝三任帝爱新觉罗·福临，官方绰号是礼天隆运定经建极英睿钦文显武大德宏功至仁纯孝章皇帝，高达二十三个字之多，可谓千里迢迢，读起来中途如果不喘一口气，能把人憋死。再加上“庙号”——祭庙的名称。于是，中国史书上，一会儿“太宗”，一会儿“高祖”，一会儿“高皇帝”，一会儿“景皇帝”，一会儿“神武”，一会儿“文宣”，真是中国人的奇耻大辱。

感谢时代，允许我们把帝王们放到清水里泡而洗之，洗净这些附着在他们身上的污垢，撕掉挂到他们脖子上的招牌铃铛，使他们恢复本来面目。刘邦就是刘邦，什么“高祖”？刘彻就是刘彻，什么“武帝”？刘德就是刘德，什么“献王”？帝王跟小民一样，都是人。

陈　娇

女巫楚服（楚，姓），跟她的女弟子，教导已失宠的皇后陈娇，祭祀鬼神，用咒语诅咒仇人（现任皇后卫子夫），学习女人媚术，企图恢复刘彻对她的宠爱。事情泄漏，刘彻暴跳如雷，决定抓住机会，完全摆脱纠缠。于是，下令监察官（御史）张汤，彻底追究。张汤用残酷的手段扩大打击面，牵连及诛杀三百余人，楚服被押到街市上斩首。刘彻下令撤销陈娇的皇后头衔，命她缴出印信，囚禁长门宫（在长安城东南，本是刘嫖的长门园，送给刘彻，改名长门宫）。陈娇的娘亲刘嫖,既羞惭又恐惧,向她的侄儿叩头,请求宽恕。刘彻说:"陈娇做的事情,违反天地大义,不得不罢黜她。姑妈应该相信我,请你放心。不要听别人的闲话,反而生了嫌隙恐惧。陈娇虽然罢黜,一切侍奉供应,跟皇后一样,长门宫跟正宫,没有分别。"

刘彻小时候,姑妈刘嫖女士把他抱到膝上,问说:"把阿娇给你做媳妇,可好?"刘彻兴奋说:"如果嫁给我,我盖个金房子请她住。"这就是迄今仍流传的"金屋藏娇"典故。曾几何时,形势倒转,刘嫖跪在侄儿面前,哀哀求告。

陈娇女士的遭遇,再一次证明:"妒而无子,一定凶险。"即令是皇后,一旦"妒而无子",结局也是注定了的。陈娇还是最幸运的一位,在以后的史迹上,我们可以发现更惨的事,除了自己丧生外,还连累家族。

李广公报私仇

匈奴汗国(王庭设蒙古共和国哈尔和林市)派骑兵二万人,攻入中国,斩辽西郡(辽宁义县西)郡长(太守),掳掠两千余人。又攻入渔阳郡(北京密云)、雁门郡(山西右玉),各掳掠及屠杀一千余人。围攻韩安国营垒,韩安国兵团不能支持,向东撤退,驻扎北平(即右北平郡,郡政府设平刚【内蒙古宁城西南】)。数月后,韩安国逝世。刘彻再征召李广,出任右北平郡郡长。李广善战,匈奴汗国称之为"飞将军",远远躲避。数年之间,不敢侵犯右北平郡境界。

李广从一个被贬黜的小民,忽然被擢升到郡长高位(二千石),对个人而言,是一个剧变,因西汉王朝时代的郡长,可以直接晋见皇帝,权威极重。在角色转换过程中,有一段插曲。之前的某一天,李广跟一些亲友,在蓝田(陕西蓝田)终南山打猎。夜间赴朋友宴会,回来时候,经过霸陵(五任帝刘恒的坟墓所在,今陕西西安东北)哨亭,霸陵警察官(尉)喝醉了酒,厉声呵止,李广随从说:"前任李将军。"警察官说:"现任将军半夜都不准乱走,前任将军又算什么东西?"把他们拘留在哨亭前面。后来,李广接任右北平郡长,邀请警察官同去前方,到前方后,把他诛杀。

有人认为法令尊严,警察官执行公务,没有错处。也有人认为就凭警察官那几句话,就可证明他是一个势利眼,对势利眼,应该铲除。然而,不管怎么样,李广都是公报私仇。警察官没有随军出征的义务,李广邀他同行,一定信誓旦旦,使那位警察官相信李广宽宏大量,不念旧嫌,再想不到一代英雄人物如李广者,嘴里虽甜言蜜语,心里却暗藏杀机。史书虽没有明言,我们可以推断的是,警察官定有道歉赔罪之事,李广也定有接受道歉,并表示原谅之事。否则,警察官何至欣然上道。何况势利眼固然可厌,但不犯死罪。即令不谈国法,也不是一个宏伟的胸襟气质。

中、匈关系

临淄(齐国首府,山东淄博东临淄镇)人主父偃(主父,复姓)、严安,无终(天津蓟县)人徐乐,先后上书刘彻,提供建议。最初,主父偃游历齐国(首府临淄)、燕国(首府蓟县【北京】)、赵国(首府邯郸【河北邯郸】),都得不到欣赏,儒家学派知识分子排挤他,不能相容。而主父偃家庭贫穷,借贷无门。最后,索性西入函谷关(河南灵宝东北),到皇宫上书。早晨把奏章递进去,刘彻晚上即行召见。他所建议的九件事,其中八件刘彻立刻颁布实施,成为正式法令。被拒绝的一件事是劝阻不再攻击匈奴。

儒家学派基本立场是反战的，而君王总希望开疆拓土。两者在这方面的意见，最难沟通。《资治通鉴》所载儒家的反战言论，特别繁多，洋洋洒洒，占去大量篇幅。

我们同样反战，战争带给人民的痛苦，远超过带给统治阶层的痛苦。尤其反对侵略，像西汉政府对西南夷的军事行动，使千万人丧生。但是，我们赞扬反侵略、反奴役战争，赞扬保卫国家民族生存战争。匈奴汗国的不断南侵，有地理的因素，在北半球上，包括罗马帝国在内，所有位置稍南的国家，总是受到来自北方的威胁。因为北方寒冷，生活艰苦，南方却是“三秋桂子、十里荷花”，流奶与蜜的世界，怎不使人眼红？中国如果没有战争能力，匈奴不仅穿过长城而已，战马铁蹄，势将直到南中国海。

西汉政府事实上一直居于反应地位，军事行动的目的不是要消灭匈奴，并吞领土(跟对西南夷不一样)，而只求摧毁匈奴汗国野战军，使他们没有力量再进入中国烧杀掳掠而已。“大儒”之辈，却认为这种战争也是罪恶。结果至为显然，边界上的中国人丧失保护，他们年年被杀、被奸、被掳，家破人亡、血流成河。“大儒”却稳坐在温暖的椅子上，痛斥战争。等到边民们死光或被全部征服，马蹄声响到高堂之下，“大儒”立刻转身责备政府不知道保国安民。反战是一种仁慈心肠，但反对自卫，却是懦夫。

中匈两国之间的战争，注定地非打到一死一活不止。战场上的伤亡，无法避免。而人民受到的灾难，像运送粮秣的惨剧，那不是战争引起的，而是由于西汉政府的内政腐败。左反对，右反对；左检讨，右检讨，只在表象上打转，没有涉及到核心：为什么他们不要求整顿国家的后勤作业质量？

郭解事件

主父偃建议刘彻:"茂陵(陕西兴平东北)刚刚兴建,我认为,各地方的土豪乡绅、有钱人家、无业游民,都应该迁移到那里,对内充实首都人口,对外把地方上一些恶势力连根拔除;这正是用不着诛杀,就可消灭祸患。"刘彻采纳,下令强制各郡各封国家产在三百万以上的土豪乡绅,全都迁移茂陵。

轵县(河南济源南轵城。轵,音 zhǐ【只】)人郭解,是关东(函谷关以东)大侠,也在名单之中。卫青向刘彻报告说:郭解家实际很穷,不到移民标准。刘彻说:"郭解不过一个小民,能使政府的一位将军替他求情,证明他家不穷。"郭解遂不能免除。郭解平常对于敢向他瞪一眼的人,都立即流血报复,为数很多。刘彻得到报告,下令逮捕,但经查所犯的罪,都在大赦之前。轵县有一位正在学校研究儒家经书的学生,在筵席上,奉陪中央政府派遣的查案官员。查案官员称誉郭解侠义行为,学生说:"郭解专门用奸邪的手段犯法,哪能称为贤能?"被郭解的门客听到,把那个倒霉的学生格杀,割下他的舌头。县政府官员责成郭解交出凶手,而郭解并不知道谁是凶手,凶手也不肯坦白承认。县政府奏报说:郭解无罪。宰相(丞相)公孙弘向刘彻建议:"郭解一介小民,随意行侠乡里,好像官兵执行职权,竟然为一句话杀人。郭解虽不知道,比他知道的罪更重,应以'大逆无道'法条处理。"遂把郭解家族,全部诛杀。

"儒"跟"侠"誓不并立,儒家学派跟权势结合,追求的是安定不变。而"侠"是社会黑暗面的产物,以补救政治法律的不足。"儒"要求忍受,"侠"则挺身反抗。在儒家政治优势压力下,中国人的道德勇气,遂逐渐消失。凡有侠义精神的人,不是被讽刺为不懂"明哲保身”,就是被嘲弄为“好事之徒”。大家都成了一堆软柿子,任凭有权大爷想怎么捏,就怎么捏。

郭解没有资格称侠,盖侠义之士有高贵的胸襟,容忍别人的冒犯,绝对不睚眦必报,郭解不过一个地头蛇而已。但即令他有恶行,也不应付出全族被屠的代价。杀那位学生的事,十分可疑。固然可能是郭解的门客所为,也可能是郭解的仇家陷害。郭解应死,也不应死于这桩冤狱。

刘彻宠幸公孙弘,使人想到刘邦宠信陈平。不同的是,刘邦欣赏陈平的谋略,而刘彻只喜欢公孙弘“善体人意”。公孙弘可以毫无内疚地出卖他的朋友同僚,证明这个人不但工于谄媚,也工于毒计。轻淡的几句话,就破坏了法律尊严,使郭解全族化成一团血肉。“虽不知道,比他知道的罪更重。”不知道竟屠全族,知道又该如何处罚?正是“无罪不能无刑”,推演下来,民无噍类。

游 侠

荀悦评论公孙弘谋杀郭解事件说:

“世界上有三‘游’,都是伤害品德的奸贼,一是‘游侠’,一是‘游说’,一是‘游行’。气壮势雄,作威作福,利用私情,结交党羽,以强梁的姿态立于世上,谓之‘游侠’。口才流利,计谋层出不穷,奔驰天下,利用时势,图谋掌握权柄,谓之‘游说’。和颜悦色,假冒善良,迎合时尚,暗中建立帮派,用尽方法扩大知名度,以博取权势与利益,谓之‘游行’,这三种人,是灾变的根源。

“损毁品德,伤害正道,败坏法令,迷惑人民,都是古代圣贤君王特别慎重面对的事。国家有四种人民——知识分子(士大夫)、农夫、工匠、商贾(音gǔ【古】),各有各的行业。不从事这四种行业的人,就是奸民。必须灭绝奸民,王道才能完成。而这三'游'之所以兴起,都在王朝末期,而周王朝末期和秦王朝末期,更为兴盛。上位的人昏聩不明,下位的人行为邪恶,制度不能建立,纪律秩序全部废弛。认为赞扬就是荣耀,斥责就是侮辱,而不管对方批评得对不对;对所爱的人帮助他,对所憎恨的人打击他,而不管对方做得对不对;一高兴就赏,一不高兴就罚,也不管合不合事实。上下互相欺骗,国家大事遂陷于混乱,不可收拾。

"谈论事情,先确定报酬多少,才开口说话。遴选推荐'贤良方正'人才,先考察谁亲近和谁疏远,然后动笔。大家异口同声,善恶就混淆不清;功罪难以辨别,法律就没有尊严。不能用仁义作为手段,去追寻利禄;也不能用道德的方法,去躲避灾害。所以,君子违背礼教,小人冒犯法律。奔走忙碌,超越正常制度和官员职责,华而不实,只求世俗之利。对父兄怠慢,对宾客却十分尊崇;对骨肉淡薄,对朋友却生死相许。不去修身养性,却盼望人们的称誉。甚至自己节俭饮食穿着,而招待朋友丰富的宴席。馈赠的礼物,塞满庭院,跟外界来往频繁,以致信差们在道路上常常碰面。私人的函件,比政府的公文书还多。私人的事情,远超过政府的公务。风俗习惯既然崇尚这种行为,治理国家的正常轨道,遂受到破坏。

"在上位的圣明领袖,治理国家,安抚人民,一定要建立制度的尊严,一定要根据善恶赏罚,而不在乎名声好坏。听到批评,应该探讨事实;听到称赞,应该考查行为;事实不符合声誉的,就是虚伪;行为跟说话不一样的,就是诈欺;诋毁和赞扬没有事实根据的,就是诬陷;言论距事实太远的,就是欺罔。虚伪诈欺的作风,不允许存在;诬陷欺罔的话,不可以听信。犯罪的人没有侥幸,无罪的人没有忧惧;走后门没有道路,行贿赂没有人接受。消灭华丽的场面,取缔浮华的名声,禁止虚伪的辩论,杜绝不用到正道上的智慧。把百花齐放的乱糟糟思想,统一于圣人(孔丘)的大道。用仁爱恩惠培养,用礼仪圣乐训勉,则风俗习惯自然确立,而教化完成。"

荀悦对游侠下的定义,十分奇特。他认为:"诋毁或赞扬没有事实根据的,就是诬陷;言论距事实太远的,就是欺罔。”对于游侠,荀悦可是极尽诬陷欺罔。班固还指出侠义之士使人动容的特质:“平日为人,温和善良,仁孝慈爱,帮助别人困难,救济别人穷苦,谦让恭谨,从不自夸,确实具有绝世的天资。”侠义之士之获得人们膜拜者在此,荀悦却一手遮天,诟骂侠义之士:“以强梁的姿态立于世上,作威作福。”这不是一个正直的和负责任的态度。荀悦的目的不在使人们了解侠义的真相,而在蒙蔽侠义的真相。

司马迁在他的《史记》中,特列“游侠”一章,表达他对侠义的崇敬。这种崇敬的情操,来自他深刻体念到人生的艰难,对被迫害的辛酸,有痛彻肺腑的感受。当他被判处“宫刑”时,只要缴纳罚款,便可以救赎。可是,家庭贫穷,告贷无门,只好任凭狱吏把生殖器割掉。中国史学之父,竟受到这种侮辱摧残,诚是全体中国人的羞辱。当时,儒家学派的高官林立,谁肯伸出援手?即令有此意愿,为了“明哲保身”,也不得不划清界限。咦,圣道在哪里?圣人在哪里?圣王在哪里?君子在哪里?父兄之尊在哪里?骨肉之恩在哪里?法律尊严又在哪里?唯一向苦难人伸出援手的,只有侠义之士。全中国知识分子都酱在“天王圣明,臣罪当诛”的奴性呻吟中,只有侠义之士,才敢向这种“礼义圣乐训勉,风俗习惯确立,教化完成”的统治阶级挑战。侠义,是人类灵性不死的火苗。而这火苗,总是针对权势而发,权势自然对他深恶痛绝。

侠义精神就是道德勇气,是一个民族的白血球和防腐剂。抽去了它,这个民族就成了一堆烂泥。

主父偃

齐王(首府临淄【山东淄博东临淄镇】)刘次昌,跟他的姐姐纪翁主通奸(皇帝女儿称公主,亲王女儿称翁主。这位翁主嫁给姓纪的,所以称纪翁主)。主父偃想把自己的女儿嫁给刘次昌,可是刘次昌的娘亲纪太后拒绝。主父偃于是向刘彻建议:“齐国临淄有十万户人家,仅租税一项,就有黄金二十四万两之多,人民富饶,超过长安。除非是皇帝的亲弟弟或最心爱的儿子,不应在那里当王。而今齐王的血缘关系,越发疏远(齐国【首府临淄】一任王刘肥,是刘邦的儿子;二任王刘将闾,三任王刘寿;现在的四任王刘次昌,是现任皇帝刘彻的远房堂侄),又听说刘次昌跟他姐姐淫乱,请乘机整顿。”刘彻遂任命主父偃当齐国宰相(相),派往处理。主父偃到临淄(齐国首府)后,霹雳般逮捕王宫的侍女跟宦官,供词中牵连到刘次昌。刘次昌恐惧,服毒自杀。主父偃年轻时曾逗留燕国(首府蓟县)、齐国(首府临淄)、赵国(首府邯郸【河北邯郸】),都受到冷落,等到掌握权柄,一连摧毁燕国、齐国。复仇之手下次可能伸向赵国,赵王刘彭祖大为恐惧,上书刘彻,检举主父偃接受封国贿赂,所以才建议分封亲王的子弟(主父偃用分封手段削弱封国,完全为国家着想,此时却成了罪名)。恰巧齐王刘次昌自杀,刘彻认为一定是主父偃胁迫所致,勃然大怒,召回主父偃,投入监狱。主父偃承认接受封国的贿赂,但并没有胁迫齐王刘次昌自杀。刘彻本要赦免他,可是,公孙弘说:“齐王(刘次昌)自杀,没有儿子,封国撤除,由中央政府收回,改设郡县。主父偃本是罪魁,如果不杀他,无法向天下解释。”遂屠杀主父偃全族。

公孙弘不久前坚持杀郭解,现在又坚持杀主父偃。此公可是典型的阴险人物。平常日子一团和气,不与人争,却在节骨眼上,施出恶毒一击。

有一件事使人震惊,晁错之死,是全族屠灭。主父偃之死,又是全族屠灭。难道不能仅杀当事者一人,为什么如此残忍?当初,刘启何等欣赏晁错,刘彻又何等欣赏主父偃,欣赏时言听计从,“相见恨晚”;一旦翻脸,心狠手辣。凡是忠心耿耿,意图改革的人,都受到酷刑。而像公孙弘这种八面玲珑,貌似忠厚的长者,却一帆风顺。和稀泥的人有福了,他除了关心自己的官位外,什么都不关心。非关心不可时,只关心陷害忠良。

官场奇才

公孙弘虽然身为贵官,可是仍盖布棉被,每顿饭只有一个荤菜。汲黯攻击他说:“公孙弘位居三公(最高监察长是三公【宰相级】之一),薪俸够多的了,却如此如此,说明他心怀狡诈。”刘彻转问公孙弘,公孙弘道歉说:“是有这种情形。高级官员(公卿)中跟我友情最好的,没有人超过汲黯,今天在御前指责的这些话,正说中我的私心。身为三公而仍盖布棉被,跟一个基层小职员,毫无差别,诚如汲黯所说的,我确实有心沽名钓誉。不过,要不是汲黯这么忠心,陛下又怎么能够知道?”刘彻认为公孙弘谦让,更加尊重。

公孙弘是官场中第一流的天纵奇才,在可以扳倒对方时,毫不留情。发现扳不倒对方时,则使出低姿势软功,首先声明对方是他最好的朋友,比起横眉怒目,咬定对方是仇人,手段可是高竿。李斯如果用这种手段对待赵高,可能软化赵高和嬴胡亥的立场(参考公元前208 年)。公孙弘继则承认他确实在沽名钓誉,假使他理直气壮,可能使刘彻认为他连君主都想欺骗。至于赞誉汲黯之忠,也同时暗示刘彻之明,一箭双雕,收获至丰。

张　骞

刘彻征召愿担任前往月氏王国的使节。汉中郡(陕西汉中)人张骞,此时担任宫廷禁卫官(郎),挺身应征。从陇西郡(甘肃临洮)出发,可是一踏进匈奴汗国国土,就被俘掳,拘留十余年,张骞不忘任务,偶尔得到机会,即行逃脱,继续前往月氏王国,西行数十日,进入大宛王国(首都贵山城【中亚纳曼干市西北卡散赛城 Kassansay】)。大宛王国早就羡慕中国的富庶,想建立友谊却无法建立,忽然张骞驾到,惊喜交集,派出向导和翻译人员,陪同到康居王国(首都卑阗城【中亚巴尔喀什湖西南锡尔河北岸突斯坦 Turkestan】),再到月氏王国(月氏西迁后,称大月氏。残留在原地【甘肃中部祁连山南麓】的人民,称小月氏),被匈奴斩首的故王的孙儿,这时继位国王,于西奔时击败大夏王国(希腊人建立的王国,原首都蓝市城【阿富汗共和国北部瓦齐拉巴德市 Wazirabad】,辖区包括今中亚东部阿姆河中上游流域,以及阿富汗东部北部。后被大月氏击败,沦为附庸,版图萎缩至今阿富汗共和国东北部、兴都库什山脉北麓一隅),占领大夏王国大部分土地(月氏王国自河西走廊西迁后,最先定都于今阿富汗共和国北部边境外【阿姆河北畔】的铁尔梅兹市 Tirmidh,不久征服南方的大夏王国。在张骞此次访西域后,更把首都自铁尔梅兹市南移至大夏故都蓝市城),土壤肥沃,物产丰富,邻国都非常衰弱,没有外患。安居乐业,生活优裕,无论君王和人民早已忘掉过去的耻辱,人民没有报亡国之仇的心,国王也不再有报杀祖父之恨。再教他们面对凶悍的匈奴汗国,简直把他们吓坏。张骞大失所望,在月氏王国住了一年有余,束手无策,只好告辞。归途中,沿着祁连山南麓,准备穿过羌部落(青海东部),想不到仍然被匈奴汗国捕获,又被拘留一年多。恰好遇到匈奴内乱,栾提伊稚斜(五任单于)驱逐栾提于单,张骞遂跟家奴堂邑(江苏六合)人甘父,逃回中国。刘彻擢升张骞当中级国务官(太中大夫),封甘父当奉使君。张骞最初出国时,使节团一百余人,十三年后返国复命,只二人生还。

张骞是中国最早的英雄人物之一,他早于哥伦布(1429年)一千六百年,而丰功伟业相同。公元前二世纪,西域(新疆及中亚东部)还是一个远在天边的神秘国度,在儒家学派保守的教育下,家里稍有几个钱,连屋檐底下都不敢坐,唯恐怕有瓦片掉下来砸到头上;要他们冒险犯难,真能吓出屎尿。因为自己怯懦,所以也绝不希望别人勇敢,因为别人勇敢,恰恰反衬自己胆小如鼠。于是,张骞事迹,在史书上受到压缩,如果可能,还要一笔抹杀。十五世纪,跟哥伦布同时代的中国海上英雄郑和,关于他"下西洋"(印度洋)的档案,竟被一个"大儒"全部销毁,就是旁证。

张骞跟他的使节团,向他们毫无所知、充满险恶死亡的蛮荒深入。那里流沙千里,白昼鬼哭。然而厄运却先来自匈奴,栾提军臣单于发火说:"这是什么话,月氏王国在匈奴之西,中国怎么敢越过匈奴,跟他们来往?如果我派使节去南越王国(首都番禺【广东广州】),中国可准许通过?"下令禁止离境。但尊敬他们是英雄人物,所以每人分配了一位匈奴小姐作为妻子。张骞不忘使命,十年后,抛弃了温柔窝,跟他的伙伴西奔。第二次被俘后,跟妻儿团聚,可是为了国家,再度逃走。妻儿听到消息,狂奔来随,而追兵已至,张骞只抢到一个儿子。妻子跟另外一个幼子,被追兵隔断,永远诀别。

张骞这次出使,虽然没有达成原来盼望的政治目的,但他为中国人发现了比当时中国还要广大的新的世界。

张 汤

公元前126年,高级国务官(中大夫)张汤,升任司法部长(廷尉)。张汤这个人,狡狯机诈,有丰富的急智和权术,利用别人。当时,刘彻对儒家学派的经典,正有兴趣。张汤立刻表现他也很醉心儒家学派的经典,曲意尊崇董仲舒、公孙弘之辈。任用千乘(山东高青东北)人兒宽(兒,姓)当审判奏报官(奏谳掾。负责把判决的案件,奏报皇帝),用古代法令的解释,裁判疑狱。张汤所定罪的人,都是刘彻想要定罪的人,以及狱政官(监)、总务官(史)深为痛恨,想要置之死地的人。张汤所释放或减刑的人,都是刘彻想要释放的人,以及狱政官(监)、总务官(史)想要宽容的人。刘彻大为欣赏欢喜。

张汤对于朋友们的子弟,都有特别照顾,而且勤于奔走权贵之门,寒暑不变。虽然他引用法律条文,深刻狠毒,心怀猜忌,断狱不公,但因为他人际关系良好,所以仍得到美誉。汲黯曾在刘彻面前斥责他:"你身为国家正式部长(九卿称正卿),对上不能发扬先帝(从前皇帝)的功业,对下不能平息人民的邪恶,又不能安定国家、教育人民,使监狱空虚,却把高皇帝(一任帝刘邦)制定的法令规章,改得纷乱如麻,你可是要断子绝孙。"汲黯经常跟张汤争执,张汤每次都根据法令条文,在小节目上纠缠不休。汲黯刚直严厉,只能在原则上坚持,无法用专门术语驳斥,只好诟骂说:"天下都说:搬弄条文出身的人,绝不可以掌握权柄。果然,张汤就是榜样。使天下人不敢往前走一步,都低着头看他,生活在恐怖之中。"

司法独立当然重要,但法官的素质同样重要,司法审判固然要独立于政治干预之外,而法官的严正和操守,更必须保持高度水平。否则,即令司法独立,势将继续黑暗。像张汤这种司法官,如果再披上

“司法独立”的外衣，中国人的苦难就更难结束。

周　霸

公元前126年，西汉王朝大举进攻匈奴汗国，卫青率领六位将军，从定襄郡(内蒙古和林格尔)出塞，格杀及俘掳一万余人。右将军苏建、前将军赵信，把二人的部队合并，共有骑兵三千余人，在前进途中，突然和匈奴单于(五任)栾提伊稚斜亲统的匈奴主力兵团相遇。血战一昼夜，三千人伤亡将尽。赵信本来是匈奴的小部落酋长(小王)，投降中国，封翕侯。现在兵败，匈奴召唤他重返祖国，赵信遂率领残余的八百人骑兵，回归匈奴汗国。苏建全军覆没，只身逃回，向全国最高统帅卫青报到，请求处罚。参议官(议郎)周霸说："全国最高统帅(卫青)自从带兵以来，从没有处决过一个将领。而今苏建抛弃他的部队，应该斩首，用以展示统帅的权威。"卫青说："我幸运地以皇帝的近亲心腹(刘彻是他的姐夫)，率领大军，从不担心我没有威权。周霸叫我展示威权，使我失望。不过，虽然我有权力可以处决大将，虽然我有当世的尊贵和皇帝的宠爱，但我却不敢在京师之外，擅自诛杀。把苏建送给天子，由天子决定，也可以做一个人臣不敢专权的榜样，岂不更好。"参谋官员们一致赞成，遂把苏建装上囚车，送往皇帝(七任武帝)刘彻(本年三十四岁)所在的地方(行在)。

周霸主张处决苏建，目的不是执行军法，而是要展示统帅的威权，轻轻道来，不过用别人的生命和鲜血，成就他的马屁奇功，使统帅产生一种“他是为我着想”印象，就可指日高升。幸亏卫青宽厚，否则，苏建必然丧生。

有时候，这就是命运：遇上周霸，或是遇上卫青。

刘　安

淮南王(首府寿春【安徽寿县】)刘安,跟他的门客左吴,以及其他一些人,日夜拟定谋反计划,察看地图,决定进攻首都长安(陕西西安)的路线。出使中央政府的使节,从长安回来,如果说刘彻还没有儿子,中央政治腐败,刘安就大为欢喜;如果说刘彻已有了儿子,而政治很上轨道,刘安就大发雷霆,认为一派谎言。

上帝真是有太多的幽默感,教赢胡亥、刘安这类活宝,充斥人间,使人生多彩多姿。可是让他们掌握权柄,却是一种谋杀。他们固然付出代价,千万生灵何辜。

没有能力掌握权柄的人,硬是掌握了权柄,等于不会开车的人忽然握住时速一百公里的方向盘一样,简直是一场大祸。

谋的什么反?

衡山王(首府邾县【湖北黄州】)刘赐上书中央政府,要求罢黜太子刘爽,改封刘爽的弟弟刘孝当太子。刘爽在国内得到消息,立即派他的亲信白嬴,到首都长安(陕西西安)上书,揭发说:"刘孝制造战车利器,又跟父亲的姬妾通奸。"目的在破坏刘孝形象,使不能立为太子。正逢主管机关搜捕淮南王(首府寿春)刘安的党羽,在刘孝住宅中逮捕到刘安的使节,遂弹劾刘孝窝藏叛徒。刘孝恐惧慌张,听说法律规定,先行自首的,可以免罪,马上举发同谋的枚赫、陈喜之辈。

中央高阶层官员(公卿)会议请求逮捕刘赐,刘赐自刎身死。王后徐来、封国太子刘爽,跟刘孝,都绑到街头斩首,凡参加谋反的人,一律灭族。

淮南(首府寿春)、衡山(首府邾县)两次大狱,牵连到侯爵、部长级官员(二千石),以及郡县豪杰、士民,共处决数万人。

这不是两场大冤狱,而是无数小冤狱和两场大屠杀。数万人都秘密参与谋反,根本不可能,但却杀了数万人。全族屠灭的惨刑,一再在中国历史上出现。老翁幼儿、年轻妇女像猪羊一样,在士兵鞭打下,驱向法场,他们谋的是什么反?

汲 黯

匈奴汗国浑邪王归附中国时,西汉政府动员民间车辆二万辆,前往迎接。长安县政府没有钱买马,只好向人民租马,人民不信任政府,都把马藏匿起来,马匹遂不够用。刘彻发火,要诛杀长安县长(长安令)。首都长安特别市长(右内史)汲黯说:“长安县长没有罪,只有把我杀掉,人民才肯出马。浑邪王背叛他的主人,投降中国,中国只要吩咐各县用驿马车,一站一站送来,也就是了,何至于搞得天下大乱,使中国穷困,而去奉承蛮族?”刘彻不作回答。

西汉政府法律:中国人不准在边界把武器卖给外国人,或带钱出关;等到浑邪王到长安,商人和小市民跟浑邪王的随从做生意,政府逮捕五百余人,判处死刑。汲黯请求召见,刘彻命汲黯到未央宫高门殿。汲黯说:“匈奴攻击沿边要塞,拒绝跟中国和解。中国兴兵讨伐,死伤累累,不可数计,而费用高达十百千万。我非常愚蠢,认为陛下得到匈奴人,一定会把他们当作奴婢,发配给阵亡将士的家属。所掳获的辎重,也一并给予,用以安抚天下痛苦,安慰人民破碎心灵。

而今,纵然不能这样,浑邪王率数万人来降,却耗空我们的国库赏赐,又征调中国人民伺候,好像供奉天之骄子。无知的商人和小市民,在首都长安做小生意,怎知道官吏会把京师也解释为边界?陛下既不能用匈奴的财产,回报天下,却用法律上一项不重要的条文,杀戮无知小民五百余人,正是庇护枝叶,而伤害根本,我不认为陛下这样做是对的。"刘彻不采纳,只说:"我很久没有听见汲黯的声音了,今天又在这里胡说八道。"

五百人如此地被"法律"制裁,这"法律"使人悲愤。汲黯耿直敢言,两千年后,仍受钦敬。然而抨击西汉政府优厚招待浑邪王一节,说明他只是一个好行政官,而不是一个好政治家。因为只有厚待降人,才可使敌国瓦解。如果汲黯的见解付诸实施,可成了第二个骑劫(参考公元前279年)。刘彻之所以不作回答,沉默不语,大概觉得说给他听,他也听不懂,不愿浪费唇舌。

中匈决定性大战

公元前121年,霍去病被擢升为票骑将军,率骑兵一万人,从陇西郡(甘肃临洮)出塞,攻击匈奴汗国(王庭设蒙古共和国哈尔和林市),穿过匈奴臣属的五个小王国,转战六天,越过焉支山(祁连山一峰,在甘肃山丹东南)一千余华里,格杀折兰王、卢侯王(都是匈奴汗国的大酋长),俘掳浑邪王的王子、宰相(相国)、军区司令(都尉),共捕获及格杀八千九百余人,夺取休屠王用来祭祀上天的金人神像。刘彻下诏增加霍去病采邑两千户人家。

夏季,中国对匈奴汗国再发动攻击,票骑将军霍去病,深入匈奴汗国二千余华里,跟公孙敖兵团失去联络,取不到联系,无法会合。霍去病孤军挺进,越过居延海(内蒙古额济纳旗嘎顺诺尔湖),穿过小月氏部落(甘肃祁连山南麓),抵达祁连山,生擒匈奴的单桓王、酋涂王,跟宰相(相国)、军区司令(都尉)。当时,一些老前辈将领率领的部队,都不如霍去病。霍去病挑选的都是精锐,但他有胆量深入匈奴腹地,经常率骑士远离大军前进。似乎上天特别恩待他,从没有使他遇到危险。老前辈将领却常常不是延误迷路,就是搜索不到匈奴主力。于是,霍去病越来越被刘彻亲信,地位也越来越尊贵。

霍去病先生在本年(公元前121年)的两次出击,是中匈两国间最重要的两场决定性战役。匈奴单于栾提伊稚斜在大怒之余,要向浑邪王追究失败责任,逼使局势急转直下。浑邪王投降中国,对匈奴汗国造成致命打击,他们为之发出哀歌:"亡我祁连山/使我牲畜不繁息/失我焉支山/使我妇女无颜色。"焉支山所产的红色染料,是当时匈奴妇女所用的高级化妆品,中文"胭脂"一词,即由此而来。从这首哀歌可看出匈奴的战斗力已受到致命创伤,不能再振。

从此之后,中国西疆向西北推进航空距离九百公里之遥,直抵西域(新疆及中亚东部)。浑邪王呈献的这块十五万平方公里的巨大狭长地带,后世称河西走廊,永成中国领土,并作为向西域扩张的前进基地。

李　广

公元前119年,中国再向匈奴汗国发动攻击,前将军李广率军前进,没有向导,在瀚海沙漠中迷失道路,一直追不上大军统帅卫青,因此也没有赶上与匈奴单于(五任)栾提伊稚斜的大会战。卫青班师途中,到了瀚海沙漠南部,才跟二人取得联络。卫青派秘书长(长史)诘问二人失期的原因,命李广的幕僚马上到统帅部听候审讯。李广说:"我部下指挥官(校尉)没有罪,是我自己迷失道路,我要亲自到统帅部报到。”然后对他的部下说:“我从十六岁开始,跟匈奴大小七十余战,而今,有幸追随最高统帅(大将军卫青)出兵,直挑单于,而最高统帅却把我调到右卫,距离遥远,而又迷失道路,岂不是上天要我如此。我今年已六十有余,不能面对那些舞文弄墨的军法官之类小吏。”说罢,拔刀自刎。

李广是一代英雄,中国历史上最伟大的将领之一。指挥作战,来去如风,匈奴汗国称赞他为“飞将军”,九百年后的唐王朝诗人王昌龄有诗:“但使龙城飞将在,不教胡马度阴山。”充分显出人民对他怀念的深远。

然而,李广却不得其死,使人痛惜,这是一桩千古疑案。李广从军四十年,大小七十余战,即令在本国之内大平原上平时行军,还有向导,此次身负重要任务,不但深入敌国,更深入沙漠,如果没有向导,根本寸步难行,即令是白痴,也知道非有向导不可,何以竟没有向导?向导误导有可能,无向导则绝不可能,其中定有蹊跷。卫青宣称是接受刘彻的秘密指令,才把李广调为右卫。如果刘彻这么肯定自己的判断,他一开始就应该任命李广当右卫,甚至任命李广当后卫,难道李广敢不接受,就在金銮宝殿上顶撞?当时刘彻却是任命李广当先锋的,又何必多一番折腾?

对这些,我们无法解释。一定要解释的话,我们认为,这是一项官场上互斗的阴谋。向导如果不是被杀,便是被仓卒调走,使李广没有时间去寻人接替。司马迁满腔悲愤,迫于政治压力,不敢明言,而只强调“无导”,供后人深思。至于秘书长态度之严峻,不过是周霸之流(参考公元前123年),但也可能就是卫青授意。

史料不多,我们不敢自信这种判断没有错误,但这位名将之死,确实带给我们一片疑云。

王温舒

王温舒当初在广平郡(河北曲周东北)当民兵司令(都尉),遴选郡中土豪恶霸十余人,作他的部属。王温舒掌握他们犯法的阴私,用来要挟他们捕捉盗贼。凡听从命令,使王温舒大快心意的,不管他从前犯过什么重罪,完全不问。如果不尽力捕捉盗贼,王温舒就翻旧案,屠杀他的全族。因此,齐(山东)、赵(河北中部南部)一带的盗贼,不敢接近广平郡。当时广平郡治安良好,有"路不拾遗"的美好名誉。后来,王温舒调任河内郡(河南武陟)郡长,九月间到差,命郡政府特别供应他五十匹驿马专用,然后搜捕郡中豪杰或恶名昭彰的土豪劣绅,互相牵连一千余家。奏报中央:罪大的诛杀全族,罪小的诛杀一身,家产全部没收,以偿还所收受的赃物。奏章发出不过两三天,就得到中央批准公文,以至血流十余华里,郡中都惊骇中央批示神速。直到十二月过完,郡中一片寂静,没有人敢大声说话,也没有人敢夜间出门;虽荒村僻壤,也听不到狗叫。凡逃亡的罪犯,王温舒都派人到附近郡县追缉。转眼之间,正月来临,王温舒跺脚说:"糟透了,冬季如果能延长一个月,就足够我发挥。"(古时传统,冬尽之后,不再刑杀;要到明年立秋才恢复。)

武陟与西安,航空距离四百余公里,中间还隔着一条黄河和万重峭山。王温舒发出奏章后,两三天便得到中央批准公文,即令驿马如飞,也不可能。何况中央政府收文之后,还要呈阅、拟办、会办以及批示,熟悉官场作业程序的人都会了解,即令以最速件处理,也要十天半月。我们怀疑王温舒手中握有空白批文,驿马奔驰,不过向外人表演。即令批文是实,那种速度,同样使人憬然发现:任何酷吏,他自己不能单独作恶,中央都有支持他作恶的当权黑手,上下配合,才能行凶。酷吏看起来手握生死,事实上不过该当权黑手的一个可怜工具!

腹诽奇罪

农林部长(大农令)颜异,以廉洁正直,深受上级欣赏,升到部长地位。刘彻跟张汤既商定制造"白鹿皮币"(参考公元前 119 年),询问颜异意见,颜异说:"亲王、侯爵,朝见祝贺的礼物,都是白色璧玉,价值不过数千钱,而用来作为衬垫的白鹿皮,反而价值四十万,主客本末,全不相称。"刘彻大不高兴。张汤对颜异一向不满,现在正是报复良机。于是,遂有人检举颜异某一件事犯法,案件交张汤审理。原来有一次,颜异跟朋友聚会,一位客人批评某一项法令不很恰当,颜异没有作声,只微微地把下唇往外翻了一下。张汤认为已足以证明罪大恶极,奏称:"颜异身为部长(九卿),见到法令有不恰当之处,不坦诚向皇上陈述,却邪恶地在肚子里诽谤,应处死刑。"自这件事后,西汉王朝政府遂有"腹诽"判例。政府高级官员,人人恐惧,只好谄媚阿谀,以求保身。

秦王朝是一个野蛮部落建立的政权,所创立的屠灭三族酷刑,一直保持到公元后十九世纪才算结束。这种惨无人道的法律,虽然不断宣布被废除,但帝王一念之间,立刻就又恢复,没有人敢提出异议。以"仁义"自许的高级知识分子,两千年来,噤若寒蝉,使中国的政治斗争比世界任何国家(包括被瞧不起的夷狄之邦)都更残忍,也使中国人缺少培养独立自主人格的土壤。每一个人的行为后果,全族都要分担。明哲不但可以保身,还可以保家保族。明哲的意义,就是畏缩圆滑、权势崇拜、丧尽礼义廉耻。

西汉王朝除了继承秦王朝的诛杀三族酷刑外,更发扬光大。在周亚夫案件中,发明了"地下谋反学";在颜异案件中,发明了"腹诽学”——心理叛变。“诬以谋反”的法宝,遂有七十二种变化,中国人的苦难,不是到了二十世纪才有,古代便已如此,法律尊严被侮辱到如此程度,古圣先贤,从没有人敢兴起改革之念,以致后果由我们这些子孙,全部承当。

张汤案件

总监察官(御史中丞)李文,跟张汤怀有宿怨。张汤最宠信的小职员鲁谒居,为了替主人铲除政敌,暗中派人上书皇帝,检举李文。案件交给张汤审理,张汤引用法律条文,诛杀李文。张汤知道是鲁谒居干的勾当,心存感激。

西汉帝(七任武帝)刘彻(本年四十二岁)偶尔问起案发原因,张汤假装毫不知情,而且还作大吃一惊状:“可能是李文的仇家干的。”后来,鲁谒居卧病,张汤前往探视,亲自给他按摩双脚。消息传到赵王(首府邯郸【河北邯郸】)刘彭祖(刘彻的老哥)耳朵里,刘彭祖素来怨恨张汤,于是向刘彻告发说:“张汤身为国家重要高官,竟然给一个卑贱的小职员按摩双脚,必有隐情,可能有不可告人的阴谋。”刘彻交付司法部(廷尉)调查。

而鲁谒居正好病死,牵连到鲁谒居的弟弟,囚禁在宫廷供应部(少府)的看守所(导官),恰巧张汤到看守所审理其他案件,看见鲁谒居的弟弟。张汤打算暗中营救,所以表面上假装并不相识,大模大样,不打招呼。鲁谒居的弟弟不知道张汤的心意,既害怕又忿怒,一不做,二不休,索性叫他的家人上书皇帝,揭发张汤跟他哥哥鲁谒居共同陷害李文经过。

刘彻交付减宣(减,姓)审理,而减宣跟张汤之间,素有宿怨,也到了报复时候。就穷追猛查,决心把张汤置于死地,但还没有结案奏报。

就在这时候，有人盗取刘恒（五任文帝）坟墓陪葬的钱币。宰相（丞相）庄青翟，跟张汤约定晋见刘彻，一同自请处分。想不到见了刘彻之后，庄青翟自请处分，张汤却在旁边一语不发。刘彻下令张汤审理庄青翟在盗取陪葬钱币案件里，应负的责任。在审理过程中，张汤企图把庄青翟罗织到“知情不报”法网，庄青翟惊恐忧虑。

宰相府秘书长（长史）朱买臣、王朝、边通，从前都做过部长级（二千石）高级官员，他们已是高官的时候，张汤还不过是一位低级职员。张汤当了最高监察长（御史大夫）后，曾经数次代理宰相，知道这三位秘书长一向尊贵，却故意把他们当作小职员看待，三位秘书长深为怨恨，想置张汤于死地。于是，乘机跟宰相庄青翟密商，派人逮捕商人田信等，散布消息说：“张汤向皇帝奏报任何事情，田信都事先知道，所以囤积居奇，成了富豪，然后再把油水分给张汤。”

如所预料的，消息终于传到刘彻耳朵。刘彻问张汤说：“我作什么事，商人们都先知道，事先囤积居奇，好像有人把我的话告诉他。”张汤知道明是指他，但他并不马上认罪，反而假装吓了一跳，回答说：“可能有这回事。”而就在这当口，减宣把鲁谒居弟弟的口供呈报上来。刘彻认为张汤心怀狡诈，当面欺骗。派总监察官（御史中丞）赵禹向张汤严厉诘责。张汤无法解释，遂写下遗书，向刘彻自请处分，并且说：“陷害我的，是宰相府的三位秘书长（朱买臣、王朝、边通）。”自杀身亡。

张汤死后，家产并不富裕，总共不过价值黄金一万两。家属兄弟子侄们都主张厚葬，张汤的娘亲说：“张汤是天子的大臣，受到恶言伤害，为什么要厚葬？”遂把尸体放到牛车上，拉到墓地，只有一具棺木，没有外椁（古代埋葬，至为隆重，棺材外还有一个棺材，外棺称“椁”）。刘彻得到报告，把宰相府三位秘书长（朱买臣、王朝、边通），全体处死。再逮捕宰相（丞相）庄青翟，投入监狱，庄青翟自杀。

张汤案件，是《资治通鉴》第一次就官场上的权利斗争，作细致的报导。人，一旦进入权力漩涡，就跟车辆进入交通混乱的十字街头一样,你不碰人,别人可能碰你。一句话或一举手,几乎都是陷阱。仁义、道德、人格,在这个领域里,没有重要地位,有的只是阴谋倾轧。一面跟对方歃血结盟,一面把对方出卖;一面向对方誓言铁肩担道义,一面在背后举起钢刀。官场遂成为世界上最黑暗的一个角落,鬼影幢幢,群魔乱舞。

张汤是一位最骠悍的官场斗士,他不断在斗,用最残酷卑鄙的手段打击他的政敌。目的只在夺取更高权力,所以虽然鲁谒居案件爆发,他正需要助力的时候,仍忍不住使用诈术,陷害庄青翟。

这场权利斗争,像一群争夺骨头的疯狗,在主人的巨棒之下,逐一倒毙。显示一种现象:有些当主人的,也乐意于他属下的群狗互相龇牙,只偶尔发出一声大喝,用来提醒互斗中的官崽,谁是老大!而另一个节目——摇尾帖耳的谄媚功夫,也更突出层面。官场的无耻和不确定性,更使人眼花缭乱,叹为观止。

郡长自杀

公元前112年,西汉王朝(首都长安【陕西西安】)皇帝(七任武帝)刘彻(本年四十五岁)前往雍县(陕西凤翔),祭祀五色帝。祭祀礼成之后,顺便西游,越过陇山(陕西陇县西),登崆峒山(甘肃平凉西)。陇西(甘肃临洮)郡长(姓名不详)无法供应这群突然涌来的大队人马,以致随从官员有些竟得不到饮食,惶恐自杀。

皇帝不比平民,平民出游,顶多拖家带眷。皇帝之类大人物出游,不叫出游,而叫巡狩,而叫视察,那是一种官式任务,就非同小可。除了小老婆群外,还有侍奉小老婆群的宫女、宦官,以及侍奉皇帝的大小官员,跟政府中主要首长和警卫部队,少者数千,多者数万、数十万。活像一窝蝗虫,逢州吃州,逢县吃县,抢劫、纵火、杀人、奸淫,无恶不作,人民却无处申诉,因主持审判的人,正是凶手。刘彻两次出游,就吓死两位郡长,其中残酷暴行,史书虽未载明,我们可由推想而知。

高级知识分子总是劝阻帝王不要出游,理由千千万万,真正的只有一个:小民以及政府,都无法承受蝗虫集团的蹂躏。《资治通鉴》在七世纪时,对隋王朝二任帝杨广的出游,有比较详尽的报导。十六世纪的明王朝十一任帝朱厚照的出游,比刘彻更为凶狠,十八世纪清王朝六任帝弘历"六次下江南",几乎使江南社会崩溃。这其中有太多官员的欢乐和太多小民的血泪。

栾　大

五利将军乐通侯栾大,整装东行,宣称要到东海海上寻找他的神仙老师。然而他不敢深入海,却到泰山(山东泰安北)之上祭祀。刘彻派出密探跟踪调查,栾大没有察觉,反而向刘彻报告,他在海上已经会见神仙。这时,他的法术已经用完,无法再有表现。刘彻下令审讯,认定栾大诈骗欺罔,腰斩。推荐栾大给刘彻的乐成侯丁义,也绑赴街市砍头。

栾大用尽心机,博取富贵。他一开始就考虑到后路,所以首先要刘彻亲口保证不再发生少翁事件,接着更要求成为皇亲国戚,而且全部如愿以偿,不但得到刘彻亲口保证,还娶了刘彻亲生之女。他可能认为已经万无一失,将来无论如何,即令刘彻撤回保证,但岳父大人总不能不看女儿情分,杀掉女婿吧。他不了解,普通平民,这种亲情可能有它的作用,但对财势双全的巨头,意义却不相同。皇帝还怕他的女儿嫁不出去?

栾大毁在他过度自信上。小民在西洋镜被拆穿之后,顶多挨一顿臭揍,帝王的反应可是钢刀。从腰斩毒刑,可看出刘彻衔恨之深。然而富贵所在,万人入迷,栾大又何足惋惜。

桑弘羊与卜式

公元前110年,发生小规模旱灾,刘彻命各级官员向上天祈雨。卜式上书说:"政府官员应该负责田赋和捐税,而今桑弘羊却使他们像一个商人一样,坐在店铺里,做起生意求利来了。如果烹杀桑弘羊,天就会降雨。"

传统的儒家思想,是大刀一砍的两分法,"仁义"和"利益"如同水火之不相容。"仁义"是孤立的,凌驾各种行为之上。于是,讲"仁义"的人遂陷于不切实际的迂腐困境。没有卜式,中国仍是中国,没有桑弘羊的盐铁专卖制度和物资调节办法,天下可能混乱,西汉政府可能倒闭。

杜　周

总监察官(御史中丞)、南阳(河南南阳)人杜周,调任司法部长(廷尉)。杜周外貌忠厚宽大,但内心苛刻,害人深入骨髓,大抵仿效张汤的办法。此时,诏狱特别多,部长郡长级高级官员(二千石)被逮捕囚禁,旧的去,新的来,始终维持一百人以上。司法部受理的,每年达一千余件。大案牵连逮捕的有数百人,小案牵连逮捕的也有数十人。远者从数千华里外,近者也有数百华里路程,把当事人押解到长安审讯。司法部所属监狱，跟首都其他官府所属监狱，全都装满，囚犯高达六七万人之多，而法官法吏利用口供牵引，更增加十万余囚犯。

“诏狱”一词，再次在《资治通鉴》出现。“诏”是皇帝命令，由于皇帝的命令而逮捕、而囚禁、而处决的行为，称为“诏狱”。这种案件中，法官的任务只是代不合法的行为穿上合法的外衣。韩信、彭越、晁错、主父偃、周勃、周亚夫，都是诏狱下的牺牲品。所以可以直截了当地说：诏狱就是冤狱。当最高统治者——不管他的名称叫什么，要惩处某一个人时，法官自会找出稀奇古怪的法律条款，诸如“地下谋反”“心理叛变”之类，使他们龙心大悦。

十六七万囚犯，是一个庞大数目，西汉王朝初期，长安人口不过五十万。十个人之中，就有三个人坐牢，其中埋藏着多少悲剧。太平盛世，尚且如此，战乱时代，人更不被当人。

刘彻

公元前108年，中国派往朝鲜的远征军内部不和，左将军荀彘合并杨仆军队后，即猛烈攻击。王险城（平壤市）不能支持，破在旦夕。朝鲜王国（卫氏朝鲜）宰相路人、韩阴、尼溪、参（姓不详），将军王唊（音jiá【颊】），弃职投奔中国军营。宰相尼溪、参（姓不详），派杀手刺死国王卫右渠，投降。王险城（平壤市）在混乱一阵后，大臣成已再恢复固守。荀彘派故王卫右渠的儿子卫长、宰相路人的儿子路最，前往宣告他们的人民，固守无益。王险城（平壤市）人民起而攻杀成已，朝鲜王国（卫氏朝鲜）遂亡。刘彻征召荀彘到长安，责备他“争功相嫉”，绑赴街市斩首。杨仆被控：率军先到列口（列水入海处。列水，今大同江），应等待荀彘共同推进，而竟擅自先行攻击，遭受惨重损失,也应斩首;但准缴纳赎金,贬作平民。

西汉政府攻击朝鲜王国(卫氏朝鲜),用现代眼光评估,乃是一种赤裸的侵略,但在公元前二世纪的当时,朝鲜王国跟南越王国、闽越王国,没有分别。每个国家都在扩张领土(朝鲜王国也并吞了临屯、真番),扩张的目的不在经济利益,而只求传播首领的威名。

刘彻处理这场战事的方式,显出一个统治者长期掌权后的乖张性格。远征军在万里外作灭国之战,竟然不设统帅,当然导致争端。刘彻应该自责,不应该责备两位将领意见不合。而杨仆所犯的错误最多,单独挑战,先吃了一个败仗,在吓破了胆之后,又企图用和平手段包揽全局。最严重的是,约定攻击日期,友军发动,而他却隔山观虎斗,幸亏朝鲜王国军力不强,否则荀彘岂不全军覆没?朝鲜于取胜后,曾是手下败将的杨仆海军,往何处逃生?

就已知的史料,看不出荀彘有什么不对。他的怀疑是正常的,任何人置身于屡屡失约的友军之旁,都会警觉到定有什么阴谋。即以逮捕杨仆而言,那是"持节"的使节所发号令,他虽然建议,但无权决定。决定的是使节,与他何干?即令有干,万里外灭国而还,血汗功劳俱在,何至绑赴街市斩首?李广利攻击大宛王国,罪恶满身,刘彻还念他万里征伐,不录其过(参考公元前 101 年),为什么独录荀彘的"过"?

荀彘的冤狱,是一个分水岭。刘彻的智力开始走向下坡,以后越来越昏庸凶暴,只凭一高兴或一不高兴,完全受自己情绪控制,被左右亲信的小人物拨弄于手心之上。容忍汲黯的美德,已不再现。所以接着是杀宰相、杀妻子、杀亲生儿女、夺取汗血马,一团黑暗血腥,除非他死,黑暗血腥不止。

吞并朝鲜

公元前108年，朝鲜王国（卫氏朝鲜）覆亡后，西汉政府在朝鲜王国（卫氏朝鲜）故地设置四郡：乐浪郡（朝鲜半岛平壤市）、临屯郡（朝鲜半岛江陵市）、玄菟郡（朝鲜半岛咸兴市）、真番郡（朝鲜半岛汉城市）。封参（姓不详）当澅清侯、韩阴当荻苴侯、王唊当平州侯、卫长当几侯，路最因老爹（路人）之死，建有大功，封涅阳侯。

朝鲜半岛上风俗之美，史不绝书，应无可置疑。但是仅凭六十条法律跟八条法律的悬殊，便证明"仁义圣贤的礼教，是多么可贵"，恐怕无法证明，而只能证明班固的思考力僵化。人口增加，生产工具进步，自会使社会层面加多，有些固然跟所谓的"心术"有关，有些却不然。地广人稀时，可以胡乱开垦，一旦人口增多，就得有法令禁止在山坡上种田，以免泥土流失。只有一种情形才可以使法律条文减少，那就是人口减少，等到一个城市只剩下一个人时，就可以不要一条法律了。

眼睛生在背后的崇古狂热，充满中国古书的字里行间。

诛杀五族

首都长安警备区司令（中尉）王温舒，被控奸诈图利，查证属实，诛杀全族，王温舒自杀。当时，他的两个弟弟，跟两个"亲家"（儿女成婚，家长互称"亲家"），以其他罪行，早已全族屠灭。宫廷禁卫官司令(光禄勋)徐自为叹息说:"可悲!古代有诛杀三族的酷刑,而王温舒却被诛杀五族。"

残忍的法官,是残忍的合法凶手,时代的和社会制度的产物。一个祥和的时代,跟一个尊重人权的文明社会,没有酷吏容身之地。有些人的性格虽然比较凶险,但在严格的规范下,可使凶险的程度降低。拥有无限权力的统治者,是酷吏之母,也是最大的酷吏。法国大革命时的"革命裁判所"、欧洲中世纪的"异教徒法庭",背后都拥有无限权力的统治者,他们必须被推翻或被克制,酷吏才会消灭。司法是政治的延伸,有什么样的政治,就有什么样的司法。有什么样的司法,就有什么样的法官。

所有酷吏,都没有好下场,主要的由于酷吏权力膨胀得太久之后,会忘了他自己是谁。终有一天,碰上特务手段扳不倒的对手。其次,等到民怨沸腾,可能逼出对酷吏之母反击时,酷吏之母就会借酷吏的人头,平息群愤。任何一项原因成熟之日,就是酷吏丧生之时。

人性有堕落的一面,卑劣的人格加上恰好手执风箱,火焰就会更炽。舆论的谴责,家属的哭诉,流血的杀戮,灭身灭家灭族的恐怖,酷吏都不会皱眉。要想使酷吏绝迹,只有铲除它的源头——拥有无限权力的统治者和允许暴行存在的社会制度。

历法改革

公元前103年,西汉王朝(首都长安【陕西西安】)牧丘侯(恬侯)宰相石庆逝世。

公元前103年,西汉政府开始采用夏王朝历法,把元旦定为正月一日。这个重大突破,已二千余年,直到今天(二十世纪八十年代),仍是一件大事。《通鉴》竟没有交代明白。翻阅去年(公元前104

年)关于制定历法的记载,只说刘彻下令公孙卿、壶遂、司马迁共同拟订西汉王朝太初历,却没有报导这项建议是不是批准,更没有报导实施日期。

这正是古史书的最大特征之一——说不清楚。有人抨击中国方块字只是一种诗的文字,因为它的精确细致度不高,无法作精密的陈述和说理,甚至不能描绘较深刻细致的感情。我承认如此,但我反对因此就认为中国方块字绝对无法使条理分明。因这是思考方式问题、运用文字功力问题和表达能力问题。把史书弄成一盆糨糊似的,不限于文言文和方块字,如果头脑没有条理,白话文和拼音字,也是一样。

汗血马

最初,李广利的西征兵团从敦煌郡(甘肃敦煌)出发,分为数个梯次,由南道北道,同时向大宛王国推进。指挥官(校尉)王申生率一千余人监视郁成城(乌兹别克斯坦安集延市东一百公里乌兹根城)。郁成王攻击,王申生全军覆没,只有几个人逃回,投奔大营。李广利命粮食总监(搜粟都尉)上官桀,攻击郁成城,郁成王大败,逃往康居王国(首都卑阗城【中亚细亚巴尔喀什湖西南锡尔河北岸突厥斯坦 Turkestan】)。上官桀尾追到康居,康居王国知道大宛王国的命运,不愿跟中国作对,遂把郁成王逮捕,送给上官桀。上官桀派四位骑兵军官,押解郁成王前往西征兵团统帅部,骑兵军官之一的上邽(甘肃天水)人赵弟,恐怕中途有人劫囚,挥剑砍下郁成王的人头,追上大军。

西征大宛,是一场不名誉的战争,中国先后伤亡十余万人,目的只不过为了几十匹汗血马。汗血马来到中国后,就像被地球吞没了似的,再没有消息,以后也再没有听说过西域或其他地方有这种宝马。可能这种马被过度地夸张,刘彻到手之后,发现跟中国原有的马,并没有太大分别,但又死要面子,不肯承认自己是个冤大头,只好闭口不提,使人们日久淡忘。也可能大宛王国鉴于汗血马是灾祸之源,为了避免无穷的后患,早就把它杀光,像传说中的大象在危急时,自动把长牙折断一样。交给中国的,本来就是中等货色。

李延年

匈奴丁零王卫律,原是居住中国长水(水名,在今陕西蓝田西北)的匈奴人,和音乐总监(协律都尉)李延年,是至好朋友,李延年推荐卫律出使匈奴,一切都一帆风顺。可是,卫律回国后,正遇上李延年被杀,卫律大为恐慌,逃回匈奴。匈奴对他甚为宠爱,封他王爵。

公元前100年,西汉政府派皇家警卫指挥官(中郎将)苏武,率使节团出使匈奴,谋求和平,副使节张胜与卫律部属,准备发动突击,射杀卫律,并掳单于的娘亲皇太后(阏氏)投奔中国。

李延年的妹妹李夫人,是一位传奇美女,临危不乱。她正被刘彻爱到沸点时,一病不起。刘彻亲自探望她(在皇宫中,皇帝四周美女如云,而竟往探望一个患病的姬妾,证明李女士有非凡之处),希望见最后一面。但李夫人用被子把头蒙住,坚决拒绝,只拜托看顾她的哥哥李延年。刘彻满口答应,但仍要求一见,李夫人被逼不过,就哭泣不止,刘彻大不高兴,怏怏而去。其他小老婆埋怨她惹老家伙生气,李夫人说:“用漂亮的容貌博取宠爱,一旦容貌衰老,宠爱也自然消失。皇上爱我,是爱我漂亮的容貌。我久病之后,已非昔日,一旦发现我原来是个黄脸婆,便万事都休。现在他虽然一时不高兴,可是在他印象中,我仍如花似玉,他会念念不忘,照顾我的家人。”

李夫人虽年纪轻轻,阅历不多,可是这几句话,却击中天下男人的要害。果然,刘彻擢升李延年当部长级的音乐总监(二千石)。然而,当花容月貌在印象中也消失的时候,前情同样捐弃。李延年显然不了解宫廷之中,只有权势,没有道义,只有肉欲,没有爱情,仍然放肆如初。最后跟他的弟兄,仍被刘彻处死,使我们扼腕徘徊,不能自已。

割屌皇帝

公元前99年,中国大举攻击匈奴,大将李陵投降匈奴,刘彻怒不可遏,政府官员遂异口同声,责备李陵。刘彻询问天文台长(太史令)司马迁的意见,司马迁说:"李陵对父母孝顺,待士兵有恩信。常奋不顾身,赴国家急难,平日的思想作为,有国士的风范。如今不幸在一次战役中失败,那些住在安全地方,拥妻抱子的官员,不思量战场艰苦,反而落井下石,捏造构陷,使人痛心。李陵率领不满五千人的步兵,深入匈奴汗国心脏,对抗数万强敌。匈奴救死扶伤都来不及,动员全国武装部队,大举围攻。李陵部队转战千里,箭尽路绝,战士们赤手空拳,冒着刀锋,仍苦苦搏斗。得到部下如此效忠,即令古代名将,不能超过。现在,身虽陷敌,然而他给予敌人的创伤,仍足以激励天下。我的看法是,李陵所以不死,并不是真的投降,而是等待适当时机,报效国家。"这项意料之外的回答,使刘彻大怒若狂,认为司马迁诈欺诬罔,企图阻挠贰师兵团,而给李陵做游说工作。于是,逮捕司马迁,判处腐刑(即宫刑,割掉生殖器)。很久之后,刘彻才后悔李陵兵团是一支孤军,没有救援,说:"应该在李陵出发后,再下令路博德接应。我却预先颁下诏书,使老家伙(路博德)羞与为伍,使用诈术。"这才派人赏赐逃回来的李陵残军。

班固曰:“司马迁据《左氏春秋》《国语》,采取《世本》《战国策》,接续以后的事,叙述西楚王国跟汉王国战争,直到西汉王朝。他对秦王朝、西汉王朝的历史,撰写很是详尽。但是他的史料,有的来自经,有的来自传,把事情分散,而有很多疏忽省略,甚至还互相抵触矛盾。看起来他涉猎广泛,学问渊博,把散开的经、传贯穿起来,驰骋古今,上下数千年,也可以说十分用心。不过,他所定的是非标准,非常荒谬,跟圣人并不一致。评论天下大事,司马迁先赞扬黄老(道家学派),然后才赞扬儒家学派的六种经书。推崇游侠,而忽略了隐居不当官的儒家学者,使奸雄得到鼓励。重视社会经济(《史记》有《货殖传》),去讲求利禄,使人认为贫贱是一种羞辱。这是他的缺点。然而,刘向、扬雄学问渊博,一致赞扬司马迁是良史之才,佩服他条理分明,朴实而不虚华,文雅而不鄙俚。文章率真,史迹坚实,不作虚伪的歌颂,不隐藏罪恶。所以,可以称之为实录。可是,以司马迁的闻博见广,却不知道保全自己。既然已经陷于极刑,发愤著作,《报任安书》上的话,也可以相信。可看出他之所以自怨自艾,不过《诗经·小雅》、宦官之流的哀怨(《诗经》在性质上有“大雅”“小雅”之分,但并没有明确的界限,也没有明确的定义。大概是:“大雅”涉及到天地、宇宙、国家、战争。“小雅”多是个人的感伤、述怀),而只有《大雅》,十分明哲,才能保身,可是司马迁却办不到。”

王夫之曰:“司马迁挟着私心,完成《史记》。班固讥刺他不忠,十分恰当。李陵之降敌,罪状昭著,无法掩饰。如果说他孤军抵抗匈奴,而他率步兵五千人出塞,是李陵自己炫耀他的勇敢,并不是刘彻命令,使他不能推辞。李陵全族被诛杀,却嫁祸给李绪(参考公元前97年)。等到后来李广利远征匈奴,李陵率三万余骑兵追击,转战九日,难道也是李绪干的?如果说李陵被单于控制,不得不被驱使,难道匈奴除了李陵,便没有可以任用的大将?如果李陵有模棱两可之心,匈奴如何能交给他重兵,使他深入中国疆土,而跟中国军队对抗?司马迁替李陵遮盖过失,唯恐怕遮盖不住,并对李陵祖父李广赞不绝口,褒扬他们世代勋业。司马迁那种背弃公义,图利于死党的话,怎么可以相信?"

刘彻本来希望用李陵的性命,作为他皇冠上的荣耀,所以一听说李陵被俘,便大失所望,恼羞成怒。既已肯定李陵有罪,又何必再询问司马迁的意见?司马迁的回答,如果不对,可以不听,可以斥责,可以逐出政府,何至诛杀?更何至刁钻恶毒,指定割掉生殖器?西汉政府法律三百五十九种,死罪四百零九项,判例一万三千四百七十二条,不知道用什么理由,选择腐刑。有人说刘彻爱司马迁的才华,才减死一等。司马迁的罪不至死,而减死一等,还有鞭打,又为什么非腐刑不可。唯一的解释是,刘彻喜欢这个调调,称之为"屌帝"或"割屌皇帝",应是最恰当的绰号,尤其他用违背诚信的残酷手段,对待一个手无寸铁的文化人,而罪状又不过是一句话没有称他的心、如他的意。

班固之论司马迁,首先是抨击他提倡游侠,注意社会经济,远离圣人之道。而所谓圣人,都是儒家学派的高级知识分子,可看出儒家思想定于一尊后的遗毒——完全剥夺人们的独立思考能力和想象能力,只要超过"圣人"的圈圈,就有文化打手,愤然出拳。其次是讥刺司马迁智慧不高,不足以明哲保身,并由司马迁之不能明哲保身,证明他的《史记》不过是宦官们的自悲自怜的作品。这种逻辑,不但不知所云,还包含一种轻佻。班固写这篇文章时,正是他依靠财势双全的皇亲国戚窦宪先生,大红大紫之际,显然认为他的明哲,已使他觅得了安全保证,万无一失。想不到窦宪霎时间被捕,冰山倒塌(参考92年),班固在监狱里被执行死刑。依照他自己的推理,他的"明哲"可是更差,他的《汉书》又算什么东西?

王夫之的见识,较之班固,更等而下之。王夫之指出班固讥司马迁不忠,但班固在上述的评论中,并没有此项讥讽。王夫之指控李陵嫁祸于李绪,这种说法,可谓恶毒。李陵已全族被屠,有何祸可嫁?至于李陵追击李广利兵团,那是在全族被屠之后,和西汉王朝已恩断义绝。儒家学派祖师爷孔丘的《春秋》大义,九世复仇都可以(参考公元前101年),为什么李陵被认为例外?司马迁跟李陵不过相识而已，只因说了几句皇帝听了大怒的话，一千八百年后的王夫之，立刻发明司马迁跟李陵竟是“死党”。在王夫之看来，佐拉跟德雷福斯，孙观汉跟柏杨，更是“死党”无疑。一个以正直自命的人，心灵却如此龌龊。

古人云：“不知其人观其友。”事实上不知其人也可以观其敌。班固不过一个窦家班的马屁虫，才说《史记》有背圣人。王夫之不过一个传统腐儒，目光短小，冥顽不灵。然而，最妙的还有一位王允先生，这位脑筋像一盆糨糊，激起兵变，一发而使东汉王朝不可收拾的酱缸蛆，却称《史记》是一部谤书(参考192年4月)，更使我们喷饭。

然而，无论赞扬司马迁也好，攻击司马迁也好，却没有人检讨屌帝刘彻的兽行。这涉及到基本人权。性心理学专家尤其应该研究研究刘彻变态程度，使这个老流氓，无所遁形。

暴政产生盗匪

刘彻用严厉的法令，控制全国，特别喜爱酷吏。各郡郡长、各封国宰相，以及各封国首府警备区司令(二千石为治者)，大多数都残暴无情，而小吏和人民犯法的却越来越多。东方(函谷关以东)各地，盗贼蜂起，大的成群结队，多达数千人，攻打城市，夺取军械库的兵器，救出监牢里的死囚，逮捕郡长、民兵司令(都尉)，杀戮高级官员；小的也集结数百人，劫掠乡村行旅，以致路断人绝。刘彻采取更严厉的手段镇压，命总监察官(御史中丞)、宰相府秘书长(长史)，负责监督，但无法禁止。于是派遣特级国务官(光禄大夫)范昆、曾任部长(九卿)的张德等，当“绣衣戒严官”，“持节”，携带虎符，到各郡各封国，调发正规军征剿。面积大一点的郡，能一次诛杀一万余人；加上供给匪徒饮食的跟连坐的普通人民，纵是面积小一点的郡，也诛杀数千人。

几年之后，有时也逮捕到变民的领袖。然而，正规军逃亡的散兵游勇，跟残余的或新起的变民结合，重又占山为盗，聚集在一起，政府也无可奈何。刘彻仍认为法令不够严苛，于是，颁布"沉命法"："有了盗贼，官员没有发觉，或虽然发觉，逮捕的盗贼人数不成比例的，上自郡长、民兵司令、封国首府警备区司令（都是二千石）；下到最低最小的小吏，以及跟治安有关的官员，一律处死。"结果是，小吏们恐惧处死，地方上虽然有盗贼，也不敢承认，唯恐怕呈报了上级之后，不能捕获，连累郡政府高级官员，郡政府官员也盼望小吏们不提出报告。于是，盗贼一天比一天增多，上下互相掩饰，靠着虚伪的公文来往，逃避法网。

全国到此，已陷混乱，原因只有一个："官逼民反"，由于官吏的贪污残暴和无情的冤狱，使人哭天无泪，面临抗暴或死亡的选择。压力只能使表面平静，暴政不除，混乱不止。纯靠压力已是愚不可及，再发明"沉命法"，统治者的头脑有时候真是狗屎做的，又多一例证。狗屎头脑的思考方式是单线的一厢情愿，用杀戮来督促官吏肃清盗贼，却没有想到反使盗贼更多，而且更为公开。

消灭变民的唯一方法是政治清廉和司法公平，不能纯靠杀戮。

巫 蛊

公元前96年，西汉王朝（首都长安【陕西西安】）因杅将军公孙敖的妻子，被控"巫蛊"，西汉帝（七任武帝）刘彻（本年六十一岁）下令腰斩公孙敖，屠杀全族。

这是"巫蛊"在《资治通鉴》第一次出现，紧接着是一连串屠杀。

用现代眼光来看,“巫蛊”使人失笑,但我们不能笑,因为它充满血腥。我们也不应笑,只要是专制独裁制度,一定会有“巫蛊”——每个时代有每个时代特有的“巫蛊”。

进了疯人院

刘彻的皇太子刘据发动兵变,兵变失败逃亡,向东逃到湖县(河南灵宝西),躲藏在泉鸠里。主人贫穷,靠织卖草鞋供养刘据。刘据有一位旧部属,也住在湖县,听说他很富有,派人向他借贷。于是,消息走漏。地方官员包围刘据居处。刘据了解不能逃生,就回到房间,紧闭房门,自缢而死。

山阳(河南焦作)男子张富昌,当时正是法警,用力踹开房门。新安(河南渑池东)小吏(令史)李寿,抢先把刘据抱住解下。主人在保护刘据的格斗中被杀。皇孙二人,同时遇害。刘彻伤感,封李寿当邘(邘,音 yú【于】)侯、张富昌当题侯。

最初,刘彻给刘据建立博望苑,教他招揽宾客,顺从他的喜爱。而宾客中,很多都不是正统的儒家学派出身。

司马光曰:“古代圣明的君王,教养太子,一定遴选方正、善良、敦厚的人士,作他的师傅、朋友,使他们生活在一起。这样的话,前后左右,都是正人君子,出入起居,都是正道。而仍然有可能走入左道旁门,身陷灾难,终于失败。而今,竟然叫太子自己物色宾客朋友,顺从他的喜爱。盖正直的人,关系难以亲密;谄媚的人,感情容易融洽。这是人之常情,无怪乎刘据没有好结果。”

班固曰:“巫蛊引起的灾难,十分可哀。但这并不是江充一个人的罪恶,而是天意,不是人力造成。公元前 135 年,蚩尤星(孛星)出现,尾巴特长,横扫天际(参考公元前 135 年),以后遂出兵征讨四方蛮族，兴筑朔方城（内蒙古杭锦旗北黄河南岸）。当年春天，刘据诞生（刘据生于公元前128年，班固有误）。从此，战争三十年，大军所到之处，诛戮屠杀，灭族身死的，不可数计。等到巫蛊事件爆发，京师喋血，僵尸数万。刘据跟他的儿子，全都败坏。明显的是，刘据生于大军初起，死于战争稍息，同始同终。一个奸佞的江充，岂有这种力量？嬴政在位三十九年（应为三十八年），对内削平六国，对外攻击四邻蛮族部落，死亡的人，其多如麻。尸首暴露在长城之下，骷髅相连在道路之中，简直没有一天没有战争。因为这个原因，山东（崤山之东）发生暴动，国家崩溃，共同指向秦王朝政权。外部，秦王朝将领们纷纷叛变；内部，奸臣贼子扰乱根本。灾祸起于萧墙之下，二世皇帝嬴胡亥，终于断送政权。所以说：'战争如同大火，如果不把它扑灭，必然把自己烧死。'确实如此。仓颉制造方块字，'止''戈'合成'武'字，就是圣人明示，应该用'武'来镇压暴力，平定祸乱，阻止战争，并不是用'武'来做残暴的事，为所欲为。《易经》说：'得到天的帮助，一定顺利。得到人的帮助，一定荣耀。正人君子享荣耀而事业顺利，是上帝保佑。大吉大利，通行无阻。'后来，田千秋指出巫蛊内幕，揭示刘据冤枉。田千秋的智慧，未必超过常人。只因他消除邪恶的命运，遏阻混乱的根源，因灾难刺激，而兴起新的盼望，引导为善，所以得到天人同时的帮助（田千秋事，参考公元前90年）。"

父逼子反，是人生一大悲剧，也是做父亲的一大恶行。传统上有句话："天下无不是的父母！"对这句话，必须予以严正批判，因天下绝对有禽兽型的父母。虽然这种父母为数不多，但有一个就已经够了。而迄今（公元前91年）为止，西汉王朝就出现了两个，一个是刘启逼死亲生之子刘荣（参考公元前148年），一个就是刘彻逼死亲生之子刘据。

根据已知的资料，刘彻并没有更换太子之意，尧母门也者，不过是老年生子，一时高兴，不能认为有"易储"含意。摇尾分子崇拜权势，掌权人物偶尔一屁，都能在其中找出哲学意义，遇到尧母门，自然会去发掘微言。江充更不过一个自以为聪明绝顶的玩命之徒，为了升官发财,急吼吼地不惜攻击坚壁。我们可以想到,当时也会有人(包括宰相刘屈氂在内)为别的皇子抬轿,教唆江充行动。刘据杀了江充,而老爹仍可容忍,并代为解释,可看出根本无“易储”的计划。搜索皇宫,也没有借以陷害老妻和长子的企图。

问题症结在于失去沟通管道,当初刘邦也犯过这种毛病,然而樊哙却可硬闯宫禁(参考公元前 196 年),因刘邦盘据高位的时间不久,老伙伴的友情仍在。如今刘彻像一条冬眠的毒蛇,自闭在戒备森严的洞穴之中,连妻子儿女都不能见,能见的只有他的新欢,如赵钩弋,以及最亲信的宦官如苏文。而一个掌握权力的人,事实上不能自我封闭,他必须发号施令,如果他非自我封闭不可的话——不管什么原因,他就一定变成左右一些地位卑微的人的工具。看起来他仍然虎虎生风,实际上却被玩弄于手掌之上。试看刘彻,这位威不可当的世界上最高的帝王,苏文叫他跳脚他就得跳脚,另一位派去召唤太子的“使者”,叫他冒火他就得冒火。好像一个本来不要斗的斗鸡,在拨弄之下,张翅引颈,奋不顾身。我们敢推测,那位“使者”如果能见到刘据,把老爹的反应见告,事情可能不再恶化。刘据虽是太子,但基本的求生意念,跟小民一样,一旦投诉无门,不是屈服,便是背叛。

司马光把所有责任,都扣到刘据头上,好像《资治通鉴》不是司马光写的,而他又没有看过似的。史料上明白显示出刘据的美德,那正是儒家学派所歌颂的最高美德。刘据结交宾客朋友的结果,竟然培养出来他这么高境界的美德,难道还不够?不知道司马光还要求刘据更神化到什么程度?如果说起兵反抗是不对的话,提出建议的人可是儒家学派的教师,不是门客宾朋。即令刘据每天自囚在家里,难道就可阻挡“巫蛊”?就可阻挡老爹不梦见木偶?就可阻挡江充搜宫?就可阻挡奸细不事先把木偶埋到地下?为什么检讨的结论总是“被迫害的该死,因为他引起有权大爷的迫害!”为什么不能提高质疑层次:有权大爷为什么迫害?原因何在?病源何在?

然而,在儒家系统中,司马光仍是第一流人才,《汉书》作者班固,就更神秘莫测,一个“此乃天意,非人力也”酱缸公式,突然冒出。

既是上天注定的,凶手就有福了,暴君暴官更有福了。他们没有责任,责任在于上帝。文中拉扯到嬴政,甚至拉扯到中国方块字的构造,最后又拉扯到田千秋。虽然田千秋上奏章给皇帝,是一种"人力",但那也是上天的旨意。我们就好像进了疯人院,处处都听到呓语。

李广利

公元前90年,西汉王朝巫蛊恐怖已臻巅峰,告密者都有收获。就在这时,宫廷供应部(少府)所属的内务官(内者令)郭穰,告密说:"宰相(刘屈氂)夫人诅咒皇上,又跟李广利共同祈祷神灵,打算拥护刘髆坐上宝座。"刘彻下令追查,果有其事,定罪"大逆不道"。逮捕刘屈氂,绑到运送猪羊的厨车上,在长安城游街示众,拉到东城街头,拖下腰斩。宰相夫人被载到繁华的华阳街(华阳街是长安八街之一),斩首。接着逮捕李广利的妻子跟家人。李广利在千里外的战场上接到报告,忧愁惊恐,手足失措。一位为了逃罪而从军的秘书(掾)胡亚夫,向他建议:"你的夫人和全家老幼,都被羁押监狱,形势很明显,如果你回去,稍微不称领袖的心,可是自己投进牢笼。那时候,郅居水以北,岂能再见?"李广利虽然有点动心,但他仍希望更深入匈奴汗国心脏地带,取得一项辉煌胜利,建立功勋,则刘彻或许有可能饶他不死。于是前进到郅居水(蒙古色楞格河)畔,而匈奴辎重跟大军,早已渡过郅居水,向北继续撤退。李广利命大军保护官(护军)率二万人骑兵渡郅居水,跟匈奴汗国左贤王、东部兵团司令(左大将)的二万骑兵遭遇,血战一日,斩东部兵团司令,匈奴死伤甚重。这是一个有利的形势,然而秘书长(姓名不详),跟决眭(音suī【虽】)民兵司令煇渠侯雷电(匈奴裔)商量说:"李将军已怀二心,却想把我们置于危险之地,以求建立自己的战绩,恐怕一定失败。”企图逮捕李广利,押回长安。李广利得到消息,知道军心已经动摇,无法再向北挺进,遂即诛杀秘书长(长史),率军班师。

大军撤退到燕然山(蒙古杭爱山),匈奴单于(十任)栾提狐鹿姑发现中国军队疲惫混乱,形色有异,于是亲统五万人骑兵拦击,双方军队死伤都很惨重。入夜,匈奴绕过中国军队,在退路上挖掘壕沟,深达数尺,然后从背后发动猛烈攻击,中国军队大败,溃散。李广利绝望,向匈奴投降。栾提狐鹿姑素来听说李广利的威名,不禁大喜,把女儿嫁给他,尊崇他的地位,在卫律之上。刘彻下令诛杀李广利全族。

刘彻晚年,“巫蛊”成为一颗极为敏感的政治毒牙,碰到它立刻丧生,而且是全族丧生。厄运既已抓住李广利,他便不能脱逃。

唯一的生机是在战场上建立奇功,可是消息已经走露,一个立刻就会被处决的统帅,已不再有威信,无法作有效攻击;秘书长的反应,在情理之中。李广利应该把噩耗封锁,然后军心才可不乱,才有进击的能力。可是他靠着裙带关系掌握权柄,正常情形下,耀武扬威有余,一旦变生肘腋,就束手无策。这需要独断独行,一经跟人商量,便难保不泄。而且显然的,他没有结交到死士,而只靠普通的军令系统。这也是刘彻在他身率大军,而仍敢对他下手的原因。

然而,即令他身建奇功,甚至生擒单于,我们也不认为刘彻会饶他一死。破敌国,擒敌酋,只是对国家的贡献。在“巫蛊”中,却是皇帝生命受到威胁。相较之下,自己生命重要,国家算什么?悲剧已经注定,无可挽回。

思子宫

刘彻在位末年，民间巫蛊事件不断发生，互相控告，调查结果，差不多都是诬陷。而刘彻也逐渐了解太子刘据的心情：因过度恐惧而作出过度反应，并没有反抗老爹之意。怜念刘据冤枉无辜，遂在湖县（河南灵宝西）兴筑思子宫，建归来望思台。天下人同感悲哀。

刘彻悲思刘据，是父子常情，证明他的天良，还没有完全泯灭。但既已后悔，怜念儿子，为什么不怜念曾孙？曾孙也是骨肉，却仍囚禁在暗无天日的诏狱之中（参考公元前74年6月），为什么不释放出来，留在身边？不但不如此，反而下令把监狱中凡牵涉到"巫蛊"案件的囚犯，无论有罪无罪，无论定罪与否，全部诛杀。如果不是一位不知道明哲保身的侠义之士丙吉先生，从中阻挠，小小婴儿，早被一刀两断。刘彻之筑思子宫，建归来望思台，只不过一场戏台秀，显示他并不是一个恶父，用以混淆天下人的耳目。

"三王""三代"

自公元前89年起，刘彻封田千秋当富民侯，是明白宣示：全民要在太平日子中休养，含有"思富""养民"意义。又任命赵过当粮食总监（搜粟都尉）；赵过是农业专家，推行轮耕（在同一块土地上，轮流栽种不同的农作物，如这次种小麦，下次种大豆），并改良犁耙锄头，使用更为轻巧方便，用来推广，农民费的力气少而收获多，一片欢欣。

司马光曰:"世界上果然不是没有人才,刘彻喜爱向四境蛮族发动军事攻击,政府中充满冒险敢死人物,开疆拓土,没有一件事不如意。等到后来,休养生息,注意农业生产,赵过等人出现,教导农家耕耘,人民得到很大利益。前后都是一个君王,因为兴趣的转移,人才也跟着转移。假如刘彻兼具三王(夏一任帝姒文命、商一任帝子天乙、周一任王姬发)的度量,复兴夏王朝、商王朝、周王朝的太平盛世,难道说就没有三个王朝时代的辅佐官员?"

儒家崇古若狂,总是不断地提出"三王""三代",使人心惊肉跳。就在夏王朝,中国发生空前的旱灾、水灾,篡弑频仍,人民水深火热。而在商王朝,被不断泛滥的洪水,把政府赶得不停逃跑(六迁其都),人民流离失所。最后的周王朝,有一半时间(东周),陷于孟轲所形容的:"争城之战,杀人盈城;争野之战,杀人盈野。"

"三王""三代"并不是中国最坏的王朝(中国最坏的王朝是明王朝),但也不是中国最好的王朝;中国最好的王朝有三个,用时间的顺序排列是:西汉王朝、唐王朝、清王朝。然而,狂热能使人两眼发黑、双耳变聋,满口梦话,却勇不可当。刘彻有他可以谴责之处,但绝不是赶不上"三王""三代"。反而,人民应该感激上苍,刘彻幸而没有赶上"三王""三代",否则,痛苦和灾难,可来得更惨。

马何罗行刺

宫廷随从执行官(侍中仆射)马何罗,跟江充友善。后来太子刘据斩江充起兵,马何罗的老弟马通,竭力死战,封重合侯。不久,刘彻下令诛杀江充全族和江充的党羽。马何罗兄弟恐惧终会株连到自己,阴谋采取行动。担任宫廷随从(侍中)的御马总监(驸马都尉)金日磾(音 dī【滴】),发现二人的神色有点异样,心里怀疑,暗中注意二人动静,跟他们一块进出。马何罗也警觉到金日磾已有戒备,所以一直不敢发动。正好一天,刘彻前往林光宫(即甘泉宫,陕西淳化西北)。金日磾因患小病,在值班室小卧休息。马何罗、马通,跟小弟马安成,假传圣旨,趁夜出宫,击斩军械库官员,取得武器。第二天一早,刘彻还没有起床,马何罗已闯进寝殿。金日磾恰巧到厕所,心中怦然而动,觉得有点不对劲,立即转向寝殿,坐在刘彻卧室门口。刹那间,马何罗身藏利刃,从东厢房进入,看见金日磾,吃了一惊,但仍直奔卧室,就要进门。大概过度紧张,身子撞到门旁放的乐器宝瑟上,卡在那里。金日磾跳上去拦腰抱住,大声呼叫:"马何罗行刺!"刘彻被呼叫声惊醒,急忙跳起来。左右侍卫拔刀,就要格杀马何罗。刘彻怕伤到金日磾,吩咐不要动手。金日磾把马何罗摔倒到殿下,侍卫上前把他生擒,用绳索绑住。经过严厉追究,全体伏诛。

马何罗之谋刺刘彻,是一桩疑案。如果仅因为恐惧家族被屠,才去行凶,应该了解,即令谋刺成功,家族也会被屠。一帝死,一帝立,他们阴谋中并没有另立一帝的计划,又没有全族逃亡的可能,结果可以预卜。马氏兄弟,不是白痴,为什么如此?我们不知道隐情,但推断必有隐情,而且是使政府不敢公开的隐情。

刘彻之死

公元前 87 年,刘彻在五柞宫(陕西周至境内)逝世(七十岁)。

评估一个简单的历史人物容易,评估一个错综复杂,而又活得够久的历史人物困难。对刘彻,就是如此。他在历史舞台上,演出七十年,扮演的角色太多,而所作决定的后果,又影响太大。其中至少有下列二项,直到两千年后的今天,仍跟每一个中国人骨肉相连。历史上只有少数首领,能深远到如此程度。

第一是儒家学派定于一尊,用政治力量排斥其他学派和学说。任何一种思想,即令是最可敬的思想,只要定于一尊,就会变得可厌。儒家学派定于一尊之日,也就是中国灿烂辉煌的时代,开始沉淀为酱缸之时。随着封建极权的发展,和因科举制度而又出现官场文化,更使酱缸深不可测。罗马帝国要到四世纪八十年代,基督教才开始定于一尊。中国比西方早六百年实施思想控制,所以当西方已从基督教枷锁中挣脱之后,中国还在酱缸中欲振乏力。决定这项政策时,刘彻虽然才十七岁,而且刚刚即位,但是,这件事却在他在位期间发生。

第二是领土扩张,使中国的疆域倍增。在安土重迁的农业社会,跟崇古畏战的儒家系统当权两种条件之下,疆域不丧失已算幸运的了,根本不可能扩张。而中国疆域在公元前一世纪竟然扩张到两倍以上,使中国原始的国土广达五百万方公里,原因在于那时中国有一位雄才大略、意志坚决的领袖刘彻,完成一项千古英雄功业。罗马帝国的扩张,历时数百年,正是所谓"罗马不是一天造成的",而中华帝国这个庞然大物的本土部分,却几乎由刘彻一手完成。他所扩张的疆域,以后很少变动(直到十八世纪清王朝,中国领土才再作两倍以上的扩张,构成二十世纪中国的疆域)。在这方面,刘彻不只是一个普通帝王,还是一个英雄人物。

不过,如果就人权立场,刘彻却是一个不折不扣的暴君。把中国所有帝王集中在一起审判,刘彻只能算是丙级罪犯,比嬴政的罪恶固然要重,但比他更凶恶的君王,却举目皆是;那些更凶恶的君王,将在《资治通鉴》上逐渐登场。我们当然不会因为刘彻凶恶的程度较低而原谅他,但检讨他的很多乖张措施,应归咎于他在位的时间太长。权力不但使人骄傲腐败,也使人冥顽痴呆,时间越久,越记不得自己是谁。一个小人物,尚且如此,何况拥有无限权力的大大头目?历史上在位太久的君王不多,诸如孙权、萧衍、拓跋珪、杨坚、李治、李隆基、朱元璋等等,不论当初多么聪明,最后总是虎头蛇尾,作恶多端,给人民带来无限的痛苦。刘彻十六岁坐上宝座,七十岁死亡,掌握权力五十五年之久,他如果早死二十年或三十年,就不会暴露他专割人屌的畸形心理,不会发生司马迁事件,不会有什么杀人千万的"巫蛊"。只有民主制度不断改换当权派,才能拯救这种灾难。而在那个时代,刘彻的表现,还算中国历史上最好的,他固想到自己的荣耀,也想到国家的荣耀,还能掌握主动,拒绝轮台继续屯田,在刹车还不太迟的时候,总算有智慧也有能力刹车,使他对国家做出的贡献,得以永垂万世。

真假太子

公元前 82 年,有一个男子,乘坐黄毛小牛犊驾的车子,到未央宫北门(未央宫正门向南,但呈递奏章,或官员们请求面见皇帝时,都在北门),声称他是前任太子刘据。宫门接待官(公车)大吃一惊,急忙奏报刘弗陵(事实上是报告霍光等三摄政)。刘弗陵下诏,命三公、将军跟部长级(中二千石)官员,共同辨识。首都长安人民得到消息,蜂拥而至,聚集好几万人。右将军率军在宫门外武装戒备,防备突发事件。宰相、最高监察长、部长级官员,面对自称是刘据的男子,谁都不敢发言。首都长安特别市长(京兆尹)隽不疑最后赶到,立刻下令逮捕。有人警告他:"是不是真的前任太子,还不敢确定,应该弄明白再说。"隽不疑说:"你们为什么担心他是前任太子?从前卫蒯聩违背老爹,私自出走,他的儿子卫辄就拒绝他回国。这种立场,连《春秋》都赞扬。前任太子刘据,得罪先帝(刘彻),逃亡在外,即令还没有死,今天不过前来自首,只是一个罪犯而已。"遂押送诏狱。刘弗陵以及全国最高统帅(大将军)霍光,听到报告后,嘉许隽不疑说:"高级官员应该任用深通儒家五经、明白大道理的人。"由于这件事,隽不疑的名声,在政府中极受尊重。其他身居高位的人,都自以为不如。司法部(廷尉)查证该男子的来龙去脉,真相大白。原来他是夏阳(陕西韩城)人,姓成,名方遂,在湖县(河南灵宝西)当一名算卦先生。前任太子刘据的一位禁卫官(舍人),曾请他算过卦,对他说:"你的相貌很像太子刘据!"成方遂相信这句话,希望取得富贵。于是被控"诬罔不道",腰斩。

我们相信司法部(廷尉)这项调查,刘据自杀时,已三十八岁,而且有了孙儿,他的亲属以及朋友臣僚关系,再加上对宫廷环境的熟悉,都不是一个外人可蒙混过去的,一下子就可盘问出马脚。虽然,利令智昏,天下也可能有的是这种妄人。不过,问题是,如果他真是刘据,结局会不会如此?有人认为他将被接回宫廷,恢复供养。我们却认为,结局恐怕也会跟史书上显示的一模一样。因他出现而造成的利益集团的困局,必须把他铲除,才能解决。对刘据而言,只有一死,这就是政治。

《盐铁论》

西汉政府决定采纳"贤良""文学"之士的建议,下令废除全国酒类专卖,撤销关内(函谷关以西)铁器专卖。刘彻(七任武帝)末年,国家财力人力,都有严重消耗,全国户口,减少一半。霍光了解政治上的困境,所以减少差役和赋税,使人民能够喘息休养。霍光还主张跟匈奴和解,使和平再现,人民生活得以充实。逐渐恢复刘恒(五任文帝)、刘启(六任景帝)时代的社会景观。

中国有史以来第一次关于财经政策的大辩论,就发生在本年(前81),《资治通鉴》却只字不提,只贸贸然提到撤销全国酒专卖及关内铁器专卖,好像根本没有其他什么重要事件,使人遗憾。大辩论的会场上，由宰相田千秋、最高监察长（御史大夫）桑弘羊，跟他们的助手，坐在上座。由来自首都长安跟附近地区，以及全国各郡国推荐的八位"贤良"人士，与同样由全国各郡国推荐的儒家高级知识分子（文学）五十余人，坐在下面两边（这种坐法，跟现代一般会议情形相似，成一个U字形）。而在角落里，则坐着政府官员，担任记录。会议共举行了两次。之后，官做到庐江郡（安徽庐江）郡政府主任秘书（丞）的桓宽先生，把全部记录，正反两方面的意见，整理集合在一起，定名《盐铁论》，成为中国有史以来第一部专门探讨政治经济的巨著，较之亚当·斯密的《国富论》，要早一千八百年。桓宽本人属于儒家，他当然偏袒属于儒家的一方，但仍可看出当时桑弘羊所以坚持，有他充分的理由。

桑弘羊站在政府立场，要求开辟财源，要求击溃匈奴，要求严刑峻法。而"贤良"和儒家学派高级知识分子，因为来自民间，深刻了解人民的痛苦，所以要求自由经济，要求不要再发动战争，要求制止刑罚的残酷跟泛滥。针锋相对的结果，政府只作稍稍的、不关痛痒的让步，那就是废除酒的专卖，和关内（函谷关以西）一个小地区的铁器专卖。而整个国家的经济政策，并没有改变。就在桑弘羊死后，也没有改变。但我们却可从《盐铁论》，看出当时人民的悲惨。在辩论结束时，一位没有记载姓名的"贤良"，有一段控诉的话，使人感受最深，他说：

"每天舒舒服服到床上呼呼大睡的有钱人，不会了解每天筹不到钱还债，付不出官吏要收缴赋税的人的忧愁。穿着高贵丝料和高贵鞋袜，吃白米吃鱼肉的人，不能了解粗布单衣的寒冷和糠皮粗饭的难以下咽。耳朵听着美妙音乐，眼睛看着小丑表演娱乐的人，不会了解冒着像雨一样的箭矢，在战场上跟敌人厮杀的危险。坐在窗明几净的桌旁，挥动笔杆，玩弄法律，判决诉讼胜负的人，不会了解手铐脚镣的痛苦和苦刑拷打的残忍。"

这两场大辩论，为我们留下很多启示，那就是解除人民的痛苦，不能指望掌握权柄的人仁慈"纳谏"，只能指望对权力的制衡。在没有制衡力量之下,任何舆论——包括卑微的下跪哭诉,都没有作用。即令有作用,也微不足道。

刘弗陵

左将军上官桀等使人用燕王刘旦的名义,向刘弗陵上书,告发霍光到京师(首都长安)郊外检阅宫廷禁卫官(郎)、羽林警卫武士(羽林)时,沿途戒严,像皇帝出巡一样,禁止行人走路,叫御厨房(太官)先到前站准备饮食住处,完全是天子仪式。又指控说:苏武出使匈奴汗国二十年,誓不投降,不过只酬佣一个移民区总监(典属国),而最高统帅部秘书长(大将军长史)杨敞,毫无功勋,却升任粮食总监(搜粟都尉)。而且,擅自把各军指挥官(校尉)调到最高统帅部,增加参谋本部人数。刘旦在奏章上表示:“霍光独揽大权,为所欲为,恐怕有非常行动。我,刘旦,愿意缴还亲王印信,到宫廷侍奉陛下左右,保护圣躬,督察奸臣。”等到霍光休假时,上官桀抓住自己值班的机会,把这封奏章呈送给刘弗陵。他预期的是,只等刘弗陵把奏章交下查办,他跟桑弘羊就立即逮捕霍光,把他处决。可是,万万想不到,呈送给刘弗陵后,刘弗陵留在案头,并不交下查办。第二天一早,霍光入朝,得到消息,停在画室,不敢进入金銮宝殿。却是刘弗陵查问:“最高统帅(大将军)在什么地方?”上官桀回答说:“因为燕王(刘旦)控告他,不敢进殿。”刘弗陵下令召见,霍光进殿之后,脱下官帽,叩头请求定罪。刘弗陵说:“将军,请把官帽戴起来。这奏章明明是假的,你有什么罪?”霍光松了一口气,问说:“陛下怎么知道是假的?”刘弗陵说:“你去广明(长安东门外一村落)检阅禁卫官,是近几天的事。征调各军指挥官(校尉),还没有超过十天。燕王(刘旦)怎么能够知道(燕国首府蓟县【北京市】,与首都长安,航空距离九百公里,当中隔着千山万水,包括太行山与黄河)?而且,将军如果企图发动非常事变,根本不需要什么指挥官。”

本年(前80),刘弗陵才十四岁(应是十五岁),这种迅速的反应和英明的判断,宫廷秘书(尚书)跟左右高官,无不震惊。而呈递文书的人,果然逃亡,刘弗陵下令紧急追捕。上官桀等心虚恐惧,劝解说,这是一件小事,用不着劳动圣心。刘弗陵不接受,不过终于无法捕获。但是,以后上官桀党羽再打霍光小报告时,刘弗陵都凌厉的答复说:“霍光是一位忠臣,先帝(刘彻)嘱托他辅佐我治理国家,再有人说他坏话,我就叫他反坐。”从此,上官桀等不敢再行诬陷。

李德裕曰:“君王最高贵的质量,莫过于能够明察真相。明察可以洞悉奸诈,使任何邪恶都无法蒙蔽,刘弗陵就是一个榜样。看起来周王朝二任王姬诵,应该羞愧;连刘邦(西汉一任帝)、刘恒(五任帝)、刘启(六任帝),都相差很远。姬诵(周成王)听信管国、蔡国散播出来的流言,致使姬旦进退两难,不得不率军东征。刘邦(西汉一任帝)听信陈平背叛魏国又背叛西楚,几乎舍弃了这位智囊。刘恒(五任帝)听信季布好发酒疯,竟不敢任用他当最高监察长(御史大夫),仍叫他回任郡长;怀疑贾谊擅权作威,可能制造混乱,遂疏远这个贤能人才。刘启(六任帝)认为只要诛杀晁错,就可化解六国的反抗,因而屠戮三公。正是:‘先有怀疑的心,才有奸人之口。’假使刘弗陵能得到伊尹、姜子牙的辅佐,则姬诵(周二任王)、姬钊(周三任王)的时代,都不足以相比。”

李德裕一篇磅礴有力的论文,最后忽然冒出伊尹、姜子牙、姬诵、姬钊几位奇异人物,使气势全部破坏。我们真不明白,儒家系统为什么总是咬住一些漏洞百出的史迹不放?

侯史吴案

燕盖之乱(燕,指燕王刘旦。盖,鄂邑公主嫁盖侯王充,也称盖长公主;王充,是王姑老哥王信的儿子),桑弘羊的儿子桑迁逃亡,投靠老爹从前的部属侯史吴(侯史,复姓)。稍后,桑迁被捕,诛杀。再稍后,政府颁布赦令(参考去年【前79】6月),侯史吴出面自首。司法部长(廷尉)王平、宫廷供应部长(少府)徐仁,会同审判,认为桑迁只是受他爹谋反的牵连,并不是他自己谋反;侯史吴藏匿的不过是一个普通逃犯,并不是藏匿叛徒。于是依照去年颁布的"赦天下"诏令,宣判侯史吴无罪("赦天下",不是"大赦天下",仍有许多罪,诸如叛乱犯,仍不赦免)。后来,执法监察官(侍御史)重新调查,认为:"桑迁深通儒家学派的五经(《诗》《书》《礼》《易》《春秋》),知道老爹桑弘羊谋反,而不规劝阻止,跟他自己谋反,没有两样。侯史吴也曾当过低级官员(三百石),却藏匿谋反正犯,跟平民藏匿普通逃犯不同。所以,侯史吴不可以赦免。"奏请再派人审理。接着弹劾司法部长(廷尉)王平、宫廷供应部长(少府)徐仁,包庇叛徒。

侯史吴的案件,再为政治性冤狱,提供一个最常见的模式。法律条文虽是死的,解释却有一定轨道。一位法院书记官说:"一场官司下来,到了最后,案情已十分明显,书记官在旁,也一目了然。内容再复杂,法官只要两三个小时,就可写妥判决书。可是,如果是法官受了贿,或承受某种压力,他可是要写上两三天,判决书才能脱稿。"因他必须费尽心机,去扭曲法律和事实。

霍光这时大权在握,他除了要对桑家斩草除根外,还要彻底整肃"燕盖帮"次要的残余党羽。侯史吴的人头,正好提供他锋利武器,用以扩大打击面。所谓执法监察官(侍御史)的指控,不过又是"有人检举”而已。仅只不劝阻老爹谋反,便是自己谋反,这是什么推理?然而,不把桑迁戴上铁帽,就无法扳倒侯史吴;不把侯史吴戴上铁帽,就无法扳倒两位部长。法律典籍放在神坛,是神圣的,一旦用来从事政治斗争,便成了屠刀。

“人”与“非人”

楼兰国(新疆若羌)国王逝世,匈奴汗国先得到消息,马上把当人质的楼兰王的儿子安归送回,安归遂继承王位。中国派使节到楼兰,宣读皇帝刘弗陵诏书,命新王安归到长安朝见,安归拒绝。楼兰国位于西域(新疆及中亚东部)的最东边界,距中国最近(楼兰跟敦煌航空距离五百五十公里),当中横亘着面积大约八万平方华里的白龙堆沙漠(新疆罗布泊东),缺乏水草,楼兰国常被分派担任向导工作,既运淡水,又运粮草,不停地迎送中国使节。而中国使节又凶暴得跟匪徒一样,使他们受到难以承受的痛苦,不愿再跟中国来往。现在,再加上匈奴汗国的挑拨,遂跟中国断绝邦交,不断拦杀中国官员。安归的弟弟尉屠耆在中国当人质,因得到老王逝世的消息较晚,无法回国继承王位,就投降中国,把内情报告西汉政府。

这时候,交通部(太仆)骏马管理官(骏马监)、北地(甘肃庆阳西北马岭镇)人傅介子,奉派出使大宛王国,到了楼兰、龟兹,两国国王都承认错误。傅介子率领他的随从人员,诛杀匈奴使节。回到首都长安,傅介子对全国最高统帅(大将军)霍光说:“楼兰、龟兹,反反复复,如果不给他们一个严厉的惩罚,就不能镇压各国。我经过龟兹时候,国王平易近人,毫不设防,很容易得手。我愿去把他刺杀,用以展示中国声威。”霍光说:“龟兹太远,且到楼兰试试。”于是派他前往。

傅介子率领卫士,带着金银财宝,宣称要赏赐外国君王。当这项好消息传到楼兰后不久,傅介子抵达楼兰。然而楼兰王安归不信任中国使节,不肯接见。傅介子假装毫不介意的模样,向西继续进发,走到西部边界时,叫翻译官告诉安归,说:"中国使节所带的黄金绸缎,都是宝贝,用来赏赐西域各国,大王如果不来领取,中国使节就到别的国家去了。"把金银财宝展示给翻译官看,翻译官回去向安归报告。安归听到真的可以得到金银财宝礼物,大为欢喜,遂亲到西界,会晤傅介子。傅介子用盛大的筵席招待,一声暗号,两位壮士的两把利刃,从安归背后猛烈刺入,安归立即死亡。侍从人员跟贵族们一时惊起,四散逃走。傅介子出来安抚大众,指出安归背叛中国,说:"皇上派我来对安归执行死刑,并由当弟弟的尉屠耆继承王位。中国大军正向这里挺进,如果轻举妄动,下一步就是亡国!"楼兰全国震恐屈服。

司马光曰:"圣明的君王,对待蛮族,如果叛乱,则发兵征讨;如果臣服,则不再追究。而今,楼兰王已经承认他的错误,却再加诛杀,以后再有叛徒,中国便不能取得他们的信任。如果认为楼兰王的罪行太重,仅只道歉,还不能原谅,定要处决,也应该出动堂堂之师,宣布他的罪状。想不到,却派出正式使节,用金银财宝当饵,引诱他入彀。以后,外国对中国使节,谁还敢相信?以中国的强大,竟用这种匪徒盗贼勾当,去欺凌外邦,实在是一种羞辱。很多人竟然赞美傅介子,认为他建立奇功,未免过分。"

王夫之曰:"人跟人之间,相处之道,唯有信誉仁义而已。而履行信誉仁义,也只有人与人相处,才用得着。从没有听说有人对虎狼蜂蛇也讲信誉仁义的。楚王国固是祝融的后裔,而且由周王朝初叶君王分封爵位(子爵)。宋国国君(襄公)子滋甫尊奉信誉仁义,跟它们结盟,更严守信誉仁义,跟楚王国作战,结果军事失败,身受重伤,为中国带来羞辱。对楚王国这种人,还不能跟他们讲信守义,何况其他那些跟野蛮民族混在一起,而又螫人咬人之徒。楼兰王表面归顺中国,暗地里却充当匈奴的间谍,傅介子执行皇帝诏书,加以诘责,楼兰王也承认他的罪行。问题是,野蛮民族根本不知道什么是羞耻,所以他们也不在乎来一个当面屈膝。不久,匈奴汗国的使节,就又到了楼兰。中国如果信任他的归顺,而推诚相待,必然受他的诈欺。如果因怀疑他的归顺是假的,而出动大军讨伐,既劳师动众于千里绝域,使中国疲惫;而楼兰势将要求匈奴援助,合力抵抗,中国军队受到挫折,不得不顿兵在坚城之下。这就是宋国国君子滋甫泓水之战的覆辙。傅介子计诱楼兰王,斩下人头,威力所及,夺取他们的魂魄,使匈奴胆寒,是何等的伟大勋业!因之,我认为,对于野蛮民族,诛杀他们的生命,不能称之为不仁;夺取他们的财物,不能称之为不义;用阴谋诡计引诱他们,不能称之为不信。为什么?只因为信义这种高贵的行为,是'人'跟'人'相处之道,不是'人'跟'非人'的野蛮人相处之道。"

霍光跟傅介子共同策划的这项对外国君王的谋杀行动,是中国外交史上最卑鄙、最无耻的下流行为之一。司马光已从道德、法理、政治三方面,发出严正的抨击。然而,王夫之在他的《读通鉴论》中,却狠狠掴了司马光一个耳光,认为司马光的主张,不切实际。

王夫之对人类用的是二分法,一类是"人",一类是"非人"。中国人——而且是狭义的中原人,连楚王国都排斥在外,是"人";而其他芸芸众生,全是"非人"。仁义道德是中原人的专利,只可以专门对内使用,对外就要发挥兽性,肆意诈欺残忍,无所不用其极。听起来好像是希特勒在那里发表讲演,使人发抖。王夫之不过一个平庸的知识分子,如果他掌握大权,制造出来的灾难,超过纳粹。纳粹也是二分法,雅利安人是"人",犹太人是"非人"。用最僵硬的公式强加到万物之上的人,头脑一定简单,性情一定粗暴。

文化人为了加强论据,而故意扭曲历史,跟政客们为了达到政治目的,而故意扭曲历史,同样使人浩叹。宋国国君(襄公)子滋甫之不断地栽到楚王国之手,跟信义无关。子滋甫用诈术跟楚王国结盟,想利用楚王国的威望使自己成为霸主,被识破诡计,丢人砸锅。不是失败于他有信义,而是失败于他智商太低,竟企图狐假虎威。

一口咬定看着不顺眼的人是"非人",这是为强梁世界制造屠杀的理论根据。西域本是和平的国土,匈奴跟中国先后闯入,带给他们厄运。王夫之活像一个地痞流氓,认为只要有一把枪在手,你就应该乖乖听话。楼兰的国格跟中国相等,为了谋求国家的生存,不能不委曲求全。为什么非效忠中国不可?春秋时代,郑国位居中原,不得不同时对晋楚两面讨好,谁强大,就服谁。楼兰王曾向中国哀告,说明他们受不了两大强国的压迫,要求取消独立,举国内迁,是西汉政府不许。中国还打不过匈奴,有什么理由和颜面,要小国寡民的楼兰,跟匈奴对抗?儒家系统以"恕道"自吹自擂,一旦遇到弱小,"恕道"可就没有了。"恕道"遂成了专门乞求强梁手下留情时用的符咒,对弱小连一星点也不肯施舍。然而,最可怕的还是王夫之的断语,对于"非人","诛杀他们的性命不为不仁,夺取他们的财产不为不义,欺骗他们跳入圈套不为不信"。这种褊狭的胸襟,孕育不出崇高的人道精神。

谈到胸襟——健康的心灵和健康的包容,可以在司马迁身上找到。中国文化像一条澎湃壮观的大河,自从罢黜百家,独尊儒术以来,这条大河开始一渣一滓地沉淀,千百年下来,由于沉淀太多,而停滞、而腐朽、而缺氧,而终于成为一个庞大的酱缸。中国人的视界、担当、气魄,以及高贵的情操,逐渐萎缩,像渡过淮河的橘子变成的枳子一样,司马光已被酱得不能望司马迁的项背,王夫之更像一条虫蛆,不能望司马光的项背。

出洞毒蛇

公元前74年,西汉王朝罢黜他们的皇帝(九任)刘贺,上官太后命刘贺返回昌邑(山东金乡西北昌邑镇),赏赐给他二千户,作为汤沐邑,他当昌邑王时的全部财产,仍发还给他。姐妹四人,每人都赏赐一千户，作为汤沐邑。撤除昌邑国，改设山阳郡(郡政府仍设昌邑县)。

中国是世界上最古老的文明古国之一，却始终没有产生民主思想，这种现象，因儒家定于一尊的缘故，而更恶化。儒家主张“君尊臣卑”，对最高领袖的无限权力，束手无策，唯盼望他们有高贵的品德，自我克制。于是努力造神，把伊祁放勋和姚重华两位阴谋家，铸成一个高贵品德的榜样，要求别人效法，用心十分辛苦，可是毫无效果。儒家学派只好再乞灵于两项办法，一是搬出上帝，用“天”来阻吓他们不要为非作歹。日蚀固然是一种警告，地震同样也是一种警告，老爹老祖宗祭庙塌了屋、失了火，则表示祖先愤怒。另一是依靠做臣属的“极言直谏”，向帝王分析利害，希望获得采纳。

问题是，最高领袖一旦既不在乎老天老爹，又拒绝部属规劝时，他就像一条滑出洞口的毒蛇。文明一点说，他就像一匹脱缰之马，在人民血肉之躯上，欢跃奔腾，左吞右噬，无人可以制止。企图制止他的任何人，即令态度再恭顺，心态再卑屈，都不可能避免地惨死在毒蛇之口，或马蹄之下。

刘贺的罪恶，根据所宣布的资料判断，就一个帝王而言，算不了什么。跟刘彻初登位时所作所为，有什么分别？不过是一个荷花大少而已。其他的所谓一千一百二十七事，应该更属小节。刘贺所以成了这个样子，不能推诿到“生于深宫之中，长于妇人之手”。因为这一类“生于深宫之中，长于妇人之手”的人，并不一定非为害苍生，危及国家不可。而是无限权力害了他，一个人如果不能像狄更斯小说里的男主角，任何情形下，他都保持善良。一旦手握无限权力，谁都不能说谁不变成一条出洞毒蛇或一匹脱缰之马。自从盘古开天辟地，就从没有“天纵英明”这回事，“英明”都是训练出来、磨练出来的。只有制衡的力量，才能使人英明，才能免除毒蛇出洞或奔马脱缰。

霍光之罢黜刘贺，是一个变数，五千年漫长历史上，也只此一次罢黜，是站在国家利益立场，而不是为了篡夺。有人说，刘贺的昌邑帮,有谋杀霍光的阴谋,霍光防患未然,不是大公。咦,什么叫大公?这才恰恰是大公,刘贺即位才二十七天,便想发动绝不可能成功的政变,证明他的智商不足以治理国家。然而,霍光此举,在"畏天"和"进谏"无效之后,却是第三种制衡权力的方法,也是一项可怕的方法,永远成为禁忌。从此之后,任何人,只要被怀疑有这种"霍光情结"倾向,就会有杀身灭族之祸。于是,中国政坛上的制衡,仍一直兜着"畏天""进谏"两个疲软无力的圈子打转。无限权力反而更扩张,使人民更受涂炭。

废一君立一君

西汉王朝罢黜九任帝刘贺后,拥护刘病已继任(十任宣帝),霍光命皇族事务部长(宗正)刘德,到刘病已所住的尚冠里,叫刘病已沐浴(古人洗澡是一件大事),颁发赏赐给他的衣服。然后交通部长(太仆)派出轻便车辆(軨猎车),把刘病已迎接到皇族事务部(宗正府)。

刘病已到未央宫,朝见上官太后(叔祖母),上官太后封刘病已当阳武侯。接着,文武百官齐集金銮宝殿,奉上皇帝玉玺,刘病已遂登上皇帝宝座,晋谒一任帝(高祖)刘邦祭庙。尊上官太后为太皇太后。执法监察官(侍御史)严延年弹劾霍光:"擅自废立皇帝,没有人臣的礼义,大逆不道。"奏章虽然没有下文,但文武百官对他的勇气,钦敬忌惮。

刘病已这项传奇性的际遇,从一个绝望而又卑微的一介小民,忽然间旱地拔葱,蹿升到人间最高尊位,在苦难的人生中,留下一幕喜剧场景。

霍光绝不会因为丙吉的一纸签呈,就下定决心。而应是下定决心之后，才会有此一签呈。此事可能由丙吉发动，他的提议最初会把霍光吓上一跳，不但离奇，而且古代从没有先例，但丙吉终于把他说服，最大原因在于当时所有在位的亲王，没有一个成材。一日经蛇咬，三年怕麻绳。可以肯定的是，在官邸密室之中，他们对每一位亲王，或有可能担任皇帝的人选，都一一评估。而这些金枝玉叶，富贵得太久，每人都不可避免地有使人震骇的暴行，总不能再作第二次罢黜。

于是丙吉深具想象力的新颖构想，成为最切实际的建议。第一，刘病已赤裸一身，没有类似昌邑帮的楔入，也没有旧关系的瓜葛。第二，以常情推想，刘病已对霍光会充满感激。第三，刘病已即令背叛，也没有对抗霍光的力量，因为他没有班底。一句话说完，霍光自信可以把新皇帝完全置于控制之下。

废一君和立一君，好像猛烈敲打一颗炸弹，危险万状。严延年这个老奸巨猾人物，事前不开口，事后却放马后炮，提出弹劾霍光，可谓深谋远虑。霍光成功，他落得个忠贞之名；霍光失败，他的奏章不但可以保护他的身家性命，还可大升其官。只霍光心怀大忠，不顾利害，用铁肩承担。看看把宰相杨敞吓得屁滚尿流的模样，更证明霍光是一位卓越的政治人才。

老官崽吓死

公元前74年，刘病已登极十天后，宰相、安平侯(敬侯)杨敞逝世。

我想杨敞是吓死的。一个多月的猛敲炸弹，每一记都会使这个老官崽紧张得心胆俱裂，这种人没有想到国家，而只想到明哲保身。

夏侯胜

公元前72年,西汉帝(十任宣帝)刘病已(本年二十岁)下诏:"孝武皇帝(七任刘彻)躬行仁义,武威远播,功勋跟品德,都已满盛,而'庙号'(祭庙的称谓)、'庙乐'(祭祀时用的乐章),还没有确定,我深感哀痛。主管单位应跟各位侯爵,以及部长级以上高级官员(二千石)、研究官(博士),共同议定。"文武百官齐集宫廷讨论,一致说:"应该遵照诏书指示办理。"可是,长信宫供应官(长信少府)夏侯胜提出抗议,说:"武帝(七任刘彻)虽然有平定四方蛮族、开疆拓土的功勋,可是战士们死亡太多,社会经济崩溃,奢侈豪华,把人民的眼泪跟鲜血,当作水一样浪费,使天下穷困,人民四出逃难,至少有一半死亡。旱灾蝗灾连二接三发生,千里不见青草树木,不见烟火,一片赤土。人民饥饿难忍,互相格杀吞食,元气迄今都不能恢复。他对人民毫无恩泽,没有理由为他特别制定'庙号''庙乐'。"高级官员们提醒他说:"这是皇上(刘病已)的意思!"夏侯胜说:"皇上的意思也不行。臣属遵守的大义是:直言无隐,陈述正当的论点,绝不逢迎上级,顺着风向说话。我已经陈述了我的见解,绝不收回,即令是死,也不后悔。"

于是,宰相蔡义,以及监察官(御史),弹劾夏侯胜:"非议诏书,侮辱先帝(刘彻),大逆不道。"同时弹劾宰相府秘书长(丞相长史)黄霸:"知情不报,包庇纵容。"二人一并被捕下狱。主管官员遂呈请:刘彻祭庙的庙号定名"世宗",庙乐用"盛德""文始五行之舞"。凡刘彻出游经过的郡县,一律立庙祭祀,情形如同一任帝刘邦(高祖)、五任帝刘恒(文帝)。

谥法的主要用意,在于使在位的帝王,恐惧后世给他一个丑恶的绰号,因而自我克制,提高自己的道德水平。从夏侯胜这件事,可证明儒家学派这种构想,完全不切实际。一个享有无限权力的出笼毒蛇或脱缰奔马,绝不在乎身后的毁誉。即令在乎,只要继位的是自己的儿孙或自己的亲信,就不可能出现"恶谥"。夏侯胜应是最幸运的一员,不过坐牢而已,但这已足够阻吓公正的舆论。

夏侯胜是儒家学派的巨人,他根据良知,只身跟皇帝对抗,这就是英雄。讲道德说仁义的圣人易做,英雄难做,因为他必须有英雄行为。时至两千年后的今天,我们仍可以听到那些"逢迎上级,顺着风向说话"的角色,在那里对夏侯胜,窃窃讪笑。

淳于衍

全国最高统帅(大将军)霍光的妻子霍显,想尽方法使她的小女儿霍成君当皇后,可是现任皇后许平君年纪正轻,以致束手无策。想不到,机会立刻叩门,许平君又怀身孕,有一点小不舒服。正巧一位女医师淳于衍(淳于,复姓),一向受霍家敬重信任,现在再召她入宫。淳于衍的丈夫赏(姓不详),在宫廷当一名看守门户的低级职员,告诉妻子说:"你在进宫之前,最好去向霍夫人辞行,乘机求她帮忙,把我调出去当安池总管。"淳于衍果然向霍显拜托,霍显怦然心动,认为上天终于开眼,赐下良机,不可错过,就遣开左右,称呼淳于衍的别名,亲切说:"少夫,你求我的事,我一定照办。可是我也有一件事求你,不知道你可答应?"淳于衍受宠若惊,说:"这是哪里话,夫人吩咐,我还有不听命的?"霍显说:"将军(霍光)最喜爱小女儿霍成君,一心要使她大富大贵,只有你能成全。"淳于衍愕然说:"我有什么力量?"霍显说:"女人生产,只跟鬼门关隔着一纸,九死一生,是一件大事。而今,皇后(许平君)就要分娩,如果趁势使用毒药,可谓神不知、鬼不觉,霍成君自然会当上皇后。如果成功,荣华富贵,跟少夫你一同享受。"淳于衍等到震惊过去后,嗫嚅说:"皇后患病,由很多医生会诊,而且汤药都要由宫女先行喝过,怎么能办得到?"霍显说:"我不知道怎么办得到,只靠你自己细心安排。不要怕事,将军领导天下,哪一个敢说话?即令发生事情,也足有力量保护,问题在于你愿不愿帮忙。"淳于衍这才发现她已被掇弄到虎背上,沉吟一会,回答说:"愿尽全力。"

淳于衍无疑的是一位凶手,罪行不能宽恕。但我们也为她悲哀,常有些人无缘无故、阴差阳错地陷入一个无法自拔的阴谋陷阱,文学作品或影剧舞台上,多的是这种离奇遭遇,而且几乎全以喜剧收场。无奈的是,在真实的人生,却必然是一场悲剧。

霍显的手段,先从亲亲热热称对方的别名开始,以全国最高统帅夫人之尊,几声"少夫",便足以使对方神魂颠倒。而以后更把能不能当皇后的压力,放到淳于衍肩上,使淳于衍发现自己的重要。她终于接受,当然是利欲熏心。但是,她如果不接受,她的下场可是显而易见。全国最高统帅夫人在她的内宅格杀一个微贱的妇女,跟格杀一只老鼠没有分别。她只要顺口宣布一项罪状——诸如偷东西被发觉,还要拒捕之类,证据证人,可装满一火车。谁又知道她是冤死?淳于衍可以假装答应,然后逃亡。可是,她手握着足以使霍家灭族的把柄,史书上虽没有交代,却可以推断,霍显不会不防备这一招。恐怕还没有逃出长安城,警骑已到。她如果指控霍显要她谋杀皇后,谁能相信?当时是农业时代,社会人口流动量极小,她跟她的丈夫、儿女,根本无处容身。

人生有太多无奈,自己不能为自己作主,一不小心栽到贼船上,根本无法自救。所以我们需要的是一个多层面的社会,法治的和容忍的社会,使这些被命运摆弄的人,受到保护,他们如果不肯向黑暗屈服,仍可以跳出是非。

白马王子

公元前 70 年,广川王(首府信都【河北冀县】)刘去(六任景帝刘启儿子刘越的孙儿),被控诬杀他的师傅跟小老婆十余人,或用铅汁锡汁灌入口腔,或把尸体大卸八块,羼入毒药烹煮,使它糜烂,被放逐到上庸(湖北竹山西南田家坝),遂自杀。

刘去在他的小老婆群中,最宠爱两位美女:王昭平跟王地余。当爱得发癫时,发誓要立她们当王后。然而,一场病使情势急变。刘去患病时,另一位美女阳城昭信(阳城,复姓),侍奉汤药,恩爱备至。她的强大媚功,使刘去又爱她爱得入骨。有一次,刘去跟王地余在一起游戏搂抱,忽然发现王地余袖里藏有利刃,大吃一惊。下令逮捕拷掠,王地余供称:她跟王昭平同谋,准备刺杀阳城昭信。于是再逮捕王昭平拷掠,王昭平坚持不知道这回事。刘去下令审问官用铁锥猛刺,王昭平面目身体,被刺成一团血肉,只好承认。

刘去于是召集所有的小老婆,举行公审。刘去亲自用剑砍死王地余,又叫阳城昭信用剑猛砍王昭平。两位美女,霎时死于剑下。阳城昭信深谋远虑,说:“那两个狐狸精的婢女们,有泄露的可能。”于是,再把三个可怜的婢女绞死。后来,阳城昭信患病,梦见王昭平的阴魂向她索命,告诉刘去。刘去咆哮说:“这个女强盗可能还来吓我,要把她们彻底消灭。”下令把两位美女的尸首挖掘出来,用火烧成灰烬。

最后,刘去立阳城昭信女士当王后。阳城昭信的恶毒心肠跟她的花容月貌成正比,她要完全控制刘去。这当然不是一件容易的事,但却引起一连串更惨酷的杀戮。

刘去另一位宠爱的美女陶望卿,封号修靡夫人,主管绸缎。再一位宠爱的美女崔修成,封号明贞夫人,主管王宫事务(永巷)。阳城昭信向刘去打小报告说:“陶望卿对我不尊重,毫无礼貌;衣服穿得也比我漂亮,而且常把高贵的绸缎,赏赐给宫人。”刘去说:“你说陶望卿的坏话没有用,不能减少我对她的宠信。除非她跟野男人通奸——我会用大锅把她煮烂。”一语提醒梦中人,阳城昭信改变手段,从奸情上着手。

不久,阳城昭信告诉刘去说:“有件事情你得注意,前些时,画家前来描绘陶望卿的房舍,陶望卿坐在他身旁,故意把衣裳脱得露出肩背。而且这骚货还常到南书房偷看小白脸,恐怕内情不简单。”刘去果然起疑,回答说:“拜托你小心察看。”从此对陶望卿开始冷淡。稍后,刘去跟王后阳城昭信设宴对饮,小老婆群衣香鬓影,在旁侍奉,陶望卿当然也在座。刘去大不舒服,高声唱起他自己编的歌——我们姑且称之为刘去之歌:

“背叛了你的教养/像残花一样/飘飘荡荡/多么奇妙的想法啊/是你自己逞能逞强/是你自己东奔西跑/是你自己投入罗网/当初是何等恩爱/如今,你还有什么希望!”

一面唱,一面叫小老婆群跟着和声。唱罢,刘去板着脸说:“就在你们中,有人心里有数。”包括陶望卿女士在内,虽然恐惧,但都不知道指的是谁。只有王后阳城昭信女士知道指的是谁,而且知道她注射到刘去身体里的蛊惑毒剂,已经发作,只要再踢一脚,就会爆炸。于是再向刘去提供秘密情报说:“陶望卿常去禁卫官(郎)、小职员(吏)宿舍,对哪张床上睡的是谁,连姓名都知道。”又说:“王宫禁卫官司令(郎中令)锦被,跟她眉来眼去,两个人可能是床上关系。”

刘去果然咆哮如雷,跟阳城昭信女士,率领小老婆群,一齐到陶望卿住屋,把她浑身脱光,先施一顿殴打,下令其他姬妾各用烧红的铁条,灼烧陶望卿的玉体。陶望卿哀号逃命,投井求死,阳城昭信急命救出——救出不是饶了她,而是要她受更大的苦。绑住手后,用木橛塞入陶望卿的阴户,然后割下她的鼻子、嘴唇,再割掉舌头。阳城昭信对刘去说:“从前杀王昭平,她反而在梦里吓我,我要把陶望卿煮烂，教她不能成形。”于是，把陶望卿剁成肉块，放到大锅里，撒上桃灰毒药烹煮。叫其他美女围着观看，一天一夜，一位千娇百媚的美女，煮成一团肉糊。刘去跟阳城昭信，更杀掉也是姬妾的陶望卿的妹妹陶都，一对姐妹花，同时丧生。

刘去当然不以王后一个女人为满足，常跟另一位美女荣爱饮酒欢乐。阳城昭信的毒手再次伸出，用一种使对方一定信任的媚功，告诉刘去说：“看荣爱的神态和眼神，恍惚不安，我怀疑她跟人有不可告人的勾当。”这时，荣爱正在给刘去的方领口上刺绣，刘去一把抢去，投到火里烧掉。荣爱霎时间了解恶爪已抓住她，不愿受陶望卿的苦刑，逃出来投井。阳城昭信照例不放过她，急行救出后，痛加鞭打。荣爱受刑不过，只好承认跟医生通奸。既经“攻破心防”“自动招认”“坦承不讳”，当然有这个事实。绿帽子使刘去发疯，把荣爱绑到柱子上，用烧红的牛耳刀，刺烂她秋水般的双眼，一块一块割她屁股上的肉。荣爱浴血哀号，刘去下令把熔化的铅汁硬灌到荣爱口中，这个可怜的美女，才告解脱。然后，把她四肢剁下，用带刺的荆条埋葬。所以用带刺的荆条，为了使她的灵魂，永远在痛苦之中。

然而，这只是个开端，刘去所宠爱的美女，阳城昭信自有她特有的方法，加以诬杀，前后共惨杀了十四人，都埋葬在王太后（刘去老娘）所住的长寿宫中。

刘去的暴行终于被发觉，在绝对封建专制的社会中，对于一个烜赫的权势巨头，历程是曲折而血腥的。像陶爱卿的娘亲，为了索取两个女儿，刘去再施毒手，把她斩首。对此，我们不再报导，而只讨论全案的结局。全案的结局是，刘去只不过削去王爵，放逐到航空距离九百公里外的上庸（湖北竹山西南田家坝），而且还赏赐给他一百户作为他的汤沐邑（一百户人家的田赋税捐，统统缴给他）。真是天理何在？国法何在？“王子犯法”，可跟平民犯法，绝不相同。

无限权力是可怖的，刘去如果是一个皇帝，就更无法克制。幸而他不过是一个亲王，人民总算还有一个管道可以控诉。刘去对儒家学派的经典《易经》《论语》《孝经》，全都精通，而又写得一手好文章,却凶残到如此地步。说明教育和知识,都抵挡不住权力毒素。没有制衡,权力就要既害人而又害己。年轻少女们常常幻梦着"白马王子",而刘去正是典型的一个"白马王子"——他身价高贵,而又多才多艺。不过中国的"白马王子"几乎全是凶残之辈,因为中国缺少一种克制当权派恶行的制度,和尊重人性尊严的文化传统,往往使一个本来应该十分可爱的人,变得狰狞。

路温舒

最初,刘彻(七任武帝)在位时代,不断征收赋税,征召差役,征集丁壮。贫困穷苦已极的人,越来越多,纷纷犯法,无法消灭。刘彻就命张汤、赵禹之流,制定法令,规定:知道别人犯法而不检举,罪名为"知情不报"。政府派出官员视察,发现某一位首长有罪,部下连同处刑。指示法官狱吏:冤枉人没有关系,使用酷刑没有关系。对于公平待遇囚犯,尊重人权的法官狱吏,反而一律诛杀。想不到,这样做不但不能遏阻犯罪,反而使奸猾之辈,玩弄法令,互相引用新的判例,或比照办理,或推论定案。禁忌之网,密不通风,而法令越发苛刻琐碎,满桌满屋都是,主管官员连看一遍都没有时间。于是各郡各封国使用的条文,每每矛盾冲突。一样的罪,判决却不一样。奸猾的法官狱吏,乐于利用这种现象,玩弄法令,收受金银财宝,好像市场上谈交易做买卖。想叫囚犯活命,就引用使他活命的条文判例;想陷害囚犯时,则引用使他非死不可的条文判例。冤枉难伸,人民哀伤。

公元前67年,司法部总务官(廷尉史)、巨鹿(河北平乡)人路温舒,上书刘病已(十任宣帝),请求慎重刑罚。

路温舒这项奏章,是中国历史上第一位官员,为人民的刑狱痛苦,发出呼吁。一向炫耀自己是炎黄子孙、礼仪之邦的中国人,却像一群被剥了皮的可怜动物，完全暴露在苦刑拷掠的暴政之下，没有一点保护。严重的缺少人性尊严，和道德勇气的衰退，以及粗糙的思考方式，是摧残人权的最大动力；一直到二十世纪，我们还常听到一种下流的论调："对付老奸巨猾，还讲什么人权?"于是一个嫌疑犯被捕，拒绝承认罪行之后，传播媒体就会立刻抨击他"坚不吐实"。我常想做一项永不可能做的实验，把说这种话的人逮捕，指控他是谋杀美国总统林肯的凶手。如果他承认，立即枪决；如果他不承认，就一口咬定他老奸巨猾，"坚不吐实"。

路温舒指出传统冤狱之所以形成，在于人体不能忍受痛苦。对此，我曾写有诗句："人到苦刑际，方知一死难。"坐在冰块之上，或绑在老虎凳之上，你平生的愿望恐怕只剩下一个：死。招认罪行，不过一死而已，而酷刑比死可怖。误被香烟烧一下都会大叫，试想一百个烟头烧下去，像陶爱卿、荣爱所受的那样，只有招认确确实实谋杀了林肯，凶刀就在厨房，人证就是你的妻子儿女，你会跪下来求她们大义灭亲，制造一把凶刀。

常有审问官拍胸宣称："我跟你无仇无恨！"路温舒已代我们指出，当然没有仇恨，但有任务。审问周亚夫的人岂跟周亚夫有仇？审问彭越的人岂跟彭越有恨？一旦柏杨先生审问你，叫你承认谋害林肯，我又岂跟你有仇有恨？只是因为你不肯"合作"，我交不了差，下不了台，你就必须坐冰块和上老虎凳。

有人天真地哀号说："你叫我承认什么我就承认什么！"这是一句严重伤害审问官职业尊严的话，将会招来更残忍的酷刑。雷马克《人性光辉》中，有一段集中营的描述，一个纳粹向一个被打得血肉模糊，而仍拒绝签字自愿参加被注射毒菌试验的犹太人咆哮说："我可以代你签字，我也根本不需要你签字。但我非要你签不可，我要你爬着过来，跪到我脚下，哀求我准许你签字！"这正是酷吏的心情，他的职业尊严不允许被侵犯，他要你自动自发、亲口供出你从没有犯过的罪行。

每一件冤狱的判决书，都是一项杰作，不但皋陶先生看了，认为死有余辜,纵是上帝看了,也会认为死有余辜。即令柏杨先生撰写的你谋杀林肯的判决书,也会有此奇效。

路温舒的呼吁,十分沉痛,并且第一次触及到改革的深度,而刘病已的反应使人失望。郑昌已明白指出症结所在,因症结固在刑法,但更在刑事诉讼法。刑事诉讼法允许酷刑,又如何没有酷刑?又不仅在刑事诉讼法,而在制度。再进步再文明的刑事诉讼法,在一个专制独裁的社会中,都会变质。不是规定不准用刑吗?我当然没有用刑。腿断了不假,医生证明是被打断了的也对,但你用什么方法证明是审问官打断的?那可能是同房囚犯互殴打断的,也可能是你企图栽赃,自己打断的。而且,最奇异的一件事是:法庭向办案单位去一封公函,询问他们是不是对你有过苦刑拷掠。办案单位用公文回答:"没有。"那就是没有。

五千年历史,始终绕在"一治一乱"打转,主要原因之一是:官逼民反。民为什么反?当法律不但不能保护人民,反而陷害人民时,人民只有两种选择,一是死亡,一是反抗。李自成本是一个守法的庄稼汉,在荒旱之年,人们互相格杀吞食,他欠一位财主的钱,不能偿还,财主就叫县政府把他绑到毒烈的太阳下烤晒,并派家丁在旁监视,不准他喝一口水。县政府的士兵于心不忍,把他移到一处树荫底下,财主的家丁却不准,又拖回原处,李自成的儿女和围观的人,痛哭失声,于是暴动。这是一个典型,当法律管道不通时,人民就走反抗管道。

《资治通鉴》记载的每一次民变,包括已经叙述过的陈胜和吴广,以及将来不断出现的无数次,都跟严重的蹂躏人权有关。拿破仑曾形容当时的法国法庭:"除了正义外,什么都有。"中国历代王朝都使人有此沉痛伤感。不仅为那些在苦刑之下辗转哀号的同胞落泪,更为国家的前途落泪。

霍光灭族

霍禹、霍山家里，不断发生怪事，全家忧愁。霍山说："宰相（魏相）擅自减少皇上宗庙祭祀用的小羊、家兔、田鸡，这是一项大罪，可用这个作为借口，动手诛杀。"（吕雉太后当权时，曾有诏令：擅自讨论祭庙事情的，街头斩首。）密谋由上官太皇太后出面，宴请刘病已外祖母博平君王媪，召唤宰相魏相、平恩侯许广汉以下作陪。就在酒席之上，由范明友、邓广汉，宣称奉上官太后之命，当场处决。乘势把刘病已罢黜，拥立霍禹当皇帝。密谋已定，等待时机发动。不久，刘病已任命霍云当玄菟郡（辽宁新宾）郡长、中级国务官（太中大夫）任宣当代郡（河北蔚县）郡长。就在这个时候，密谋泄露。霍云、霍山、范明友自杀。霍显、霍禹、邓广汉被捕。霍禹腰斩，霍显跟她的女儿以及兄弟，全体绑赴街头斩首。这场谋反巨案牵连到几十家（《汉书》作几千家），全被诛杀。交通部长（太仆）杜延年，因是霍姓家族老友，也受到免职处分。罢黜皇后霍成君，囚禁昭台宫。

刘病已即位时，依照规定，前往刘邦祭庙晋谒，霍光陪同乘车（骖乘）。刘病已虽已是至尊的皇帝，但平民的心理仍在，对烜赫的全国最高统帅（霍光），仍怀畏惧。跟霍光在一起，有一种压迫感，好像芒刺在背。后来车骑将军张安世代替霍光陪同乘车（骖乘），刘病已才觉得轻松从容。等到霍光逝世，而家族竟被全体诛杀。所以民间传言，霍姓家族的命运，在霍光陪同乘车时，就种下祸根。

班固跟司马光分析霍姓家族覆灭的原因，已经详尽，而司马光对刘病已的刻薄寡恩，特别指责，我们同感。当时如果留下一个幼苗，对西汉王朝的政权，毫无影响，却可显示刘病已的宽厚。问题是，刘病已不是宽厚之人，一件轻而易举的盛德，都不肯去做。

班固和司马光建议的方法,如果能那样做,当然是最高的境界,也是最高的谋略。然而,根本没有那种可能。在专制独裁政治制度之下,一个权力大到可以更换君王,使君王觉得如同芒刺在背的人,他除非发动政变,使自己的屁股也坐上宝座,否则只有被杀被屠,横尸旷野的分。像班固跟司马光所盼望的那条路,根本不通。权力迷人,没有尝过权力滋味的人,永不知道权力的诱惑是如何强烈。专制社会,掌权的会终身不放。民主社会,一经当选,必然追求继续当选。叫一个功高震主的人返璞归真,去过没有权力的闲淡生活,那比凌迟还要难受。当然,灾难发生后,他们都宁愿去过平民生活。但在灾难发生前,他们却宁愿凌迟也不愿放弃权力。而且,即令放弃权力,又怎能使君王相信你是真的?君王又怎敢确定你辞职不是一种试探?他会考虑到万一他批准时,你可能立即反扑。人像鱼而权力像水,鱼一离水,便万般都休。吕不韦在洛阳何曾有什么异图?周勃在绛县又何曾有什么异图?吕不韦终于自杀,周勃终于入狱。

君王跟臣僚的关系,是一个死结,君王日夜提心吊胆,疑心臣僚会叛。臣僚则日夜提心吊胆,不断向君王表示他的忠心。君王脖子上和臣僚脖子上,都架着钢刀,这死结只有死才可解开。

继吕家班、卫家班皇亲覆灭之后,霍家班是第三个覆灭的皇亲。不同的是,吕家班、卫家班都没有谋反之意,而霍家班却真的要干。在全部丧失兵权之后,而竟想靠一个二十几岁的小女人上官太皇太后,夺取政权,可是猪的想法。即令杀了政敌,结果也同样是一团血腥。愚蠢到这种程度,使人发现,大少爷型的人物去玩弄政治,可是天下第一冒险。而大少爷型人物,偏喜欢去玩弄政治,悲剧才接连发生。在此之后,两汉王朝的皇亲群,一个家族接一个家族地被屠,前仆后继,历史的教训丝毫不发生作用,总以为不会轮到自己,连累多少妇女和儿童丧生刀下,徒使旁观者感慨唏嘘。

避 讳

公元前54年,刘病已下诏说:“听说,古代天子的名字,人民很难知道,所以很容易避开,因此我决定改名刘询。”

这是《资治通鉴》第一次关于“讳”的记载,寥寥数语,看不出什么。但是,查考未经浓缩的《汉书》原文,便可发现其中另有恐怖情节。刘病已的原诏是:“听说,古代天子的名字,人民很难知道,所以很容易避开。而今,人民上书时,很多因为冒犯忌讳,受到惩罚,我很怜悯。因此,我改名刘询。”透露出已经有很多人因为在奏章上不小心用了“病”字“已”字,而被处刑。至于处了什么刑,没有记载,不过可以根据一件小事推测:以谨慎闻名于世的西汉王朝太子师傅石奋(参考公元前139年),当他发现他的儿子、宫廷禁卫官司令(郎中令)石建奏章上的“马”字,下面多了一点时,汗流浃背,说:“一旦受到指摘,就死定了。”只不过多了一点,便忧虑到会受到杀戮,如果写出皇帝的名字,罪刑岂会太轻!唐王朝政府有明文规定,由于过失而冒犯政府官员忌讳的,打五十藤鞭。一个普通官员的名字,还有这么大威力,冒犯了皇上御名,可以了解它的严重程度。

古代官场上有两大文字游戏,一是绰号——包括谥号、庙号、尊号,另一则是避讳,是儒家知识分子对权势的一种卑屈谄媚,比绰号更麻烦、更无耻,影响深远。

“讳”这个单音节的方块字,在作动词时,意思是“躲开”。在作名词时,意思是“尊长的名字”。“避讳”就是“对尊长的名字,不但笔下不能写,口中也不能说”。尊长的名字就好像疯狗的屁股,万不可碰,不小心碰了一下,大祸可是滔天的,会被立即咬上一口,毒发身死。五千年来,中国人除了缴税和服役,每天还要面对种种大小不一,光怪陆离的疯狗的屁股,长期下来,遂不得不紧张出全民性的神经质恐惧。

罗素曾指出,只有野蛮部落的人才避讳,领袖人物如果名约翰,则改称 Juhquil,如果名乔治,则改称 Georgquil。随着野蛮程度的降低,文明程度升高,避讳也就绝迹。中国则不然,在这个巨大的酱缸之中,避讳不但没有消失,反而更加泛滥。发生在十八世纪清王朝的一系列的文字狱中,就有几桩跟疯狗屁股有关。像王锡侯先生,他在他主编的字典里,遇到玄烨(清王朝四任帝)、胤祯(清王朝五任帝)、弘历(清王朝六任帝)的名字,都没有"缺笔"示敬,立即诛杀(缺笔应该解释为"不敬"才算合理,而竟被解释为"敬",疯狗自有疯狂的思考模式)。

躲开尊长名字(避讳),在古书《礼记》上,便有明文规定,以后逐渐成为一种专门学问,研究三年都研究不完。大体上说,有四种方法:一是"改字",二是"空格",三是"缺笔",四是"改音"。只因为秦王国国王嬴政的老爹名嬴楚,就索性把楚王国改成荆王国;西汉王朝七任帝刘彻名"彻",蒯彻先生就成了蒯通。像南朝宋一任帝刘裕,《宋书》介绍他时,不说刘裕,而说:"名曰刘讳。"南朝梁一任帝萧衍的父亲萧顺之,《梁书》就有"前侍幸□宅"奇怪句字,□下注:"顺之"。像唐王朝二任帝李世民,名字中有一"世"字,王世充先生遂成了王充,前面所举的玄烨的"烨(燁)",就成了"煜",胤祯的"胤",就成了"肻",弘历的"弘",就成了"弖"。而孔丘这个儒家的祖师爷,"丘"(qiū【邱】)就得念成"回眸一笑百媚生"的"眸"(móu【谋】)。

为了不碰疯狗的屁股,不但改国号,还改姓氏,历史上有名的文彦博先生,本来姓敬。曾祖父时,跟后晋帝国一任帝石敬瑭的"敬"字对撞,他只好改姓"文"。到后晋帝国瓦解,才改回原姓"敬"。可是宋王朝一任帝赵匡胤的祖父名赵敬,敬家只好再继续姓"文",宋王朝历时三百二十年,遂一"文"到底。姓都可改,名更不在话下。孔莽,因为跟新王朝一任帝王莽同名,就改名孔均。不但改人名,如果官名跟疯狗屁股的名字相同——或同字,或同音,连官也不敢做。

《北史》记载：李延实被任命当“太保”，因为他祖父名李宝，“保”“宝”同音，辞职不干。官可以不当，衙门不能全部裁撤，只好改衙门，李世民的“民”施展威力，“民部”就成了“户部”。衙门既可改，地名更不用说，西汉王朝五任帝刘恒有一个“恒”字，恒山就成了常山。地名可改，经典书籍也可以改，刘邦名“邦”，《论语》上的“何必去父母之邦”，就成了“何必去父母之国”。不但人改名，官改名，书改名，地改名，连动物也得改名，西汉吕雉当权之后，“雉”就成了“野鸡”。

每个项目，我们只能举一个例证，如果作较详尽的叙述，真能写一部百科全书。但只由这一些斑点，可以看出全貌。避讳泛滥之后，知识分子如同陷入疯狗屁股大阵，东招西架，扭曲得不成人形，叙述几则人人皆知的故事，说明扭曲的程度。

田登当州长时，不准人民冒犯他老人家的名字，冒犯的就受到鞭打，于是人们都把“灯”改叫为“火”。上元节时，州政府出告示说：“本州依例，放火三日。”这就是“只许州官放火，不许百姓点灯”成语的来源。钱良臣也不准人冒犯他的名字，他的小儿子非常聪明，一天读到《孟子》：“今之所谓良臣，古之所谓民贼也。”他就朗诵起来：“今之所谓爹爹，古之所谓民贼也。”这还是自己拍自己的马屁。五代时代的名宰相冯道请教师讲解《道德经》，上面有句：“道可道，非常道。”教师于是改“道”为“说”：“不敢说，可不敢说，非常不敢说。”

天下最无聊的事，莫过于避讳，五千年来的中国知识分子，为躲开疯狗的屁股，只好到处打听尊长的名字叫什么？爹娘、祖先的名字又叫什么？既不准人写，又不准人说，却又非要人知道不可——不知道怎能不写不说？这种矛盾的窘境，反而被当作一种神圣不可侵犯的尊严法则。除了把活人搞得神经兮兮，还把所有的文字记载，弄得一团糟乱。感谢时代，如今帝王终于绝种，否则的话，我这种直呼帝王名字的干法，早就血染法场。

制度杀人

公元前64年，刘病已即位已十一年，但对已罢黜的前任皇帝(九任)刘贺，仍深怀疑惧，担心他卷土重来，下诏给山阳郡(山东金乡西北昌邑镇)郡长张敞，要他："严防盗贼，注意往来旅客。"并且吩咐秘密进行。张敞了解刘病已的暗示是什么，奏报说："刘贺这个人，大概中过风的缘故，半身瘫痪，走路困难，行动不便。我曾经跟他有一番对话，并借此次对话，观察他的内涵，就用一种恶名在外的猫头鹰诱发他(传说中，猫头鹰长大后，会把亲娘吃掉)，我说：'昌邑(山阳郡郡政府所在县)的猫头鹰倒很多！'(刘贺原封昌邑王。)刘贺应声说：'是呀，我前些时到长安，长安就没有猫头鹰。回来的时候，一到济阳(河南兰考东北坤阳镇)，就听见猫头鹰叫。'观察刘贺的衣服穿着、言语、谈话，以及跪下及起立的姿势，不过一个智力商数很低的白痴。我曾向他建议：'先王(指刘贺的老爹刘髆)的歌女张修等十人，膝下没有儿女，却一直枯守先王(刘髆)的墓园，是不是可以请你放她们回家？'刘贺说：'不行，叫她们一直守下去，害病的不要医治，互相打架伤人的，也不要管，叫她们早早死光！你怎么想到放她们走？'说明他天生愚鲁残忍，不知道什么是仁，什么是义。"刘病已这才发现刘贺不值得忧虑。

刘病已虽然不忧虑刘贺，但我们却忧虑张修等十位女士。刘髆于公元前88年逝世，那些美丽的侍妾当时如果二十五岁的话，经过二十四年，本年已五十岁左右，还不放她们一条生路，而仍囚禁墓园。张修等因皇帝猜忌故主，才在一份奏章上显露。不曾显露的其他千万皇家妇女，她们当初都以她们的白马王子为荣，命运同样悲伤。难道那些继任王爷，也都是白痴？

锯箭杆

颍川郡(河南禹州)郡长黄霸,下令各驿站招待所,跟各县所属的乡政府,都要养鸡养猪,用以救济鳏夫(鳏,音 guān【官】。没有妻子或丧失妻子的男人)、寡妇或贫民。然后推行教育,设置教育官(父老)、督学官(师帅)、治安官(伍长)等,深入民间,教化人民行善去恶,务农养蚕;节俭用度,豢养家畜,种树植,不要把钱浪费到表面排场上。

黄霸处理事务,精密详细,好像在数米粒、盐粒一样,看起来繁重琐碎,可是黄霸精力过人,可以贯彻到底。跟部属和平民面对的时候,总能在谈话中找出症结所在,深入探索,作为印证参考。黄霸了解既多,又善于发掘问题,使部属们不知道他用什么方法,能够如此,一致赞扬他神明,不敢有一毫欺瞒。奸猾的人不能立足,只好逃走;郡境内的盗贼,日渐减少。黄霸竭力进行教化,最后才对犯罪的人处罚或诛杀。对重要部属,不轻易更动。许县(河南许昌东)主任秘书(丞),年纪已老,双耳全聋。视察官(督邮)报告黄霸,要求免职。黄霸说:“许县主任秘书是一位清廉的官员,年纪虽老,可是身体健壮,下跪(坐)、起立、出入迎送,都应付自如。只不过耳朵不太灵敏,那有什么关系?我们要帮助他,莫让贤能的人失望!”这是表面理由。有人问他真正的理由,黄霸说:“如果不断地更换幕僚,免不了既要送旧,又要迎新,那就是一笔庞大的费用。而在新旧交接之际,官吏们会乘机藏匿档案,窃盗公家财物。公私沉重的负担,都要出在小民身上。而新上任的幕僚,又未必贤能,万一不如旧任,就会陷于混乱。治理人民,只能排除过火的坏人。”

在传统政治中,大家都在那里锯箭杆。只对付末梢,不触及根本,所以越修理就越奇怪。苦刑拷掠既是一种暴政,贾谊不建议禁止狱吏暴行,却建议被审讯的人自杀。监狱黑暗,酷刑如故,刘病已不制定刑事诉讼法根绝刑求,却只在司法部增加四位覆判官(参考公元前67年)。前后任官员交接之际,竟有这么大的弊端,黄霸不订定法令,革除弊端,却用延长任期手段因应,这不过使弊端爆发的时间延后几天而已,而弊端永在。

幼稚的裹胁

韩延寿任职东郡(河南濮阳西南)郡长,推行礼仪,崇拜古人古事,更设置里长(正)、邻长(伍长),互相勉励孝顺父母、友爱兄弟。严格规定,不准收留奸邪的人。邻居村落,稍微有点不平常事情,小吏立刻知道,据实向上级报告。奸邪的人,都不敢进入郡境。开始实施的时候,好像有点繁琐,但是,到了后来,官吏再没有追捕盗贼的烦恼,人民也再没有被抓去苦刑拷打的忧虑,大家乐于新政。韩延寿对他的部属,即令位置很低,也都待以厚重的恩德,但约束严明。也有欺骗、辜负他的,韩延寿总痛切地责备自己:“难道我有什么对不起他,为什么会如此?”

韩延寿巡查到高陵县(陕西高陵),有弟兄二人为争夺田产,向他控诉。韩延寿大为悲伤,说:“我有幸被派到这里,作为全郡的表率。却不能够教育感化,到今天,仍然有骨肉之间,为了争夺田产,打起官司。既伤害善良的风俗礼教,而又使贤明的高级官员(长吏)、民政官(啬夫)、乡村教育官(三老)、伦理官(孝弟),蒙受耻辱。责任在我,应当闭门思过!”当天,宣称有病,不再处理公务。回到政府宾馆,卧床不起,深自反省。全县官员不知道如何是好。县长、郡政府主任秘书(丞)、乡村事务官(啬夫)、乡村教育官(三老),恐惧之余,自己投入监狱囚禁,等候定罪。于是,互相控告中的家族,都自己责备自己;两弟兄也深感后悔,把头剃光(表示髡刑),脱下衣袖(表示准备接受鞭打),露出臂膀,向韩延寿请罪,愿意把田产让给对方,到死不敢再争。境内一派升平,到处传播这件事,互相勉励,以后再没有发生过告状的事件。韩延寿以至诚待人,所属二十四县,受到他恩信的感召,没有人敢再告状,官吏小民,都不忍心对他欺骗。

人不平则鸣,有委屈才有诉讼;诉讼,是弱者信赖政府的行为。法庭主持正义,打击迫害,保护弱小。然而,黑暗的司法却成为弱小的陷阱。中国传统是,一旦开始诉讼,没有人敢担保吉凶,仅《资治通鉴》就提供无数例证,在"无罪不能无刑"的原则下,"说不准学"油然问世,不但被告如此,连原告的命运,自己也不能掌握。于是,中国人遂有一种"屈死不告状"的悲怆心理。

明知道告状有这么严重的危险,而两位兄弟仍去告状,其中之一所受的委屈,一定超过所能忍受的程度,想不到法官先生却用诈术逼使和解。和解并不是坏事,问题在于由谁仲裁。在这场兄弟争产的案件中,势必由族中长辈仲裁。长辈中有穷有富,住在破庙里伸手叫化的"曾叔祖父",他的话有什么力量?假定他有力量,早不住在破庙,自有人奉养去了。结果仍是有钱的"曾叔祖父"干预。如果他主持公道,这公道为什么不由法官执行?如果他不主持公道,受委屈的一方,也只好接受这种不公道。如果他不接受这个不公道,咦,好个顽劣刁民!

儒家学派一直唾弃法治,也一直歌颂礼治下的监狱常空。于是产生韩延寿之类人物,拿和稀泥和小女人撒娇等政治裹胁手段,制造和谐假相,像卧床不起、部下自投监狱等等小动作,希望达到礼治目的。于是天地之间,没有正义,没有法律,只有权势。社会全力追求的只是:"息别人的事,宁自己的人。"行险侥幸之辈,永远胜利;地主、财团、恶霸之类,如同巨斧,砍断人民呼天求救的管道。直到今天,这种残余意识,仍在作祟,仍在延缓法治的确立!

严延年之死

河南郡(河南洛阳东白马寺东)郡长(太守)严延年,阴险毒辣,残酷暴烈。一般人认为罪恶重大,应处死刑的人,他会判决无罪释放;一般人认为清白无辜,应平安无事的人,他会硬扣上法条,判决处死。官吏小民,无法确定他的意图,每人都惊惶恐惧,不敢冒犯。冬季,把各县所有囚犯,集中郡政府,作一次总的审理,处决人犯千万,血流数里,人民称他"屠夫"。

严延年一向瞧不起黄霸,后来同时担任郡长,黄霸受到的褒奖和赏赐,都在自己之上,心里大不服气。正好河南郡内,发生蝗虫灾害,郡政府主任秘书(府丞)义(姓不详),到各县视察蝗灾情形,回来后向严延年报告。严延年冷笑说:"蝗虫正好可以供凤凰吞食!"这本来是对黄霸因凤凰飞集而受褒奖所作的讥刺。可是,义年纪已老,有点糊涂,而一向对严延年的阴狠,心存恐惧,一时不了解严延年这种表情的涵义,唯恐怕受到陷害。严延年跟义,曾经同时当过宰相府秘书长(丞相史),严延年对义实在亲信,念及他出巡劳苦,赠送慰问的礼物,更较往日丰富。然而,这种不同以前的厚赠,使义越加惊惶。自己卜卦,又卜得"死卦",就更紧张,认为严延年将对自己采取行动。于是请假前往首都长安,到长安后,立即上书刘病已,控告严延年十大罪状,呈文递上去后,服毒自杀,表示没有欺罔。

案件交付总监察官(御史丞)调查,发现严延年果然有几次对皇帝有怨恨的话,对政府有诽谤的话。遂被控"不道",绑赴街市斩首。

抢劫银行,跟谋财害命,有时候可以单枪匹马,捞他一票。但一项大的暴行,像暴君暴官们的摧残人权,就不是单枪匹马一个人可以胜任。严延年一生暴行中,义是他的帮凶之一。多少次,二人密室私语，计划如何布置天罗地网。可是，义一旦怀疑对象可能是自己时，回想其他帮凶，都在严延年一声冷笑，或在一次丰厚的馈赠之后，被下狱诛杀，如何不心胆俱裂。二十世纪六十年代时，台北一批刑警因贪污案被捕，家属们哀泣哭号，指控她们的丈夫受到苦刑拷打。她们并不知道是不是受到拷打，但她们平日却从丈夫口中，完全了解真相，所以肯定不能幸免。义，正是刑警女眷们的角色。

从义的惊骇程度，可看出暴君暴官们下手的残酷。而也正因为这种残酷，使暴君暴官们自相残杀，不知不觉中，为民除害。同时也显示：任何凶手，都要付出代价。

杨恽文字狱

公元前56年，杨恽被免除侯爵，以后遂在家赋闲，大肆购买产业，用他的财富，从事声色犬马。他的朋友安定郡（宁夏固原）郡长（太守）孙会宗，写信给他规劝告诫，说："一位居高位的大臣，一旦被罢黜贬谪，应当闭门不出，惶惧不安，做出悲哀可怜模样，不应该大兴土木，交结宾客，享有声誉。"杨恽，是曾经当过宰相的杨敞的儿子（杨敞，就是那位一听说霍光要罢黜九任帝刘贺，吓得浑身流汗，不敢一言的老官僚：参考公元前74年），有能力才干，从小就在政府担任要职，声名显耀。一旦被无法分辨的暧昧言语中伤，竟被贬谪，内心当然不平，于是回信说："曾经自我检讨，我的罪过太大，行为更有亏欠。决心当一个农夫，默默无闻于世。所以亲自率领妻子儿女，从事耕田种桑，想不到却又因此之故，受到讥评！人情所不能克制的，连圣人都不禁止。君王跟老爹，虽然地位最为尊贵，血缘最为亲近，一旦他们死亡，作臣属和儿子的，送终服丧，也有尽期（三年）。我之得到惩罚，恰恰已满三年（表示已不必再闭门惶惧），劳作辛苦，遇到岁末严寒之时,宰羊杀羔(小羊),配上斗酒,自己慰劳。酒后耳朵发热,仰天敲盆,纵声高歌:‘南山那里的田地/一片荒芜/没有人照料。播种一顷豆子/最后豆茎下垂/都成乱草。人生应该及时行乐/何必盼望高官富豪!’诚然荒淫无度,不知道不可以这样。”

杨恽的侄儿安平侯杨谭,告诉杨恽说:“你的罪状很小,而功劳很大(指揭发霍姓家族谋反),一定会再被征召。”杨恽说:“功劳有什么用?皇上认为我还没有尽力。”杨谭说:“皇上确实如此。盖宽饶、韩延寿都已经尽力了,还不是借口诛杀?”恰好日蚀,管马助理员(驺马猥佐)成(姓不详),上书控告:“杨恽骄傲奢侈,不知道悔过,日蚀的警告,应在此人身上。”刘病已交付司法部(廷尉)审讯。在搜查中,得到杨恽写给孙会宗的信稿,刘病已深恶痛绝。司法部判决:杨恽大逆不道,腰斩。妻子、儿子放逐到酒泉郡(甘肃酒泉)。杨谭连坐,贬作平民。政府中跟杨恽友善的所有高级官员,如未央宫保安官(未央卫尉)韦玄成,及孙会宗,全部免职。

文言文原版《资治通鉴》,有张宴对杨恽那首歌词的诠释。看了之后,毛骨悚然。张宴的诠释是:“‘南山’是很高的地方,象征皇帝,而竟‘一片荒芜,没有人照料’,显然在攻击皇帝昏乱。‘一顷’是一百亩,比喻政府中的文武百官。‘豆子’本是很结实的东西,代表忠贞,应该放在仓库之中,却沦落到旷野,譬喻杨恽的被罢黜放逐。‘豆茎下垂’,曲而不直,暗示政府官员,都是谄媚之徒。”

张宴是什么时候人,以及是干什么的,我们不知道。仅从他对杨恽这一首歌词的诠释,便可了解文化杀手的可怖。中国专制政体下的统治者,或以统治者自居的大小官僚,一旦触及到对文字的解释,想象力的丰富,着实惊人,就像台湾北海岸的“疯狗浪”,势不可当。阿Q先生因为自己是秃子,只不过对“光”“亮”敏感而已。张宴竟能从一首普通的歌词里,找出足以使作者毁灭的罪证,这种本领,如果用到科学研究上,中国该有多大的进步?却偏偏用到文字狱上,正说明有良心的知识分子的灾难,泉源何在。

五日京兆

杨恽处死之后，高级官员纷纷指控："首都长安特别市长（京兆尹）张敞，是杨恽的朋友，不应该仍居高位。"刘病已爱护张敞，把奏章搁置，不交付查办。然而，山雨欲来风满楼，气氛十分紧张。张敞派他的一位秘书（掾）絮舜（絮，姓）调查一件案情，絮舜态度倨傲，爱理不理，索性回家睡觉，冷笑说："你这个顶多再干五天的市长，还不知趣，查什么案？"（原文："五日京兆耳，安能复案事？"这是"五日京兆"成语的来源。）张敞听到这话，逮捕絮舜，任意扣上一个罪名，日夜不停审讯，终于把他陷于死刑。处决之前，张敞叫秘书官（主簿）送一张字条给絮舜："五天的市长，威力如何？冬季已尽，想不想拖延老命？"绑赴法场诛杀。等到立春，司法部查勘冤狱委员（行冤狱使者）出巡，絮舜家人抬着尸体，拿着张敞写的字条，向委员控告。委员遂弹劾张敞滥杀无罪。滥杀无罪的处分很重，刘病已不愿采取严厉手段，于是，把前些时因杨恽缘故而被要求免职的一些奏章，交下查办，贬作平民（如将滥杀无罪的弹劾案交下查办，就可能抵命）。张敞到未央宫北门，缴还首都长安特别市长印信，一溜烟逃走。

絮舜不过一条势利眼的官场蛆而已，从稍后张敞所作的解释看出，他本是张敞的旧部，一旦发现老长官行将失去权势，立刻换了一副嘴脸。李广曾诛杀霸陵警察官，然而霸陵警察官还是在执行公务，絮舜却是拒绝执行职务。霸陵警察官被杀，我们对他同情。絮舜被杀，我们对他并不同情。

问题在于，势利眼虽然可厌，不犯死罪，强烈报复不应超过他应该得到的，不妨揍他一顿，不妨把他撤差。如果这两点办不到，不妨跟他绝交，以后敬鬼神而远之。势利眼是人性的卑劣面，无法用杀戮使之根绝。不应用苦刑拷打使他坦承莫须有的罪状,然后处死。只是,对势利眼之辈给予惩罚,即令是过当的,也确实大快人心!

张　敞

几个月之后,首都长安特别市政府以及所属单位,官员惰怠,行政效率,几近瘫痪,追捕盗匪的警鼓(西汉王朝时,发觉盗匪,擂鼓追缉),此落彼起。而冀州(河北中部南部)更为严重,一位巨盗和他的部下,公开跟政府对抗。刘病已想到张敞的能力,召见张敞。张敞仍担负着重大的刑事责任(皇帝如果把弹劾他的奏章交下查办,他会丧生),当皇帝使节驾临的时候,张敞全家,包括他的妻子儿女,霎时间一片哭声。张敞笑着安慰她们:“我是一个逃亡的平民,要逮捕我,郡政府派一个警察就够了。而皇家使节竟然亲临,一定是再起用我。”遂穿上官服,跟随使节到首都长安。上书为他之所以诛杀絮舜辩护,说:“我侥幸地能够当一个部长级官员,被任命担任首都长安特别市长(京兆尹),因被控诛杀絮舜,免职为民。絮舜这个人,是我最宠爱的一个部下,很多次,我都原谅他的过失。只因为有人对我提出弹劾,应当受到免职处分,我命他查办一件案件,他竟不理不睬,回家高卧,还讥刺我‘五日京兆’。这是一件忘恩负义、伤风败俗的行为。我认为絮舜的态度邪恶,遂假借法律,把他处死。我知道我枉杀无罪之人,判决并不正直。但即使被明正典刑,也不后悔!”

刘病已接见张敞,任命他当冀州(河北中部南部)督导官(刺史)。张敞到职后,盗贼绝迹。

张敞的干练跟反应之快,在这份奏章上,得到证明。这是一项非常重要的手段,首先向皇帝承认自己的错误,当“圣眷”正隆时,正是最安全时。其次,就是这么一纸文书,立刻把压在背上的严重刑事案件,轻轻化解。史书虽然没有交代刘病已接到奏章后如何反应,但可以推断,已经结案。否则的话,劾章仍握在皇帝手中,像一个定时炸弹一样,随时都会爆炸。一旦有人催促皇帝行动,张敞性命不保。

官场技巧,又为我们提供一个范例。可怜的只是势利眼絮舜的孤儿寡妇,仍在认为圣明的君王,会为他们冤死的丈夫、父亲作主。

儒家不可用

皇太子刘奭(音 shì【是】),温柔敦厚,深受儒家学派思想的熏陶。眼见老爹偏重于任用深懂法律的知识分子,用法律对待下属。曾经乘着父子共同进餐的时候,顺便建议说:“阿爹太重视法治,应该多依靠儒家人才。”刘病已脸色大变,厉声说:“西汉王朝自有西汉王朝的制度,一开始就是采用‘霸道’‘王道’的混合手段,治理国家,怎么能够单独地使用周王朝那种‘礼治教化’?而且所有儒家人才,都不切实际,崇拜古人古事,总认为今不如古。使人弄不懂‘名’和‘实’的分界,不知道做什么才好,怎么可交给他们重责大任?”叹息说:“败坏我们刘姓皇家的,就是这小子!”

司马光曰:“王道、霸道,本质上并没有分别。从前,当三代鼎盛之时(三代:夏王朝、商王朝、周王朝),无论制定礼仪或发动战争,都由天子作主,我们称之为‘王’。后来天子的权力衰退,不能控制封国,有能力的封国国君,率同其他同盟的封国,共同讨伐背叛中央的封国,号召尊重中央政府,我们称之为‘霸’。不管‘王’也好,‘霸’也好,他们的行为,都在仁义法则的指导之下:任用贤明有能力的人才,奖励善行,惩罚邪恶,禁制凶残,镇压暴乱。只不过名位尊卑不一样,恩德深浅不一样,功勋大小不一样,辖区广狭不一样,如此而已。并不像‘黑白’‘甘苦’之恰恰相反。西汉王朝之所以不能建立三代的盛世,原因在于君王没有去做,并不是先王(儒家崇拜的古代君王)治理国家人民的道理,不能重新在后世推行。儒家学派中,有‘君子儒’‘小人儒’之分,普通的一些儒家人才,诚然不能够治理国家。但,为什么不去寻找杰出的儒家人才?像姬弃(周王朝一任王姬发十五代祖先)、子契(商王朝祖先)、皋陶(黄帝王朝著名的法官)、嬴伯益(黄帝王朝末任帝姚重华时,帮助姒文命治理洪水有功)、伊尹(商王朝一任帝子天乙的宰相)、姬旦(周王朝一任王姬发的宰相)、孔丘(儒家学派创始人),都是‘大儒’。假使西汉王朝得到他们,则西汉王朝的功业,岂止如此而已!刘病已痛恨太子刘奭懦弱,不能自立,认为刘奭不了解他的责任,必然败坏皇家,当然可以这样肯定,而竟然说:‘王道不可行,儒家不可用。’岂不过分?不可以用来训勉子孙,告诫后世。”

刘病已刚刚指出儒家的缺点:“不切实际,崇拜古人古事,总认为今不如古。”司马光立即出马辩护,可是辩护的论据仍是一连串的古人古事,一连串的今不如古。好像不是为儒家辩护,而是挺身为刘病已作证:“儒家果然不切实际,崇拜古人古事,总认为今不如古。”当人们指责螃蟹横着走时,螃蟹勃然大怒,认为那是一种别有居心的诬蔑,而且马上表演给人们看他直着走的英姿——却仍在那里横着走。司马光在表演“儒家可用”特技时,就是这种姿势。

司马光所列举的“大儒”,都是古人古事,即令事迹可靠,西汉王朝也不能派人到阴曹地府,把他们请来帮忙。而且幸好不能请来帮忙,真的请来帮忙,恐怕非丢人砸锅不可。法国拿破仑复活,这位军事天才岂能指挥现代化战事?蒙古铁木真复活,他岂能再打到波兰?面对新的形势,必须有新的头脑。丘吉尔在第二次世界大战后,竞选失败,曾说:“一个对首领恩德容易忘记的民族,是一个充满活力,不可轻侮的民族。”而在中国,儒家学派的唯一法宝,竟然全是古人古事,全是今不如古。只有患老昏病的人,才不断惋惜昔年风光,中国文化已走到了这个可悲的尽头。

“君尊臣卑”基本精神,使传统知识分子根本看不见、也想不到时代是一个转动的巨轮。所以认为政治上的领袖人物，全都像魔法师一样，一念之间，就可旋乾转坤。只要复古，就可以把西汉王朝倒退两千年，回到“三代”那种简单粗陋的“盛世”。司马光跟一些自闭在书房里的历史学家不同，司马光不久就被擢升为宰相，得到宫廷大力支持，宋王朝可算是找到“大儒”了，而且君臣合心，怎么不把中国带到可爱的姬旦、孔丘时代？

一个重大的问题：“三代”之世的王道，既然妙不可言，完整无缺，就应该千秋万世，永垂无疆之庥，为什么“王”着“王”着，忽然间“天子权力衰退”“不能控制封国”？证明“三代”盛世的王道，缺乏巩固本身制度的能力。即令西汉王朝的君王大发神威，找到了一个“大儒”，回到夏商周，一旦该“大儒”死亡，又如何保证不再堕落凡尘？

“罢黜百家，独尊儒术”，并不是儒家学派跟君王合作，组织联合政府，而是君王利用儒家“君尊臣卑”的学说，奴化人民思想，使人民更容易控制。历史上最善于歌功颂德、自毁尊严的知识分子群，莫过于儒家系统。也只有儒家系统，才能使君王们舒服舒服、蹲在高位上过瘾。所以，“大儒”也好、“小儒”也好，“君子儒”也好，“小人儒”也好，君王可以豢养他，可以尊敬他，但没有一个君王敢放心把政权交给他。只因为他们是刘病已所指出的：“不切实际。”司马光于十一世纪八十年代当过两年宰相，就因为当上宰相后，努力扼杀改革的成果，引起民怨沸腾。对刘病已的告诫：“儒家人才不可以任用”，又多一个有力的挺身证明。

荀　悦

匈奴汗国（此时王庭不定，或在中蒙交界处）呼韩邪单于（十四任)栾提稽侯栅,率领大批人马,缓缓抵达边界五原要塞(内蒙古包头),派人进关,表示愿意呈献国宝,并于明年正月,前到首都长安,朝见中国皇帝。

这是一项使全国震撼的消息,刘病已命有关单位决定礼仪,宰相(丞相)跟监察官(御史)建议:“古时候圣明君王的制度,首都占第一位,而后才是封国。中国占第一位,然后才是蛮族。匈奴单于朝贺,地位应跟亲王平等,但座位应在亲王之下。”太子师傅(太子太傅)萧望之提出异议说:“匈奴本不是我们的臣属,所以称它是敌国。不应该以臣属的礼仪待他,而应当作国家的贵宾,地位在亲王之上。蛮族愿意归附,低头称臣,而中国谦让,并不让他称臣。这会建立更深厚的感情,享受谦虚的福气。古书上说:‘蛮族很难驯服。’形容他们反复无常。万一以后匈奴的后裔干出飞鸟远走、老鼠潜伏的勾当,不肯再来朝见,也就不是我们的叛臣贼子(不必非征剿不可),应是万世的长远策略。”刘病已采纳萧望之的意见,下诏说:“匈奴单于,愿意作为中国北方藩属,在正月初一——‘正朔’之日,前来朝觐。我自问恩德不够,不敢当此隆重礼节。应以国宾之礼接待,使单于位于亲王之上。拜谒时只称‘臣’,不称名字。”

荀悦曰:“《春秋》显示的道理是:圣明的君王不分国内国外,对天下人民,一视同仁。蛮族相距遥远,人事隔绝。所以中国的‘正朔’(即年号),传递不到,中国的礼义,也无法教化。并不是尊重他们,而是形势所限,不得不如此。《诗经》说:‘管你是氐(音 dī【低】)/管你是羌/都不敢不来朝见天王。’所以再远的蛮族,必须前来朝贡。如果不朝贡,则先是斥责,继是讨伐,所以它们并不是敌国。萧望之打算待以国宾之礼,位居亲王三公之上,是一种僭越,和一种错失。违背天理,扰乱纲常,不合礼教!但是如果只是一时权宜之计,那将另当别论。”

中国因为地理封闭,一开始又拥有相当庞大的面积,和相当强大的武力,于是养成了自命不凡的心理,对四邻一律瞧不上眼,全部当成蛮族,偏偏他们竟然也真的文化低落,国土既小,而人口又少,于是更增加中国人的优越感。这不能单纯责备中国人,任何一个国家处于这种“万国来朝”的局面,都会发现自己的确伟大。英国称霸世界,不过两百年而已,而且现在已经瓦解,但我们仍可在英国人身上看出他们的优越感,何况中国占据高位,长达四千年之久。

战国时代,各王国的国王,也曾互相访问,而且也不断有过巨头会议。但是,因为它们都是由封国蜕变出来的缘故,性质上不过昔日封国国君报聘制度的延伸,顶多也不过像西羌部落间,暂时“解仇”,心理上仍在“中国”这个大范围笼罩之下。而这次匈奴汗国单于前来中国朝见,却是有史以来,第一次真正接待一位外国元首,是件破天荒的大事,史无前例。而儒家学派最恐惧的正是这种史无前例,一旦没有古人古事可以遵循,立刻就成了夜盲。当时只有一个人有正确的见解,那就是萧望之,虽然心态上仍是唯我独尊,但形式上他总算认为应把单于当成国宾。

荀悦的评论,再一次展示他的那种不切实际,大言不惭,不怕闪了舌头的态度。“再远的蛮族,如果不朝贡,则先是斥责,继是讨伐!”好家伙,匈奴汗国单于不但不朝贡,还要西汉王朝的皇太后充当他的小老婆,斥责在哪里?讨伐在何方?金帝国,不但不朝贡,还把宋王朝的皇帝像捉猪一样地捉了去两个,斥责在哪里?讨伐在何方?习惯于关着屋门说大话,叫人背紧。

刘病已警告说:“儒家不可用!”(参考去年【公元前53年】)正是为此,因为儒家不但企图回到永不能回到的古代,而又是单线思想,中国人遂激荡在两个极端,一端是狂妄的自傲,另一端是卑鄙的屈膝,一直学不会如何跟朋友平等相处。

中匈和平

一向,西方世界从乌孙王国(首都赤谷城【中亚伊赛克湖东南中国边境】)直到安息王国(伊朗共和国),凡是跟匈奴汗国接壤的,都敬畏匈奴,而瞧不起中国。自匈奴单于朝见中国,大家转而敬畏中国。

匈奴汗国于公元前三世纪崛起,南下侵略,中国跟它苦苦缠斗,历时二百年之久,终于获得最后胜利,虽罗马帝国之击败迦太基共和国,艰难也不过如此。本年(公元前 51 年),匈奴汗国呼韩邪单于(十四任)栾提稽侯栅到中国首都长安朝觐,以及中国协防兵团之进驻王庭,使北方边患,得以解除。

然而,这么一项伟大的盛典,中国所有史籍,包括《资治通鉴》在内,记载的简略,使人气沮。而这简略记载,又复纠缠成一团,毫无条理,再度出现"说不清"的毛病。唯一的男主角栾提稽侯栅,反而成了一个隐形人物,而第二男主角刘病已,也像一块不重要的木偶。所谓典礼既毕,是什么典礼?所谓渭桥之会,两国君王有没有见面?当时仪式如何?谈些什么?一片模糊。

笔下"写不清",嘴巴"说不清",也就是脑筋"想不清"。想不清的原因是,重文轻武的传统观念下,把英雄血汗换来的成就,轻松抹杀,一味在纸上做着五帝三王的大梦。使我这个从事翻译现代语文的作者,都感到满面羞惭。这么一个空前的盛典,如果由司马迁执笔,恐怕字都会从纸上跳起来。现在,不但笔调平庸而已,连词句都根本不通。

评论刘病已

公元前49年,刘病已患病,物色可以托付后事的高级官员。召唤表叔、宫廷随从(侍中)乐陵侯史高、太子师傅(太子太傅)萧望之、太子教师(太子少傅)周堪,到寝宫榻前。任命史高当全国武装部队最高指挥官(大司马)兼车骑将军,萧望之当前将军兼宫廷禁卫官司令(光禄勋)、周堪当特级国务官(光禄大夫);都接受遗诏,共同辅佐幼主,主管宫廷机要(领尚书事)。刘病已在未央宫逝世(四十三岁)。

班固曰:"孝宣皇帝(刘病已)治理国家,有功必赏,有罪必罚。详拟计划,追查实施成果。无论主持政务的官员,或儒家经典的知识分子,以及法学专家,都是一时精英,工作效率至高。至于技巧、工匠、器械之盛,之后的两位皇帝(十一任刘奭、十二任刘骜),都赶不上。官员尽忠职守,人民安居乐业;又碰到匈奴汗国内乱,救亡助存,威信震慑北方蛮族。匈奴单于(呼韩邪单于)敬慕中国仁义,低头称臣。伟大功勋的光芒,照耀祖先,盛大的事业,永垂后嗣,确可称为'中兴'。功劳和恩德,都可上比商王朝的子武丁(二十三任帝高宗)、周王朝的姬靖(十一任王宣王)。"

班固颂扬刘病已上比子武丁、姬靖,仍酱在"古"的巨缸里。子武丁先生的事迹,发生在半信史时代的前十四世纪,不过寥寥数语。姬靖先生虽是公元前九世纪的人物,却窝囊得很。把英明的刘病已拼命往古人古事模子里塞,反而使之黯然无色。

最热闹的是:"匈奴单于敬慕中国仁义,低头称臣。"匈奴单于栾提稽侯栅只因兵弱将寡,走投无路,才向中国投降,完全由于现实利害,跟仁义何干?中国皇帝中也有几位向蛮族低头称臣的,难道是敬慕蛮族的仁义?

这种信口开河的无知和无耻,一定导致错误的决策。虚骄之气不改,中国人就永远看不到面对的真相。

“建言”“进谏”极限

刘奭采纳贡禹的建议,下诏:凡是皇帝很少前往的宫殿,以后不再修理。交通部(太仆)减少御用马匹,水利署(水衡)减少供应皇帝观赏或打猎用的野兽(西汉王朝时,水利署掌管御花园)。

司马光曰:“忠臣之事奉君王,应要求君王去做较为困难的事。那么,较容易的事,用不着费多大力气,便可纳入正规。只要能弥补短缺,长度过分的地方,自然修正。刘奭刚刚即位,向贡禹虚心请教,贡禹应该先在最重要的事情上着手,而把次重要的事情,留在第二步。优柔寡断,邪恶之辈掌握权柄,正是当时最严重的忧患,贡禹不在这方面发言。谨慎节约,正是刘奭所具有的,贡禹却煞有介事,提出建议。原因何在?假使他的智慧连这都不知道,怎么可称贤能?假使他知道却不肯说,罪就更大。”

贡禹的建议,集中“婚”“丧”两大焦点。如果能够像他盼望的,把宫女减为二十人,不但可以内无怨女、外无旷夫,还可以使中国政治局面,有一个新的转变——可能免除宦官之祸,因为根本就不再需要那么多宦官,也可能缩短君王跟官员人民之间的距离,使君王有机会保持清醒。厚葬的弊端,不仅使死者家属不堪负担,而且大量动产、不动产,每天都要埋入地下,资源就不得不日益干枯。试想一想,全国每天有多少人死亡,平均一个尸体陪葬一两银子的话,一年要多少银子消失?

司马光责备贡禹不知道在最重要的事情上着手,而他所谓的最重要事情，就是："优柔寡断，邪恶之辈掌握权柄。"问题是，刘奭天生的优柔寡断，这种性格，岂是"建言""进谏"所可以改正得了的？至于"邪恶之辈掌握权柄"，更是稀奇。刘奭刚刚坐上宝座，"邪恶之辈"还没有上台。即令上台，还没有机会显露他们的邪恶，叫贡禹如何指出？难道贡禹是摆卦摊的，未卜先知。

司马光的意思是，应先要求君王去做较为困难的事，其他的小事，就迎刃而解。这种擒贼先擒王手段，并不是万灵仙丹。在司马光看起来"嫁""葬"的小事，刘奭又听得进几句？宫殿岂能真的一直不修理？最后还不是要大动土木。减御车、减野兽，能节省多少经费？对减少宫女的事，刘奭一字不提，这么"容易"的事他都办不到，更困难的事——诸如任用不知在天涯何方的"大儒"，就更办不到。如果刘奭问柏杨先生的意见，我就建议全国选举，组织议会，司法独立，这可是更困难更根本的，刘奭能不能接受？

贡禹的建议，证明一件事，在专制封建的政治制度之下，"建言""进谏"，作用甚微。只有民主政治的制衡压力，才能使当权分子小心掌舵。

萧望之

公元前 47 年，刘奭封皇子刘骜（本年四岁）当皇太子。金马门候见官（待诏）郑朋，赞扬太原郡（山西太原）郡长（太守）张敞，是刘病已时代有名的重臣，可以辅佐皇太子刘骜。刘奭询问萧望之意见，萧望之认为张敞是一位干练的官员，足可胜任治理繁杂混乱的工作，但是行为轻佻，不是当师傅的材料。刘奭遂改变主意，派使节征召张敞，准备任命他当北长安市长（左冯翊）。不巧，张敞因病逝世。

萧望之攻击张敞行为轻佻，所指的事实有二：一是有一次，张敞参加皇帝朝会后,“骑马穿过章台”,章台街上,妓女户林立,他竟不在乎,直穿而过。另一是著名的“张敞画眉”,酱缸蛆认为堂堂政府官员给妻子画眉,是一种淫亵。张敞曾就此点抗议说:“闺房之乐,比画眉更淫亵的动作,可多的是。”然而只要被鲨鱼群咬住,恁凭事实俱在,都无法摆脱。

中国传统文化,是一种老人文化。很多率真的性情中人,都被迫端起嘴脸,努力扮演圣贤。结果把赤子之心,层层磨损,出现一种官场中的奇异怪兽。然而,只有伟大的人格才会有伟大的形象,而伟大的形象就是真情。靠着人工制造,能累出气喘病。萧望之在他跟皇亲集团的斗争中,受到惨败,我们万分同情。但他那种拒人于千里以外的高傲嘴脸,却实在使人生厌。他之打击张敞,不过由于张敞是受郑朋推荐而已,从他陷害韩延寿,以及企图陷害丙吉,显示出萧望之绝不是一个善良宽厚之辈,但他却是一个“大儒”,于是自有儒家系统给他过高的评价。

浑　球

刘奭一直非常尊重萧望之,要请他担任宰相。皇亲集团弘恭、石显,跟许史两大家族的子弟,以及宫廷随从(侍中)、宫廷政务署各单位(诸曹),都心怀怨恨,等待机会反击,而机会终于来临。原来刘更生迫不及待,先行动手,命他的一位亲戚,就地震灾难,上书给刘奭说:“地震发生,正是针对弘恭、石显,而不是针对三个孤寒的匹夫(指萧望之、周堪、刘更生)。我非常愚昧,但我认为,应罢黜弘恭、石显,显示对于包庇邪恶的处罚。应擢升萧望之等,疏通贤能上进的道路,如此的话,则天下太平的大门洞开,天灾地变的泉源阻塞。”奏章呈递上去之后,弘恭、石显怀疑是刘更生干的勾当,要求刘奭准许追究,刘奭批准。于是逮捕那位亲戚,供出真相,果然受刘更生指使。遂逮捕刘更生,贬作平民。

就在这时候,萧望之的儿子、护从顾问(散骑)兼皇家警卫官(中郎)萧伋,为老爹"移送司法"事件,上书呼冤。奏章交付给有关单位,有关单位查覆奏报,说:"萧望之正月间被指控的罪证,十分明确,并非诬告陷害。他却教唆儿子,向陛下上书,引用《诗经》上无罪的诗篇,有失大臣的风格,大不敬!请逮捕审讯。"弘恭、石显等皇亲集团深刻了解,萧望之素来刚烈高节,不可能接受下狱的屈辱。所以建议说:"萧望之在前案中,侥幸没有牵连进去,而又赐给他爵位。不知道改过,反而一肚子牢骚,教唆儿子(萧伋)上书,把错误推到陛下身上。用意十分明显,自以为是陛下的师傅,无论怎么乱搞,都没关系。如果不用监狱的痛苦,挫挫他的骄傲,减减他的自信,就无法阻止他的怨恨。陛下即令再加给他恩典,他也不会感激。"刘奭说:"萧师傅性情刚烈,怎么肯去坐牢?"石显一群人说:"人,谁不爱惜生命,而萧望之被指控的,不过言语上的小罪(这是欺骗的话,"大不敬"是唯一死刑),用不着担心他自杀。"刘奭同意。石显等把诏书封妥,交给皇家礼宾官(谒者),命送由萧望之亲自拆封。为了加强恐怖效果,石显教祭祀部(太常)火速调发首都长安警备区司令部(执金吾)所属的警备部队,包围萧望之住宅,使节到了萧宅,召唤萧望之。萧望之饮下鸩酒,自杀。刘奭接到报告,大为震惊,拍桌子说:"我本来就怀疑他不会去坐牢,果然杀了我的好师傅!"这时,御厨房送来饮食,刘奭正在午饭,不能下咽,流泪满面,左右都被感动。召唤石显等责问,石显等承认当初判断错误,脱下官帽,叩头请罪,很久很久,才放他们起身。刘奭哀悼萧望之,不能忘情,每年都派使节去他坟墓前祭祀,直到刘奭去世方止。

刘奭是一个超级浑球。浑球最大的特色是,他心肠不坏,但没有判断能力,即令有判断能力,也没有执行能力。就像一个永不成长的小娃,被野心家团团玩弄,抛上荡下,不但不觉得危险,反而欢天喜地。爱护他的人在旁空淌大汗,却无可奈何。不幸的是,自从刘奭开始,一连串的君王,都是这一类型。西汉王朝之瓦解,遂连神仙都挡不住。

表演忠贞

刘奭祭祀皇家祖庙,出便门(长安南城西边第一门),准备乘船。薛广德拦住皇家卫队(乘舆),叩头说:"请走河桥。"刘奭传话下来,说:"请最高监察长(薛广德)戴上官帽!"薛广德说:"陛下如果不接受我的建议,我就自刎在此,用鲜血污染车轮。车轮一旦污染,陛下就进不了皇家祖庙(太庙)。"刘奭大不高兴。担任车队开道的特级国务官(光禄大夫)张猛说:"我听说:主上圣明,臣属自然正直。坐船危险,而过桥却万无一失。圣明的君王不冒任何危险,最高监察长(薛广德)的话,可以考虑。"刘奭说:"规劝别人,应像这样把道理说个明白!"于是改走河桥。

席地而坐,跪下也好,叩头也好,顿首也好,不过俯一俯腰。而在大街之上,拦住车队叩头,可是先要矮半截,双膝接触地面,头才能叩得下去。从薛广德搞的这一套,可看出向当权分子"进谏"时的卑屈心理和卑屈动作,也可看出知识分子的命运:必须丧尽廉耻,自甘羞辱,才有可能蒙受当权派的青睐。然而,也同时使当权派准确地看出知识分子竟像狗一样地跪在面前,用自杀来表演他的忠贞!

我们盼望中国人永远不再这么卑屈,永远不再自甘于狗的身份。而永远地挺直脊梁,站在那里,侃侃而谈,大声警告头目:"你如果坐船,可能淹死!"他如果不听,就让他淹死。假如这种举动伤害到国家,而不接受警告,就在一场选举中,把他逐下宝座。

薛广德的表演,在历史上不过一个开端,以后这种节目,可没完没了。明清王朝六百年间,中国人更把自己糟蹋得不像人,而把当权分子一个个宠成暴君暴官。

“君子”“小人”之争

宫廷政务长(中书令)石显,跟宫廷禁卫官司令(光禄勋)周堪、特级国务官(光禄大夫)张猛,结仇已深,不断在刘奭跟前,打小报告。已经被罢黜成为平民的刘更生,唯恐怕有一天会被陷害,于是上书抨击石显。石显跟许史两姓皇亲,结合得更为坚强,把刘更生一帮,恨入骨髓。

刘更生呈递给刘奭的这份奏章,是一封战书,煽动刘奭下手诛杀自己的政敌。满口攻击对方奸佞邪恶,却没有指出奸佞邪恶的事实,或举出奸佞邪恶的例证,而只一口咬定对方是“小人”,自己是“君子”。全篇都是大道理、大推论。我们没有看到石显集团如何攻击刘更生,但可以推断,恐怕也会使用同样的语言——一口咬定刘更生是“小人”,而自己是“君子”。这种“小人”“君子”之争,不过刚刚开始闹起,以后越闹越烈,直闹了两千年之久。读者只看到刘更生唾沫横飞,却看不到他所指控的罪行。只看到萧望之的指摘,却看不到皇亲集团什么地方奸佞邪恶,非赶尽杀绝不可。每一个人都用情绪诟骂对手,无怪当皇帝的刘奭,分辨不清到底谁是小人,谁是君子。在我们的印象中,皇亲集团不过一群保位固宠的官场混混,却只听到萧望之、刘更生一帮,磨刀霍霍。

然而我们必须正视孔丘诛杀少正卯的故事。公元前496年,孔丘被赏识他的鲁国二十七任国君(定公)姬宋,任命代理宰相(摄相事),掌权不到三个月,就把一位声望很高,深得国人尊敬的文化人少正卯,逮捕处决,然后宣布少正卯五大罪状:一、居心阴险,处处迎合人民的意思。二、行为邪恶,不肯接受劝告。三、说的全是谎言,却坚持说的全是实话。四、记忆力很强,学问也很渊博,但知道的全是丑陋的事。五、自己错误,却把错误润饰成为一件好事。("心逆而险,行僻而坚,言伪而辨,记丑而博,顺非而泽。")这种烟雾迷蒙的抽象字汇,如果可作为定罪的证据,则凡是有权杀人的人都有福了,他们可以随时随地把这顶帽子,扣到任何一个看不顺眼的人的头上。扣到莎士比亚、柏拉图、华盛顿头上,固然适合,扣到孔丘、孟轲、朱熹头上,更是天衣无缝。这桩历史上有名的冤狱,当时就引起十分强烈的反弹。正主持对上帝大祭的鲁国国君姬宋,在分祭肉的时候,故意不分给孔丘。这是礼教社会中表示最严重的一种厌恶,孔丘只好逃亡,出奔卫国。

在孔丘被尊为圣人之后,这件枉杀无罪的冤狱,竟被儒家学派美化,而且在以后两千年儒家学派当政的日子里,有权大爷只要杀机一动,这件冤狱便会被牵出笼。跟攻击嬴政大帝的情形一样,一犬吠影,百犬吠声。没有人敢去追查少正卯被杀真相,而只敢异口同声,一致赞扬孔丘杀得好、杀得妙。刘更生不过百犬吠声中的一犬而已,以后这种一犬分子,车载斗量,为"无罪不能无刑",找出儒家学派圣人的论据,使杀人的真凶,心安理得。虽然到了后来,有头脑的儒家学者,忽然发现,总有一天会被有思考能力的人予以揭发,也曾著书立说,为孔丘辩护,誓言他并没有杀少正卯。但已无法挽回它在历史上所造成的长期毒害,实在是一件遗憾。

各打五十大板学

京畿总卫戍司令(司隶校尉)、琅邪(山东诸城)人诸葛丰,以刚强正直,特立独行,闻名朝野,屡屡冒犯皇亲国戚,很多当权派排挤他,说他坏话。后来被控春夏二季逮捕人犯,贬谪当首都长安城防指挥官(城门校尉)。公元前 43 年,诸葛丰上书控告周堪、张猛有罪。刘奭对诸葛丰大为不齿,下诏说:“首都长安城防指挥官(城门校尉)诸葛丰,之前跟宫廷禁卫官司令(光禄勋)周堪、特级国务官(光禄大夫)张猛,同在中央时,诸葛丰屡屡称赞周堪、张猛的美德。诸葛丰当京畿总卫戍司令(司隶校尉)时,不顺应四时天意,不知道遵守法令制度,用苛刻凶暴的手段,建立威严外貌,我不忍心法办,只贬他当首都长安城防指挥官(城门校尉),想不到他不自我反省,反而翻脸成仇,怨恨周堪、张猛,以求报复。控告的全是没有证据的话,揭发的全是无法证明的罪。想诽谤就诽谤,想赞扬就赞扬,随心所欲,不管从前的立场,没有一点信义。我怜悯诸葛丰年纪老迈,不忍诛杀,着即贬作平民。”再下诏说:“诸葛丰指控周堪、张猛毫无忠贞信守,我心怀怜悯,不肯追究,而又惋惜二人的才干,无法报效国家。兹贬周堪当河东郡(山西夏县)郡长(太守)、张猛当槐里县长(令)。”

刘奭对诸葛丰跟周堪、张猛的处分,使一千年后的司马光先生感慨,也使比司马光更后一千年的柏杨先生感慨。这正是官场上流行的各打五十大板学:“张三固然是坏胚,李四也不是好东西。”产生这种态度,一个原因是情绪上的不耐,虽然你对了,可是你怎么总是惹麻烦?另一个原因是,智力不能判断谁是谁非,索性左右开弓,图得眼前清净。而且,其中至少有一方是罪有应得。

各打五十大板学不废除,和稀泥就成为金科玉律。诚如司马光所言:善恶是非,就永远混沌不明。一个善恶是非得不到公道的社会,必然爆发动乱。

官场蛆

贾捐之跟杨兴,友谊至深。贾捐之总是抨击石显,因此他一直无法弄到一个官做,更很少有机会见到皇帝刘奭。而杨兴正因干练的才能,受到赏识。贾捐之向杨兴建议说:"首都长安特别市长(京兆尹)出缺已久,如果我能面见皇上推荐你的话,这个职位马上就可以到手。"杨兴说:"老哥笔下生花,当今天下,言语最为精辟。假如你能当宫廷秘书长(尚书令),可比五鹿充宗(五鹿,复姓。五鹿充宗是现任宫廷秘书长)高明得多。"贾捐之说:"我如果能取代五鹿充宗,你能当首都长安特别市长(京兆尹)。首都,位居各郡跟封国之首,而宫廷机要,掌握全国官员的命脉。天下一定太平,上下就再不会隔阂。"说着,又攻击石显。杨兴说:"石显权势,如日中天,皇上正信任他,我们如果谋求上进,必须听我的计划,向他靠拢,只要能称他的心、合他的意,就可以成功。"于是,二人联名上书,赞扬石显的美德,建议应封爵关内侯(准侯爵),而使他的兄弟入宫充任政务署(中书)或秘书署(尚书)的单位主管(诸曹)。然后,二人又共同拟定,而由贾捐之单独署名的奏章,保荐杨兴能力非凡,应考虑使他当首都长安特别市长(京兆尹)。

石显看穿二人诡计,报告刘奭。逮捕贾捐之、杨兴下狱。刘奭命石显负责审讯,审讯后,石显覆奏,说:"杨兴、贾捐之心怀奸诈,行为虚假,互相标榜,企图谋取政府高官位置,欺骗皇上,大逆不道。"贾捐之绑赴街头斩首,杨兴被剃光头发(髡刑),罚做苦工。

司马光称贾捐之"以邪攻邪",事实上,何来"以邪攻邪"?不过官场蛆在那里爬上爬下、钻营升迁而已。《资治通鉴》从郑朋开始,写贾捐之、写杨兴、写诸葛丰,把一群奔走于权贵之门,密室咬耳,寡廉鲜耻的官崽嘴脸,描绘得栩栩如生。

糊涂不清的头脑

公元前42年6月，西汉王朝赦天下。

荀悦曰："对于囚犯的赦免，是一种权宜的措施，不是正常的司法典范。西汉王朝崛起之初，恰在秦王朝战乱之后。几乎每个人都身负重罪，如果一定要依法办理，挨家逐户，都应诛杀。所以刘邦约法三章，颁发大赦命令。以后就成为一种传统，新皇帝登极，一定大赦。洗刷社会上的罪恶污秽，使人民从头开始一种新的生活。当时局势，不得不如此。可是，到了后世，大家承袭了这个制度，不知道改革，已经失去时代意义。在惠帝（西汉二任帝刘盈）、文帝（西汉五任帝刘恒）时候，天下不需要赦，在孝景皇帝（西汉六任帝刘启）时候，发生七国之乱，人心浮动，奸诈百出（参考公元前154年）。到了武帝（西汉七任帝刘彻）末年，赋税沉重，差役频繁，盗匪四起，再加上皇太子刘据事件，巫蛊大祸，全国惊惶，人民生活困难，无依无靠。等到光武皇帝（东汉一任帝刘秀）上台，平息灾难。用来跟前世相比，由他赦免罪犯，才最恰当。"

荀悦这篇评论，实在不知道说些什么。司马光把它放在匡衡的言论之后，当然认为是对匡衡言论，有阐扬的功能。可是荀悦却只绕着"赦免罪犯"一个小圈圈打转，而又转昏了头，语无伦次。看样子他是赞成赦的，因为赦可以"洗刷社会上的罪恶污秽，使人民从头开始一种新的生活。"但再看下去，他似乎又在反对。强调说，刘恒时代，天下太平，从没有赦。可是刘彻末年之后，天下大乱——荀悦在叙述到天下大乱之后，忽然塞住嘴巴，不知道跟"赦""不赦"有什么关系。最后才忽然肯定，只有刘秀（荀悦先生的顶头上司）才有赦免的资格。却没有说明：刘病已、刘奭二位先生在位，也在大乱之后，为什么就没有赦免的资格?

只有糊涂不清的头脑,才写出糊涂不清的文章。

大快人心

贡禹上疏说:"孝惠帝(二任帝刘盈)、孝景帝(六任帝刘启)的祭庙,因为亲情已尽,应该拆除(贡禹指出:天子只能设立七座祭庙,凡不属于这七座祭庙的其他祭庙,都要撤除),而各郡、各封国所设置的皇家祭庙,不合古代规定,也应撤除。"(刘盈尊老爹刘邦的祭庙为"太祖庙",刘启尊老爹刘恒的祭庙为"太宗庙"。刘病已尊曾祖父刘彻的祭庙为"世宗庙"。凡是他们到过的郡或封国,都设置祭祀。)刘奭认为有理,下诏撤除昭灵后墓园、武哀王墓园(刘邦的老哥)、昭哀后墓园(刘邦的姐姐)、卫思后墓园(刘彻的皇后卫子夫、刘据的娘)、戾太子墓园(刘据)、戾后墓园(刘据的正妻史良娣),解散祭祀官员跟守护人员。又撤除设置在各郡、各封国的皇家祭庙。

活君王的浪费,固使人民的负担沉重;死君王的浪费,人民的负担也不轻松。刘奭在位时,散布各郡各封国的皇家祭庙,多达一百六十七所,每年祭祀大典,多达二万四千四百五十五次。祭庙以及墓园的守护卫士,多达四万五千一百二十九人。而祭祀官、乐队、厨师,则有一万二千一百四十七人。饲养供应宰杀畜牲的差役,还不包括在内。这项庞大而无聊费用,都是人民的纳税钱——有些更是卖儿卖女的眼泪钱。

一旦把它们撤除,可谓大快人心。

崇古尾巴

最初，石显逼死前将军萧望之，人心激愤，唯恐怕招来抨击。议论官（谏大夫）贡禹，深明儒家学派的五经，而又高风亮节，天下敬慕。石显托人从中介绍，用心结交。并向刘奭推荐，贡禹遂被擢升到部长级高官，石显对贡禹礼貌十分周到。于是舆论对石显也有赞扬，认为他对萧望之不致有陷害的行为。石显狡狯奸诈，善于为自己解围，以加强刘奭的信任，都类乎此。

荀悦曰："奸佞迷惑君王的方法，可是多端。所以孔丘说：'叫奸佞离你远点！'不仅仅不用他而已，还要驱逐到远方，跟他隔绝，把源流塞住，态度十分坚决。孔丘说：'政治的意思，就是公正。'治理国家最基本的一件事，公正而已。鲠直诚实，则是公正的主干。对于品德，必须肯定是真实的，才授给他官位。对于能力，必须肯定是真实的，才教他做事。对于功劳，必须肯定是真实的，才颁发奖赏。对于犯罪，必须肯定是真实的，才加以惩罚。对于贡献，必须肯定是真实的，才可以擢升。对于言谈，必须肯定是真实的，然后再去信任。事物必须真实，才可以使用。工作必须真实，才可以有成果。所有的公正都汇集到中央政府，则全国没有虚伪。古代帝王的道理，不过如此而已。"

一篇了不起的评论，最后来了一个崇古的尾巴，把全部论据，破坏无遗。

王昭君

公元前33年,匈奴汗国(南匈奴,王庭设蒙古共和国哈尔和林市)呼韩邪单于(十四任)栾提稽侯栅入朝,请求准许他当中国女婿,使他感觉有所倚靠。西汉帝(十一任元帝)刘奭把皇宫"良家子"王嫱,别名王昭君,赏赐给呼韩邪单于,呼韩邪单于欢喜得心里唱歌,感激涕零,上书刘奭,表示他:"愿意当中国的警卫,代替中国边防部队,保护东自上谷郡(河北怀来),西到敦煌郡(甘肃敦煌)之间的边塞,万世相传。请撤销边防,命战士复员,使天子的小民,获得休息。"呼韩邪单于封王昭君当宁胡皇后(宁胡阏氏),稍后,生下一个男孩,名栾提伊屠智牙师,封右日逐王。

历史上四大美女:西施、王昭君、貂蝉、杨玉环。西施的事迹,发生在公元前五世纪第一个十年,《资治通鉴》还没有开始。但其他三位美女,则全部包括在《资治通鉴》之内,而以杨玉环女士的事迹最为详尽。貂蝉女士仅有她的行动,没有她的名字。王昭君女士则仅只上述的几行。然而,史学家吃力捧场的角色,未必受到人民重视,而一些只寥寥数语提及的人物,透过文学作品,虽经数千年之久,人们的记忆犹新。二十世纪以来,传播工具发达,报纸、电台、电影、电视、舞台剧等等,使四大美女的形象,更家喻户晓。然而,也使四大美女——尤其是王昭君的际遇,距事实也越远。

王昭君,湖北秭归人,王穰的女儿。无疑义的,她漂亮非凡,所以虽然生长荒村僻壤,仍然被选入皇宫。王昭君自负她的容貌,认为只要她一入宫,皇帝就会着迷。再也想不到,皇宫可是美女窝,天下最美丽的动物,都集中在那里。

王昭君入宫几年之久,始终见不到刘奭的面。就在这时候,匈奴汗国呼韩邪单于(十四任)栾提稽侯栅,向中国求婚。刘奭决定在美女群中,物色五位,当作礼物赏赐给他;王昭君挺身而出,自愿前往。在致赠礼物的宴会上,五位美女盛装出见,王昭君艳丽夺目,《汉书》上形容她:"光照汉宫,顾影徘徊,竦动左右。"刘奭—— 这个不知道玩过多少美女的垂毙君王,也大为震惊,想要改变主意,却不能张口,只好目送她投入呼韩邪单于的怀抱。呼韩邪单于想不到中国这么慷慨,竟把最漂亮的美女赏赐给他,感激涕零之余,企图回报,这才提出愿意担任中国北方防务的建议。

呼韩邪单于逝世后,长子复株累若鞮单于(十五任)栾提雕陶莫皋继位,依北方蛮族习惯,王昭君继续当皇后,跟新单于又生了两个女儿。我们不知道她何时香消玉殒,只知道她埋葬在河套以北的阴山跟黄河之间。一片黄沙,唯墓草碧绿。杜甫曾有诗凭吊:"一去紫台连朔漠,独留青冢向黄昏。"另在伊克昭盟北部的黄河岸上,也有王昭君墓,据说是衣冠冢。

王昭君在文学上引起的冲击,远超过她在政治上引起的冲击,文学上的结论是她芳心充满幽怨。恰巧西汉政府处决了一批宫廷画家,其中之一的毛延寿,遂被认为因向王昭君索取贿赂,不能达到目的,就把她画得容貌平庸。刘奭因思念王昭君,一病不起,王昭君也深恨放逐蛮邦,在呼韩邪单于死后,不愿再嫁,自杀。也有些作品强调:王昭君在被迫前往蛮邦中,投水而死。她似乎那么眷恋中国宫廷,那么眷恋中国皇帝,好像一对恩爱夫妻,被活生生拆开。廉价的爱情故事,在刘奭跟王昭君之间展开,生离死别,回肠九转。

这类汗牛充栋的文学作品,显然抹杀了一件事实,那就是,王昭君对中国的宫廷和皇帝,早已厌倦绝望,大彻大悟下,自愿脱离。王昭君离开五个月后,刘奭便翘了辫子。幸亏刘奭没有留下她,如果留下她,顶多过五个月陪伴病夫日子,然后被送到墓园,作为张修女士第二(参考公元前64年),囚禁到死。这种形势之下,她怎么会有幽怨?有的话,也只有感谢上苍,保佑她及时地跳出蛇窟。匈奴汗国单于固然也有美丽的小老婆群,但王昭君拥有的是中国娘家强大而又高贵的背景,在王庭中,居于荣耀地位。换在长安,谁都不能保证惨烈的夺床斗争中,她这个乡下姑娘会有什么下场?下任皇帝刘骜,完全在赵飞燕姐妹控制之下,杀人如麻,王昭君即令不被送入墓园,也逃不脱劫数。她就更没有理由幽怨,而且恰恰相反,她反而更有理由为自己明智的抉择欢呼。从她主动要求出宫的举动,可看出她是一位罕见的有性格、有胆识的漂亮姑娘。两千年来,在庸俗文化人的笔下,王昭君的高贵质量,被曲解诬蔑,竟成为一个贪图眼前富贵,念念不忘主子恩典的奴性入骨的人物,使人扼腕。

大儒与英雄不并存

宫廷政务长(中书令)石显,打算把姐姐嫁给甘延寿,甘延寿拒绝。等到甘延寿击斩郅支单于(参考公元前36年),返回首都长安,宰相(匡衡)、最高监察长(应是李延寿),对假传圣旨这件事,深痛恶绝,对甘延寿的功勋,不赞一词。而陈汤又一向贪财,把在外国掳获的金银财宝,违法带回中国。京畿总卫戍司令(司隶校尉)通知沿途各地方政府,逮捕陈汤的部下,查办审问。陈汤急上书给刘奭,说:“我跟我的部下,共同奋战,攻击郅支单于,幸而诛杀,从万里之外,凯旋班师,自以为中央政府会派遣官员,在道上迎接慰劳。而今,不但没有官员迎接慰劳,京畿总卫戍司令反而大批逮捕囚禁,拷问口供,这可是替郅支单于报仇!”刘奭下令:立即释放所有被捕官员,命沿途地方政府盛大劳军。甘延寿既返长安,评估功绩。石显跟匡衡认为:“甘延寿、陈汤,假传圣旨,擅自调发部队,不诛杀他们,已是宽大。如果再给他们封爵,以后派出的使节,恐怕都要争先恐后的采取冒险行动,以图侥幸成功,在蛮族中间,制造纠纷,为国家招来大难。”刘奭内心欣赏甘延寿、陈汤的功劳,而又不愿完全否决匡衡、石显的意见。事情不能马上定案。但仍封甘延寿当义成侯、陈汤当关内侯,采邑各三百户,赏赐黄金各一百斤。任命甘延寿当长水外籍兵团指挥官,陈汤当射击兵团指挥官。杜钦上疏追述冯奉世从前击破莎车国(新疆莎车),击斩莎车王的功勋(参考公元前 65 年)。刘奭认为那是老爹刘病已在位时的往事,不再受理。杜钦,是故最高监察长(御史大夫)杜延年的儿子。

甘延寿跟陈汤,建立的是绝世功业,陈汤那句话:"凡是冒犯强大中国的,距离再远,也要诛杀!"中国人之不可轻侮的尊严,跃然纸上。豪气上干霄汉,两千年后听到,仍觉热血澎湃,兴起无限景慕,可是欢迎他们的却是堆积案头的刑法条文,跟被夸大了的恶形恶状。石显是官场人物,公报私仇,不太意外。宰相匡衡,可是所谓"大儒"。咦! 史迹斑斑,"大儒"跟英雄,誓不并存。大迂腐加小格局,心胸狭窄兼眼光短小,英雄事业,不得不奄奄一息。

"亲情已尽"

宰相(丞相)匡衡奏称:"前些时,先帝(十一任刘奭)因为身体有欠舒适,所以把废除的祭庙跟墓园,先后恢复(参考公元前 34 年),而仍不能蒙受祖先的赐福。依儒家礼教,卫思后(七任帝刘彻的皇后卫子夫)墓园、戾太子(刘据)墓园、戾后(史良娣)墓园,亲情仍在,不应撤除。而孝惠皇帝(二任刘盈)墓园、孝景皇帝(六任刘启)墓园,亲情已尽,应该撤除。另外,太上皇(一任帝刘邦的爹刘执嘉)墓园、孝文皇帝(五任刘恒)墓园、孝昭太后(钩弋夫人赵婕妤)墓园、昭灵后(刘邦的娘王含始)墓园、昭哀后(刘邦的姐姐)墓园、武哀王(刘邦的老哥)墓园,也请一并撤除。"刘骜批准。

这一段记载,原文的结尾是:"奏可。"我们把它译为"刘骜批准",颇感心虚。此时死皇帝刘奭已进棺材,皇太子刘骜尚未登极,还没有资格接受奏章。原文打马虎眼,来一个"奏可",我们一定要顶真,就出了麻烦。如果也打马虎眼,译作"批准",包管万无一失,问题在于我们不愿打马虎眼,想来想去,仍是罩到刘骜头上。

儒家系统这种"亲尽则庙毁"制度——亲情已尽时,撤除墓园跟祭庙,有它的用意,如果跟日本天皇万世一系一样,中国皇帝由一个家族包办,一包到底,千百个祭庙墓园,像疥疮般的满地都是,人民的纳税钱都被浪费到那些枯骨上,实在荒唐。然而,儒家系统解决疥疮症的方法,却是寡情绝义。不妨假设一种情况,像西汉王朝第一流皇帝刘恒(五任)、刘启(六任),在阴曹地府也好,在云端天堂也好,每天接受子孙香火,好不快乐,却忽然间,门房通知说:"明天我们就不能管你饭了,你的子孙现任皇帝,跟你'亲情已尽',一刀两断,祭庙没啦,墓园没啦。"于是,刹那间,他们就成了无主的游魂饿鬼,得去马路上哀哀乞讨。想起来当年,别人碰一下祭庙外的空隙地带(块地),都要杀头,何等威风。而今,被儒家的"亲尽"学说,全盘断送。

死而无知,祭祀无益;死而有知,亲情永在。儒家学派这种势利眼的祖先崇拜,不能解决问题。解决问题的方法,只有一个,那就是根本不要什么祭庙墓园,而儒家系统又办不到。于是只好在夹缝中煞有介事,伤害善良的人情风俗。

冯逡与匡衡

清河郡(河北清河)民兵司令(都尉)冯逡警告说:"清河郡位于黄河下游(古黄河是清河郡跟东郡的分界水),土壤松脆,容易崩塌。所以一直没有大灾害的原因,在于有屯氏河容纳它的水量。而今屯氏河淤塞，鸣犊口（鸣犊河注入屯氏河处）承受的压力日增，情形危急。仅剩下一条黄河河身，却要容纳数条河的水量，即令把堤防提高，也无法使它顺利宣泄。如果遇到大雨，十天不停，必然满溢。幸而屯氏河淤塞的时间，不能算太久，比较容易疏通。我建议迅速挖浚疏导屯氏河，帮助黄河宣泄洪水，防范非常情况。如果不预先采取措施，一旦在北岸决口，将危害四五个郡。一旦在南岸决口，将危害十余个郡。然后再忧虑善后，就后悔已晚。”当时宰相（丞相）匡衡、最高监察长（御史大夫）张谭，报告说：“国家经费困难，暂时不必挖浚疏通。”

公元前29年，黄河果然在馆陶（河北馆陶）和东郡（河南濮阳西南）金堤（河南濮阳城南一公里）决口，大水泛滥兖州（山东西部）、豫州（河南），以及平原郡（山东平原）、千乘郡（山东高青东北）、济南郡（山东章丘。地方政府“州”“郡”同时出现，可看出“州”地位提高，“郡”逐渐成为不重要角色）。大水淹没四郡、三十二县、耕地十五万余顷，水深地方达三丈余，毁坏政府机关及民间房舍四万所。

最高监察长（御史大夫）尹忠的救灾方案，漏洞百出，刘骜斥责他不尽职责，尹忠自杀。刘骜命农林部长（大司农）非调（非，姓），筹措救济受灾各郡的经费，派皇家礼宾官（谒者）二人，征发河南郡（河南洛阳东白马寺东）以东船舶五百艘，从灾区中抢救灾民到丘陵高地躲避，共抢救出九万七千余人。

史书上写出田产房舍的损失，没有写出生命的损失，不知道什么缘故？财产失去，还可重来，而人死不能复生。宰相匡衡固是一个“大儒”，同时也是一个官场“大混”，最初跟宦官石显结合，死缠活缠地打击陈汤。等到石显调职，立刻反咬一口，目的只在保护自己的官职爵位。这种人脑子里没有人民，所以拒绝疏浚屯氏河，声称没有经费。那么，决口之后，经费从哪里来？不是没有经费，而是不愿尽责。为了发动这项工程被扫地出门，也比为了贪污百顷田地被扫地出门值得。千万冤魂应向他索命，政府也应向他追究——必须有追究责任的精神，才能使大混分子，减低混的程度。

一日五侯

公元前27年,刘骜把他的五位舅父,全都封侯。计:王谭封平阿侯、王商(王家班)封成都侯、王立封红阳侯、王根封曲阳侯、王逢时封高平侯。五人在同一天中封侯,世人称"五侯"。皇太后王政君的娘亲李女士,曾再嫁河内(河南武陟)人苟宾,生了一个儿子苟参。王政君引用田蚡的故事,也要封苟参侯爵(田蚡跟王娡【七任帝刘彻的娘】也是同母异父姐弟,参考公元前151年)。刘骜说:"封田蚡已经不合正规了。"只任命苟参当宫廷随从(侍中)、水利总监(水衡都尉)。

五位舅父,同时封侯,把西汉王朝开山老祖刘邦所订的"非有功不得封侯"制度,一举摧毁。一种崭新的、裙带关系照样可以封侯的制度,代之而起;西汉王朝政权也开始滚下悬崖。对一个强大的政权而言,除非君王亲自下手,没有人能摧毁它,现在,君王已亲自下手,西汉王朝就毫无生存机会。

猪崽

首都长安特别市长(京兆尹)王章,一向刚正敢言,虽然由于王凤的推荐,担任这项高位,但并不阿谀王凤,听凭摆布,于是上"亲启密奏"(封事),说:"日蚀之发生,都是王凤专权,蒙蔽主上的缘故!"刘骜召见王章,要他解释。刘骜自从王凤罢黜王商(非王家班),跟送返刘康,一直气愤。一旦听到王章的分析,忽然醒悟,完全听信。对王章说:“如果不是你直言无隐,我无法了解国家大计。只有贤能的人,才知道贤能的人,你不妨给我找一个可靠的助手。”然而,消息外泄。刘骜每次召见王章时,都逐出左右随从,闭户密谈。皇太后王政君的堂弟、宫廷随从(侍中)王音,私自窃听,完全了解内情,报告王凤。王凤既忧虑又恐惧,杜钦给王凤规划因应之道,叫王凤宣称有病,一面搬出宰相府,回到自己侯爵住宅,上书请求退休,措词十分哀痛。王政君得到消息,为老弟流下眼泪,拒绝吃饭。

刘骜从小跟舅家(王家班)亲昵,心理上十分倚靠,不忍心一旦解除权柄。于是,用非常宽厚尊敬的诏书,拒绝王凤辞职,对王凤殷勤慰留。王凤遂称病愈,复行视事,决心严厉报复,事情遂作一百八十度转变。刘骜命宫廷秘书(尚书)弹劾王章。刘骜把奏章交下查办。司法部(廷尉)罗织成“大逆”罪状:“把皇上比成西羌、北胡(匈奴汗国)蛮族,打算使皇上绝嗣,背叛天子,私心为定陶王(刘康)铺路。”王章遂死在狱中,妻子放逐合浦郡(广西合浦东北)。从此,高级官员(公卿)见到王凤,敢怒而不敢言。

王章自幼贫贱,曾经害病,在“牛衣”之上,跟妻子永诀,泪流满面(牛衣,用麦种代替棉絮的褥子。一说是用草或麻编成的御寒披盖物。北中国穷家,都拿它垫床,偶尔也可用来盖身)。后来节节升迁,终于达到首都长安特别市长(京兆尹)高位。当他呈递“亲启密奏”(封事)时,妻子劝阻说:“人当知足,难道没有想到牛衣哭泣之时?”然而,人往往难以知足,追求富贵固难知足,追求真理尤难知足。全家囚禁司法部监狱(廷尉狱)。王章的小女儿才十二岁,午夜忽然放声大哭:“平常管理员前来查点,说有九人,今天只说八人。我爹性情刚直,死的必然是他。”天亮之后证实,王章果然丧生。冤狱史中,又多感人肺腑的一页。而绑赴法场,总在黎明时分。午夜即行消失,恐怕是就在狱中秘密处决。俗云:“枪头不快,努折枪杆。”枪头如果不够锋利,扎不进去,拼命去扎的话,最后枪杆必然断裂。王章正是这个场面。我们假如把领袖人物分成等级,则刘骜属于三流货色,不能说他不聪明,但他没有政治才能。在王商(非王家班)、王章,以及在稍后赵飞燕姐妹身上所发生的奇事,可作充分证明。儒家系统的两大法宝之一是“进谏”,并且主张婢膝奴颜,低三下四的“进谏”,儒家系统理论:“诚”可以感动上天,当然可以感动君王,王章已经完全办到,可是感动之后,又将如何?在君主立宪国家,刘骜是一个好君王。在专制封建国家,他不过一个猪崽。

工人暴动

公元前22年,颍川郡(河南禹州)铁矿管理局(铁官)所属工人申屠圣等一百八十人,击斩郡政府高级官员(长吏),攻破军械库,取得武器。自称“将军”,向各处游击,历经九个郡。中央政府派宰相府秘书长(丞相长史)、总监察官(御史中丞)追捕,用战时军律征调大军,申屠圣等全体伏诛。

这些工人为什么暴动?原因不明。传统史书最大的特点是,只写民变,却很少写为什么民变?一百余工人如果生活过得去,在那个叛变必死的形势下,不可能犯上作乱。而竟然犯上作乱,必然是活不下去。如不是生活已绝,则一定是冤苦难伸。官方史书之不记载,是不敢记载。

诤 友

公元前17年,平阿侯(安侯)王谭逝世。刘骜对王谭始终没有担任宰相,感到歉意。于是命成都侯王商(王家班),位居“特进”(朝会时位置在三公之下,侯爵之上),代理长安城防指挥官(领城门兵),跟车骑将军一样,得以设立司令部,任用参谋官员。

魏郡(河北临漳西南邺镇)人杜邺,当时担任宫廷禁卫官(郎),跟车骑将军王音,一向友善。看到王音过去跟王谭之间,并不和睦,向王音建议说:“至亲骨肉,如果不互相帮助,任凭谁都不能没有怨恨。我发现,王商(王家班)位居‘特进’,却代理长安城防指挥官,更设立司令部,任用参谋官员,一切跟五府一样(五府:宰相府、最高监察署、车骑将军府、左将军府、右将军府),很明显地看出,皇上决心赋给这位舅父重任。我建议你,应该顺着皇上的意思,比平常更加倍的亲近王商(王家班),无论遇到什么,都跟他商量,只要出自诚心,则自然一片祥和。”

王音钦佩他的见解,遂跟王商(王家班)亲密,二人都敬重杜邺。

一个人的权势或财富,到了某一种程度,就很难避免不被摇尾系统挑拨得像一只斗鸡。连父子之情,都可能破坏,亲戚宾朋,更不得不化友为敌。因为主子必须内斗,摇尾分子才能展示忠心,从中取点小利。杜邺之劝解和睦,才是真正的诤友。

帝王坟墓

刘骜预定坟墓昌陵(陕西临潼西南)的工程,浩大奢侈,历时很久而终不能完成。工程总监(将作大匠)解万年自以为昌陵(陕西临潼西南)三年可以筑成,而竟不能完工;政府官员纷纷指摘。刘骜交付主管单位查办,呈覆说:“昌陵因地势低下,填土已填了这么久,墓中便殿座位,仅在地平线。从别处运来的泥土,松软且不坚固,不能保护地下幽灵的平安。参与工程的士兵,跟判处徒刑的囚犯,有数万人,白昼不停劳动,入夜,还燃起火把赶工,从东山(东方诸山)那里运输泥土,土价跟粮价相等。工程连年,天下都受到伤害。而原来选定的延陵(陕西咸阳东北四公里),地势先天高昂,而且用的是原地泥土,又靠近祖先坟墓,先前已有十年工程的基础,最好仍恢复延陵,不再强迫移民,才是上策。"

这是《资治通鉴》又一次透露帝王坟墓带给人民的灾害。刘骜的坟墓,在帝王坟墓群中,微不足道。奏章上已经显示,挖掘小民的坟墓,已达一万之数。中华人是一个崇拜祖先的民族,祖先的坟墓被挖掘,是一项可怕的侮辱。田单据守即墨,就利用燕军挖掘齐人坟墓,激起齐人强烈的复仇怒火(参考公元前279年)。可是,一旦挖墓强盗是帝王,人民只好接受。

每一个帝王的坟墓,都是封建暴政的见证。里面埋的不是君王的枯骨,而是人民的眼泪和愤怒。

刘　立

梁王(首府睢阳【河南商丘】)刘立,骄傲奢侈,横行霸道,没有节制。甚至一天之内,犯法十一次之多。封国宰相(相)禹(姓不详)奏报说:"刘立对皇亲王姓家族抱怨,有凶恶的言论。"主管单位查办,发现刘立跟姑妈刘园子通奸丑闻,弹劾刘立有禽兽行为,要求处死。中级国务官(太中大夫)谷永上疏为刘立辩护,认为姑侄通奸,绝不可能。刘骜遂把奏章搁置。

刘立靠着谷永强有力的辩护,虽然逃过一关,但这位"白马王子"的荒淫凶暴,史有明白记载。他姑妈刘园子,嫁给刘立的舅父任宝,而任宝的侄女任昭,则嫁给刘立当王后。因为亲上加亲的缘故,刘立常到任宝家欢宴,而终于有一天,他对姑丈兼舅父任宝说:“我爱上了翁主(刘园子,亲王女儿称翁主)。”任宝吃惊说:“她是你的姑妈,又是你的舅母,这种乱伦行为,可是重罪。”刘立说:“法律怎管得到我?”于是发生奸情。谷永的辩解,依常情来说,理直气壮,但亲王比皇帝仅差一截,他们有他们的游戏规则,跟普通人大不相同。谷永虽然救了刘立一条人命,却害了更多人命。两年后,刘立派他的家奴格杀封国宰相府秘书(掾),跟睢阳(梁国首府,河南商丘)县政府主任秘书(丞)。为了消灭证据,再格杀家奴,共杀三人,伤五人,还殴打其他低级官员二十余人。七年后,再度格杀无辜,包括王宫禁卫官(郎)在内。

这么多人丧生在刘立之手,而他受到的惩罚,却十分轻微,不过削去几县采邑而已。最后,却是因为政治因素——到了公元后 4 年,他跟皇亲卫姓家族结交,被当时的当权分子王莽,贬作平民,刘立才自杀。

刘立的行为,不是孤立的,不公平的社会制度不消失,法律就一直保护特权,而不保护小民。一刘立死,另一刘立生。

四大无聊之一

刘骜认为,皇太子刘欣,既继承“大宗”,就不能再对亲爹刘康有父子之情。于是,封楚(孝)王(首府彭城【江苏徐州】)刘嚣(刘病已子)的孙儿刘景,继任定陶王(首府定陶【山东定陶】)。刘欣准备上书叩谢恩德(刘欣过继伯父刘骜之后,他亲爹定陶【孝】王刘康的香火断绝。刘景继任定陶王,也就是刘康的祭祀得以延续。所以刘欣为这项措施叩谢)。太子教师(太子少傅)阎崇认为:“既当别人的继承人,就不能再有父子亲情,不应该叩谢。”可是太子师傅(太子太傅)赵玄,却认为:“应该叩谢。”刘欣听信赵玄的意见去做,刘骜大不高兴,下诏问:“为什么叩谢?”宫廷秘书(尚书)立刻弹劾赵玄。赵玄被贬作宫廷供应部长(少府)。

最初,刘欣小时候,祖母傅太后(傅昭仪)亲自喂养。等到封皇太子,刘骜下诏:傅太后,以及刘欣的娘亲丁姬,全都留在定陶国(首府定陶【山东定陶】),不能跟随到京师。祖孙母子,遂无法相见。过了些时,皇太后(王政君)准备让傅太后、丁姬,每隔十天到太子刘欣家,作一次探望。刘骜抗议说:“皇太子(刘欣)继承大统,应当奉养陛下(王政君),不可以再有祖孙母子之情。”王政君说:“刘欣小的时候,傅太后抱他养他。现在让她去太子家,不过把她当作奶娘,并不妨碍什么!”于是下令傅太后可以到太子家,而丁姬虽然是娘亲,却仍不能前往。

传统的封建社会,依靠儒家学派所定的宗法制度,维持秩序。主要精神是:过继给别人膝下当儿子,就是别人的儿子。对亲爹亲娘,不能再有父子母子之情。这是一项纯理性的决定,必须如此,才可以使权力中心稳定,和祭祀祖先的香火不绝。儒家学派知识分子在这方面下的功夫至深,坚持也最力。

问题是:“过继给别人当儿子,就是别人的儿子。”容易办到,第一个特征是称呼,本来叫“伯伯”的,开始改叫“爸爸”,而对亲爹亲娘,改叫“叔叔”“婶婶”,明确地表示亲情的关系位置。然而,第二个特征:“对亲爹亲娘,不能再有父子母子之情。”却很难办到,只好采取蛮横的高压手段。偏偏亲情是压不断的,只要遇到这个节骨眼,政坛就一定揭起风波。西汉王朝九任帝刘贺偷偷摸摸祭祀了一次他的亲爹,就构成被罢黜的罪状之一(参考公元前74年6月)。现在,刘欣又碰上这个结。表面上似乎已完全解决,但从以后历史发展,可以看出,纠纷永不停止。

我们实在不懂,儒家学派为什么一定要去斩断绝对斩不断的亲情?可称之为天下煞有介事的四大无聊之一。其他的三大无聊:一是帝王绰号,一是帝王年号,一是对大家伙名字的避讳。

刘　骜

公元前8年，刘骜在未央宫逝世（本年四十六岁）。他的身体素来强壮，没有疾病。这时，楚（思）王（首府彭城【江苏徐州】）刘衍、梁王（首府睢阳【河南商丘】）刘立，正来京师朝见，明天就要启程返回封国，下榻未央宫白虎殿。刘骜本来要任命左将军孔光当宰相（丞相），侯爵的印信已经刻好，诏书也已经写好。黄昏时候，还一切如常。第二天清晨，刘骜起床，弯腰穿衣裤鞋袜，直起身子时，忽然手臂麻痹，衣裳滑落，不能言语，天亮后不久即死。民间谣言哗然，认为昭仪赵合德应负责任。皇太后王政君下令王莽，跟监察官（御史）、宰相、司法部长（廷尉），组成合议法庭，调查刘骜死因。赵合德自杀。

班彪曰："我的姑妈，曾在后宫充当婕妤（就是那位几乎被害死的班婕妤，参考公元前18年），我的长辈父子们和兄弟们，在宫廷中侍奉床帐，屡次告诉我：成帝（十二任帝刘骜）衣冠整齐，喜爱修饰，无论是乘车或步行，不乱看，不大声呼喊，不过问小事。在金銮宝殿上主持朝会，不多说话。尊严得像一尊神灵，严肃而温和，完全是天子容貌。学识渊博，贯通古今，从容倾听官员们的直率报告，所有奏章及言论，都有充实的内容。正逢着太平盛世，上下和睦。然而，他酗酒好色，赵飞燕姐妹扰乱宫廷，王姓家族把持政府，使人叹息。自从公元前32年以来，王姓家族掌握国家命运。后来，哀帝（十三任帝刘欣）、平帝（十四任帝刘箕子），都很短命，王莽遂篡夺政权。由于王姓的权威，建立已久。"

刘骜之死，仅只看正史资料，死得平淡无奇。然而，他却可能是中国历史上，第一个死于春药的君王。不是说只有他第一个服用春药,只是说他第一个死于服用春药过量。刘骜跟其他君王一样,有生之年,都沉迷在漂亮女人的酥胸上。而赵合德,更是美女中的美女。不过,男人最大的悲哀也正在此,女人性行为过度,并不影响她继续的性行为,而男人一旦性行为过度,性能力就会衰退。男人所以称为男人,表现在性行为的强度上,如果被女人奚落或指摘性无能,那可是最难堪的羞辱。有些人为了维持男人的这份尊严和性的享受,往往乞灵于春药。可是,任何春药都伤害身体。《金瓶梅》对西门庆先生之死,有绘影绘声的描写。

刘骜之死,不过"西门庆之死"的翻版,异曲而同工。刘骜到了最后,连走路都有点迟钝,对娇艳欲滴的赵合德,束手无策,必须握着赵合德的玉足,才能勃起。于是,法术师(方士)呈献仙丹,这种仙丹在烈火中烧炼,需要一百天才可以炼成。先用大缸贮满了水,把仙丹放到水中,水立刻沸腾。再换新水,经过十天之后,方才不沸,然后吞食。每次一粒,功效如神,赵合德的芳心大悦,而且不久就认为,如果吃一粒有一倍大悦,吃十粒则将有十倍大悦。最后,一次就叫刘骜吞下十粒,御床上颠鸾倒凤,"笑声吃吃不止"。然而到了午夜,刘骜陷于昏迷,好容易挨到天亮,有点苏醒,勉强下床,就在穿裤子袜子的时候,一头栽倒在地,急抬到床上,精液凶猛涌出,不能停止,裤子被子,全被玷污。刹那之间,气绝身亡。

刘骜一死,赵家姐妹势力瓦解,十余年累积下来的怨毒,开始爆发。婆母王政君下令宫廷事务总管(掖庭令)、宰相、司法部长(廷尉),组织合议法庭,审讯赵合德,调查她谋杀皇帝的阴谋。赵合德现在第一次遇到靠绝世美貌不能克服的困难,哀哭说:"我一向把刘骜看成一个婴儿,玩弄在股掌之上。我所受的宠爱和荣耀,冠于天下。怎能在公堂之上,跟宫廷事务总管这一类芝麻小官,争辩床上男女的事?"然后用手捶胸,呼唤丈夫:"你往哪里去了?"自杀身死。

男人真是一种奇怪的动物,似乎天生的是性的奴隶。一个民间幽默故事,可帮助我们加强印象。老头娶了一位少妻,终于一病不起,医生警告他:"你骨髓已尽,只剩下脑髓了。"老头大喜说:"脑髓还可供我战上几次?”中国君王们的寿命,大都十分短促,在这上面可找到答案。我们并不嘲笑或轻视刘骜,每个男人都可能犯同一毛病。而事实上每个君王也无不如此,只不过刘骜之死,留下史料而已。但我们可以发现,叔孙通建议的“君尊臣卑”,所产生的中国特有的隔离式的宫廷制度,除了对人民有害外,对君王本身,也灾难无穷。

爱就是忠

富平侯张放,得到刘骜逝世消息,怀念悲痛,哭泣过度,也跟着逝世。

荀悦曰:“张放并不是不爱刘骜,但只不过是爱,而并没有忠心。爱而不忠,是仁义的蟊贼。”

忠可以不爱,而爱无不忠。忠基于义,爱基于情。张放对刘骜的爱,纯洁笃实,一心倾慕,不羼任何渣滓。他可以不死,也没有人要他死。亲情如王政君,没有为儿子死。爱情如赵飞燕,没有为丈夫死。而张放却为友情丧生,不贪图富贵,不贪图荣誉,只是追求至友于地下,这种罗曼蒂克的情操,值得我们尊敬。

我们可以责备张放忠得不得其法,没有想出一条正确的效忠道路。不能责备他是仁义的蟊贼。因为,爱,就是忠,就是仁义的化身。

黄 河

骑兵总监(骑都尉)平当,兼任治河总监(领河堤),上书说:“古代的九河,而今全都湮灭。依照儒家学派的经典,治理洪水,有决开堵塞,挖深河床的记载,没有兴筑堤防,约束水流的记载。黄河在魏郡(河北临漳西南邺镇)东边决口,洪水四流,轨迹并不分明(参考前17年)。四海之内的广大人民,不可以欺骗,请陛下广为征求有治理河水能力的水利工程人员。”刘欣同意。

世界上所有的河流,对人类都有益处,但治理疏浚不力,也会带来灾祸。比如黄河横穿中国国土,像一条喜怒无常的巨蟒,翻滚奔腾,血脓四溢,就制造了不少灾难。从公元前二十三世纪,到公元后二十世纪初叶,四千余年间,便有一千五百余次的大小决口,包括七次惨绝人寰的改道——每一次改道,都是一场屠杀,仅次于改道的小型泛滥,每次也都造成沉重伤亡。它一半以上经过黄土高原,冲刷下来的黄土,跟来自北方瀚海沙漠群的尘沙,使它在上游时,就十分浑浊。到了三门峡(位于河南三门峡),突然从两山中进入坡度极小的平原,河面放宽,水流速度减低,所挟带的超过百分之六十的大量泥沙,开始沉淀。从洛阳到渤海间八百余公里长的河床,逐渐升高,最后终于超过地面,全靠人工修筑的堤防,对它约束。一个投宿在河南省开封市二十层楼上的旅客,如果开窗向北眺望,他会赫然发现黄河正在与他眼齐的高处,滚滚东流。每年春冰融解和夏秋之际雨量充沛时,都是溃决的危险季节。冬天仅只数百公尺的河面,会陡然扩张,使南岸看不见北岸,只看见一望无际的汹涌黄涛。堤防如承受不住急剧的冲击,即行决口。新河道上的无数人民,除非特别幸运,很少不像灌穴的蚂蚁一样,被洪水吞没。历史上几个重要的王朝,都设有专人和专门机构,负责堤防保持和修护工作。可是,这个专门机构,反而成了最大浪费,和最大贪污场所。为了维持这项最大浪费和最大贪污,官员们甚至还窃窃盼望黄河溃决。因溃决之后,一定合龙,开支一百万元,便可报销一千万元。材料全都沉入河底,无法查验,想报多少,便报多少。黄河带给中国人的,不仅天灾,还有人祸。

中国人的智慧在两件事上,受到无情的考验,一是建立民主法治的政治制度,一是治理黄河。建立民主法治的政治制度,属于人文范围。而治理黄河失败,固然限于科学知识,但更限于政治制度不允许产生伟大的政治家,去支持一项百年千年大计的决策。官场文化只贪图"眼前欢",缺乏远程眼光。贾让先生的上等方略是不是就是上等方略,我们不知道。基本上,必须用政府力量,使上游两岸的水土保持,达到最高水平,然后含沙量才会减少,才能维持河床不再上升。高堤防不是危险之物,荷兰王国的土地就在高堤防保护之下。危险之物是河床不断上升,只有严格的水土保持才可克制,但软弱的政府和贪污的官员,无力承担这项重担。等到含沙量减少之后,再用坚固的堤防夹紧下游河道,在水势冲刷下,河床自会降低,水色自会清澈,才会产生灌溉、航行、渔业的利益。

赵合德

调查前任帝(十二任成帝)刘骜死因案,侦讯结束,京畿总卫戍司令(司隶校尉)解光奏报,说:"我曾经听说:许美人跟故皇后宫女教师(女史)曹宫,都蒙孝成皇帝(十二任帝刘骜)的恩典,召唤上床,生下儿子。可是儿子却像被大地吞没了似的,迄今无影无踪。我派官员们调查,每个人的报告,都是一样。"

刘欣(本年二十岁)于是撤销新成侯赵钦、赵钦侄儿咸阳侯赵䜣的封爵,贬作平民。赵姓家族全体放逐到辽西郡(辽宁义县西)。

赵合德虽然在刘骜死后自杀,但皇太后王政君彻查刘骜死因的命令,仍在继续执行,终于有京畿总卫戍司令解光的这份调查报告。俗云:"虎毒不食子",畜牲还爱自己的儿女,刘骜连毙两个亲生骨肉,而最后一子,恐怕还是亲手扼死,这个比畜牲都不如的杂种,在班彪笔下,却是"尊严如神""穆穆天子容"。

把刘骜弄得人性全失的动力,是赵合德的美色。赵合德临死前,愤慨地说:"我把刘骜当成一个婴儿,玩弄股掌之上!"并不夸大。然而,刘骜虽然深爱赵合德,仍然到处打野食,今天跟曹宫上床,明天跟许美人睡觉。似乎说明一件事:男人的爱情永久而不易专一,女人的爱情专一而不易永久。

赵合德在惨烈的夺床斗争中,不断获得胜利,但她无法克服能致她于死的重大危机:没有儿子。唯一的救命之路,是抚育曹宫或许美人的男孩,爱如亲生之子。此爱必须从内心发出,视同己出。就在东汉王朝以及宋王朝,都有成功的例证。然而赵合德的美丽有余,聪明有余,智慧却十分贫乏,不能支持她的野心,使她以及赵姓全家,付出代价。

在解光奏章中,可看出中国皇宫的全貌:无法无天,血腥残忍,暗如长夜。

"耿育型"文妖

对赵飞燕的控诉,引起反应。参议官(议郎)耿育上疏说:"我曾经听说:皇帝宝座的继承秩序,一旦混乱,抛弃嫡子(大老婆所生),而立庶子(小老婆所生),是圣人和法律都不许可的事,古今无不禁止。然而,吴太伯(吴王国始祖)发现老弟姬历适合当嫡子,就逐渐引退，坚决辞让，然后逃到吴越（江苏南部及浙江北部）。只因情况特殊，不能考虑到正常法则，情愿把嫡子的地位，让给姬历（王季），用以表示尊重姬历的儿子姬昌（周王朝一任王武王姬发的老爹。不过，事实上，这是一桩夺嫡斗争，吴太伯失败逃亡。儒家学派却美化成嫡子位置是吴太伯自动拱手让出来，为的是姬历有一个"圣嗣"——好儿子），结果姬昌的儿子姬发统一天下，子孙相传，达七八百年之久，功勋居三王之首（三王：夏王朝一任帝姒文命、商王朝一任帝子天乙、周王朝一任王姬发），道德最为完备，尊号追加到始祖姬亶父，称为太王。

"世界上有非常的变化，然后才有非常的因应。孝成皇帝（十二任帝刘骜）自知早年没有生下合法的继承人。因而想到，如果晚年再有儿子，万一自己逝世，儿子还小，不能当家作主，政府权柄一定会转移到娘亲女主之手。一旦娘亲女主骄傲横行，无所不为，少主幼弱，大臣们也束手无策。到那时候，如果没有姬旦（周公）那样抱负的大臣，将面临一个危局，伤害政府，使天下大乱。

"孝成皇帝（刘骜）知道陛下（刘欣）有圣贤英明的品德，仁爱孝顺的厚道。他高瞻远瞩，独具只眼，不再传唤后宫美女们到寝宫陪宿，杜绝她们生子的可能性，目的就在于断绝祸乱的根苗，一心一意，把皇位传授给陛下，使领导中心，固若金汤。有些愚蠢的官员（指解光），既没有安邦定国，可以珍藏到金柜石室（皇家祖庙里的特室）中的长久方略，又不知道传播神圣君王的美德，发扬先帝（刘骜）正大无私的志向。反而到皇宫禁地，挑剔搜索，调查审讯，连床笫（音zǐ【子】）上的隐私生活，都揭发出来。诬称先帝（刘骜）竟是那么的被美色迷惑，竟是那么的被嫉妒的小老婆摆布，作无谓的诛杀。没有把握先帝（刘骜）那种远见的圣贤精神，辜负他为国家所做的牺牲。要知道，评论伟大的品格，不应受世俗见解的拘束；建立盖世的功业，也不必要求大多数人同意你的意见。这正是孝成皇帝（刘骜）的深谋远虑，比大家高明万万倍之上。陛下（刘欣）神圣品德的伟大，正符合上帝的要求，岂是现在那些庸庸碌碌，身价不过只值斗升粮食的官员,所能具有?而且,赞美发扬君父的美德,弥补消灭君父以往的过失,是古今共有的大义。当事情发生之时,不敢据理力争,去防止更大的灾祸,反而顺着风向,谄媚拍马。等到先帝(刘骜)死了之后,皇后(赵飞燕)正式被尊为皇太后,尊号已定,万事都告结束时,却去翻老账,追究已无法挽救的往事,宣扬死人的种种过错,使我至感悲痛。因此建议,请把这件事交给主管单位,再作研究。如果像我所说的,就应该公开向天下宣布,使小民们都了解先帝(刘骜)的神圣旨意;如果不是这样,势将使这种诽谤,伤害到山陵(刘骜坟墓),还要流传到后世,以及流传到四方蛮族部落,跟全国国土,这可不是先帝(刘骜)把后事托付给陛下(刘欣)的本意。孝的意义是:妥善完成老爹的遗志,妥善完成先人没有完成的工作,请陛下考虑。"

耿育的奏章解除了刘欣的困境。刘欣得以当上太子,曾受皇太后赵飞燕的强大支持,所以对解光的指控,不了了之。傅太后也感激赵飞燕当初对她的厚恩接待,而赵燕飞对傅太后也倾心相结。可是,身为太皇太后的王政君和王姓家族,却更加怨恨。

耿育这番议论,使人目瞪口呆,他应是中国五千年历史上,最突出的文妖之一。用他的文字功力和丰富的知识,去颠倒是非,混淆黑白。西门庆型的淫棍刘骜,成了"大德""大圣",谋杀亲子的凶手,成了"远见""至思"。把不能生育,解释为故意断子绝孙,以免女主主政。想象力的丰富,跟他内心的邪恶,恰成正比。如果耿育是受了赵飞燕的贿赂,或为了博取后福,固然下流,但不过利令智昏而已;在没有财势可贪图时,良心仍在。如果他由衷地认为确实如此,主动地干这么一票,问题就十分严重,成了败类的标杆:旁引博征,引经据典,杜撰任何有思考力的人都不相信的大谎,企图一手遮天,掩尽天下人耳目。

自耿育之后,这种身怀绝技的无耻文妖,层出不穷。

冯媛之狱

中山王（首府卢奴【河北定州】）刘箕子，患有先天性心脏狭窄症（中医称“眚病”【眚，音 shěng 省】，或称“肝厥”。病发时，嘴唇跟手脚十个指甲，都呈青色）。祖母冯媛太后亲自喂养，不断求神问鬼，祭祀祷告。刘欣派宫廷礼宾官（中郎谒者）张由，陪伴御医，前往医治。张由精神一向失常（狂易病），到中山国后，忽然病发，一霎时怒不可遏，谁也挽留不住，返回长安。宫廷秘书（尚书）用正式公文要张由回答他仓卒返回长安的原因，张由这时才感到恐惧。于是编了一个故事，说他发觉中山太后冯媛，诅咒现任皇帝刘欣跟傅太后，才急急回来奏报。

这一项诬陷竟击中要害。因傅太后跟冯媛，都是十一任帝刘奭的一级小老婆——婕妤（后来才改昭仪），在夺床斗争中，傅婕妤总是挫败。现在新仇旧恨，一时爆发。傅太后认为机会已到，于是派监察官（御史）丁玄，前去调查，历时几十天，调查不出指控的事迹。傅太后加派宫廷内务官官（中谒者令）史立，取代丁玄。史立决心完成傅太后交给他的任务，希望因为侦破这项打击领导中心的巫蛊阴谋，而封一个侯爵。于是，逮捕冯媛太后的妹妹冯习，跟亡弟妻子冯君之等。酷刑之下，拷死数十人。遂取得口供，奏称：“冯太后诅咒并且阴谋杀害皇上，另立中山王刘箕子。”史立在公堂上，义正词严地要冯媛太后承认这项罪行，冯媛拒绝承认。史立讥诮说：“当年，野熊破栏上殿时，你何等英勇（参考公元前38年）！今天怎么又怕成这个样子？”冯媛回宫之后，对左右说：“挡熊救夫的事，距今已三十年，怎么还有人记起？而宫禁秘密，史立不过一个小官，又怎么知道？情势十分明显，宫中有人陷害，无人可救。我不死，她不会罢休。”服毒自杀。宜乡侯冯参、冯君之、冯习、冯习的丈夫、儿子,凡被口供牵连在内的,有的自杀,有的被绑到街头斩首,丧生的十七人,天下怜惜。

因为司法的无边黑暗和司法官的普遍堕落,中国人不得不发出"屈死不告状"的哀鸣。其实,不仅小民,失势的皇亲国戚,一旦落到狱吏之手,遭遇同样悲惨。上古时代一连串冤狱,狱吏的名字,往往失传,冯媛冤狱中,史立堂皇出现。拷死了冯媛的妹妹冯习,和冯媛的亡弟妻子冯君之后,仍得不到口供。于是,他在医治刘箕子小娃御医群中,挑选了一位徐遂成。经过一番密谈,徐遂成挺身作证说:"冯习跟冯君之,曾秘密拜托我。她们说:'武帝(七任帝刘彻)有个名医修先生,医好皇帝的病,赏赐不过两千万。而现在,听说皇上(刘欣)的身体不好,你曾经自告奋勇,给他治病。即令把病治愈,不过多赏赐几个钱而已,总不能封侯吧?不如把他毒死,中山王刘箕子就可以登极,包管封你一个侯爵。'"

任何一场像样的冤狱,在判决书上都看不出是一场冤狱。路温舒曾经指出:仅凭判决书,即令皋陶看了,都不得不承认铁证如山,罪有应得(参考公元前67年)。徐遂成这段供词,绘影绘声,跟真的一样。而在情理上,也确实有这种可能。当徐遂成肯定有这种事时,没有人敢肯定绝对没有这种事,口供主义的刑事诉讼法下,"贼咬一口,入骨三分"。但是,诬陷终是诬陷,冯媛当堂把徐遂成的伪证拆穿。眼看全案就要瓦解之时,史立才发出最后一击,明白告诉对方底细。幸亏冯媛是封国的太后,而法庭又设在封国之内,否则,冯媛连回宫自杀的机会都没有。

法律是神圣的,一旦被权势或金钱污染,法律就不再神圣,人民只有诉诸比法律更神圣的东西——公义。冤狱制造者就在这个公义上,为他的恶行,受到惩罚。

政策性冤狱

御马总监(驸马都尉)、宫廷随从(侍中)、云阳(陕西淳化西北)人董贤,深受刘欣宠爱。出宫的时候,陪同乘车;回到皇宫,则在身旁侍奉。刘欣对他赏赐累积到数百千万。尊贵显赫,使中央政府官员们震动。董贤时常跟刘欣睡在一张床上,曾经有一次,二人同睡午觉,董贤的头压住刘欣的袖子,刘欣想起床,可是董贤还睡得正沉,刘欣不忍心把董贤唤醒,就用佩剑把袖子割断,再悄悄离开。刘欣命董贤的妻子,出入皇宫,跟董贤同住。刘欣又把董贤的妹妹召入皇宫当小老婆,封一级"昭仪",地位仅低于皇后。夫妻兄妹三人,日夜侍奉刘欣。

宫廷秘书署执行官(尚书仆射)郑崇上书规劝。刘欣对郑崇的恶感,也与日俱增,每每借口其他公事,向他责备。宫廷秘书长(尚书令)赵昌,认为排除障碍的机会已经成熟,遂奏称:"郑崇跟他的家属交往频繁,我怀疑有什么不可告人的邪恶勾当,请准予调查。"刘欣把郑崇交付审判。京畿总卫戍司令(司隶)孙宝,上书营救,说:"郑崇一案,经过调查求证,把郑崇拷打得已经半死,并没有吐出一句口供。道路上的行人,都知道他冤枉。我怀疑赵昌跟郑崇私人之间,藏有怨恨,才使用这种阴险手段陷害。我要求对赵昌加以调查,解开人心的困惑。"奏章呈上之后,刘欣立即颁下诏书:"京畿总卫戍司令(司隶)孙宝,附会臣下,欺罔上级,竟企图利用春季为宽大赦免之季,做出欺骗诋毁之事,满足他奸诈之心,这种人是国家的蟊贼。免职,贬作平民。"郑崇最后死在监狱。

在性质上,冤狱分为两种:法律性的,当然由于司法黑暗或证据错误;政策性的,则司法再清明,也没有用。孙宝身为京畿总卫戍司令(司隶),他完全了解郑崇是一场诬害,却无法平反。当他企图平反时,自己却先陷了进去。凶手手握权柄,正坐高堂,法官有什么办法?

毋将隆

刘欣派禁宫中级侍从官(中黄门),到军械库(武库)精选锋利的武器,送给董贤,又送给刘欣的乳娘王阿舍共十余次之多。首都长安警备区司令(执金吾)毋将隆(毋将,复姓)上书阻止,刘欣不悦。

不久,傅太后命皇家礼宾官(谒者)向首都长安警备区司令部(执金吾),用最便宜的价钱,购买官府婢女八人。毋将隆再上书抗议说:"出的价值太低,应照市价补缴。"刘欣不耐烦,下诏给宰相(丞相)、最高监察长(御史大夫):"毋将隆官居部长级高位(九卿),既不能纠正政府的过失,反而跟永信宫(傅太后居所)争论婢女贵贱,伤害教化,败坏风俗。姑念及毋将隆以前曾有推荐我当太子的功劳,贬到沛郡(安徽淮北)当民兵司令(都尉)。"最初,刘骜在位末期,毋将隆担任议论官(谏大夫),曾经呈递"亲启密奏"(封事),说:"古时候,遴选封国国君到中央当部长级以上官员(公卿),用以奖励他们的功绩和品德。请征召定陶王(刘欣)前来京师,镇守天下。"刘欣为了回报这项推荐,才没有加重处分。

当毋将隆正在纠正政府的过失时,刘欣却愤怒地指责他不能纠正政府的过失。以太后之尊,金银财宝,堆积如山,却贪小便宜,贱买官婢。毋将隆动用正式奏章,向皇家讨债,不仅仅是纠正政府的过失,也是希望皇帝警觉到傅老太婆的脏手,无孔不入,下令阻止。刘欣责备毋将隆向傅太后索钱,而索回的钱却是交还国库,他并没有下私人口袋,这种看守政府财产,一丝不苟的行为,理应受到尊崇。可是,刘欣却倒打一耙,只问毋将隆谈论价款,不问傅老太婆半抢半买。保护政府利益的有罪了,半买半抢的反而神圣不可侵犯。这就是官场文化:有了权,就等于有了理;谁的权大,谁的理就也跟着大。

鲍宣哀呼

公元前3年,议论官(谏大夫)勃海郡(河北沧州东南)人鲍宣,上书十三任帝(哀帝)刘欣说:

"私下观察孝成皇帝(十二任帝刘骜)时,皇亲国戚的权势特重,每个人都引用他的亲信,使王姓家族的私人,充满政府。妨碍贤能人才上进的道路,以致天下混乱,奢侈豪华,失去控制。而人民穷困,与日俱增。所以发生十次日蚀,四次彗星。危险覆亡的征候,陛下亲眼看见。想不到,今日情形,比那时更为严重。今日,人民面对七种苦难:其一,阴阳不调和,水灾旱灾频仍。其二,政府加重赋税,严苛征收。其三,贪官污吏,勒索不止。其四,富有的大地主,永不停止的兼并。其五,苛刻繁杂的差役,和不断调发民夫,无法种田。其六,乡村不靖,警报相接,人民一夕数惊。其七,强盗匪徒,抢劫财物。七种苦难,还可勉强忍受。然而,除了七种苦难外,人民还面对七种死亡:其一,陷入法网,被残忍的暴官酷吏刑死。其二,入狱之后,难逃虐死。其三,一旦被捕,无处申诉,含恨冤死。其四,落入盗贼之手,逼献财物拷死。其五,报仇雪恨,互相杀死。其六,荒年饥馑,活活饿死。其七,瘟疫传染,辗转床上病死。人民面对七种苦难,没有一种可以逃避。面对七种死亡,更没有一条生路。而竟然想全靠刑罚,促使天下太平,根本就不可能。人民穷苦,无菜无米,身穿满是破洞的衣服。父子夫妇,不能保存,使人酸鼻。陛下,你如果不救你的子民,叫他们向谁哀求?"

鲍宣这篇沉痛的奏章,把公元前一世纪,西汉王朝末年,人民的悲苦,和官吏的暴虐,叙述得历历如绘。且听他的呼吁:“陛下,你如果不救你的子民,叫他们向谁哀求?”两千年之后捧读,都忍不住热泪盈眶。可是唯一的反应,只因为建言的人有相当知名度,不贬谪他、不逮捕他、不诛杀他而已。这种皇恩浩荡,已使儒家学派沾沾自喜,感激涕零。而人民的七种灾难和七种死亡,依然如故。饿死的尸体,仍横荒野;拷死的囚徒,仍从监狱拖出。以董贤为首的癌细胞群,仍在庙堂之上,回转金莲步,歌舞玉堂春。

刘欣是癌细胞的制造人,西汉王朝政权内溃,已到癌症三期,死亡迫在眉睫。

王　嘉

刘欣假托傅太后的遗诏,请太皇太后王政君下令给宰相(丞相)、最高监察长(御史大夫),增加董贤采邑二千户人家(董贤原封一千户人家)。再赏赐给孔乡侯傅晏、汝昌侯傅商、阳新侯郑业三人采邑。

宰相王嘉把诏书封起来退回,呈递“亲启密奏”(封事),强烈反对。刘欣怒不可遏,逮捕王嘉。审问官问:“谁是贤能?谁是奸佞?”王嘉说:“贤能,像前宰相孔光、大司空(三公之三)何武,我无法推荐。奸佞,像高安侯董贤父子,扰乱政府,却不能排斥。”于是不再进食,二十余日后,大口吐血,气绝而亡。

当王嘉肯定孔光是一代贤才的时候,孔光正在主子面前,猛摇其尾,不但没有一句公道的话,更没有一句像龚、猛二位那样要求保持王嘉自尊或性命的话,反而用“大逆不道”最可怖的必死罪名,套牢王嘉。这位备受赞扬的国家栋梁,事实只不过一只官场中的风信鸽。

宰相是审问官的最高阶层的顶头上司，现在，面对宰相，嘴脸大变。我们对这类小人物，不作苛责。在诏狱中，审问官只是一个工具，对周亚夫都能发明地下谋反，对颜异都能发明肚子里诽谤，王嘉岂能逃生？纵令审问官待王嘉如同上宾，完全确定他的清白，也救不了王嘉。政策性冤狱，不能依靠法律。在盛怒的作业程序中，审问官不过一个肮脏角色，他们应为自己的嘴脸付出代价，但不能完全负担冤狱责任。

刘　欣

公元前 1 年，刘欣在未央宫逝世（二十五岁）。刘欣亲眼看到十二任帝刘骜在位时，中央权力衰退，落在王姓家族（太后王政君家族）之手。所以，登极之后，不断诛杀高级官员（指宰相朱博、王嘉），打算恢复皇帝尊严，效法刘彻（七任武帝）、刘病已（十任宣帝）。然而，他宠信奸邪，听信谗言，憎恨忠良，西汉王朝在他在位时顿衰。

刘欣跟董贤之间，是一场疯狂的同性恋。刘欣不是唯一搞同性恋的君王，但他却是同性恋君王中，为了同性恋，而把政府体制全部摧毁的第一人。刘奭、刘骜，挥动利斧，已把西汉王朝砍杀得遍体鳞伤，奄奄一息，但官民效忠的惯性，仍在继续，刘欣如果稍微有一点点正常，小心翼翼，西汉政府仍有维持下去的可能。然而，刘欣却是一个败子。任何一个富贵太久的家族，最后必然要出一个败子，把家产一扫而光。皇家的家产就是政权，这是专制政治的悲剧——领袖是一个拥有无限权威的司机，他如果决心把车开进万丈深谷，谁都挡不住，谁都救不了。

董 贤

太皇太后王政君得到刘欣逝世消息,立即赶到未央宫,收取皇帝印信,召唤大司马(三公之二)董贤,在东厢接见,询问丧葬后事。董贤惊恐过度,不能回答,只有脱去官帽,请求恕罪。王政君说:“新都侯王莽,曾经以大司马(三公之二)身份,办理过先帝(刘骜)的丧事,对法令规章,十分熟习,我想叫王莽帮助你!”董贤叩头说:“无限感激!”王政君派使节征召王莽(当时正在京师)。下令宫廷秘书署(尚书):所有用来征调武装部队的印信符节、文武百官所有的报告,禁宫中级侍从官(中黄门)、期门禁卫武士(期门兵。参考公元前74年),统归王莽掌管。王莽遵照王政君指示,命宫廷秘书(尚书)弹劾董贤:“在皇上(刘欣)卧病时,没有亲自侍奉医药!”禁止董贤进入皇宫司马门;董贤六神无主,不知道做什么才好,只有脱下官帽,赤着双脚,到未央宫门外叩谢。王莽派皇家礼宾官(谒者)拿着太皇太后王政君的诏书,就在宫门外向董贤宣布:“董贤年轻,不懂事理,当大司马(三公之二),不孚众望。着即收回印信、绣带,免职,遣返家宅。”当天,董贤跟妻子,一齐自杀。全家悲哀恐慌,不敢声张,连夜埋葬。王莽还疑心他诈死,命主管单位奏请查验。于是挖掘坟墓,剖开棺木,把尸体抬到监狱验尸,证实确是董贤之后,就埋在监狱之中。

董贤不过一个无知娈童,没有政治欲望,甚至没有做官欲望。然而,同志刘欣害了他。董贤的悲惨结局人人都看得见,只当事人看不见。刘欣早死,董贤固然如此;即令刘欣晚死,董贤也会如此。女性的美色还不足恃,何况男性?三五年后,已成了胡子脸,而其他的同志多如牛毛,董贤岂有别的妙法套牢刘欣?赵飞燕失宠,妹妹赵合德卷袖而上。董贤失宠,弟弟董宽信恐怕接不上班。刘欣不把他放上高位,还有逃生可能,一旦把他放上高位,成为愤怒的目标,就注定要为他以及他的全家,带来大祸。董贤被迫自杀之时,回想当初那么多人阻止他升官握权,他恨透了他们,如今才明白,那些人都是救命神仙。

赵飞燕徒拥虚名

王莽再请太皇太后王政君批准:把孝成皇后赵飞燕(十二任帝刘骜正妻)、孝哀皇后傅女士(十三任帝刘欣正妻),贬作平民,遣送二人到各人丈夫的墓园守墓。当天,二人自杀。

四大美女之一的赵飞燕,似乎徒拥虚名,美丽不如赵合德,而宫廷暴行,又全与自己没有关系。她比妹妹多活了六年,死时大概三十六七岁,正是魅力如火的年龄。一对姐妹花的惨剧,为中国文学,提供丰富的素材。然而,傅皇后也跟着一并被贬,使人感到政治斗争的无情。留得这个年轻寡妇在,对任何人都没有伤害。王莽却要赶尽杀绝,一代皇后,像一粒微尘,无声无息消失。狭窄的胸襟有时候像只眼睛,连一粒微尘都容纳不下。

梅福诡异

梅福(参考公元前14年)看出王莽将来一定篡夺西汉王朝的政权,有一天,忽然抛弃妻子儿女失踪,不知道去什么地方。后来,有人在会稽郡(江苏苏州)看见他,已改名换姓,在那里看守城门。

梅福的行动很难理解,王莽篡夺政权也好,不篡夺政权也好,对一介平民的梅福而言,都没有立即的灾难,用不着先行逃命。如果为了保护他效忠西汉王朝的名节,那么,到篡夺时再开溜也来得及,而且他又怎么敢肯定王莽一定篡夺?如果太皇太后王政君女士本年(公元2年)就死,王莽的前途仍在未定之天。至于跑到会稽郡(江苏苏州)改名换姓看守城门,更不可思议。会稽既是大郡,城门更是交通要道。梅福曾当过南昌县警察官(南昌尉),岂不是冒着随时暴露身份的危险?而且仅只言语口音上的差异,便使他不能不特别引人注目,无法达到藏匿的目的。

我们猜测:梅福可能死于迄今都不知道的原因,或是受到谋杀,看守城门,不过"有人"故造谣言,只因王莽后来发动政变,传统史学家遂加以政治性解释,栽赃栽到王莽头上。

严诩哭的是官

颍川郡长、陵阳(安徽黄山西北)人严诩,以对父母的孝顺行为,闻名于世,才被推荐当官。性情善良,把秘书(掾)、办事员(史)等属官,都当作教师或朋友,遇到过错,就关起门来,自我责备,从没有大声说过一句话。后来,全郡大乱,王莽派使节征召严诩,郡政府官员好几百人,设宴给严诩饯行,严诩匍伏地上大哭,官员们说:"中央征召您,是一件喜事,不应该这么悲伤。"严诩说:"我为颍川人悲伤,岂是为我自己?我因为柔弱的缘故被调走,接我位置的人,一定刚猛。到时候,必然有人身死刀下,所以我才垂泪。"

官场人物,只会想到官,不会想到民。只会想到上级,不会想到下级。颍川郡的大乱原因不明,但有一件事却是十分清楚的:受害的是民,而不是官。严诩所谓的颍川"人",实际上指的是颍川"官"。

他想的只是“官”的人头将来可能落地,而看不见“民”的人头早已落地。所以官逼民反之后,官仍然只想到官的利益。也只有想到官的利益的人,才是上级最欣赏的官,这是王莽征召他的原因之一。这种阴暗面,使中国政治的脚步停滞。

人民必须自己觉醒,才能使官场人物无所遁形。

孔 光

公元 5 年,太师(上三公之二)、博山(简烈)侯孔光逝世。赏赐的葬礼极为丰厚,仅参加典礼的车辆,就有一万多辆。

儒家学派知识分子最终极的盼望是明哲保身,所以大多数都避谗畏讥,胆小如鼠。但在官场上,他们却精于摇旗呐喊,为当权分子制造迫害人民的理论根据。骨鲠的也只不过远远躲开,唯恐怕大厦倒塌,被碎瓦击中。在班固列举的宰相群中,逐个检查,简直没有一个不是在那里混世。尤其孔光,这位王嘉面临死刑时还肯定的贤才忠良,事实上不过是一个卖友求荣的老滑头。

正因为曲学媚世、持禄固位的人太多,野心家受到鼓舞,才打算骑到人民头上,与天公比高。

杀公孙闳

西汉政府于公元 4 年派出王恽等八人,分赴各地考察民间风俗,任务完成,于公元 5 年,返回首都长安。宣称:“全国风俗全都美好。"并假造各郡各封国乡土气息的民歌童谣,歌颂王莽的功德,共达三万余言。只有广平国(首府广平【河北曲周东北】)宰相班稚,不肯奏报祥瑞跟民歌童谣;琅邪(山东诸城)郡长(太守)公孙闳,在郡政府公开陈诉民间灾害贫苦。最高监察长(御史大夫)甄丰,派出专使,前往两地,挑动官员人民,上书弹劾说:"公孙闳伪造灾害的消息,班稚拒绝反映上天的祥瑞。二人嫉妒痛恨皇家的圣政,都属大逆不道。"班稚,是班婕妤的老弟(参考公元前18年)。王政君说:"不宣扬美德,应该跟伪造灾害消息,分开处罚。而且班稚是宫廷姬妾的家人,我不忍心。"于是,逮捕公孙闳入狱,诛杀。班稚恐惧,上书陈述自己世受国恩,请求恕罪,愿缴回封国宰相印信(辞职),到首都长安当延陵(十二任成帝刘骜墓,陕西咸阳北四公里)管理员。王政君批准。

王莽的个人崇拜行动,如火如荼,这正是摇尾系统大显身手的大好舞台,对一个二十世纪的读者来说,一点也不陌生,纳粹猛捧希特勒,法西斯猛捧墨索里尼,狂热之中,上位的人为了夺权,下位的人为了夺利,纯洁的青年群众,则被拨弄得蠢血沸腾,理性全失。白的变成黑的,黑的变成白的,是非忠奸,完全颠倒,道德遂跟着崩溃。

一个道德崩溃的社会,一定受到惩罚,这惩罚的大小,跟崩溃的程度成正比例。王莽杀叔、杀子、杀公主、杀老友,不过残忍而已;而杀公孙闳,却是公开向正义挑战。摇尾系统吹响了魔笛,像魔法师引导老鼠一样,引导广大而昏迷的群众,载歌载舞,投向毁灭的深谷。

刘箕子之死

公元5年,小皇帝(十四任平帝)刘箕子的身体日渐茁壮(本年十四岁)。因娘亲卫姬不能前来京师,以及舅父全家被屠杀的缘故,对王莽含恨在心。王莽了解他面对的危机。腊日大祭，王莽向刘箕子呈献椒酒，而在椒酒中下毒。刘箕子毒发，在床上辗转呼号。王莽立刻撰写祷文，向天神(泰畤)祈求，愿用自己的生命，代替皇帝一死。祈求后把祷文锁入金柜，放到金銮前殿，下令知道此事的官员，不可泄露。刘箕子死后，王莽命年俸六百石以上的官员，一律服丧三年。又奏报王政君，尊称十二任帝(成帝)刘骜祭庙为统宗，刚断气的小皇帝刘箕子祭庙为元宗。收殓刘箕子，戴上成人冠帽，埋葬康陵(陕西咸阳北七公里)。

中国历史上，刘箕子是第一个被毒死的君王。但在所谓正史上，却看不出这项记载。《汉书》只有一句："冬十二月丙午，崩于未央宫。"钱大昭注："刘箕子被王莽鸩杀，所以不写出'杀'字，原因是，《春秋》讳内部大恶之意。""讳"在这里又发出威力，但不知道究竟为谁而"讳"。如果是为刘箕子讳，刘箕子被人毒死，不但没有人敢挺身出来作证或挺身出来指控，反而隐瞒事实真相，使冤沉大海，永世难伸。如果是为王莽讳，那就更可怕，有权杀人的人都要唱歌，无论他杀了谁，都有摇尾系统给他重写历史。

《汉书》写于王莽的新王朝覆灭之后，则显然不是为王莽而讳，而是为帝王的形象而讳，不让人民知道宫廷是一团污乱，不让人民知道神圣不可侵犯的帝王跟山洼小民一样，可以宰、可以屠、可以毒死、可以侵犯。

人民有知的权力，只有专制政治下的大小家伙，才自以为聪明非凡，可以决定哪些可以使人民知，哪些不可使人民知。

王莽的刚直

总弹劾官(司威)陈崇奏称：王莽老哥的儿子、衍功侯王光(王莽侄儿),跟首都长安警备区司令(执金吾)窦况勾结,叫窦况代他杀人。窦况把那人逮捕,判处死刑斩首。王莽勃然大怒,责备王光。王光的娘亲对王光说:"你自以为比王宇、王获,哪一个亲近?"(王宇之死,参考公元3年。王获之死,参考公元前2年。)母子遂同时自杀,窦况也被处决。最初,王莽侍奉娘亲,奉养寡嫂,抚养侄儿,受到人们赞扬尊敬(参考公元前16年)。等到后来,意图夺取政权,遂用骨肉之亲,显示公正。王光既死,王莽命王光的儿子王嘉,继承爵位。

王莽连杀子侄,被认为他故意用骨肉的鲜血,显示他的公正,这是一种混淆视听的恶毒抨击。只因他的篡夺行为受到谴责,遂连对的也被诬蔑成错的。公正就是公正,不管他为什么公正,更不管他心怀什么动机。王莽的次子王获,诛杀奴仆,事情发生在公元前2年,董贤正在当权,王莽困居在家,切责凶手,岂是意图夺取政权?王宇的行为,已严重触犯国法。至于王光,竟制造冤狱杀人。我们盼望王莽如何反应?为了骨肉亲情(或为了政府威信),不了了之?或是杀人抵命,欠债还钱?中国有句俗话:"王子犯法,与庶民同罪。"然而五千年历史上,能坚持这个立场的,只少数人而已。试看西汉王朝那些杀人如麻的亲王,如刘去之残暴(参考公元前70年),皇帝刘病已可是顾念亲情的。我们身为一介平民,将作何选择?选择不顾亲情的王莽?或是选择很顾亲情的刘病已?

元旦非正月一日

公元9年正月一日，新王朝（首都长安【陕西西安】）皇帝（一任）王莽（本年五十四岁），率领文武官员，向西汉王朝皇太后王政君，呈献玉玺。恭祝顺应天命，遵从神秘预言（符命），并从此除去西汉王朝称号（西汉王朝共十五任国君，凡十五个皇帝。公元前206至公元后9，建立二百一十五年）。

王莽是去年（8）登极，并下令改变历法（正朔），恢复秦王朝制度，以十二月一日，作为元旦，所以本年（9）的元旦不是正月一日，而是去年（8）的十二月一日。可是，在《资治通鉴》上，却一点也看不出痕迹，好像什么都没有改变一样。胡三省指出："《资治通鉴》所以不予理会，是否认这项改变。"政治挂帅下的史学家谋杀历史真相，连眼都不眨。元旦的位置都可随自己的意识形态乱搬，证明信史的难求。

我们可以抨击事实，可以赞扬事实，但不可以为了政治立场或自己利益，去抹杀或歪曲事实。

丧钟都是自己敲

新王朝（首都长安【陕西西安】）"五威将"（十二人），跟所属的"五威帅"（六十人），共七十二人，出巡任务完成（参考去年【9】），回到首都长安复命。西汉王朝亲王被降封公爵的，全都缴还公爵印信，贬作平民,没有一个敢违抗命令,只有故广阳王(首府蓟县【北京市】)刘嘉,因向王莽呈献过神秘预言书(符命);鲁王(首府鲁县【山东曲阜】)刘闵,呈献过神书;中山王(首府卢奴【河北定州】)刘成都,呈献过祥瑞,歌颂过王莽功德,改封侯爵。

任何一个王朝,一旦覆亡,后人都可以找出一万个使它覆亡的原因。连欢乐的音乐,都能成为罪魁。不过,事实俱在,覆亡的主要原因,只不过一个,那就是君王昏庸。昏庸引起腐烂,腐烂引起神经中枢死亡。一个政权不是一记丧钟就敲垮的,而是不断在敲,一声接连一声,一声比一声凄厉,最后一敲,才全盘结束。也只有君王人物自己,才有能力敲下自己的丧钟。

丧钟都是自己敲的,周王朝亡于昏君,秦王朝亡于暴君,西汉王朝亡于刘骜、刘欣的自掘坟墓,和有没有封建制度,毫无关系。周王朝有封建固亡,秦王朝无封建也亡,足可以证明封建的地位,并不重要。西汉王朝的封建除了招惹出来七国之乱,千万人民丧生外,贡献至微。可是,议论却总是绕着这个问题打转——一转就是一千余年,以后每个新兴政权,几乎都为此喋喋不休。

保护政权的唯一办法,只有使掌握权柄的人永远处于理性的清醒状态。像嬴胡亥先生之类,用钢刀不断猛砍自己的脚、自己的手、自己的头,最后又把利刃狠狠地刺进自己的心窝,无论有没有封建,结局都是一样。

被豢养的情结

王莽为了增强政府的号召力,广为征召天下知名的儒家学派知识分子。

首先,派钦差大臣,带着皇帝的诏书、印信,乘坐四匹马的安车

（可以坐下的车辆），前往彭城（江苏徐州），迎接龚胜（参考2年）担任“师友”及“大宗师”（祭酒）。钦差大臣打算叫龚胜亲自出来迎接，站在门外久等。龚胜声称他病情沉重，把床放到卧室门西侧，南窗之下，头向东方，身穿官服。钦差大臣无可奈何，只好到床边把皇帝诏书，跟“师友”及“大宗师”（祭酒）的印信交给他，把四匹马驾的安车拉到院子里，向龚胜致意说：“圣明的新王朝政府，没有一天忘记先生。制度的厘定，还没有完成，等待先生主持。请教你，我们应该怎么做，才能使国家太平？”龚胜回答说：“我一向愚昧，加上年纪老迈，而又身染重病，命在旦夕，如果随阁下上道，一定死在中途，对谁都没有万分之一的益处。”钦差大臣为了要他愉快，勉强要把印信佩带到他身上，龚胜坚决推辞。钦差大臣只好奏报，说：“现在正值盛夏，天气酷热，龚胜病势，逐渐好转，是不是可以等到秋季动身？”王莽下诏允许。钦差大臣每隔五天，就跟郡长一同去问候龚胜起居饮食，龚胜发现已不可能逃避，对高晖等说：“我接受西汉王朝政府的厚恩，无法报答，而今年已衰老，随时都会埋入地下，岂可以一身而侍奉两个姓？将来如何面对故主？”吩咐他们准备后事，说：“衣服只要能包住身子就够了，棺材只要能包住衣服就够了。既葬之后，绝不可以跟时下流行的风俗一样，再翻墓土，种植柏树，或建立祠堂。”交代已毕，便闭口不进饮食，历时十四日而死，年七十九岁。

龚胜用死亡拒绝当权分子的官爵，情操之高，千载之下，仍怀景慕。俗云：“烈妇易，节妇难。”对抗压力暴力易，对抗万人称羡的荣华富贵难。中国传统社会中，知识分子唯一的出路，就是当官，试看迎接龚胜的场面，可说新政府已抛出最鲜美的钓饵，而且很有把握地预测对手定会上钩。看惯了太多的大言不惭、声震屋瓦的高风亮节之徒，一旦富贵逼面，立刻改变立场的节目。深感龚胜为我们立下千古尊严的榜样。

然而龚胜的基本观念，使我们惋惜，儒家学派“君尊臣卑”的毒素，已孕育下怪胎，那就是：只效忠于一个姓。后来更变本加厉，只效忠于一个人。龚胜的论点有难以自圆其说之处，其一，他宣称西汉政府对他有厚恩,事实上西汉政府对他并没有厚恩,如果用官爵来衡量,则他的官不过是一个没有实权的特级国务官(光禄大夫)。其二,如果立场建立在“厚恩”上,新政府的“厚恩”超过西汉政府百倍。其三,西汉政府既然待他那么好,在西汉政府危险时,他为什么竟然也明哲保身,一逃了之(参考2年)?所以,“一身侍奉二姓”才是他不肯复出的重点。儒家系统鼓励并认定:知识分子跟牧场中的猪羊一样,只要烙上张家记号,便永远是张家家畜;烙上李家记号,便永远是李家家畜。胆敢不以某人的家畜自居,便立刻受到其他家畜攻击。久而久之,很多人遂养成一种乐于被主子豢养的情结。眼目中只有那个主子,而把国家民族,放到脑后。为了自尊或心理平衡,还一口咬定:主子就是国家民族。法国国王路易十四自称:“我就是国家。”中国传统知识分子的这种被豢养的情结,却指着领袖叫喊:“他就是国家。”于是演变成政党跟政府不分,政府跟国家不分,国家跟民族不分,脑筋混沌得像一罐糨糊。

我们对龚胜充分尊敬,尊敬他为他的理念牺牲。但我们却从他身上,发现愚民政策的后果,而这正是统治者所盼望的。要想突破这层有两千年功夫的魔障,需要更大的努力。

西汉王朝终结者

公元13年,新王朝(首都长安【陕西西安】)文母、皇太后王政君逝世,年八十四岁。跟她亡夫刘奭(西汉王朝十一任帝)合葬渭陵(陕西咸阳东北七公里)。可是,却在她跟刘奭之间,挖掘一条深沟,象征各不相干。新王朝皇家世世祭祀王政君,而由刘奭在旁担任配角。新帝(一任)王莽(本年五十八岁)为王政君服丧三年。

王政君是西汉王朝的终结者,十三任皇帝刘欣逝世时,她用迅雷不及掩耳的手段，突入未央宫，夺取印信，胁迫董贤，征召王莽，行动疾如闪电，跟当初刘邦突入韩信大营，夺取印信、收回军权的行动，如出一辙。只因机会一失，就是用十辆卡车的力量，都无法追回。当时，英姿焕发。

可是她的高寿害了西汉王朝，也害了王莽与王姓家族，更害了千万中国人民。她如果只活四十岁——不要说只活四十岁，纵然活到七十岁，王莽失去这个权力魔杖，他的野心就无法实现。再一次证明专制政治政制下，当权派年老，固然是一种安定力量，但年老而昏庸，甚至昏暴，便成了灾难。对自己、对他主持的政府、对国家、对人民，都没有裨益。

全都失败于吏治腐败

王莽下诏："古时候，年岁丰收，则薪俸增加，年岁歉收，则薪俸减少，表示官员跟人民一体，同喜同忧。现在，用丰收年岁作为最高标准。天下没有灾害，御厨房膳食，各种全备。如有灾害，则分等级降低减少。从十一位公爵开始，六司、六卿，分别前往各郡各封国，负责保护平安，无灾无难。也以岁收等级，决定薪俸。禁卫官（郎）、随从（从官）、中央政府官员（中都官吏），直接领受中央政府薪俸的，当严密注意御厨房的膳食多少，作为标准，或增或减。这样才能使上下同心，推广农耕，安定民生。"

新政府的制度，就是如此繁杂琐碎。因丰收的等级无法确定，计算的方法无法精确，以致官吏始终领不到薪俸。因而各人在各人的岗位上，利用职权，贪赃枉法，收取贿赂，自己供养自己。

传统政治上最严重的两大致命污点，一是刑求，一是贪污。连最英明的君主之一—— 清王朝玄烨大帝，都公开承认，官员不贪污是不可能的。这是一个使人沮丧的讯息。国家的法令,交给贪赃枉法的官员,就等于把武器交给江洋大盗。王莽的改革,失败在吏治腐败;王安石的改革,也失败在吏治腐败。事实上,任何一个王朝的灭亡,都灭亡在吏治腐败。

官员贪污,开始的时候,往往由于薪俸收入,不能维持生活。或即令维持生活,却不能维持尊严。但是,贪污一旦起步,社会上成了风气,则薪俸即令可以维持他的生活和尊严,贪污也不会停止,因为他还要奢侈。

王孙庆悲剧

公元 16 年,翟义党羽王孙庆被捕获(参考 7 年),王莽命御医(太医)、御用库房(尚方),跟精巧的屠夫,共同下手,把王孙庆剖腹剥皮,挖出五脏(心、肺、肝、脾、肾),研究它们的位置及功能。用竹签插入血管,探求脉搏终始。据称,可以治病。

王孙庆逃亡九年之久,终于落网,陷此酷刑,使人落泪。王莽是儒家学派的大儒,以仁义道德自居,然而看他对付反对者的手段,从挖掘傅昭仪、丁姬的坟墓(参考 5 年),到临时发明"烧杀"死刑(参考 14 年),以及在王孙庆身上肆虐,岂真的应验:"满口仁义道德之人,定是一肚男盗女娼之辈?"再看王夫之对楼兰国的凶蛮言论(参考公元前 77 年),以及韩愈公开倡言焚烧佛教经书,拆毁寺庙房舍(参考韩愈著《原道》)。面对被歌颂的传统文化,不禁毛骨悚然。

吕　母

新政府的法令,多如牛毛,而又琐碎苛刻。人民只要摇一摇手,都会触犯法网。而差役既多又重,农夫没有时间种田;水利损坏,遂成旱灾;蝗虫接连发生,使灾情更重。诉讼和监狱中羁押的囚犯,长久不能结案。官吏用残暴手段,建立威严;利用政府禁令,侵占人民财产。富有的人不能保护自己的财富,贫苦的人不能活命。于是,无论贫富,大家都自行武装,盘据高山大湖,当起强盗。官员无法制止,只好蒙蔽上级。变民遍地。

临淮(江苏盱眙)人瓜田仪(瓜田,复姓),盘据会稽郡(江苏苏州)长州苑(江苏苏州西南)。琅邪(山东诸城)人吕母,聚众数千人,击斩海曲(山东日照)县长,乘船入海,当起海盗,人数越来越多,有一万人左右。

仅只看这份官方记载,吕母平空谋反,如果不是一个十恶不赦的刁民,也定是一个顽劣凶恶的泼妇。然而,其中却含有多少鲜血和多少眼泪,以及多少无奈。吕母的儿子在海曲(山东日照)县政府当一名小官,被县长诬陷诛杀。吕母如果是一个传统的平凡女人,痛哭一场,只有认命。最多遵循正常轨道,上诉到郡政府。一个人能当到县长,当然跟郡政府的官员,关系密切,岂会为一个小职员伸冤?一切和稀泥的安慰话:"人死不能复生,悲愤也是枉然,算啦,算啦!"恐怕连耳朵都能震聋。意志稍微薄弱,只有含垢忍辱。

然而,吕母是一个奇女,她选择了反击之路,把家产散尽,秘密结交贫苦少年,在集合到百余人时,突击县政府,诛杀县长,用县长的人头,祭祀儿子的坟墓。假使"有大汉天声"的话,这正是"大汉天声"。可是,这种"大汉天声",却由善良的人民和着血泪唱出,使人悲痛。

扬 雄

公元18年,扬雄逝世。

最初,西汉王朝十二任帝(成帝)刘骜时,扬雄当宫廷禁卫官(郎),派驻禁宫宫门(黄门),跟王莽、刘秀(刘歆),一起供职。新王朝建立,扬雄以前辈资格,被擢升当国务官(大夫)。扬雄对势利看得很淡,只崇拜古人古事,喜爱儒家学派的道理,打算用文章使自己留名后世,于是撰写《太玄》一书,讨论天地人三方面综合关系。扬雄发现其他学派的学说,都是用智能的言语,诋毁儒家学派的圣人,荒唐怪异,巧妙辩解,阻挠思想的划一。虽然都是小节目,但最后可能破坏儒家学派的基础,迷惑知识分子,使知识分子信奉他们,却不知道他们的错误何在。当时,常有人向扬雄提出问题,扬雄都一一回答,遂收集成书,定名《法言》。只求内省,不向外宣传,因此不被当时人们注意。大司空(三公之三)王邑、农林部长(纳言)严尤,听到扬雄逝世消息,问桓谭说:"你常称道扬雄的著作,不知道能不能留传后世?"桓谭说:"一定可以,可惜的是,你我都无法看到。因为人之常情,对眼前的都很忽视,对遥远的都当成宝。大家看到的扬雄,官位这么小,地位这么低,容貌这么平庸,没有一点动人之处,所以瞧不起他的著作。从前,李耳把他的虚无思想,写成文章(指《老子》),贬低仁义,抨击礼义,喜欢它的人,还以为价值超过儒家的五经(《诗》《书》《礼》《易》《春秋》),上自西汉王朝刘恒(五任文帝)、刘启(六任景帝)等君王,下到司马迁,都有这种看法。何况扬雄,文字功力和文章内容,都十分深刻,但所发议论,却不违背儒家学派的圣人,将来一定超越他们。"

扬雄的学问和见解到底如何,经司马光不断引用他《法言》的结果,《资治通鉴》读者,当不陌生,自会判断。

扬雄当时的处境是:官位太小,地位太低,以致连他的著作,都受到轻视。势利眼之辈,缺乏鉴赏力,才有"远来和尚会念经"观念。古时候只有纵的关系,于是媚古。十九世纪后又有横的关系,于是媚外。连耶稣都不得不感叹:"先知在本乡本土总是受不到尊敬。"

鉴赏能力一旦随着政治市场的价码起伏,便无法独立。结果当然造成一种反淘汰,官场中的歌颂,往往正是小民的愤怒或不屑。官是一个标准,民又是一个标准。民的标准被政治市场涨跌的巨棒击碎,得不到公正的肯定,长此以往,民族的灵性和生机就奄奄一息。所以我们必须做到:只问对方的成就,不问对方的成分。

笨鬼附体

新王朝(首都长安【陕西西安】)皇帝(一任)王莽(本年六十四岁)发现,全国变民越来越多,有一种无法收拾的趋势。于是命天文台(太史)推算出三万六千年的日历。下令:"每隔六年,改换一次年号,布告天下周知。"又下诏昭告全国:"我当跟黄帝姬轩辕一样,成仙升天。"(刘彻曾认为他会跟姬轩辕一样,成仙升天,王莽是第二人有此信念。)打算欺骗人民,瓦解变民。听到的人无不哑然失笑。

权势人物经常会做出使人哑然失笑的糗事,王莽不过其中之一,并不特殊。我们感到有趣的是,王莽并不是白痴,若干权势人物更都聪明非凡,为什么总是干出这种只能自欺,却不能欺人的勾当?只有一种解释是合理的,一个人封闭在自我陶醉的洞穴中太久,心智无法成长,总认为别人的智力商数比他更低,可以任凭他牵着鼻子走。

社会上充斥着阿谀之徒,领袖放个屁,立刻就有人研究出来它的哲学基础。社会也充斥着混沌之辈,有人怎么说,他就怎么信。于是鼓励当事人表演更多使人哑然失笑的节目,供人茶余饭后的谈助。

盼望每一个人物,在笨鬼附体的时候,最好评估一下被人哑然失笑的可能性,则对自己、对国家,都有裨益。

范升真知灼见

大司空府议论员(大司空议曹史)、代郡(河北蔚县)人范升,向大司空(三公之三)王邑提出备忘录说:“而今,大家异口同声,歌颂皇上(王莽)神圣,赞扬阁下英明。然而,神圣的意义是无所不知,英明的意义是无所不见。现在天下大事如何?比日月在天上还要明显,比雷霆万钧还要震撼。然而,皇上不知道,阁下也看不见。善良的人民,去哪里求救呼天?皇上一直认为:远方不服从(指匈奴、西域、西南夷),是最大的忧虑,我却以为国内人民的愤怒,才值得担心。现在任何举动,都跟事实抵触;所决定的事实,都跟人民的盼望相反。在翻车的道路上奔驰,在失败的轨迹上步步跟进,一种必然降临的灾祸,出现得越晚,就越严重。而爆发得越迟,程度就越可怖。正逢一年开始的春季,却征调丁壮,远征蛮荒,田地荒芜,无人耕种,野草也都吃光,粮食价格猛涨,一斛竟达数千钱,低级公务人员跟全国人民,陷在深水热火之中,已不再是国家的基石。不久,胡人(匈奴)、貊人(湖貊部落,朝鲜半岛东北部)就要把守未央宫宫门,而青州(山东北部)、徐州(江苏北部)的强盗匪徒,就要登上床帐。我有几句话,可以解除天下倒悬的痛苦,免除人民的窘迫,无法用文字表达,请求召见,愿当面陈述。”王邑听不进去。

新王朝武有严尤,文有范升,不能说没有人才。问题只在于呆头鹅掌舵,人才遂被埋葬。看了严尤的对话跟范升的对策,和王莽、王邑的颟顸的反应,一种无力感油然而生。每个王朝政权衰落时,都会呈现两种征候:在上位的人耳朵和心灵,全部关闭,在下位有能力的人椎心泣血,贡献无门。

王　莽

公元23年,西汉王朝大军,攻入长安,王莽逃到未央宫宣室殿避火,而火舌跟踪而至。王莽身穿赤青色的衣服,手拿两千两百年前姚重华拿过的小刀,天文官(天文郎)就在王莽面前,占卜时日方位,王莽绕着桌案兜圈子,最后终于找到占卜上显示最吉祥的位置——斗柄,才坐下来。神志不清地喃喃自语说:"上天照顾我,西汉军能把我怎么样!"黎明,高级官员扶着王莽,从宣室殿,逃到太液池中四面环水的渐台,这时仍有一千余位官员追随左右。大军杀入宣室殿中之后,听说王莽逃入渐台,遂把渐台密密包围,有几百重之多。渐台守军仍然发箭拒抗。等到箭被射完,大军冲杀,双方短兵相接。王邑父子、带恽、王巡,在肉搏中战死。王莽逃到一个小房间,大约下午晚饭的时分,大军杀入渐台。国师(四辅之三)"寿容"(不懂二字意义)苗䜣、太傅(四辅之二)唐尊、王盛等,全都丧生刀下。商县(陕西丹凤)人杜吴,直闯而入,击杀王莽,指挥官(校尉)东海(山东郯城)人公宾就(公宾,复姓),砍下王莽的人头(本年王莽六十八岁)。士兵一拥而上,乱刀齐下,把王莽尸体砍成碎块。为了争夺这项诛杀元凶的功勋,互相攻击,杀死几十人(新王朝亡,9至23,立国十五年)。

中国历史上,每一次政权转移,都要发生一次改朝换代型的全国混战,野心家或英雄豪杰,各自掌握武力,互相争夺吞噬,人民死伤千万,白骨遍地,孤儿寡妇遍地。最后,只剩下一个头目,这个头目遂成为儒家学派所称颂的:"得国最正"的圣君,在血海哭声中建立他的王朝政权。王莽打破这个惯例,他用和平手段,把政权转移到自己手中。在历史上,他不是第一个用和平手段转移政权的君王。最早的一位是黄帝王朝姚重华,其次是夏王朝后羿、寒浞,第四位是齐国田和,第五位是燕王国子之,王莽应排行第六。但是,王莽却是第一个使用和平手段转移政权后,跟旧政权一刀两断,另行建立一个崭新王朝和崭新政府的君王。过去的篡夺,只是统治者搬家,而王莽的篡夺,却确确实实是改朝换代,还包括一种政治理想的实践。不同的是,姚重华在孔丘"托古改制"运动中,被塑造成一个神圣形象,"篡夺"被美化为"禅让",而如法炮制的一些后生晚辈,"禅让"反被丑化为"篡夺"。

对于王莽事件,儒家学派处于进退两难的窘境,如果新王朝寿命有八百年之久,儒家知识分子自然振振有词。偏偏十五年便亡,而更糟的是,继起的统治者又偏偏是西汉王朝皇家苗裔,王莽就非是"乱臣贼子"不可。所以,虽然王莽是一位"大儒",而且用政治力量推动儒家学派的崇古政治理想,儒家学派却不得不放弃原则,对他痛加诟骂。这诟骂包括一种痛恨的心情,痛恨他不争气。不过,无论如何,王莽创造的权臣夺取宝座的分解动作,却为后世定下模式,很多同样情形下的权臣,都照葫芦画瓢。

以一个学者而建立一个庞大的帝国,中国历史上仅此一次(中国所有王朝的开创帝王,如果不是地痞流氓、恶棍无赖,便准是拥兵的武夫),他掌握权柄后,所从事的社会革命,可归纳为八大项目:一、土地国有,二、耕地重新分配,三、冻结奴隶,四、强迫劳动,五、实行专卖,六、建立贷款制度,七、计划经济,八、征收所得税。司马光在《资治通鉴》中只记其害,不记其利。

从这些剧烈的措施,可发现王莽所从事的是一项惊天动地的全面社会大革命。王莽的失败,使人惋惜;如果他能成功,将使人类文化史重新写过。然而,有五项原因,使他不能逃出厄运。

第一,王莽是一个忠实的儒家学派,而儒家学派的基本精神是崇古。所以王莽的眼光不是向前看而是向后看。他对他诊断出来的社会病态的治疗,认为只要吃下古老儒书上所用的那些古药,就可痊愈。像土地重新分配，固是创举，可是王莽坚持恢复井田，便根本无法做到。脚步向前走而眼睛向后看，仅这一点，就注定他必然跌倒。

第二，那个时代还没有推动这么庞大改革的技术能力，像贷款利息和所得税，都是"纯利"的十分之一，这涉及到复杂的成本会计，当时的人还不可能胜任。即令有此人才，王莽更需要一个有组织的干部群去执行。但他仰仗的却只是行政命令，把所有责任都加到行政官员身上，而行政官员大多数又都腐败无耻（这是中国传统的严重病态）。于是，纵是善政，也会转化为暴政，民变因之燎原般爆发。

第三，王莽没有办法控制丧失既得利益者的反击。土地国有使地主怨恨，禁止奴隶买卖使奴隶主和奴隶贩子怨恨，强迫劳动使贵族和一些地痞流氓寄生虫怨恨，禁止铸钱使富豪怨恨。这些怨恨容易掩盖因改革而受益者的欢呼和感谢，一遇机会，就向改革反击。

第四，王莽机械地迷信制度万能，他认为："制度确立之后，天下自然太平。"大部分时间都用在厘定新的制度上，而他用的又是儒家学派所特有的繁文缛节，不惮其烦地改官名、改地名，凡是"现代"的全都取消，一律恢复"古代"原状。改得太多，以致没有人能够记得住。这改革是不必要的，但王莽懔遵儒家"正名"学说，却特别认真，而也就在这些小动作上，按下大失败连锁反应的电钮。西汉政府对西南夷诸部落酋长，大都用王爵羁绊，不过是不费一文钱的虚名，王莽却改封他们为侯爵。句町王首先反抗。王莽又把西汉政府颁给匈奴汗国"匈奴单于玺"，改为"新匈奴单于章"。皇帝的印称"玺"，而"章"只用于侯爵，这改革更不必要，却为此发动南北两边大规模讨伐战事，征兵征粮，引起骚动与饥馑和吴广式的暴动。

第五，王莽是一位狡狯而又蠢笨的高级知识分子，兼儒家学派的经济学者，绝不是一位智慧的政治家。智慧的政治家永不会认为自己比任何人都聪明，王莽恰恰认为自己如此，因之他不能容纳与他意见相异的建议，固执地自以为高人一等。所以他对句町国和匈奴汗国，采取迎头痛击政策。对因饥饿而抢掠的变民，一味高压，遂使形势更加恶化。

王莽死,新王朝灭。本来已经被避免了的改朝换代型大混战,仍然出现,自一世纪头十年吕母起兵开始,到三十年代全国再度统一为止,前后继续二十年,中国人生命财产的损失,无法估计。可是,儒家学派在无数次复古溃败之后,没有接受丝毫教训,仍在推销他们的“古”,人民照样被迫接受,实在是一个困惑的课题。

人心思新

玄汉王朝皇帝(一任)刘玄,封刘秀当萧王,下令黄河以北所有部队,全部复员。命刘秀返回长安。

此时刘秀住在邯郸(河北邯郸)故赵王王宫,正在温明殿睡午觉。耿弇直闯而入,冲到床前,请求单独谈话,建议说:“官兵死伤太多,请准我回上谷(河北怀来)补充。”刘秀说:“王郎(刘子舆)已经消灭,黄河以北已经太平,还补充部队干什么?”耿弇说:“王郎(刘子舆)虽然消灭,全国混战之局,并没有结束。而且恰恰相反,不过刚刚开始。现在,中央政府使节从西方传达诏令,要全体复员,绝不可以听从。铜马(河北东南部)、赤眉(河南北部及山东西部)等武装集团,共有几十个之多,每一个集团都有几十万人,甚至一百万人,所向无敌。刘玄没有能力应付,不久就会溃败。”刘秀从床上跳起来说:“你说错了话,我只有杀你。”耿弇说:“大王厚待我,如同父子,所以才掏出赤心。”刘秀说:“我开玩笑罢了,请说下去。”耿弇说:“全国人民,被王莽害得苦不堪言,因而想念刘姓皇家。听说西汉王朝中兴重建,无不欢欣鼓舞,好像逃脱虎口,扑到慈母怀抱。现在,刘玄当天子,山东(崤山以东)将领们,各霸一方。中央的皇亲国戚,又烧杀掳掠,无恶不作,人民痛苦,已到极点,内心泣血,甚至反过来思念新王朝的太平日子。所以,我推断刘玄必定失败。”刘秀大为欣赏。遂向刘玄报告，认为黄河以北还没有完全平定，无法抽身返回首都长安。至此，刘秀已决心叛变，只等时机。

千余年来，“人心思汉”四字，成为一种指标，表示人心所归。却不知道还有“人心思新”，较之“人心思汉”，更值得深思。试读鲍宣的奏章，公元前一世纪太平盛世时，人民面对的有七项灾难和七项死亡，凄凉悲惨的情景，使人惊悸，于是人心思变。王莽以儒家学派正统宗师，满口满纸，都是仁义道德，却带来更大的痛苦，使人认为公元前一世纪的七项灾难和七项死亡的社会，还是天堂，于是人心思汉。接着被思的汉复出，奸淫烧杀，血腥混战，人民更求生不得，求死不能，相形之下，新王朝也成了天堂。

这就是中国人的命运：苦难之后，接着是更大的苦难。手拿救国救民招牌的野心家和野心集团，一旦掌握权柄，立刻露出凶相，举起屠刀。鲁迅有诗形容：“一阔便翻脸”，固是讽刺小人物丑态，同时也是形容大人物对小民的情结。只要专制制度不变，封建意识不变，这种情结也不会变。流氓刘邦上台也好，大儒王莽上台也好，结果完全一样。中国就被这种罪恶抓住，难以摆脱。

使野心家或野心集团永远保持当初所持正义的方法，只有基于人权思想产生的民主制度，把统治者置于人民控制之下，而不是把人民置于统治者控制之下。一旦人民被置于统治者控制之下，就只好永远的生活在“人心思变”—— 思念过去所谓“好”日子——之中。

刘婴的先天悲剧

前隗家班（隗，音 wěi【伟】）军师方望，跟安陵（陕西咸阳东北安陵乡）人弓林（弓，姓），共同拥戴新王朝定安公刘婴（西汉王朝末任帝）当皇帝，聚集武装变民几千人，占据临泾（甘肃镇原东南曙光乡)。玄汉帝(一任)刘玄,派宰相(丞相)李松等讨伐,把他们全部击斩。

人生好像水泥拌搅器里的一粒沙子,身不由己,即令是英雄豪杰,如果没有好运道帮助他——像敌人适时的犯下严重错误,也不可能成功。但有些人却被注定地要扮演悲剧角色。

刘婴就提供一个例证,当他只不过两岁,还是一个吃奶的小娃儿时,被选定当最高君王。当他只不过五岁,读幼儿园大班都不够资格时,却被囚禁高墙,连乳母都不准跟他说话。可怜的孩子,不知道他向谁牙牙学语?而本年(25),他才二十一岁,尊贵而奇异的经历害了他,被两位不争气的拙劣野心家掷弄上宝座。

刘婴连牛马羊鸡狗猪都不认识,却面临凶险,这是一种谋杀。可是,他又怎能拒绝?我们不仅是为刘婴一人悲,而是为内战中千万玉石俱焚,不能保护自己的善良人悲。

卓茂的功能

东汉王朝皇帝(一任光武帝)刘秀下诏说:"知名度普遍天下的,应接受像天下这么大的重赏。兹任命卓茂当皇家师傅(太傅),封褒德侯。"

司马光曰:"孔丘说:'赞美善行,是一种很好的教育,等于对缺少善行的人,施予谴责。'所以,姚重华(舜)推荐皋陶(古代最正直最公平的法官),子天乙(汤)推荐伊尹,邪恶不仁的人,自然会远远而去,因为二人都有高贵的品德。刘秀刚刚当上皇帝,各地英雄豪杰,争夺政权,四海之内,像滚水般的沸腾。一些冲锋陷阵的人,奇计百出之士,最受尊重。只有刘秀单独地注意到忠厚的干部,表扬规规矩矩的官吏,从低微的民间,一下子擢升到三公中最尊贵的首位。正说明他何以能光复原来政权,而王朝又能维持够久的原因。因为刘秀知道什么事情应该先去做,和什么事情才是根本。”

刘秀之所以能光复原来西汉王朝的政权,是因为战场上获得一连串胜利,如果处处败仗,纵有十万个卓茂,也没有用。当此之时,刘秀第一优先去做的,是加强他的武装部队,不是物色迂阔的老汉。对卓茂的任命,不过刀光血影下的一个小动作。

儒家学派对“大儒”之类,总是夸张他的功能。既迷惑不了君王,也迷惑不了小民,倒迷惑了自己。成家皇帝公孙述可是一个崇拜“大儒”的人,结局是什么,历史有明白记载。

英雄不牢记小仇

东汉大军包围洛阳(河南洛阳东白马寺东),历时数月,而洛阳在朱鲔坚守之下,拒不投降。刘秀知道司法部长(廷尉)岑彭,曾在朱鲔手下当过指挥官,命岑彭前去说服。朱鲔站在城上,岑彭站在城下,向朱鲔分析成败利害。朱鲔说:“刘花被害之事,我是主谋之一,后来又劝皇上(刘玄)不要把刘秀派往黄河以北。我了解我的罪恶沉重,所以不敢投降。”岑彭回来把话转告刘秀,刘秀说:“一个追求伟大目标的英雄,不会牢记小小怨仇。朱鲔如果投降,连官职和爵位,都可以保持,怎么会有报复?黄河作证,我绝不食言。”岑彭再到洛阳告诉朱鲔,朱鲔从城上垂下绳索做的软梯,说:“如果你讲的是真话,请上城!”岑彭攀着软梯要上。朱鲔看出确是诚意,决定投降。

刘秀留下千古名言:“追求伟大目标的人,不会牢记小小怨仇!”对于敌人,最上等的策略是消灭他。如果不能,便应该包容。刘秀是一个政治家。中国漫长的历史中,英雄很多,政治家很少。帝王群中,恶棍林立,政治家尤其寥寥可数。

在儒家学派“汉贼不两立”的斗争口号下,朱鲔不但是杀兄凶手,而且是被称为“贼”的主犯,至少有一百个理由,非杀他不可。而朱鲔坚守不屈,自在意料之中。顿兵城下越久,引起四方武装集团反击的机会越大。结果是一死一伤,或二死二伤,天下大势,将再生变化。宽容和气度,不是天生的,而是高度的智慧和高度的自我克制。古语说:“宰相肚里可撑船。”宰相尚且如此,首领肚里更必须容纳奔驰的火车。因为只有胸襟开阔,眼光锐利的人,才有运用智慧的能力。而且,政治是太复杂了,它有个明显的特征是:没有永远的敌人。

政治艺术的最高境界,在于化敌为友,只有半吊子家伙,才确信他的钢刀万能。

彭宠之叛

刘秀跟王郎(刘子舆)作战时,渔阳郡(北京密云)郡长彭宠,征调精锐的骑兵突击部队,开往前线助战(参考24年),粮食草料,转运千里,从不曾中断。后来,刘秀追击铜马军,抵达蓟县(广阳郡郡政府所在县,北京)。彭宠觉得他的贡献最大,而且是决定性的,认为刘秀对他一定有特殊的礼遇。想不到,刘秀的表现使他失望,心里愤愤不平。再后来,刘秀当了皇帝,吴汉、王梁,都是彭宠的部将,由彭宠派出帮助刘秀(参考24年),二人都当了三公,只对彭宠毫无表示,彭宠越发恼怒,最后,刘秀下诏征召彭宠。彭宠上书,请求跟朱浮同时前往洛阳(希望跟朱浮在皇帝面前对质),刘秀不准。彭宠发现朱浮的实力,深不可测,更为惊疑恐惧。彭宠的妻子性情刚强,受不了屈辱,说:“天下仍一团混乱,四方英雄,各自发展。渔阳(北京密云)是个大郡,兵精马壮,为什么被别人的小报告打垮?”彭宠再跟亲信的官员磋商,他们都恨朱浮,没有一个人赞成彭宠应去洛阳。刘秀派彭宠的堂弟子后兰卿去渔阳郡劝导,彭宠遂留下子后兰卿,宣布脱离中央,起兵叛变。彭宠设立统帅部,任命各级官员,亲自率军二万余人,攻击朱浮所在的蓟县(北京)。

彭宠根本没有叛变的意图,不但没有叛变的意图,反而一直忠心耿耿。他之叛变,是逼出来的,主要是刘秀的疏忽,其次是朱浮这个大少爷少不更事、狗仗人势。

当吴汉到北方沿边各郡,征发援军时,刘秀正在穷途,他把随身的佩剑送给彭宠,称他是"北道主人"。后来,彭宠到蓟县晋见,仗恃着对刘秀有救命之恩,自以为刘秀会走出庭外迎接,把臂言欢,交肩并坐,互诉心曲。想不到刘秀已非当初刘秀,基础已固,没有假惺惺的必要,于是露出嘴脸,只把彭宠当作一个普通郡长,使彭宠由失望而怨恨,再加上少年得志的朱浮,他的性情跟他的名字"浮"字相同。仗恃领袖对他的信任,不把彭宠看到眼里,遂一个小报告接一个小报告。太多的史迹显示,任何忠义之士,都经不住鲨鱼群的小报告,何况彭宠跟刘秀之间,原本那么疏远。而刘秀竟然拒绝同时征召朱浮,当初对付李轶的那种高级政治艺术,哪里去了?只有一个解释,他被胜利冲昏了头,不能再有细密的思考。幸而,刘秀检讨了这次错误,在以后,对窦融、对隗嚣、对公孙述,都一再忍让,虽然有成有败,但方针正确。

彭宠的叛变,也是一件严重的错误,他完全被情绪控制,正犯了"小不忍则乱大谋"的戒条。从他竟然不能对蓟县突击成功,证明他只不过是一个平庸之辈。如果对蓟县一举夺取,至少可以格杀朱浮,先报私仇,然后大军南下,轰轰烈烈一阵。一击不中,命运已经注定。

邓　奉

东汉全国武装部队最高指挥官(大司马)吴汉,率军夺取南阳郡土地,经过的县市,多有侵暴行为。破虏将军邓奉,请假回故乡新野(河南新野)省亲扫墓。对他的乡里受到的痛苦,不能忍受,愤怒中起兵叛变,击破吴汉军。邓奉驻屯汤阳(河南南阳南三十公里),跟其他武装集团合作。

东汉王朝皇帝刘秀的部队,被史书形容为一支解人民于倒悬、救人民出水深火热的仁义之师,而吴汉又是云台绘图的名将(参考60年)。然而,他们对人民的暴行,所有史书,包括《资治通鉴》在内,都轻轻一笔带过。千千万万被这些仁义之师杀死、奸死、烧死的冤魂,死不瞑目。尤其是,吴汉的暴行,连他的同僚都不忍卒睹,不惜叛变,就可了解他罪恶的沉重。然而《通鉴》只温柔敦厚的一句:“多有侵暴行为。”

我们歌颂邓奉,歌颂他敢于反抗暴政,不惜叛变。中国历史上的暴政所以层出不穷,都是被中国人苟且求全和懦弱无能性格宠出来、培养出来、鼓励出来的。中国人如果多出来几个邓奉,暴君暴官就一定大为减少。

公孙述

以天水郡(甘肃通渭)为根据地的西州最高统帅(西州大将军)

隗嚣，派马援前往成都（四川成都），对成家帝（首都成都）公孙述作一深入评估。马援跟公孙述同是茂陵（陕西兴平东北）人，从小玩在一起，感情十分深厚。他认为到了成都之后，两人会握手言欢，不拘形式地谈笑风生，回到当年同学时代的友情，想不到他遇到的却是一个官式场面。

公孙述高坐在金銮宝殿之上，武士林立，戒备森严，这才请马援进去，依照规定的宫廷礼节，参见交拜之后，由礼宾官陪同，送到宾馆休息，并给马援赶制布质的平民服装，跟平民冠帽。然后，在皇家祖庙中，召集文武官员，在皇帝座位之旁，特别设立旧交老友的座位。等到一切就绪，公孙述御驾才从皇宫出发，盛大的皇家卫队之前，由天子特用的绣着鸾鸟的旗帜，和驱逐妖邪的蓬头散发的骑士，作为前导。戒严，人民被逐离街道，全城一片静肃。公孙述在御车之上，不断向左右屈身恭迎的官员，点头作答。宴席以及文武百官的阵容，极为盛大。

公孙述要封马援侯爵，担任全国武装部队最高指挥官（大司马）高位。马援携带的宾客们大喜过望，都盼望留下来，但马援拒绝，向大家解释说："天下一团混乱，胜负雌雄，还没有决定，鹿死谁手，不得而知。公孙述不知道一饭三吐哺，迫切地奔走欢迎有才干的人士，共同商议国家的大计方针，反而只注意繁琐的小节，不过一个人形玩具罢了。这种人如何留得住英雄豪杰？"坚决告辞。回去后，对隗嚣说："公孙述，一只井底青蛙而已，自以为已很伟大，不如专心事奉洛阳。"

一个越是没有身价的人，越是重视外界对他身价的评估。马援认为，公孙述是预防行刺，才军警林立，恐怕高抬了他。以公孙述的浅碟子气宇，显然不是为了预防刺客，而只是为了向贫贱时的老友，展出孔雀开屏。想当年，你我二人同窗读书，没出息的是我，而今我当了皇上，说句话就是金口玉言，叫张三死，张三不得不死，教李四当官，他就贵不可及，何等威风，而你却仍在一个变民首领底下当差，跟我可差一大截，看了这项场面，我要叫你垂涎三尺。

古人有一句话形容这种心理:“小人得志”——小人物一旦有三个部属或两个食客,经常在身旁兜圈子,就会意乱情迷,开始出现身段。问题是:被身段所慑服的,全是脓包,看到英雄豪杰眼中,徒惹失笑。马援把沾沾自喜的公孙述“大帝”,形容成一个人形玩具和一只蹦蹦跳跳的井底之蛙,可谓传神。

玩具型人物或井底之蛙,自己过瘾有余,建立功业不足;对他们的失败,我们毫不关心。不过,一个国家也好,一个社会也好,玩具型人物和井底之蛙过多,国家社会就无法避免要受苦受难。八年之后,成都陷落,东汉军队屠城,那些哀魂怨鬼,都为公孙述盛大的官谱排场,付出代价。“唯大英雄能本色”,我们厌弃人形玩具和井底之蛙,而全心敬重本色英雄。

不义侯

宣布独立,基地渔阳(北京密云)的燕王彭宠,在便殿吃斋静修(吃斋,不食肉类),求天降福。奴仆子密等三人乘着彭宠午睡,把他捆绑在床上,然后告诉外面官员,说:“大王正在斋戒,你们一律休假。”又假传彭宠的命令,把其他奴仆跟婢女,全部捆绑,分别囚禁;再假传彭宠命令,招唤他的妻子。彭宠夫人一进入便殿,便发觉巨变,惊恐而又愤怒,咆哮说:“家奴反了!”子密等这时已翻脸无情,抓住主母的头发摔出去,狠狠打她耳光。彭宠在旁叫说:“快给三位将军准备行装!”子密遂斩彭宠以及彭宠夫人,南下直奔东汉首都洛阳。东汉帝刘秀封子密当不义侯。

权德舆曰:“彭宠叛变,子密杀君,都是乱臣贼子,罪恶不能相抵,应该分别处理,使圣明君王的法律制度,昭示天下。现在,不但不处分子密,反而封子密侯爵,却又冠上‘不义’的称号。如果他的行为‘不义’,根本就不应封赏侯爵。如果这种行为,竟可以封赏侯爵,东汉政府的侯爵,便不值钱,失去鼓励奖赏的意义。《春秋》直书:‘齐豹强盗杀人’,又写出三个叛徒的姓名,难道跟这件事不一样?”

彭宠之死,因为太过传奇之故,实难相信它竟是真的。但也正因为它竟是真的,所以更为震撼。有时候,真实的历史事件,比起小说电影,还要戏剧化,在此又多一例证。

权德舆的评论,显示出单线条思想、二分法所处的困境,寥寥一百余字,漏洞百出。首先,当天下大乱,全国混战之时,英雄豪杰共同追逐最高宝座,彭宠根本不是叛徒。如果叛徒都应该诛杀的话,刘秀可是最大的叛徒——背叛玄汉皇帝刘玄,应首先伏诛。权德舆只指控彭宠,证明他不过是一个“成则帝王,败则贼寇”,传统的势利眼。

对子密等三人的冷血凶残,东汉政府陷于两难。不能不封侯履行承诺,以鼓励叛徒内部再生叛徒;又不得不标出“不义”,使人引以为戒。权德舆认为应该分别办理,意思是对子密之弑主,加以论罪。果真如此,东汉政府的承诺便等于一屁。孔丘曾说:“民无信不立。”而权德舆显然鼓励背信。而且,不管你顺眼也好,不顺眼也好,高贵的封爵和数额庞大的赏格,是促使敌人内部残杀,和互相出卖的最可怕的能源,胜过千军万马。

东汉政府用轻视的心理,封子密侯爵,是一种统战手段,权德舆搬出所谓的故事,我们却不认为那些记载,是什么大义。即令是大义,也不过传统史学家的一种所谓的“笔法”而已,在现实政治上,可千万不能认真实践。现实政治,错综复杂,变化之快,目不暇给,不能用一个简单标准,轻率的衡量所有事物。这正是不切实际的象牙塔里的知识分子,所面对的窘境。

再出文妖

西州(甘肃东部)最高统帅(西州大将军)隗嚣(时驻平襄【甘肃通渭】),询问班彪对于大局的意见,班彪遂撰写《王命论》,说:"从前,伊祁放勋(尧)把政权禅让给姚重华(舜),说:'天命的运转,在你身上。'姚重华也用同样的话,告诉姒文命(禹)。等到姬弃(后稷)、子契(商王朝始祖),他们都辅佐伊祁放勋(唐)、姚重华(虞),直到子天乙(商王朝一任帝)、姬发(周王朝一任王武王),终于成为天下的共主。刘姓继承的是伊祁放勋的大业,伊祁放勋用'火'作为标志,而西汉王朝也用'火'作为标志。刘邦更有赤帝儿子的应验(参考公元前209年),受到鬼神祝福保佑,天下一齐归附。从这个角度来看,毫无基础凭借,又没有累积的功勋恩德,而能崛起到高位之上,从来没有发生过。世俗的眼光,看到刘邦从一介平民,登上宝座。不晓得其中缘故,以至比作天下逐鹿,脚快的先捉住。殊不知道,神圣的权柄归谁,自有命运注定,不是靠智慧和力量可以得到。正因为有'逐鹿'一念,世界上才多的是乱臣贼子。饥民流离失所,在道路上受尽饥饿寒冷,最大的愿望不过吃一顿饱饭。然而最后仍然辗转死于水沟山谷,为什么?只为贫穷也是命运注定。何况,天子是何等尊贵,拥有四海的富饶,受到神明的保护,岂可以狂妄地去想得到?所以,有些人虽然随波逐流,偷窃到权力。勇猛的像韩信、英布,强大的像项梁、项羽,已经成功的像王莽,最后还是被烹杀、斩首,被剁成肉酱、五马分尸。何况一些小人物,连上列这些人都比不上,却竟然想坐天子之位?贫富贱贵,是上天安排。"

读了班彪的大作,蓦地发现,耿育(参考公元前6年)之后,中国再度出现文妖。君王是上帝派定的,谁争也没有用,这种学说,已使人喘气。但更喘气的是,班彪竟然认为:连可怜的饥民活活饿死,也是上帝颁发的诏令。既是上帝颁发的诏令,你就应该乐天知命,含笑接受,胆敢抱怨,就是乱臣贼子。当千万妇女儿童饿死,或是被格杀烹煮,哀号连天之时,班彪独坐在一旁,一面喝着老酒,一面安抚说:"不要吵好不好,这是命中注定的呀。"

耿育不过无耻,班彪除了无耻,还更残忍。我们为悲惨的中国人痛哭,除了主凶外,还有摇尾系统的文妖,为主凶发明杀人的神圣理论基础。在这基础上,暴政竟成了美不可言的替天行道。

耿弇屠三百余城

耿弇率领大军抵达城阳郡(山东莒县),收服五校武装集团所有部队。故齐王国(山东)全境,完全被东汉政府平定。耿弇班师,返回首都洛阳。耿弇自从当带兵将领,在他手中攻陷四十六个郡县封国,屠杀三百余个城市,从没有被敌人击败。

耿弇是一世纪时东汉王朝名将,史书上对他的赞扬,简直尽善尽美。然而,在数不尽的烜赫战功中,却有屠杀三百余城的记录,使人发抖。战场杀人,势不得已。屠城动作,必然发生在入城之后。即令真正敌人,战败也好,投降也好,既然已经屈膝,就应受到尊重。何况,屠杀对象,绝大多数都是老人和妇女、儿童!人民渴望着"王师"解放,怎知解放的却是钢刀长矛。满洲人"扬州十日"、"嘉定三屠",结下民族仇恨,历时三百年都要报复。而且,也不过屠两城而已,耿弇屠的却多达三百有余,这血海深仇,向谁索取?

吴汉的野兽行为,激起邓奉叛变。耿弇的野兽行为,却受到史学家赞扬。"人心思汉",当人们被砍被杀,倒在血泊中辗转哀号之时,想到他们"思"的"汉",就是如此,此情何堪?

中国人的苦难,很少来自外患,几乎全来自本国的暴君暴官!中国人如果不自己觉醒,暴君暴官就永远抓住中国人不放。

帮凶和恶奴

公元29年,刘秀下诏,征召隐居学者(处士)太原郡(山西太原)人周党、会稽郡(江苏苏州)人严光等到首都洛阳。周党晋见刘秀,仅俯下身子,拒绝叩头,也拒绝自报姓名,向刘秀请求准许他回乡继续隐居。研究官(博士)范升提出弹劾,刘秀下诏送周党回家。刘秀小时候,跟严光同窗念书。刘秀当了皇帝之后,派人查访,在齐地(山东)发现他的行踪。几次派出使节征召,才到首都洛阳。任命严光当议论官(谏议大夫),严光不肯接受。告辞后,在富春山(浙江桐庐南富春江镇)耕田垂钓,最后病逝家园。

王良后来当沛郡(安徽淮北)郡长、宰相府执行官(大司徒司直)。在位时谦恭节俭,用的是布被和瓦制的器具,妻子儿女,从不走进办公室一步。后来,因病辞职。一年后,东汉政府再征召他,他走到荥阳(河南荥阳),病忽然转重,不能再进,拜访他的朋友,那位朋友不肯相见,说:"既没有忠言,也没有奇谋,而竟取得高位,来来去去,岂不嫌烦?"王良感到惭愧,从此之后,一连几次征召,他都拒绝,寿终家宅。

王夫之曰:"严光之不肯当刘秀的臣子,比起长沮、桀溺、丈人,更为窄狭,长沮、桀溺、丈人,看出正道不能实行,在不得已情形下,才废除君臣之义。所以孔丘说他们是隐士,并不是什么内涵都没有。刘秀平定王莽造成的混乱,继承西汉王朝正统,建立礼仪圣乐,遵照古代模式,或许并不是纯粹的儒家学派规范,但也只能等待贤能的学者,用正道协助它发展。严光凭什么认为天下混乱,到处一样?如果认为曾经跟皇帝同过学，而不屑于当部属。那么，姒文命、皋陶，却为什么肯事奉伊祁放勋？后来更心安理得地向姚重华低头称臣？至于周党，就更奇怪。三番两次地征召他，他才上道。然而，仍傲慢地不肯叩头和自报姓名，这种暴戾之气，竟出现君王和臣属的纲纪之下，范升弹劾他‘不敬’，要求诛杀，罪状岂能推卸？赏赐给他布帛而送他回乡，对周党而言，是一个多么大的羞耻，刘秀像天地一样，恢宏的包容他，周党便显得渺小。”

梁启超曾指出中国传统知识分子的心态：“自己被奴隶根性所束缚，而复以煽动后人的奴隶根性而已。”阅读范升的弹劾书，跟王夫之对严光等的评论之后，心情跟梁启超同样沉重。俗话说：“哀，莫大于心死。”在专制封建政治制度下，中华人的人格，一直被凌辱、被蹂躏，不能保持尊严，胆敢有一点点尊严，有一点点羞耻之心，暴君暴官，以及文妖之类，立刻怒火冲天。

最早的迫害发生在公元前十二世纪，齐国第一任国君姜子牙到了他的封国，狂裔、华士兄弟二人，互相商议说：“我们不事奉天子，也不事奉国君，耕田而食，掘井而饮。不要求别人什么，不追求美好声誉，不接受君王俸禄，不去做官，而只靠劳力维生。”姜子牙就把兄弟二人诛杀，理由是：“不事奉天子，不事奉国君，表示他们不会做我的臣子。耕田而食，掘井而饮，对人毫无所求，是使我无法用赏罚推行政令。君王控制人民，不是用官职爵位，就是用刑法处罚，这四项都不能叫他们屈服，我怎么能够安心？”

姜子牙这种理论，到了十四世纪的明王朝第一任皇帝朱元璋，发扬光大。这个中国历史上最最巨型的恶棍，制定了“不为君用律”，人民胆敢拒绝君王赏赐的官职，就跟姜子牙对付狂裔、华士一样，一律处决。从姜子牙、朱元璋的这些杰作，可看出无限权力下的暴君暴官，多么欣赏自己手中的无限权力。

刘秀所以用温和的手段对待这些隐士——甚至以皇帝之尊，跑到严光那里，跟他同床共卧，畅叙离情。我们可以说他天性敦厚，不忘贫贱之交；也可以说那不过是一种远程谋略。鉴于西汉王朝末年及新王朝初期,几乎所有的知识分子,包括刘姓皇族在内,为了贪图官职爵位,都向王莽歌功颂德。刘秀的目的,就在培养砥砺一种不向权势屈膝的高贵气质。

帮凶往往比正凶更为狂热,奴才往往比主子更为邪恶。当皇帝的刘秀,还敬重周党和严光的高风亮节,而范升却妒火中烧,要动手杀人。在他的境界上,俺范升千方百计,才不过弄到一个年俸仅六百石的研究官(博士),而你们这些反调分子,不费吹灰之力,竟受到皇帝重视,岂不使我们这些忠贞的马屁精,心灰意冷!像一个护食的畜牲一样,口中咬着一块骨头,毛竖爪张,对方竟然把捧到面前的肥肉踢开,相形之下,不由自主的恼羞成怒。

王夫之的奇异言论,层出不穷。新王朝之亡,亡于刘玄,亡于以刘玄为首的玄汉政府,并不是亡于刘秀。王夫之不可能不知道,可是他却故意扭曲事实,使读者产生错觉。严光不肯向老朋友屈膝,当然是不屑于屈膝,如果换了王夫之,早已扑通一声,三跪九叩,谢主龙恩,因为他没有严光那种高贵情操,所以对严光的高贵情操,完全不能理解。而周党,不过不肯磕头,不肯自报姓名,不肯当官而已,犯了什么滔天大罪,却使范升升起杀机,又使王夫之诟骂他有"暴戾之气"。大概周党必须感激涕零,前额碰地有声,范升和王夫之,才肯认同。

王夫之最精彩的观点是,中国知识分子原是以做官为唯一目的的动物,有官不做,不是疯子傻瓜,就是桀骜不驯,对于不向权势屈服的骨鲠之士,不但没有赞扬,反而提出警告:"从来没有一介平民胆敢抗拒君王!"胆敢不驯如猪羊,不是"蛮族",就是"强盗""匪徒",必须扑杀。自毁人格,集帮凶与恶奴于一身,使我们震撼。

中国人的厄运,固在于暴君暴官太多,也更在于帮凶和恶奴太多、文妖太多。

吴柱之聋

成家骑兵总监(骑都尉)平陵(陕西咸阳西平陵乡)人荆邯,向成家帝(一任)公孙述建议:“应该乘着天下仍在混乱,英雄豪杰,仍野心勃勃,可以罗致招请的时候,出动精兵,命田戎挺进到江陵(湖北江陵),控制长江的上游(指长江三峡以东一带),倚靠巫山(四川巫山东)的险要,严密防守。号召故吴王国(江苏)、楚王国(安徽、湖北)人民,则长沙(湖南长沙)以南土地,必然望风来降。再命延岑率大军从汉中郡(陕西汉中)出发北上,平定三辅(关中地区,陕西中部),则天水(甘肃通渭)、陇西(甘肃临洮)二郡,自然臣服。如果这样的话,将引起天下震动,才可以开创有利形势。”公孙述询问文武官员,研究官(博士)吴柱说:“姬发(周王朝一任王武王)讨伐商政府,八百个封国国君,不约而同地集结孟津(河南孟津东黄河渡口),然而仍分别撤退,等待上天的旨意,从来没有听说没有邻国的协助,而能出兵千里之外的怪事。”荆邯说:“刘秀一开始时,并没有一尺土地的凭借,而能驱策的又是一群乌合之众。然而冲锋陷阵,所向无敌。我们不迅速抓住机会,奋取功业,却坐在那里大谈姬发的道理,这正是隗嚣想当西方霸主(西伯)的翻版。”

吴柱的言论,是儒家学派的代表。他说他从来没有听说过没有邻国的协助,而能出兵千里之外的怪事,可称之为天下第一大聋。西汉王朝创业君王刘邦,从汉中出发时,有什么邻国协助?又有什么八百国君不期而合?儒家学派知识分子看到的永远是遥远的“古”,对跳跃在眼前的现实人生,既瞧不清,也听不清。

荆邯是韩信,可惜公孙述不是刘邦,再加上刘邦左右没有那么多可以插上嘴的儒家学派的专家学人,这是韩信之幸,荆邯的不幸。

隗嚣

东汉帝(一任光武帝)刘秀前往长安(陕西西安),祭拜西汉王朝历代皇帝坟墓。派建威将军耿弇、虎牙大将军盖延等七位将军,向西穿过陇西(陇山以西,隗嚣辖区),攻击成家帝国(首都成都)。先派皇家警卫指挥官(中郎将)来歙,送诏书给隗嚣,再作最后一次说服。隗嚣反复考虑,仍然无法决定。来歙大不耐烦,直率责备隗嚣说:"皇上(刘秀)认为阁下能够了解是非利害,才向你恳切解释兴亡存废的道理,亲自写信,表示诚意。阁下已经推诚效忠,派你的儿子充当人质,反而一直接受那些马屁精的迷惑,难道要你全族覆灭?"来歙越说越激昂,拔出宝剑,直刺隗嚣。隗嚣大怒,起身而去,召集部队,要诛杀来歙。来歙手拿"符节",从容上车。隗嚣的将领牛邯,率军把来歙团团围住。另一位将领王遵建议说:"来歙单人匹马充当远地使节,而又是皇上(刘秀)的表哥(来歙是刘秀姑母的儿子),杀了他,对东汉政府毫无损失,却使我们面对全族屠灭的灾难。从前,宋国格杀楚王国使节,招来用骨头作为木柴、交换儿子杀掉烹吃的大祸(公元前六世纪,春秋时代,楚王国派国务官申无畏,出使齐国,经过宋国时,宋国把申无畏诛杀。楚军包围宋国首都,历时九月,宋国粮秣枯竭,用人的骨头当燃料,交换子女烹吃),对小国尚且不可以侮辱,何况至尊皇上?还有隗恂在洛阳的一条命(隗嚣儿子隗恂到洛阳充当人质之事,参考去年【29年】12月)!"来歙这个人,极有信义,斑斑可考。西州(甘肃东部)知识分子对他都信任尊敬,很多人为他求情,最后终于免死,送他东返。

在来歙之得以免死这件事上,隗嚣显出他的恢宏之量。包括《通鉴》在内的一些史书,只一味推崇来歙因有信义之故,隗嚣才既

“不能”，也“不敢”加害。这样说来，凡是死于敌人之手的英雄，难道都是无信无义之辈！大家最崇拜的文天祥，就是绑赴柴市口斩首的，难道他是无信无义之尤？

蓦然行刺，于理于法，都应严厉惩罚，如说“不能”，难道来歙练的是金钟罩武功，刀枪不入。如说“不敢”，隗嚣稍后起兵叛变，杀人千万，难道怕多一个死鬼？在“成则王侯，败则寇贼”的文化中，失败一方的美德全被抹除，胜利一方的暴行，自有摇尾系统文妖之类，把它美化成天女散花。这是中国史学家的一大耻辱。

隗嚣的恢宏气度，使他能得到死士，虽然最后失败，但事迹不灭。

阴家惨案

公元33年，一件惊人的惨事发生。强盗格杀东汉帝(一任光武帝)刘秀原配妻子、贵人(小老婆群第一级)阴丽华的娘亲邓女士，以及阴丽华的弟弟阴䜣。刘秀十分悲伤，封阴丽华的另一弟弟阴就当宣恩侯，又召见阴就的老哥、宫廷随从(侍中)阴兴，也要封侯爵，把印信放到面前。阴兴坚决拒绝，说：“我没有冲锋陷阵的功劳，而一家之中，已有几个人封爵赐土，使天下抱怨，我不愿发生这种事情。”刘秀佩服他的决定，不再勉强。有一天，妹妹阴丽华问老哥缘故，阴兴说：“皇亲国戚最大的危险，是不知道谦让退避。女儿要配王侯，男儿则一直打公主的主意，使我不安。富贵有它的极限，人，应该知道满足。浮夸之徒，使人反感！”阴丽华深切领悟，自我克制，从不替亲属要求官爵。

邓女士之死，《通鉴》原文是：“盗杀阴贵人母邓氏及弟䜣。”不知道䜣是邓女士之弟，抑阴女士之弟。而当惨案发生时，也不知道现场何处，邓女士可能仍留在原籍新野(河南新野)，也可能早已随女儿到了首都洛阳,共享富贵,《通鉴》都没有说清楚。我们对文言文之感到困惑,原因在此。

然而,无论邓女士身在何处,可以肯定的是,都会受到严密保护。在严密保护下,盗匪竟然登堂入室,作灭门屠杀,实在不可思议。史书上没有述及刘秀对负责保护官员的震怒,也没有述及对盗匪的缉捕和处决。好像杀的不是炙手可热的皇亲国戚,而是普通小民人家两只鸡鸭。尤其是,史书没有报导惨案的原因,是小偷临时行凶,还是强盗在抢劫时误杀?是有计划的复仇,还是奴仆不堪虐待,抗暴反击?如果是这四项,史书不可能没有交代。于是,甚至,可能是刘秀因为某种人们迄今都茫然的理由,下令动手,最后推到盗匪头上?

我们当然没有结论,但我们相信惨案必有内幕。

畜牲和毛虫

公元36年,东汉全国武装部队最高指挥官(大司马)吴汉、辅威将军臧宫,率大军进攻成都。成家帝公孙述御驾亲征,攻击吴汉,命延岑攻击臧宫。大战既起,延岑三战三胜,从早晨血战到中午,官兵得不到饮食,全都筋疲力尽。吴汉率精锐部队数万人反击,成家兵团大乱。公孙述把大军交给延岑,入夜,逝世。第二天凌晨,延岑献出成都,投降。吴汉下令,斩公孙述妻子儿女,屠杀公孙家族,长幼不留,并屠杀延岑家族。然后,纵兵奸淫烧杀,焚毁公孙述宫殿(成家帝国建国十二年)。刘秀对吴汉的暴行,大为震怒,责备吴汉。又指摘刘尚,说:"成都投降,已经三天,官吏人民全都顺服。仅婴儿和母亲,就以一万为单位计算,突然间纵兵放火,听到的人,心酸落泪。你是皇族子弟,又曾在政府当过官吏,怎么忍心做出这种惨事?"

如果没有刘秀的诏书,我们只知道吴汉屠城,当然是在血战的愤怒之下,兽性一时无法遏止。然而,从刘秀的诏书中,可以发现,吴汉的屠城令,却发生在接收成都三天之后,在这三天中,吴汉露出的是满面笑容,直等到布置妥当,男女老幼,在对吴汉充满感恩图报之时,他却突然翻脸。暴君暴官迫害人民,一向勇敢。但对于没有自卫能力,而又已经屈服的俘虏,跟妇女和孩童,竟公然无惧地大规模下此毒手,只有专制封建政府才做得出。

很显然的,吴汉身上流的是畜牲血液,东汉大将邓奉,就是被他的暴行逼反,而他并没有任何改正。白起在长平坑杀赵王国降卒(参考公元前260年),项羽在新安坑杀秦王国降卒(参考公元前206年),还可解释说,降卒有战斗潜力!而成都那些儿童和母亲,有什么战斗潜力?但更重要的问题还是,吴汉所统御的野战部队,是正统的万人称颂、铲除暴政、吊民伐罪的"王者之师",反抗他们的就是盗贼。公孙述和王莽一样,不过一个官场人物,忽然间承担英雄事业,超过他的能力。这个大玩偶所念及的,只是一点既得利益,却使那么多人为他的那一点既得利益惨死。对一个维持尊严,不向权势屈膝的英雄,我们膜拜。而公孙述,一条冥顽不灵的毛虫。

畜牲加毛虫,造成成都浩劫。

屠城之后

东汉帝(一任光武帝)刘秀既消灭成家帝国,下诏:追赠常少官衔祭祀部长(太常)、张隆官衔宫廷禁卫官司令(光禄勋)。谯玄已经逝世,用中牢(羊猪各一)祭祀,命地方政府偿还赎命钱一千万。表扬李业的街坊。征召费贻、任永、冯信。正巧任永、冯信逝世,只有费贻当官,当到合浦郡(广西合浦东北)郡长。刘秀又认为成家故将程乌、李育,都有才干,一齐任用并擢升他们的官职,于是西土(四川)

欢悦,人民无不归心。

在屠城惨剧之后,靠着任命几个人当芝麻大的小官,祭祀几头猪羊,便使小民乐不可支,一面倒顺服,恐怕没有这种可能。官场人物往往高估"官"的影响力,认为只要给他一个官做,小民便会忘了血海深仇。左邻的幼儿惨死刀下,可是看见右邻一个"大儒"当了官,便由衷大悦。后巷的娘亲被活活烧成一团灰炭,可是看见前街一个"武弁"当了官,同样也由衷大悦。

我们看不到东汉政府夺取益州(四川及云南)之后,有什么善政,足以使人民忘掉创伤。刘秀对吴汉以及对刘尚的责备,只不过一纸文件,跟王莽在害死刘箕子后宣读"金柜留书"一样(参考23年6月),只是为了要在历史上留下美好记录,如此而已。不幸的是,他也确实达到目的,摇尾系统自有如椽之笔,化血腥为仁慈,根据这些表演,勇猛的歌功颂德。

刘秀不杀战友

刘秀虽然不用功臣当官,但对他们却大度包容,一些小过失都特别原谅。远方进贡的金银财宝或山珍海味,一定先行赏赐所有侯爵,有时连御厨房(太官)都没有剩余。所以功臣们都能保持自己的尊贵爵位和财产,没有一人受到诛杀或贬谪。

刘秀是历史上少数不诛杀他战友的元首之一。并不是他阁下,跟他阁下的战友,道德学问都达顶峰,而是刘秀处理得当:他不赋给他们实质权力,无论是军权或政权。幸而他没有任用贾复当宰相,以贾复的蛮横暴躁,那将会产生不愉快的结局。领兵在外,只要忠心就行了。如果朝夕相处,只靠忠心便不行。当一方面总是否决对方决定时,日久必然爆发冲突。而君臣冲突,一定流血。

政治是一种艺术,政治行为是一种艺术创作,刘秀在这方面有很高的造诣,唯一和他媲美的只有宋王朝一任帝赵匡胤,但赵匡胤的事迹不包括在《资治通鉴》之内(它出现在《续资治通鉴》)。中国历代元首懂得官场的人多,懂得政治的人少。有政治艺术修养的,更屈指可数。仅就不杀战友这一点,我们真不明白,以后的一些君王为什么不能以刘秀作为榜样?再一次证明历史的教训在政治运作中,功用甚微。就连刘秀自已,也把不稳舵,不久就又命马援南征交趾郡(越南共和国河内市东北北宁府),结果被小报告挑拨得嘴歪眼斜,虽然没有大开杀戒,但破坏了他的初衷。

改朝换代型战争

益州(四川及云南)用政府驿马车把故成家帝国宫廷御用的盲人乐师、皇家祭庙用的乐器、用五色羽毛编成篷盖的车辆(葆车)、人力拉挽的帝王后妃专用的车辆(舆辇),以及各种其他类型的车辆,全部运到洛阳。皇家礼乐方面的器物,才开始完备。

这时,全国大乱的局面渐渐平息,安静休养,事情清闲,政府公文书来往跟差役调派,都很简单,而且很少,比起从前,不过十分之一。

自从新王朝末期群雄并起,到东汉王朝扫平群雄,再度统一中国,二十年的改朝换代型战乱,人民死亡一千余万。那时候的武器不过刀枪弓箭而已。一千余万是个可怕的数目,其中包括妇女和儿童,饿死、杀死、淹死、烧死、奸死、病死。每一个人的死,都是一幕悲惨的故事。

根据公元2年的统计,全国户数一千三百二十三万,人口五千九百五十九万。而公元104年统计,全国户数九百九十九万,人口四千九百一十五万。户数减少三百余万,人口减少一千余万。一百年间,都不能恢复,则本年(37)的户数和人口,当然更少。

即以长安(陕西西安)而论,西汉王朝时人口六十八万,东汉王朝时只剩二十八万,减少三分之二。而最可怜的却是沛郡(安徽淮北),西汉王朝时人口二百余万,东汉王朝时只剩下二十余万,减少十分之九。当然他们不见得全部丧生,也可能流离外地。但鉴于全国总人口的减少,他们逃生的机会不大。

哀哀冤魂,只制造出一群内战英雄。

韩歆之死

公元39年,东汉王朝(首都洛阳【河南洛阳东白马寺东】)宰相(大司徒)韩歆免职。

韩歆性情刚直,说话没有技巧,直来直往,不知道隐讳。东汉帝(一任光武帝)刘秀(本年四十四岁)无法容忍。韩歆在刘秀面前,肯定天下将发生重大的饥馑荒年,指天画地,恳切而过于刚烈,遂被免职,送回家乡(南阳郡,河南南阳)。然而,刘秀仍愤愤不平,越想越气,又派使节送去诏书,激烈责备。韩歆跟儿子韩婴,一同自杀。韩歆拥有重名,天下都很尊敬,无罪而被逼死,人心不服。刘秀追赠金钱粮食奠仪,以完整的礼仪安葬。

司马光曰:"从前,子武丁(商王朝二十三任帝高宗)吩咐他的宰相傅说,说:'药物如果不能使人有苦涩的感觉,病就不会痊愈。'激烈率直的言论,对说话的人,没有利益,但却是国家福气。所以,君王日夜寻求这种言论,唯恐听不到。可惜的是,在刘秀那个时代,韩歆竟以直言规劝而死,岂不是圣明事迹的一个污点?"

司马光这篇评论,有一句话是事实,有一句话不是事实。是事实的一句话是："激烈率直的言论，对说话的人，没有利益，但却是国家的福气。"不是事实的一句话是："君王日夜寻找这种言论，唯恐听不到。"一个专制暴君，或一个或大或小的独裁人物，日夜寻找的绝不是激烈率直的批评；恰恰相反，他日夜寻找的却是使他龙心大悦的赞扬，很少有人愿意天天听逆耳之言，连文质彬彬的刘秀都办不到。稍后，在叙述到唐王朝时，更可发现，甚至英明盖世的李世民大帝也办不到。更何况等而下之。孟轲对此有过警告："朋友数，则疏矣。君臣数，则辱矣。"

司马光所以这么蒙蔽事实真相，是为了套牢君王（他正是对君王说话），有一种鼓励作用。但对广大的人民或广大的读者群而言，却贻害无穷。既然当头目的人，都有如此见识，不可避免的会有两种后果：一是，使忠于国家民族的人士，跳进被辱被杀的圈套，摧毁国家民族的精英；二是，使人们认为只要谏得诚恳，劝得婉转，主子无不采纳，延长了独裁政体的寿命。

欧阳歙之贪

刘秀派皇家礼宾官（谒者）调查郡长级（二千石）官员中，被控贪赃枉法的行为，是不是实在。查出宰相（大司徒）欧阳歙在汝南郡（河南平舆西北射桥乡）郡长任内，测量田亩作弊，贪污千余万钱，被捕下狱。欧阳歙世代教授《尚书》，八世都当研究官（博士）。学生门徒，集结在皇宫门外，请求皇帝饶恕欧阳歙一命的有一千余人，甚至有人自处髡刑（剃光头发）和剃刑（剃光全身毛发）。平原郡（山东平原）人礼震，年纪才十七岁，要求代替欧阳歙一死。刘秀毫不动摇，欧阳歙遂死在狱中。

从明王朝到清王朝，六百年间，官场有句谚语："三年清知府（郡长),十万雪花银。”清官还是如此,贪官之富,更不可想象。欧阳歙显然以清廉闻名于世,如果脏名远播,刘秀不会擢升他当宰相。然而,仅只测量耕地,便贪污千余万钱,依当时市价,一万钱值黄金一斤,千余万钱,当值黄金千斤以上,一斤以十两计算,当在一万两以上。而这仅是测量耕地一项,加上其他种种,数目可观。是这些钱,才使人民流着血泪,“遮道呼号”,诉苦无门。——当然无门,门被欧阳歙堵住。

可惊的是,对这种丧尽天良的赃官,竟有那么多知识分子为他求情,甚至一个十七岁还未成年的学生,竟要替他伏诛。这件事暴露了传统教育的秘密:教师除了传授知识外,还要培养个人崇拜,把盲目的对个人的效忠,当做最高的追求目标。于是,学生门徒也者,遂成为一种“护师”动物,好像屎壳螂保卫它的屎团一样,严密的保卫他们的教师,而不管他值不值得保护。护师动物只看见教师杀头,却看不见多少贫苦农夫悬梁自尽,多少孤儿寡妇伏尸悲嚎。

赵　憙

怀县(河内郡郡政府所在县,河南武陟)豪门李子春的两个孙儿,谋害人命。怀县县长赵憙(音 xǐ【喜】),深入追究,终于找到真凶,两个孙儿自杀;于是,逮捕李子春。首都洛阳尊贵的皇亲国戚,有几十人之多,替李子春说情,赵憙一律拒绝。等到皇叔刘良病重,东汉帝(一任光武帝)刘秀(本年四十六岁)亲自到病榻前探望,询问有什么交代。刘良说:“我跟李子春,感情至厚,而今李子春犯罪,怀县县长赵憙,非杀他不可,请你饶李子春一命。”刘秀说:“地方官员,执行法律,不可以破坏,请吩咐我做别的事!”刘良不再说话。刘良死后,刘秀追念这位从小把自己抚育长大的叔父,特赦李子春出狱,擢升赵憙当平原郡(山东平原)郡长。

特权社会中,凡是破坏法律的人,往往都是执行法律的人。普通小民,碰一下法律试试,非死即伤。只有手握权柄的大小家伙,才能摧毁法治和人民对法律的信心。

刘良是当时第一号头目,尊贵仅次于太上皇,在如此强大的权势之下,赵憙不肯屈服,他所承受的压力,不亚于苦刑拷打下的贯高(参考公元前198年)。我们不强调他比贯高更难支撑,但至少都是同等程度的难以支撑,他是中国最早期为法治奋斗的英雄。刘秀虽然最后赦出李子春,使善政不终,但赵憙已尽了全力,只无法抵挡那种父子型的封建亲情。何况,李子春两个孙儿已付出生命的代价。

世界上最可怕的是刘良这种人物。没有这个政权,他便没有荣华富贵。可是,他却努力破坏保护这个政权的法律。

三代处理方法

皇后郭圣通既被罢黜(参考41年),郭圣通生的皇太子刘强,心怀恐惧,不能自安。郅恽建议说:"长久地坐在不稳定的座位上,使老爹为难,有违孝道。一味拖延,更可能激起危险的反应,不如辞去太子,退避到亲王地位,专心奉养娘亲。"刘强接受劝告。刘秀下诏同意。

袁宏曰:"国家之所以设立太子,在于尊重正统,维系民心。除非有天下皆知的大罪极恶,不可以变动。刘秀中兴汉王朝的大业,自应遵循传统,作后世效法的榜样。而今,刘强的品德,并没有亏欠。刘秀床上的宠爱太多,以致使嫡长子丧失他应有的位置,是一件错误措施。幸好,刘强贬降亲王,谦让恭敬的美德,更为明显。刘阳(刘庄)继承大统,兄弟友爱之情,更是亲密。虽然长幼换位,一个人兴起,一个人贬谪,可是父子弟兄之间,感情浓厚,毫无间隙。即令用三代(夏商周)的方法来处理,也不会比这个更好。"

如果用"三代"的方法处理,那可是一片血腥,姬历为了夺嫡,竟把亲兄吴太伯逼得逃入蛮荒。

董 宣

陈留郡(河南开封东南陈留镇)人董宣,当洛阳(首都所在县)县长。刘秀姐姐湖阳公主刘黄的家奴,仗着权势,白天杀人,躲藏在刘黄家,无法逮捕。后来,刘黄出门,用那个家奴陪坐乘车,董宣在夏门(洛阳城北西头第一门)外万寿亭等候,拦住公主的车队,要求逮捕家奴。刘黄不许,董宣用佩刀画地,大声数落刘黄所犯的错误,就在刘黄面前,喝令家奴下车,当场诛杀。刘黄又羞又气,前往皇宫,向老弟哭诉她被一个地方小官欺负。刘秀像爆炸了一样,传唤董宣,准备乱棍打死。董宣叩头说:"请准许我说一句话再死。"刘秀说:"什么话?"董宣说:"陛下以高贵的恩德,完成中兴大业,却放纵家奴,在光天化日之下杀人,怎么能够治理天下?我不需要乱棍,就此自杀。"用头向房柱猛撞,血流满面。刘秀怒气稍微平息,叫禁宫贴身侍从宦官(小黄门)拦住他,但是要他向刘黄叩头,表示道歉。董宣拒绝,刘秀命人强按他的脖子,董宣双手支撑地面,誓不低头。刘黄向刘秀叫说:"你当一介小民时,藏匿逃犯,官员连大门口都不敢到。而今当了天子,难道一个县长都管不住?"刘秀笑说:"这就是天子跟小民不一样的地方。"于是下令:"硬脖子县长出去!"赏赐董宣钱三十万,董宣全部分散给手下官吏。由于董宣胆大包天,不畏惧强梁,京师(首都洛阳)的皇亲国戚,无不震栗。

如果不是董宣的道德勇气，那个被豪门家奴白昼杀死的冤魂，还不是白白丧生？如果不是刘秀最后醒悟，顶天立地的正直法官董宣，岂不白白死于乱棍之下？在这个流传千年的"强项令（硬脖子县长）"佳话之中，步步埋伏杀机。一个环节瓦解，便成悲剧。

"人治"之必然失败的原因在此，董宣之流的官员，不可多见，刘秀之流的首领，更不可多见。而刘黄这种不识大体的泼妇，以及狗仗人势的家奴，却比驴毛都多。"法治"，正是治国良法。

吴　汉

公元44年，吴汉逝世。刘秀命隆重安葬，礼仪跟当初安葬全国最高统帅（大将军）霍光，完全相同（参考公元前68年）。

吴汉强壮有力，每次追随刘秀出征，刘秀如果还没有安顿，他就小心地站在一旁。其他将领们发现战况不利时，很多人都恐慌失色，不能保持正常仪态。只吴汉表情，跟平常一样，而更加强保养武器，激励士气。刘秀派人去看最高指挥官（吴汉）干什么，回报说：正在整修攻击装备。刘秀叹息说："吴汉的行为，使人满意，他一个人简直可以对抗一个国家。"吴汉每次出兵，早上接到命令，傍晚就踏上征途，根本没有时间收拾行装。在中央政府时，谨慎小心，内在充实与外在修养，表现于举止之间。吴汉有次出征，妻子在后方购买田产。吴汉回来，责备她说："大军在外，官兵困乏，为什么我们却买这么多土地房舍？"遂把田宅分赠给兄弟跟舅父家。所以，能够胜任他的职务，大富大贵，寿终天年。

杀敌可敬，杀降不可恕，杀妇女儿童更不可恕。吴汉不过一个杀降、杀妇女、杀儿童的凶手，本质上，土匪头目而已。唯一跟土匪头目不同的是，他站对了边。歌颂不应该歌颂的人，将败坏一个民族的质量。

马 援

公元49年,伏波将军马援的南征兵团,抵达临乡(湖南桃源),遇上瘟疫,染病卧床,遂即逝世。最初,马援曾经患病,虎贲警卫指挥官(虎贲中郎将)梁松,前来问候,在病榻前叩头,马援没有答礼。梁松告辞后,马援的儿子们问说:"梁松,是皇上的女婿(梁松娶刘秀的女儿舞阴公主刘义王),是政府显贵,部长级以下高官,对他都敬畏交加,只您为什么对他不肯答礼?"马援说:"我是他爹梁统的老朋友,他虽然地位尊贵,怎能不论辈分!"马援既死,梁松开始报复,罗织罪状,陷害马援。东汉帝刘秀被刺激得火冒三丈,下诏收回马援新息侯印信(即撤除侯爵)。又有人检举马援私运珍珠跟有纹彩的犀牛角,刘秀的愤怒更火上加油。马援的妻子儿女受到这种可怕突变的打击,惊骇恐怖,不敢把马援棺柩,运回祖宗坟地安葬。

范晔曰:"马援,声名传播三辅(关中地区),只身周旋二帝(刘秀、公孙述)。等到决定方向,贡献谋略,归附明主,满足'负鼎'的愿望,认为是千载难逢的机遇(负鼎:'鼎',古代的大锅。公元前十八世纪夏王朝末年,一代贤才伊尹,认为商部落酋长子天乙,是一位有才干的领袖,可能推翻夏王朝政府的暴政,统一全国。想往晋见,却没有人推荐。听说子天乙是一位美食主义者,伊尹就带着烹饪用具,当然包括锅碗瓢盆,去给子天乙当厨师。后来,子天乙成了商王朝一任帝【汤】,伊尹也成了千古流芳的宰相)。然而,他规劝别人如何避灾免祸,可谓高等智慧,却无法使自己躲开谗言间隙。难道身在功名场合,就束手无策?大概是这样的,利害跟自己无干,容易看得清楚,了解透彻。对某事没有私心,而纯用大义判断,结论一定凌厉。如果能把观察别人的态度,观察自己,然后用待自己的恕道,去待别人,情义自然明显。”

王夫之曰：“刘秀对于功臣，恩德至重，给他们崇高的地位，使他们身家平安，名声永在，却独对马援这么刻薄，莫非是马援自食其果？竭尽全力，为别人打下江山，最后却受到谴责的，或者是君王恐惧他太强大，或者是君王愤怒他态度太傲慢。而马援全都不是，只不过对马援厌恶了而已。李耳，不是一个了解天地运转道理的人，但在世俗生活中，却可发现，他往往有精辟的见解。他有一句话说：‘功成，名就，身退。’是他观察阴阳运转，屈伸交替，对人生历程提炼出来最完美的一项法则。马援平定隗嚣、平定公孙述，北方抵挡匈奴侵略，南方击破交趾变民反抗，难道还不够？武陵蛮族起兵，刘秀怜惜马援年老，不允许他前往，马援坚决请缨。这时候，天下已经安定，马援也已功成名就，应该保全自己的身体，不再受到损伤，以报父母双亲，满足自己的高贵爵位和丰富的财产，拥戴上面的君王。何必非‘马革裹尸’，才感到快意？刘秀于是肯定：马援不珍惜自己的尊贵。不珍惜自己尊贵的人，最受英明的主子厌恶。很明显的，如果不是贪图战争中的掳掠利益，为什么总是留恋戎马，而不知道戒除？载运珍珠的诬蔑，有它的原因。年纪已老而贪得无厌，驱使别人的军队，去称心快意，当然引起别人反感。所以身死名辱，家族几乎不保。只因马援违背四季兴衰的运转，拒抗寒暑进退的程序，好战乐杀，而忘掉生命的庄严。这是‘逆天行事’。李耳的言论，岂会骗人？《易经》给我们的指示是：建立基础固然重要，还要抓住时机，这是最精华的论点。形势前进要考虑，时机还没有到却先懈怠，便抓不住。形势后退也要考虑，时机已经丧失而仍在辛辛苦苦追寻，也抓不住。‘太阳已经偏西，不敲着瓦制的乐器自娱，就有败坏的悲哀。大凶。’莫非正是形容马援？”

马援一生都在战场，但他对国家的贡献，与其说在军事，毋宁说在文化，“马革裹尸”成语，就出自马援之口，千余年来，鼓舞青年捍卫国家的壮志。“画虎不成反类狗”成语，则出自马援之笔，一直是响在人们耳畔的警钟。从他写给侄儿信中，虽然告诫不可以效法杜保,他只是考虑到英雄豪杰事业,层面太高,不易效法而已。对杜保固同样尊敬,并没有贬词,显示马援的胸襟和见解,都超人一等。

然而,却在他身死战场之后,触起政治风暴,带给当世以及后世最大的震惊。刘秀性情平和,不容易动怒,而独独在马援事件上,失去常态,不可理喻,连马援夫人六次上书,苦苦辩解,哀哀求情的报告,他都无动于衷。说明他愤怒之深,跟刺激他愤怒的谗言,是如何强烈。如果仅是进军的错误,和把薏苡当作珠宝这两项罪状,不足以引起如此严重而持久的反应。我们认为,这两项罪状只是可以拿到桌面上的原因,而真正的原因,却说不出口,不可告人。

千载以下,我们无法精确地了解真正的原因是什么,但可以肯定必有这种说不出口、不可告人的真正原因。刘邦诛杀彭越,岂是为了判决书上的谋反罪名?真正的罪状是他拥有强大的兵权,而且是"壮士"(参考公元前196年)。王凤排除王商(非王家班),岂是为了他跟老爹的婢女通奸?真正的罪状是他伤害了王凤的亲家(参考公元前25年)。马援的困局亦然。马夫人连上六次奏章,缕缕陈情,泣涕上告,她只能就表面上的罪状辩解,而表面上罪状的辩解有什么用?她不能触及说不出口、不可告人的冰山底层。如果她触及,反应将更加可怖。知道主子心里肮脏的想法,可是凶兆。

马援身价的高贵,当世无匹,他不但跟当正式皇帝的公孙述是好友,而跟非正式皇帝的隗嚣,感情更笃,所以他们同榻而眠,密谈天下大事。而马援不但叛离而去,而且反过来攻击公孙述和隗嚣父子,这在当时,已被认为是一种严重的负义。公孙述和隗嚣父子虽死,门客宾朋转移到洛阳,可能形成一种反马援舆论,这舆论的影响力,不可避免地会把马援丑化到底。然而主要的还是,东汉政府完全把持在以刘秀为首的南阳郡人之手,在南阳郡圈圈之外,又有最初叛离玄汉王朝的患难班底。在班底圈圈之外,又有亲贵。而马援不属于任何一个圈圈。外科医生动手术,移植同样器官,都会发生排斥作用,何况派系不同的政治人物?马援跟皇帝之间,是单线的,不像其他将领,老哥、老弟、小舅子、大姐夫、同乡、同学,患难之交,盘根错节。耿舒如果没有耿弇这个功臣老哥,梁松如果没有皇女当老婆,他们想陷害也无法陷害。而马援不然,在鲨鱼群中,孤单、寒冷,除了一片忠心外,什么都没有。所以,一旦权力魔杖被激怒,就没有一个有能力营救他的朋友。

我们也不了解马援到底有什么缺点,人不是上帝,当然有缺点,马援的缺点可能是太过严正,性格保守而颇端架子。他待梁松的态度,已伤尽了一个浮华亲贵的自尊,使仇恨更情绪化。世界上像朱勃这样敦厚的人,可遇而不可求,而梁松之流,却遍地皆是。我们可以推测,梁松的指控,一定正中刘秀的心窝,否则不会产生那么大的怒火,这或许是马援失败最主要的原因之一。史书只能择要记载,所以我们只看到梁松、耿舒的抨击。事实上,落井下石,恐怕势如倾盆。朱勃已有形容:"怨隙并生"。身死军旅的英雄,末路如此,使人兴悲。

耿舒攻击马援像一个西域商人,每到一地,必定停留。此之前和此之后,我们看不到耿舒的战功,他实在没有资格作此评论。马援之所以总是战胜,跟他的行军持重有关。正是所谓步步为营,那是流血的经验,豪门出身的哥儿公子而竟提出指摘,不过证明口尖舌利。范晔讥讽马援智不保身,咦,当年班固曾讥刺司马迁智不保身,结果班固智不保身得更惨,司马迁不过失去生殖器,班固却失去性命(参考92 年)。范晔对这件讽刺性的教训,早应熟悉,可是他却忍不住也要讥讽马援。范晔比班固还要有自信,认为他的智慧可是保得了身的,结果他想求马援的下场而不可得,想求班固的下场也不可得,范晔的结局是绑赴刑场,砍下人头(参考 445 年)。王夫之之抨击马援,再一次暴露他污秽了的心灵。王夫之一面讥讽马援不懂得持盈保泰,一面诬蔑马援的报国热情,不过是"好战乐杀""贪图抢劫之私"。王夫之骨髓里仍是官场混混的伧俗情操。如果换了他,他就坐在侯爵的宝座上,"满足自己的高贵爵位和丰富的财产",对人民受到的毒害,毫不在意,君王征求将领时,不但不会自告奋勇,恐怕乱棒也打不去。我们也用《易经》一段话,像王夫之形容马援一样,形容王夫之:

"好像孩童般茫然而没有见识,好像巷口的那个流氓,眼皮浅薄,算不了什么东西。可是,如果高级知识分子如此,就太卑鄙。"(童观,小人无咎,君子咎。参考《观卦·初六》。)

马援只不过是鲨鱼群中的牺牲品,这种事件,历史上层出不穷。

匈奴内乱

刘秀派皇家警卫指挥官(中郎将)段彬、副指挥官(副校尉)王郁,出使南匈奴汗国,帮助单于(二十三任)栾提比在五原郡(内蒙古包头)之西八十华里,建立王庭。段彬要求栾提比俯身下拜,接受诏书。栾提比迟疑了一会,才接受这项仪式。但在行礼之后,叫翻译官告诉段彬:"我国单于刚刚即位,在我们左右大臣面前,竟向中国使节俯身下拜,感到羞愧,盼望使节不要在大庭广众中,使单于过于屈节。"

刘秀命栾提比移居云中郡(内蒙古托克托),设置匈奴协防司令(使匈奴中郎将。不久,司令部随单于迁至美稷【内蒙古准格尔旗】),率军保护。不久,栾提比前些时俘掳的叶鞮左贤王,率领他的部众,以及本属于栾提比旧部的五位队长(骨都侯:韩氏骨都侯、当于骨都侯、呼衍骨都侯、郎氏骨都侯、粟籍骨都侯),总共三万余人,叛变,向北方逃走。在距王庭三百余华里处,再建立新的王庭,自称单于。然而,月余之后,爆发内争,日夜互相攻杀,五队长(骨都侯)全死,称单于的左贤王也自杀。队长的儿子们互不相服,各拥兵自守。

匈奴自相残杀,触目惊心。死人千万,都是匈奴骨肉手足。不知道他们自相残杀的原因,只知道他们正在努力演出亡国灭族的悲剧,每一个角色都克尽厥职,勇不可当,不达目的,誓不罢休。

匈奴人何尝不知道和睦团结的重要，但他们不能和睦团结，不是上天注定，而是智慧不够。一个没有智慧去和睦团结的民族，只有在血泊中消失。

梁 松

公元61年，陵乡侯梁松，被指控对政府不满，以及用匿名信诽谤，被捕囚禁，死于监狱。

梁松是谋害马援的凶手（参考49年），而马援却是梁松老爹梁统的老友，对梁松根本没有恶意。梁松之阴险和不择手段地诬陷对手的心理，根深蒂固。史书对这次伏诛事件的经过，报导不详。只知道梁松于58年担任交通部长（太仆）时，不断向地方郡县政府，要求请托，满足私人欲望，而于59年就被免职，于是怨天尤人，匿名书四下传播。匿名书内容，没有记载，但从谋害马援的前例推断，一定相当恶毒。梁松认为这次陷害对手的结果，可能跟陷害马援一样，历史重演。想不到，他判断错误，自己却陷了进去。

诬陷手段，像一个回旋盘，往往仍回到原发射基地。

刘 阳

东汉王朝（首都洛阳【河南洛阳东白马寺东】）境内王洛山（今地不详）挖掘出宝鼎，呈献给东汉帝（二任明帝）刘阳（本年三十六岁）。刘阳下诏说："祥瑞降临，是高贵品德发扬后的反应。而今，政治仍有很多乖张,怎么可能有祥瑞?《易经》说:'鼎,像三公(鼎有三只脚,而三公分别辅佐君王)。'岂不是三公跟部长级官员都能尽到职责的证明!兹赏赐三公每人绸缎五十匹,部长级官员每人绸缎二十五匹。先帝(刘秀)有诏,禁止上书歌颂圣明(参考54年),最近奏章上却有很多虚浮的措辞。从现在开始,如果再发现过度的赞誉,宫廷秘书署(尚书)应拒绝受理,表示我不愿被马屁精在背后嗤笑。"

刘阳不过一个平凡的君王,然而,拜读这项诏令:"不愿被马屁精在背后嗤笑。"洞察人情世故,竟深刻如此。不知道什么原因,有些自以为比刘阳高明万倍的头目,却乐此不疲。因之,背后嗤笑的声音,也不绝于耳。

佛教输入

公元65年,刘阳听说西域(新疆及中亚东部)有一种神祇,名字叫"佛",遂派使节前往天竺(印度)寻访,得到佛的经典、和尚(沙门),一同返回中国。佛教经典,大体上是一种虚无主义,认为慈悲是一项最尊贵的品德,反对杀戮。认为人死之后,灵魂不灭,可以投胎转生,再来人间。生前所作的善事或恶事,都会得到报应。只要修炼心灵和行为,就可成"佛"。擅长发表高深莫测的言论,引诱劝化愚昧的凡夫俗子。精通佛家经典的人,称为"和尚"(沙门)。于是中国开始有这种宗教,画出神像。王爵和三公高级官员,以及皇族跟皇亲国戚,都成了信徒。楚王刘英(刘阳的老弟),首先崇拜。

刘阳曾经梦见金人,头上冒着白光。第二天向文武百官查问真相,当他知道那就是西方名叫"佛"的神祇时,就派初级禁卫官(郎中)蔡愔等,前往天竺(印度),画下佛像,连同高僧摄摩腾、竺法兰等,同返中国。用白马驮佛教经典,抵达国门。直到今天,白马寺(河南洛阳东)圣迹,巍然仍存。

这是一项空前未有的冲击,佛教——一个彻头彻尾陌生的外来文化,闯进中国大门,不久就跟儒家系统,发生冲突。儒家学者不了解这么一个怪诞的宗教,怎么竟会有人崇信。然而,佛教一进入中国,便在中国生根,这个外来的宗教刺激纯中国本位的宗教——道教的兴起。于是,中国文化中的缺点部分,就在三种教派影响下,逐渐地一点一滴铸成:儒家培养出中国人的封建和崇古意识,道家培养出中国人的消极无为,佛家培养出中国人的逆来顺受。

楚　狱

楚王(首府彭城【江苏徐州】)刘英(刘阳的异母老弟,许美人所生),跟法术师制造金龟、玉鹤,刻上显示祥瑞的文字。一个名叫燕广的男子,向政府检举刘英跟渔阳郡(北京密云)人王平、颜忠等,共同撰写图案文书,有叛乱的阴谋。控案交给有关单位调查后,完全证实。主管单位奏报:"刘英大逆不道,请处死刑。"刘阳不忍心批准,只下诏撤销刘英王爵,贬逐到丹阳郡(安徽宣州)泾县(安徽泾县),拨付汤沐邑五百户人家。儿子中封侯爵的,女儿中封公主的,仍保持他们的采邑。封国许太后(刘英娘亲许美人)仍保持太后印信,不必缴还(一旦缴还,许太后便成了平民),继续居住楚王王宫。刘英被押解到丹阳郡(安徽宣州)后,自杀。

刘阳穷追"楚狱",打击面迅速扩大,如火如荼。一年以来,被口供牵连入狱的人,从首都洛阳皇亲国戚,以及侯爵,到各州、各郡的乡绅豪杰;加上审问官(考按吏)有心陷害,因而被诛杀和被贬逐蛮荒的,有一千余人。还没有定案,仍羁押监狱的,仍有数千人。刘英把天下知名之士,记载在一个秘密的小册上。刘阳在其中看到吴郡(即会稽郡,江苏吴县)郡长尹兴的名字,下令逮捕尹兴,跟郡政府官员五百余人,囚禁司法部(廷尉)监狱审问。大家承受不住苦刑拷打,五百余官员,拷死一半以上。只有总务主任(门下掾)陆续、秘书官(主簿)梁宏、行政助理(功曹史)驷勋,遍受五毒苦刑(胡三省原注:五毒苦刑:一、鞭打。二、棍打。三、烧红的铁棒灼烙。四、两股细绳捆绑。五、三股粗绳悬吊),身上肌肉,寸寸溃烂。

在刘英的叛乱案中,再一次显示口供主义的残忍性。仅只一个郡,便有两三百位官员,惨死在五毒的苦刑拷打之下,使人失声。

耿　恭

公元77年,东骑将军马防,大破西羌(青海东部)封养部落酋长布桥,布桥率领他的部落一万余人投降。刘炟命马防班师,留外籍兵团指挥官(长水校尉)耿恭,攻击还没有归附的零星叛徒,又斩杀俘虏千余人。勒姐、烧何等十三个部落数万人,都向耿恭投降。耿恭曾经在言语上冒犯马防,监军礼宾官(监营谒者)迎合上级的愿望,弹劾耿恭玩忽军情。刘炟征召耿恭回京(首都洛阳),逮捕下狱,免职。

耿恭被指控的罪状是:“率领部队,对军事却毫不挂心。自己想干什么,就干什么,为所欲为。整天带着飞鹰,牵着猎狗,在道路上打猎游戏。敌人攻击,却紧闭营门,不敢出面应战,得到皇帝征召回京的诏书,发牢骚抱怨。”这些罪状,依当时法律,当然具备处死的条件。问题是,事实上不是如此,而是这位一世纪的中国名将,在言语上触怒了皇亲国戚。当大军出动时,耿恭向大军总司令马防先生,推荐窦固当凉州(甘肃)州长,他忘了窦固所代表的窦家班的力量,这力量跟马家班势如水火。而耿恭又推荐临邑侯刘复,刘复又是窦固的朋友。使马防发现:耿恭桀骜不驯,是一个潜在的敌人,最好在他羽毛丰满之前,先行铲除。

耿恭保卫西域疏勒城的血迹刚干,西羌之役中大胜的血迹,尚未凝结,立即身陷法律的网罗。马太后千方百计,约束娘家兄弟,要谦卑节俭,更以身作则,真是一个"母仪天下"的典型,然而品格如此高贵,却无法祛除娘家兄弟的私心和暴戾之气,说明儒家一向迷信"以德化民"的"德治",不过是一句过度夸张的广告词汇。

刘炟薄待亲娘

公元79年,皇太后马女士逝世(年四十岁)。东汉帝(三任章帝)刘炟(音dá【达】)既被马太后收养,一心一意,肯定马姓家族是舅父家族。而亲生之母贾贵人,不能登上高位。贾姓家族那些真正的舅父,没有一人受到宠爱荣耀。等到马太后逝世,只不过使贾贵人的印信,由绿色绣带,进级改成红色绣带;加派有座位的小车一辆,宫女二百人,御库房各色绸缎二万匹,农林部(大司农)国库黄金一千斤、钱两千万,如此而已。

马太后抱养贾贵人的儿子,细心抚养,在亲情上,百分之百成功,在政治上,更百分之百成功,刘阳那句话说出千古至理:"儿子不一定非亲生不可,只怕爱心不够。"马太后的爱心,换来美满的亲情和可观的政治利益,这爱心当然有不纯洁的动机,但爱心本质是高贵的,它可以洗涤瑕疵。回溯西汉王朝赵合德女士的那份折腾(参考公元前6年),她如果有马太后一半的智慧,用全副爱心养育许美人或曹宫女士所生的儿子,恐怕结局大不相同,不但保护自己姐妹的性命,而且合法继承人不会中断,西汉王朝政权,可能继续维持一段时间。不过,赵合德没有这种智慧。所以没有这种智慧的原因,是妒火烧坏了她的大脑。

然而,马太后强夺贾贵人的亲生之子,是一项残忍行为,世界上只有作母亲的才知道婴儿骨肉连心,婴儿在怀中被夺去之后,有多少个夜晚,哭尽思子之泪。如果神经不够坚强,真可能疯狂。刘炟对亲娘的回报,未免太薄。那不是娘亲不要儿,而是儿被强夺!人们一向轻视"有奶就是娘"的无义之辈,刘炟恰恰如此。十一世纪宋王朝四任帝赵受益,也曾面临同样遭遇,但他对待亲娘李宸妃,却感人至深。母子天性,刘炟带给后人的是无限惆怅。

窦皇后杀梁贵人

皇子刘肇被封太子,梁姓家族不敢明目张胆庆祝,但仍在暗中悄悄欢喜。窦姓家族得到消息,既厌恶又恐惧。而窦皇后为了独占养子刘肇的感情,使窦姓家族成为刘肇唯一的舅家,遂决定斩草除根,毒手伸向刘肇娘亲梁贵人姐妹。不断在刘烜(音 dá【达】)面前打她们的小报告,梁贵人姐妹的宠爱开始衰退。

公元 83 年,窦姓家族确知刘炟对梁贵人姐妹已不再有余情时,发出匿名函件,把梁贵人姐妹老爹梁竦,陷入谋反叛乱大狱。梁竦遂被捕,死在牢狱之中,家属贬谪到九真郡(越南共和国清化市)。梁贵人姐妹忧愁而死。梁竦供词中牵连到老哥梁松的妻子舞阴公主刘义王(一任帝刘秀女),于是刘义王被贬逐到新城(河南伊川西南古城村)。

西汉王朝赵合德式的夺床斗争,重现于东汉王朝,主要的原因,在于皇后没有儿子。赵合德也好,窦皇后也好,如果有子,血腥程度,尚可减低。赵合德不过一条美丽的低等动物,没有儿子就更丧失理智。窦皇后比较聪明,从以后发生的若干行事上,证明她本质并不是一个恶妇,她从婆母马太后那里得到启示,从小抚养刘肇,这比赵合德要高明百倍。可是,她的那些兄弟们却愚不可及,逼她走上梁山,一击宋姓姐妹,二击梁姓姐妹。马太后虽然严厉,却不杀刘炟亲娘贾贵人。因为仅只压制,怨恨不过就是怨恨,如果发展到流血,怨恨就升级成为怨毒;而怨毒,只有流血才可解除。窦家班在马太后成功的模式里,犯下最大错误:杀了刘肇的娘亲,这是一颗足以使窦姓家族毁灭的定时炸弹。聪明和智慧,在此一线,看出分际。

霍延辱骂权贵

下邳国(首府下邳【江苏睢宁北古邳镇】)人周纡,当洛阳(首都所在县)县长(令),就任之后,首先询问地方恶霸姓名。县政府官员把土豪劣绅的名单呈报给他,周纡厉声说:"我指的是皇亲国戚马、窦家的子弟,谁管这些贩夫走卒?"部下了解他的决心之后,互相竞争着用激烈的手段打击不法行为,皇亲国戚们吃了几次闷棍之后,不敢放肆。首都洛阳的治安,恢复良好。然而,不久就发生窦笃事件。窦笃夜间出游,停留在止奸亭,亭长霍延拔出宝剑,直指窦笃,破口大骂。窦笃报告刘炟,刘炟命京畿总卫戍司令(司隶校尉)、首都洛阳市长(河南尹),到宫廷秘书署(尚书)接受审问。再派武装卫士逮捕周纡,囚禁司法部(廷尉)监狱。数日之后,才赦免释放。

酱缸文化培养出绝对相反的两种极端性格:一端是自卑,自卑到自愿毁弃自己的人格;一端是自傲,自傲到乐于毁弃别人的人格。

周纡的故事,又为我们提供例证。窦马二家凶暴,令人切齿,但周纡不是一个暴徒,而是一个法官。窦笃如果犯法,可以处罚,不可以侮辱。霍延破口大骂,是一种绝对的自傲。一般人看见他对权贵都敢如此毫无忌惮,往往感觉到大快人心。然而,对小民固不可侮辱,对权贵同样不可侮辱。霍延只是狗仗人势而已,主人叫他咬权贵,他就咬权贵,一旦换了主人,反过来叫他咬小民,小民可能立刻死于剑下。公平正直的气质,建立在自尊之上,不因为你是权贵就特别优待,也不因为你是权贵就特别严苛。周纡向权贵挑战,我们敬佩,但用这种方式挑战,后遗症是可怖的。我们固不同意窦笃的犯法夜游,但也不同意霍延的破口大骂——向权贵破口大骂,或向小民破口大骂,都不是健康的认知。

我们追求的不是逞一时之快,而是万世太平。

朱　晖

公元84年,刘炟前往章陵(湖北枣阳南),再去江陵(江陵国首府,湖北江陵)。在归途中,前往宛县(南阳郡郡政府所在县,河南南阳),召见前临淮郡(江苏泗洪南)郡长、宛县人朱晖,任命他当宫廷秘书署执行官(尚书仆射)。朱晖在临淮郡(江苏泗洪南)郡长任内,对人民有德政,人民歌颂他说:"不惧不畏/南阳朱晖/官员害怕他的德威/人民思念他的恩惠。"当时,因犯法免职,在家闲住(朱晖把郡政府高级职员【长吏】用苦刑拷死在监狱之中,被州政府指控,朱晖免职),所以刘炟召见他任官。

朱晖本是一个苦刑拷打、致人于死的酷吏,只因人事关系,鹞子翻身,忽然跃进政府最高中枢,连当初免他职的州政府官员,都在他权势笼罩之下。而就在本年(84年),刘炟刚颁布过禁止苦刑拷打诏令。这是一项讽刺,使人民对政府丧失信心。因下令禁止苦刑拷打的人,正是实施苦刑拷打的人。

梁郁

鲁国(即东海国,首府鲁县【山东曲阜】)人孔僖、涿郡(河北涿州)人崔骃(音yīn【因】),一同在首都洛阳国立大学(太学)读书,互相切磋,谈论西汉七任帝(武帝)刘彻,认为刘彻最初登极时,崇信儒家学派,五六年间,被称为有老爹刘启(六任景帝)、祖父刘恒(五任文帝)的政绩;可是后来放纵自己,遂抛弃了从前的善行。邻房另一位大学生梁郁,听到这些议论,上书皇帝,检举孔僖、崔骃诽谤先帝,借古讽今,讥刺当前政治。案件交付有关单位调查,崔骃先被官员传讯审问;孔僖发现事态严重,上书答辩,说:"诽谤的意义,原是指并没有这件事,而作虚伪的诬陷。至于孝武皇帝(刘彻),他的美恶得失,统统显示在史书之上,写得比日月在天还要明白,我们不过把史书上的记载,用口头再说一遍而已,并没有任何虚构。皇帝这个角色,无论做好事或做坏事,天下没有人不知道,人们根据这些来评论,无法用诛杀遏止。"刘炟看到后,下诏:"不要受理这件控案。"并任命孔僖当图书管理官(兰台令史)。

孔僖的勇气,使人崇敬。他跟崔骃,应是中国冤狱史最幸运的两个知识分子,因为他们终于遇到用理性可以说服的君王。不过,孔僖的观点:"假如我们抨击的是事实,政府固然应该改正,即令我们抨击的不是事实,政府也应包容。"恐怕是知识分子一厢情愿的想法——一种理想主义的想法。对暴君暴官而言,他所以怒火冲天,兴起大狱,往往不是因为你抨击的不是事实,恰恰相反,而正因为你抨击的硬是不折不扣的事实。你抨击的离谱太远,他还有原谅你的可能性,而你嚷嚷他患有梅毒,偏偏他真的患有梅毒,反应才强烈而残忍,他不会"改正",他只会愤恨你使他露出原形。

梁郁的行为,使人兴起唾他的脸的冲动。但直到今天为止,这种一脸忠贞鲨鱼之辈,仍遍地皆是。不是中国人特别喜爱打小报告,而是制度如此。有什么制度,就有什么样的行动反应,当社会风气以告密为荣,认为告密就是效忠时,我们又如何唾得完?又如何特别要唾某一人二人!

皇后家族的覆灭

窦太后临朝执政,老哥窦宪以宫廷随从(侍中)身份,入宫主持机要,出宫传达皇太后命令。老弟窦笃,当虎贲警卫指挥官(虎贲中郎将)。窦笃弟弟窦景、窦瓌,同时当寝殿侍奉宦官(中常侍)。兄弟全居权力枢纽,窦姓家族身价,一夜间暴涨。

窦宪的门客崔骃(不知道是不是前文那个崔骃),向窦宪提出一份备忘录:"古人说:'生下来就富有的,骄傲。生下来就尊贵的,蛮横。'生下来就富有尊贵,而能不骄傲不蛮横的,从来没有见过。而今,阁下的宠爱和官位,正如日上升,文武百官,无不注视你所作所为,岂可以不日夜小心,以求荣耀终身!从前,冯野王(参考公元前24年)也是皇亲国戚,身居高位(冯野王妹妹冯媛,是西汉十一任帝刘奭的小老婆,参考公元前38年),人们称赞他贤能。近来,皇城保安司令(卫尉)阴兴(一任帝刘秀皇后阴丽华老弟),克制自己,坚守礼义(克己复礼),终于受到很多的福份。皇后家族所以弄得被当时人讥嘲,被后世人谴责,主要原因在于权势太大,而不知道收敛;官位太高,品德能力,却不能相配。自从西汉王朝兴起,直到覆亡,皇后家族二十家,能够保全身家性命的,不过四家而已(皇后家族受到死亡或放逐灾难的,至少有十七家:①吕家,一任帝刘邦妻吕雉,灭族。②张家,二任帝刘盈妻张嫣,罢黜,家族败亡。③薄家,五任帝刘恒娘亲薄太后，老弟薄昭被杀，侄孙女薄皇后【六任帝刘启妻】被废。④窦家，刘恒妻窦皇后，侄儿窦婴被杀。⑤陈家，七任帝刘彻妻陈娇，被罢黜。⑥卫家，刘彻妻卫子夫，母子祖孙自杀。⑦赵家，八任帝刘弗陵娘亲赵钩弋，被杀。⑧上官家，刘弗陵妻上官皇后，灭族。⑨史家，十任帝刘病已祖母史良娣，自杀。⑩王家，刘病已娘亲王翁须、侄孙王安，被杀。⑪许家，十任帝刘病已妻许平君，被杀，侄女许皇后【刘骜妻】自杀。⑫霍家，刘病已妻霍成君，灭族。⑬王家，十一任帝刘奭妻王政君，灭族，侄孙女王皇后【刘箕子妻】自杀。⑭赵家，刘骜妻赵飞燕，姐妹自杀。⑮傅家，十三任帝刘欣祖母傅太后、堂弟傅晏，放逐蛮荒，堂侄女傅皇后【刘欣妻】自杀。⑯冯家，十四任帝刘箕子祖母冯媛，自杀。⑰卫家，刘箕子娘亲卫姬，灭族。而只有下列四家，幸告平安：Ⅰ六任帝刘启妻王娡。Ⅱ九任帝刘贺祖母李夫人。Ⅲ十任帝刘病已妻王皇后【邛城太后】。Ⅳ十三任帝刘欣娘亲丁姬）。《书经》说：'不可以不把夏王朝的覆亡，作为鉴戒，也不可以不把商王朝的覆亡，作为鉴戒。'岂可以不谨慎！"窦宪性格果断急躁，不能接受。

两汉王朝的政治结构，当然不是二十世纪现代民主政治的"内阁制"。可是，如果用"内阁制"作为比喻，说明皇后家族在两汉王朝政府中的权力位置，却可一目了然。现代民主国家，一个新元首当选，就在他所隶属的政党中，遴选内阁。而两汉王朝，一个新元首登极，就由他娘亲或妻子的娘家人——舅父或内兄、内弟，掌握权力，出任高官。

皇后家族当权的主要原因，在于皇太子不准许过问政治，不准许关心民间疾苦，不准许跟现任官员来往，不准许跟知识分子结交。如果不相信这一连串的"不准许"，违反了一条，即令吉星高照，不被罢黜，也会引起大狱。而且，当皇帝的人，往往都死得太早。死得太早的意义是：寡妇太年轻，孤儿太年幼。面对着丢下来乱糟一团的摊子和人头攒动的文武百官，跟一个普通文化人面对核子反应炉一样，陌生、恐惧，不知道如何运作。于是，寡妇只有信赖她最熟悉的娘家人：父亲、哥哥、弟弟、侄儿。孤儿也只有信赖他最熟悉的舅舅家人：舅父、表兄、表弟、表侄。皇后家族就非处于第一线不可,想逃都逃不掉。何况,根本就没有人想逃。事实上,绝大多数的皇后娘家人,还在心如火焚地争取。

东汉王朝二任帝刘阳正妻马皇后的故事,可帮助我们了解皇后家族的基本心理状态。当马援家属因“薏苡案”受到重创后(参考49年),权贵分子知道马家再没有翻身的可能,对马家就更欺负。马家女儿跟窦家订婚,窦家声势,正节节蹿高,对这项破落户婚姻,颇有后悔之意,史书上虽没有写出如何受到轻视,但我们可以察觉出来那种轻视。马女士的堂兄马严,既忧愁家族危如累卵,又愤恨日益难堪的羞辱,就跟马援夫人决定,跟窦家解除婚约,而把女儿呈献给当时还是皇太子的刘阳。目的很明显,女儿运气不好,或受不到宠爱,或遇到意外,马家不过损失一个女儿。可是,如果时来运转,当了皇后,尤其是,如果当了皇太后,那可是典型的:“一人得道,鸡犬升天。”马家还是东汉王朝最好的一家皇后娘家,原始动机,就是要夺取权力。

皇后家族主持政府,已成为一种习惯,上自君王,下到小民,都接受这种制度。所以,当西汉王朝十三任帝刘欣即位之后,皇太后王政君立刻下令王家班退出政府(参考公元前7年5月)。十四任帝刘箕子即位之后,连王莽的儿子,也一致坚持把政府交给卫姓家族。在两汉王朝,皇帝和皇后两大家族,共同统治中国。皇帝家族是宪法,皇后家族是内阁。

然而,正因为皇后家族不是二十世纪现代内阁,他们不是靠人民选举,而只靠他们家的漂亮女儿,在宫廷夺床斗争中,获得胜利。所以,他们一旦擢升,并不是一个有政治理想、有政治抱负的集团,而只是一群鱼鳖虾蚧、牛鬼蛇神。一定引起官怒民怨,一旦宫廷里那个美女失去宠爱,或失去控制,或伸腿瞪眼死亡,新的头目登极,新的美女上床,形势就等于现代民主国家一次大选。不同的是,皇后家族要想在失败后回家睡大觉,却不可能,他们上台时的台阶,是他们家女儿温柔细腻的胴体;而他们下台时的台阶,却是血腥的死尸;血腥的程度,跟他们所掌握权柄的大小,成正比例。掌握最大的权力,像霍姓家族、王姓家族(王莽),简直可以摆布皇帝,那么连个下台的台阶都没有,而又不能不下台,就只好像是从着了火的三百层高楼上,往下一跳。

皇后家族一旦当权,大多数注定要演出悲剧。旁观者已在为他们血肉模糊的远景,吓得浑身发抖,皇后家族们却陶醉沉迷,任何警告的声音,小的声音他们不理,大的声音他们则认为你如果不是酸葡萄,一定是心怀不轨——怎么,想剥夺俺的大权呀?正因为如此,皇后家族的悲剧才不绝迹,不断供后人凭吊。

何　敞

公元88年,东汉政府发生重大凶杀案件。齐(殇)王(首府临淄【山东淄博东临淄镇】)刘石的儿子、都乡侯刘畅(刘秀老哥刘縯的曾孙),前来京师(首都洛阳),参加三任帝(章帝)刘炟葬礼。窦太后对他十分欣赏,一连召见他。引起窦宪恐惧,恐怕刘畅分割自己的权力,于是采取凶暴手段,派刺客深入宫门禁卫部队中,把刘畅暗杀。凶案发生后,窦宪透过特务系统,宣称主凶是刘畅的弟弟利侯刘刚。命执法监察官(侍御史),跟青州(山东北部)州政府(跟齐国首府同在临淄),逮捕刘刚等(刘刚封利侯,利国在今山东博兴东),就在临淄组成联合法庭审讯。宫廷秘书(尚书)颍川郡(河南禹州)人韩稜,抗议说:"凶手就在京师(首都洛阳),不应舍近求远,去千里之外另找凶手,恐怕徒惹奸臣冷笑。"窦太后大怒,对韩稜严厉责备,而韩稜坚持他的意见。全国武装部队总司令部(太尉府)保安官(贼曹)何敞,对宫廷秘书(尚书)宋由说:"刘畅是皇家血统,封国藩臣,前来首都奔丧,上书等候差遣,在皇宫禁卫军保护之下,竟遭受惨杀。负责治安的单位,盲目追捕,既找不到踪影,又弄不清凶手是谁。我屡次担任重要职位,现在又主管安全事宜。我打算亲自到联合法庭,参与审理,观察变化。可是,二府(宰相府【司徒府】、最高监察署【司空府】)的负责人,认为依照惯例,三公不管地方上盗贼,公然放纵奸恶,没有人能够责备。所以,我准备单独具名,奏请参与,须你转呈。"宋由承诺。宰相府(司徒府)、最高监察署(司空府),听到何敞已被批准前往临淄(山东淄博东临淄镇)参与审判消息,也分别派出主管官员,一同前往。在严厉公正的审理下,真相大白,事实俱在,全案奏报窦太后。窦太后怒不可遏,把窦宪禁闭到皇宫内院。窦宪恐怕被杀,要求出击北匈奴(王庭设西海附近),赎回死罪。

刘刚等得以不死于冤狱,应感谢何敞的道德勇气。否则,刘刚不但身死,还要背上杀兄的恶名。凶线竟然搭到刘刚身上,平常当然有蛛丝马迹,可资利用。诸如刘刚跟老哥刘畅素来不睦,甚至有过冲突,甚至有过"干掉你"的言论,都会被一一用来佐证,再加上天衣无缝的判决书,谁都不能推翻。

冤狱平反,更在于何敞不但倡议,而且行动,他所承受的压力比泰山都重,如果窦太后再支持窦宪,何敞可能丧命。而其他两府派人参与,也是一项壮举,都应受到千古敬仰。

燕然勒石

东汉政府大军,兵分三路,向北匈奴汗国发动总攻。窦宪、耿秉,率大军出鸡鹿塞(内蒙古磴口县西北七十公里)三千华里,登燕然山(蒙古共和国杭爱山),命军事保护官(中护军)班固在山上刻立石碑,记载这次大捷,宣扬中国国威荣耀,然后班师。

窦宪攻击北匈奴汗国这次战役,是中国对外战史上最伟大的战役之一,胜利果实可称空前。班固的“燕然勒石”,从此成为典故,流传两千年而景象仍新。窦宪固然是皇亲国戚,又固然是个坏胚,但在这件事上,他对国家确有重要的贡献。是非功过,理应分明,窦宪做出应受歌颂的事时,我们由衷歌颂。

然而,这么一场轰轰烈烈的战役,史书上只寥寥数行,反而不如一个儒家学派知识分子的一件酸溜溜的屁事,占的篇幅要多(诸如毛义、郑均、张奉之类)。多少可歌可泣的民族英雄事迹,被迂腐的跟没有原则的反战思想埋没。这是中华文化遗产中,最严重的缺失,不但不公平,也不道德,严重地影响整个民族的气质。中国史书之不能射出光芒,中华人之孱弱,原因在此。

金微山战役

公元91年,全国最高统帅窦宪决心乘北匈奴(王庭设西海【蒙古共和国科布多城东哈腊湖】附近)微弱,一举把它消灭。派左翼指挥官(左校尉)耿夔、军政官(司马)任尚,率大军出居延塞(内蒙古额济纳旗),进击金微山(蒙古阿尔泰山),把北单于(姓名不详)团团包围,大破北单于主力,俘掳北单于娘亲皇太后(母阏氏),斩名王以下五千余人。北单于仓卒逃走,不知去向。中国远征军出塞五千余华里,才行班师。中国自从两汉王朝出兵以来,从没有这一次攻击得这么远,抵达从没有抵达过的地方。

中国与外国人所发生的战争,往往局限边疆,很少能影响世界局势。然而,金微山(阿尔泰山)之战,不但对中国重要,使中国解除了历时三百年之久的匈奴汗国的威胁,大大地喘一口气。看起来中国比罗马幸运,罗马到了最后,仍栽在北方蛮族之手,而中国虽然吃了不少北方蛮族的苦头,最后仍能把他们摆脱。对西方世界而言,金微山之战,更为重要。北匈奴汗国残余部众,在漠北不能立足,于是向西方漂泊。漂泊的时间是那么久,以致脱离了中国历史范围,没有留下文字记载。可是,三百年后,复苏而又重新强大的北匈奴汗国,终于漂泊航空距离四千公里之遥,抵达黑海北岸,引起骨牌效应的民族大迁移。原住黑海北岸的西哥德部落,受不了北匈奴的压力,向西侵入多瑙河上游。原住多瑙河上游的汪达尔部落,受不了西哥德的压力,向西侵入罗马帝国。罗马终于亡在这些排山倒海而来的野蛮民族手中。

北匈奴从此在中国历史上消失,除了偶尔有点断续信息外,只剩下了南匈奴,永远成为中国的附庸。这个一度使中国受辱屈膝的强大国家,在形式上仍继续存在一百余年,不过已不再居于重要地位。三世纪初叶,它的最后一任(四十二任)单于,到邺县(河北临漳西南邺镇)拜见当时中国丞相曹操,曹操把他留下,匈奴汗国终于名实俱亡。

弑君疑案

公元 92 年,东汉发生宫廷政变,窦家班崩溃。窦姓家族父子兄弟,同时担任文武高官,布满政府。穰侯邓叠、邓叠老弟步兵指挥官(步兵校尉)邓磊,及娘亲邓元、窦宪女婿射击兵团指挥官(射声校尉)郭举、郭举的老爹长乐宫供应官(长乐少府)郭璜,互相结成一个集团。邓元、郭举,都随时可以出入宫廷。郭举受窦太后的宠爱,遂决定谋杀皇帝(四任和帝)刘肇(本年十四岁)。刘肇反击,下诏,命首都洛阳警备区司令(执金吾)、北军(野战军)五营指挥官(校尉),全体备战,逮捕郭璜、郭举、邓叠、邓磊,送到监狱后,立即格杀。收缴窦宪全国最高统帅(大将军)印信,改封窦宪冠军侯(封地在今河南邓州西北冠军寨），跟窦笃、窦景、窦瑰，命他们自杀。

窦宪有自取败亡之道，但他的罪状不应是谋反。史书上对这桩公案，记述得过于简略，简略到使人惊疑丛生。

史书显示，企图谋杀皇帝刘肇的，是邓家父子跟郭家母子，只因为他们常常进宫的缘故，遂兴起恶念，这真是天下最奇异的犯罪动机。杀一个皇帝比杀一条狗要严重得多，纵令那家的狗常吠来客，来客也不可能对狗下手，何况狗又乖得要命。刘肇并没有干涉窦家班的企图，更没有阻挡窦家班的财路权路。杀了刘肇，再换一个刘什么，也不过不干涉不挡路而已，他们何必多此一杀？如果要像霍家当年（参考公元前 74 年），打算改立霍禹代替，打算拥戴窦宪接班继位，当时的政治文件，以及史料史书，却没有一字一语记载，难道只敢对霍禹指名道姓？

邓郭二家没有谋杀皇帝的理由，窦宪也没有谋杀皇帝的必要，纵然是疯子兼白痴，都不会冒出这种奇怪念头。而且，刘肇今年才十四岁，十四岁不过初中毕业班年纪，闹恋爱也不过刚够资格。但看他从容布置，指挥若定，把首都警备区司令，以及北军的五营，完全置于控制之下；又派人收回窦宪等人的印信，竟不怕武装拒抗；然后诏书频发，计出不穷，这不是一个十四岁从没有出过家门的小娃，跟一个只负责管理花园器具的宦官，可以办到的事。

显然，这是一场流血政变，幕后有一个或几个老谋深算的阴谋家在筹划设计，再交给刘肇小娃发号施令。成功了，他有一份；失败了，依这种隐秘程度，大祸也不见得会抓住他们。他们把刘肇当做一根棍子，用来挥向政敌。

我们不知道幕后巨头是谁，史料也没有显示，仅就寥寥记载，姑且推测，罢黜了的皇太子、改封清河王的刘庆，应是主要的角色。他的目的可能为了争权，但也可能极为单纯，只为了复仇，复自己被罢黜之仇，复娘亲被杀害之仇。如果这个判断正确，我们对他充满了同情。可是，他太缺少包容，诚如王夫之指出，“朋党”之祸，从此生根。政治应有一种让步性，凡是在敌人身上称心快意，必然招来另一种称心快意的反应。恶性循环,无有已时。

班固死在监狱

最初,班固的家奴,曾经因喝醉了酒,诟骂洛阳(首都所在县)县长种兢。公元92年,宫廷政变发生后,种兢奉命逮捕窦姓家族宾客时,一并逮捕班固,班固遂死在监狱。班固所著《汉书》,还没有完成。东汉帝刘肇命班固的妹妹、曹寿的妻子班昭(曹大姑),继续完成。

班固先生之死于非命,我们惋惜。可是,他手下的一个奴仆,竟敢侮辱洛阳县长,洛阳县长只有忍气吞声,可看出班固跟他笔下歌颂的“君子”形象,恐怕不符。

最有趣的是,班固竟然讥刺司马迁不知道明哲保身(参考公元前99年)。我们绝不因班固不能明哲保身瞧不起他,反而更增加我们同情。可是,判断一个人而用明哲保身作为标准,说明他不但伧俗,而且缺乏良知。

迷唐叛变之谜

蜀郡(四川成都)郡长聂尚,接替邓训当西羌保安司令(护羌校尉),准备用恩德怀柔诸羌部落。乃派出翻译官,前往招抚烧当部落(颇岩谷)酋长迷唐(参考88年),让他们再回到大小榆谷(青海尖扎西)。迷唐既回到大小榆谷,请他的祖母卑缺,晋见聂尚。聂尚亲自把卑缺送到塞外，设宴送行，派翻译官田汜等五人，护送卑缺到她所住的庐帐。迷唐遂起兵叛变，联合其他部落，把田汜等五人活生生剖腹屠杀，用鲜血盟誓，攻击金城郡（甘肃永靖西北）边塞。聂尚受免职处分。

迷唐之叛，不可思议。以聂尚对他的恩重如山，既允许他返回流奶与蜜之地的大小榆谷，而又亲自送还他的祖母，绝不可能产生这种结局。迷唐如果有了流奶与蜜之地，便立刻抖了起来，迫不及待的要大干一场，则又何必劳动祖母去向聂尚道谢？如果道谢是为了拖延时间，则何至祖母一归，立即翻脸？难道只为了多争取几天？依照人之常情，迷唐只会有感谢之心；即令没有感谢之心，也会等到在新地盘上生根之后，再行发动。

然而，迷唐竟然在受到大恩大德和隆重礼遇之后，做出惨无人道的反应。我们不晓得原因何在，但晓得必有原因。最直觉的解释是，迷唐祖母在这次亲善之旅中，受到羌人无法忍受的羞辱，这羞辱可能来自聂尚，更可能来自田汜等五位护送的差役。所以迷唐在暴怒之下，用最残酷的手段，剖腹挖心。而其它部落，也都慷慨追随。他只是为了雪耻泄愤，不是为了叛变。只不过雪耻泄愤之后，只好叛变。

外患来自北方

最初，左翼指挥官（左校尉）耿夔，在金微山（阿尔泰山）大破北匈奴汗国（参考91年2月），鲜卑部落（内蒙古西辽河上游）开始从东方向西方，辗转迁移，填补北匈奴留下的广大地区（今蒙古共和国。但核心组成部分，仍留在今内蒙古东南部）。匈奴聚落残余的还有十余万，为了生存，也自称鲜卑。鲜卑自此日益强大。

中国因为地理形势特殊,五千年来,严重的外患,始终来自北方(吐蕃王国是唯一例外)。匈奴之后有鲜卑,鲜卑之后有柔然,柔然之后有突厥,突厥之后有回纥,回纥之后有契丹,契丹之后有女真,女真之后有蒙古。每一个时代,中国都要倾全国之力,艰苦缠斗,保卫国土。可怜的是,中国的战斗力跟儒家学派的声势,成反比例发展,圣人越多,英雄越少,酱缸越深,活力越弱。中国遂越来越抵抗不住,不断惨败,以致皇帝被人生擒活捉,国家屡次灭亡,几乎不能翻身。

保持北疆和平——当然不是屈辱的和平,而是光荣的和平,一直是中国最高的追求目标。追求得到,中国强;追求不到,中国弱。

匈奴内斗

南匈奴汗国(王庭设美稷【内蒙古准格尔旗】)单于(三十一任)栾提安国,跟中国派驻的匈奴协防司令(使匈奴中郎将)杜崇,不能和睦相处。栾提安国遂向东汉政府控告杜崇,杜崇指使西河郡(内蒙古准格尔旗西南。美稷县【王庭所在】属西河郡管辖)郡长,在中途把奏章扣留。栾提安国失去上诉管道,无法表白自己。杜崇乘机反击,跟朱徽联合上书,说:"栾提安国疏远他的忠诚旧部,反而跟新归附的降人(指北匈奴降人)亲近,打算诛杀左贤王栾提师子,以及东部军区司令(左大且渠)刘利等。"栾提安国放弃所有营帐,集结兵力,打算先行诛杀栾提师子,追到城下,城门已经关闭。朱徽派人前往调解,栾提安国拒不接受,一定要得到栾提师子才甘心。栾提安国的舅父、队长(骨都侯)喜为等,担心全族有被屠灭的危险,于是,格杀栾提安国。

匈奴已沦落破碎到这种地步,仍不能团结,窝里斗层出不穷,徒提供别人宰割机会外,有什么裨益?我们对这个不争气的敌人,既轻视,又感叹。

四条人命代价

乐成王(首府信都【河北冀县】)刘党(刘肇的叔父),被控杀人,剥夺封国的东光(河北东光)、鄡县(河北辛集东,鄡,音 qiāo【敲】)两县。

刘党并不比其他王子好,也不比其他王子坏。两汉王朝有明文规定,皇宫宫女出嫁,只可嫁到民间,不准封国的王府、侯府收留。而皇宫歌星哀置女士,嫁给民间男子章初。刘党把哀置接到王宫,跟她上床。章初准备上书控告,刘党用重金买通哀置的姐姐哀焦,把章初害死;为了防止消息走露,又一连绞死三个侍女灭口。

四条人命,只值两县采邑的赋税。叫得震天响的口号:"爱民如子"以及"王子犯法,与小民同罪",不过是一个化解小民悲愤的骗局。

甘 英

西域总督(都护)定远侯班超,派他的秘书(掾)甘英,出使大秦帝国(罗马帝国)、条支王国(叙利亚王国【亚历山大部将塞琉卡斯建立】)。甘英深入西方(西海),经过之处,都是前人从没有到过的地方。甘英一一考察他们的风土人情,取得他们的奇异产品。最后,进入安息王国(伊朗共和国)的西界,抵达大海(今地不详),准备船只,打算再向西进发。水手们告诉甘英说:"大海广阔,遇到顺风,要走三个月;如果遇到逆风,可能走上两年。所以,渡海的人,都带三年粮食。海上寂寞,容易使人害思乡病,常有人死亡。"甘英才停止。

甘英恐怕是个色厉内荏型人物,表面上雄壮如狮,豪气如虹,班超才派他担任这项重要的西方探险任务,结果他到了一个不知道地名的水滨,就抱头折回。

有人认为甘英所到的"大海"是波斯湾,但波斯湾即令有最强大的顺风,三个月也到不了罗马(那时还没有苏伊士运河,船只必须绕道非洲好望角,而好望角当时还没有发现)。所以,"大海"是地中海,较合常理。"大海"之滨,应该是今日的巴勒斯坦。如果这项判断正确,那就更证明甘英的报告并不可靠。他抵达巴勒斯坦之时,正是基督教使徒保罗向罗马城出发之际。巴勒斯坦和罗马之间,交通频繁。甘英绝不会躲在旅馆里,只听船夫们片面之词(甚至可能是向他兜售粮食的贩夫走卒的片面之词),连码头都不去一下,否则码头上繁荣忙碌,会证明去大秦(罗马帝国)并不困难,也没有危险。

班超似乎是选错了人,如果是班超自己,或另一位部下田虑,说不定当时世界上东西两大帝国,从此直接接触。因为国势相等,所以那将是平等的接触。东西文化的文流,用不着再等漫长的一千七百年,直到中国最昏弱的十八世纪。

徐防

最高监察长(司空)徐防上书东汉帝(四任和帝)刘肇,认为:"东汉王朝设立十四家研究官(博士。一任帝刘秀在位时,核定儒家学派五经标准本,计《易经》:施雠、孟喜、梁丘贺、京房;《书经》:欧阳高、夏侯胜、夏侯建;《诗经》:申培、辕固、韩婴;《春秋》:严彭祖、颜安乐；《礼经》：戴德、戴圣），设有甲乙等级，作为对学者的一种鼓励（各家研究官所教授的学生，每年考试一次。甲等录取四十人，当宫廷禁卫官【郎中】；乙等录取二十人，当太子宫禁卫官【太子舍人】；丙等录取四人，当各郡、各封国教育官【文学】）。可是，我考察国立大学（太学）每次考试学生，都是用自己的意见，并不尊重各家的标准解释，互相私下包容，开辟奸邪之路。每逢遇到向他们征求意见时，大家就议论纷纷，你指控，我批驳，是是非非，一团糟乱。孔丘自称：'继承先圣先贤的旨意，自己并没有创见。'又说：'我年轻时还曾经看到史书上有很多缺文。'（孔丘年轻时还看到过史书上有缺文，年老时却看不到，因为都被人擅自补上去了。）而今，学生们不遵照标准本的原文章句，却自己妄行发挥，认为师父的道理，不一定需要遵守，自己的创见才合理；轻视侮辱传统经典，一时成为风气，这不是陛下当初遴选人才的本意。改变浇薄的习俗，莫如提倡'忠心'，这是三代（夏商周）的正常法则。专心而精密的研究师父的学说，是儒家学者最优先的工作。我认为，研究官（博士）跟厘定等级的考试，应该完全根据标准本，挑出五十个难题，命他们回答。解释最多的是第一等，引文出处明白的是最高级。如果不依照师父的学说，而以自己的见解，互相攻击，都要纠正，肯定他犯了错误。"刘肇批准。

公元前140年，西汉政府采纳董仲舒的建议，罢黜百家，独尊儒术，使中国灿烂辉煌、百花怒放的学术自由，告一结束。学术界成了儒家学派一家的天下，经过两百年的漫长培养，前有鲁丕（参考99年），后有徐防，蓦然出现，花样翻新，更要求知识分子——当然是儒家学派的知识分子，不但不可以跳出儒家学派大圈圈，还不可以跳出"师承"小圈圈。

儒家学派自从献身政治，跟统治阶级合作以来，帮派即行林立。只因对儒家经典，必须有点特殊的见解，才能在政治上插上一腿。师父跟学生之间，不仅是教育关系，而且成了利益集团。两汉王朝时代儒家学派五经研究，最重家法，师父传授学问，成为一种标帜，只要他张口，立刻可以发现他属于某个门派。最后，东汉政府核定十四个标准学说,作为法定的知识规范,十四家之外的学说,全属左道旁门。

然而,在那个狭小的天地里,学者们仍可以小有出入,使奄奄一息的儒家学派,仍有微弱呼吸。想不到,鲁丕、徐防,出手一击,连这微弱的呼吸,也被窒息。从此,儒家学派的学者,不准有想象力,不准有创意。在二十世纪被视为瑰宝的想象力,儒家却被认为是一种邪恶;价值连城的创意,却被认为是轻视侮辱道统。儒家学者们唯一可以做的事是:效法孔丘的"述而不作"。用圣人的经典,解释圣人的经典,用古人的话,证明古人的话。以"圣言量"取胜,什么人的意见都有,独没有自己的意见。如果有自己的意见,即令正确,也是错误。

董仲舒是扼杀中国学术自由的罪魁,鲁丕、徐防则是扼杀中国知识分子复苏的凶手。从此,中国知识分子再用不着思考,因为圣人古人已经思考得很精密了,年复一年,中华人的思考能力,遂完全僵化,直到十八世纪清王朝末叶,所谓"八股文",一脉相传,字字都是死尸。

这种精神在中华人社会流行最广的武侠小说上,充分表达,江湖好汉醉心的是,从古人"秘籍"中寻求武功,很少自己发明武功。而且,门徒的武功再高强,也永远高强不过师父。这件事情如果倒转过来一想,事态就十分严重。那就是中华人已被命中注定:一代不如一代,精华在"古",越现代越功力不济。这种发展违反进化原则,祖师爷如果可以一跳三丈的话,最后一个徒孙,大概一寸也跳不起来,只因门徒不能胜过师父。于是"尊师"跟"重道"同等,"师"与"父"合一,有创见或企图突破,就是"背叛师门",将受到唾弃和诛杀。

儒家就是这种结构,不同的是,侠客用剑,儒生用笔,侠客用血遏阻,儒生则借用政治力量。柏拉图那种"吾爱吾师,吾更爱真理"的高贵挑战精神,直到二十世纪,中华人学术界里,不但找不到,反而豢养出来成群结队的"护师动物",眼里只有师承,没有真理。所以儒家的高级知识分子,最勤奋经营的一件事,就是广收学生,招揽门徒。学生门徒不但成了传播他学问的宣传员,也成了保护他荣耀的锦衣卫。

国家民族的叛徒是可厌的,但学术界的叛徒却是促使学术发出万丈光芒的火炬。一直在“师承”中旋转折腾,不过是终于要沉淀在酱缸缸底的虫蛆而已。

吉成事件

公元105年,东汉帝(四任和帝)刘肇在章德前殿逝世(年二十七岁)。刘肇最喜爱的一位名叫吉成的宫女,她的侍婢联合起来,一口咬定吉成从事巫蛊诅咒。皇后邓绥命宫廷事务总管(掖庭令)审问,证据俱在,吉成也全部自动招认。邓绥感到怀疑,认为吉成是刘肇的侍女,邓绥对她不但宽厚,而且有恩,平常从没有发过怨言,何至在刘肇死了之后,施用巫蛊诅咒手段,不合人之常情。于是,把吉成叫到跟前,亲自询问考查,果然查出是吉成的侍婢们干的勾当。

吉成的罪行,铁案如山,已无可救。有人证:吉成的侍婢志(姓不详)等,众口一词,指控吉成犯下滔天大罪。有物证:就在地下掘出刻着皇太后邓绥姓名及生辰八字的木偶(心窝可能还插着铁针或铁钉)。而凶嫌吉成,既自动招认,又坦承不讳。

任何人都不能怀疑吉成的罪行,而邓绥怀疑。邓绥根据人性推测,当吉成得宠时候,对皇后尚且没有怨言,却在靠山倒下之后,冒犯皇太后,她追求的是什么?刘肇在时,把皇后咒死,她还有当皇后的可能;刘肇死后,把皇太后咒死,她岂能坐上皇太后宝座?

吉成面对人证物证,她只有承认,不承认只会换来苦刑拷打——甚至,她已经被苦刑拷打。她是天下最幸运的被告之一,得遇邓绥。如果不是邓绥,吉成跟她的家族,将有多少人伏尸法场!

任　尚

西域(新疆及中亚东部)总督(都护)段禧等,虽然保有龟兹(新疆库车),可是,其他各国仍然抵制。困守一个据点,跟中国本土的道路,完全断绝,连一份奏章报告,都无法送出。东汉政府高级官员讨论,认为西域远在天边,又不断叛变,武装开垦荒田,费用支出,没有尽头,国家无力负担。决定撤销西域总督,派骑兵总监(骑都尉)王弘,率领关中(陕西中部)部队,迎接段禧、梁慬、赵博,跟伊吾卢(新疆哈密)、柳中(新疆鄯善西南鲁克沁城)屯田的战士,全部撤退回国。

自公元73年东汉政府收回西域,历时仅三十五年,到本年(107年)再次全部丧失。五百年后的七世纪,中国再返西域时,西域已是另一个面目。

任尚在班超手中接到的是一个和睦的、依赖中国如幼童依赖父母的西域,数年功夫,便把全境搞得一片混乱,使各国联合起来武装反击。史书没有交代原因何在,但可以推断:贪污、暴虐、侮辱。我们不认为各国是在叛变,而认为各国是在抗暴。一个失职的驻外官员,往往是谋杀两国邦交的凶手,任尚,便是一例。

邓绥再雪冤狱

皇太后邓绥巡察监狱,亲自审问囚犯。其中一个洛阳县(首都所在县)政府羁押的囚犯,并没有杀人,苦刑拷打下,只好自诬,坦承不讳杀人。遍体鳞伤,骨瘦如柴,躺在竹床上,想向皇太后呼冤,可是恐惧身旁的审问官报复,不敢开口。就在被押下去之时,想到机会就要消失,忍不住抬起头,想要申诉。邓绥有点察觉,命再押解回来。盘问之下,得到全部真相。邓绥下令逮捕洛阳县长,投入监狱,判处他应得的罪。邓绥御驾还没有回到皇宫,上天及时降下大雨。

每一个被诬陷的囚犯,都希望遇到邓绥女士,然而,被诬陷的囚犯千千万万,而五千年历史,只出现邓绥一人,是这位洛阳囚犯之幸,也是千千万万其他囚犯的不幸。

西方有句俗话说:“上帝不能跟每一个人同在,所以赐给他一个娘亲。”我们借这句俗话说出我们的心声:“邓绥不能跟每一个人同在,所以我们盼望有一个独立的法庭和一个公正的审判。”这个愿望实现时,降落到人间的,不仅是及时雨,将是永久的祥和、平安。

韩 琮

中国人韩琮,跟随南匈奴汗国(王庭设美稷【内蒙古准格尔旗】)万氏尸逐鞮单于(三十三任)栾提檀,到首都洛阳朝见。回国后,向栾提檀建议说:“关东(函谷关以东)大雨成灾,人民眼看都要饿死,正是翻身之日,可以发动攻击。”栾提檀相信他的判断,遂起兵叛变。

对其他蛮族而言,中国不是一个信义之邦。但是,待南匈奴汗国不薄,当五单于争立,呼韩邪单于穷途末路时,只要用一根小指头就可以把匈奴压得粉碎,中国并没有那么做,反而引进塞内,派军协防(参考公元前 51 年)。试看袁安的奏章,中国对南匈奴的经济援助,每年高达一亿九千余万,这都是中国人民的汗和中国人民的泪——

并不是中国富足得多出这么多钱,而是剜肉般剜出这么多钱。然而,所得到的回报却是:一旦发现中国衰弱,立即翻脸。

翻脸无可厚非,中国不能盼望永远保持宗主国地位,匈奴也没有理由永远屈居下风。国与国之间,本来如此,在国力强大时,呐喊“道义”,不过一项动人的号召;国力衰弱时,呐喊“道义”,徒惹人哑然失笑。所以我们绝不抱怨南匈奴翻脸,但南匈奴翻脸之速,出手之狠,立即反噬,屠杀中国人民,这便是中山狼心肠。南匈奴满可拔营而去,北返故地,也满可以从此跟中国皇帝平起平坐。而竟采取这种卑劣手段,不知道怎么下得了手?

韩琮身为中国人,竟然无缘无故教唆外国人和外民族,对自己的国家攻击,对自己的同胞杀戮,为了什么?只不过为了想从外国人那里,分得一点荣华富贵而已,他是《资治通鉴》上出现的第一个最卑鄙、最无耻,也最精彩的汉奸。后来,当南匈奴再度降服之日,史书没有记载韩琮的下场,十分遗憾。宽恕是一种美德,但对韩琮这种出卖国家人民的虫仔,我们永不宽恕。

张伯路

公元109年,海盗张伯路等,攻击沿海九郡,斩杀郡长级官员(二千石)和县长。东汉政府派执法监察官(侍御史)、巴郡(四川重庆)人庞雄督导州郡民兵讨伐,张伯路等投降。然而,不久又叛变入海屯聚。

张伯路为什么起兵?在什么地方起兵?攻击的九郡是哪九郡?又在何处投降?稍后他一连串的再叛、再战,根据地又在哪里?我们全不知道,以及最后消灭,都好像在空中腾云驾雾,只见人来人往,不见脚下舞台。古代史学家缺少地理知识,观念模糊,使传统史学书籍,读起来十分困难。

虞 诩

公元110年,西羌民变日益扩大,最高统帅(大将军)邓骘主张放弃凉州(甘肃),宫庭禁卫官(郎中)虞诩(音xǔ【许】)坚决反对,邓骘把虞诩恨入骨髓。这时,朝歌(河南淇县)变民首领宁季等,攻杀县长等以下官员;一连数年,州郡政府,都无法镇压。邓骘遂任命虞诩当朝歌县长。这是一个明显的阴谋,朋友故旧们都为他担心。虞诩到任之后,制定三等标准,招募勇士;下令县政府官员,每人就所知道的,推荐保举:杀人放火,抢过东西的,属上等;伤人打架,偷过东西的,属中等;无业游民,不事生产的,属下等,共集结一百余人。虞诩摆下酒席大宴招待,赦免他们全部罪行。派他们加入变民集团,引诱抢劫,然后秘密通知县政府,埋伏等待,先后斩杀数百人。虞诩又派会缝纫的穷人,投奔变民集团,为变民缝制衣服,暗中把特定的彩线,缝到变民的衣服上,等他们到城乡窥探或有所行动时,都被逮捕。变民惊骇恐惧,四散逃走,认为神灵跟他们作对,朝歌县遂恢复秩序。

人生充满了艰难,乱世时更危机四伏。为非作歹,当然有为非作歹的回报,《圣经》上说:"罪的工价就是死。"然而,善的工价,也不见得就是坦途。

千年万世的中华人都应感谢虞诩,因他的一番分析,得以保持今日已成为中国心脏地带的河西走廊,他有别人所没有的真知灼见,更有别人所没有的道德勇气,跟当时炙手可热的皇亲国戚对抗,也就是,他有胆量跟当时炙手可热的当权派"唱反调"。

虞诩对邓骘设下陷阱的反应,态度是挑战性的。他没有诟骂邓家班王八蛋,没有诋毁邓老太婆"妇人与小人最难养也",没有怪罪皇帝是吃闲饭的,也没有抱怨张禹毫无担当,不保护他这个贤才,也没有脚底抹油,逃之夭夭,更没有向邓骘表态,改行投靠。他所做的是立即挑起重担,不靠运气,不靠对手慈悲,而靠自己的工作能力和工作绩效。盘根错节,不但不能绊倒他,反而更发挥他的能力。

虞诩是一代人杰,为我们立下可敬的尊严榜样。

中华人的懦弱

公元 111 年,西羌民变军锐不可当,沿边各郡郡长级官员(二千石)和县长,都是内地各郡人士,没有用生命保护本土的意愿,只争着把郡政府迁移到安全地带,逃避灾难,又下令郡民一同迁移。郡民眷恋乡土,不愿追随。郡政府遂派出军队,把田中庄稼,全部铲平,撤除人民房屋家宅,把军营、城墙,全夷成平地,焚烧所有存粮。当时,连年不断旱灾、蝗灾,大饥馑已成,加上郡政府驱逐抢夺,人民流离分散,沿途死亡。或者把老人幼童,遗弃道旁,或沦落成别人的奴仆、婢女、小老婆,一半人丧生。

短短一段叙述,为可怜的中华人,绘出画像。当大难临头时,政府不但没有力量保护人民,反而率先逃亡,不但率先逃亡,还要人民跟着逃亡。

人民愿意当一个被遗弃的孤儿,在“蛮族”管辖下,自生自灭都不可得。房子被拆,城堡被毁,连一点存粮都要焚烧。他们如果落到仇敌匪徒之手,遭遇也不过如此,好一个“爱民如子”的政府,好一群“人民父母”的君王。中华人受到这种暴行,宁愿死在路上,都不反抗,实在是中华人的羞辱。

中华人太善良了,善良到成为懦夫。而懦夫,正是暴政的帮凶。

尹就

皇家警卫指挥官(中郎将)尹就,被控不能保卫益州(四川及云南)免于羌难,召还京师(首都洛阳),定罪。命益州(四川及云南)州长(刺史)张乔,接管他的军队,引诱羌军投降,羌军开始瓦解。

尹就虽然畏敌如虎,可是对他应该保护的小民,却威不可当。军队所到之处,奸淫烧杀,惨绝人寰,以致小民哀号:"匪徒来了还可,尹就来了杀我。"这种声音使我们酸鼻。"宁愿碰到赤眉,不愿碰到太师。太师(王匡)还算温和,更始(廉丹)却要杀我!"(参考22年)

中国人面对的最大痛苦是,保护人民的官员,有时候比屠杀人民的匪徒,还要凶暴。不同的是,对匪徒,人民可以反抗;对官员,反抗便成了叛逆刁民。

尹就不是孤立的,"家家酿私酒,不犯是高手"。尹就如果打了胜仗,就跟吴汉一样,千万令人发指的暴行,还不是被摇尾系统掩盖得天衣无缝?尹就早已成为过去,但他的禽兽精神仍不断在后代暴官酷吏身上复活。中国人如果再不能珍惜自己和珍惜别人的生命尊严,我们就被命运注定,在暴虐、屈辱,和折磨中轮回。

杜根

皇太后邓绥主持政府时,初级禁卫官(郎中)杜根,跟另外一位初级禁卫官,同时上书,要求:"皇帝年龄渐长,应该亲自处理事务。"

邓绥大怒,就在金銮宝殿上,下令把二人装入白绢做的巨袋中,当场扑杀。扑杀之后,抛弃到城外荒郊。另外那一位初级禁卫官已死,而杜根却悠悠苏醒。邓绥还派人察看是否果真断气,杜根不得不诈死,以致眼中都长出虫蛆,不敢拂去。后来逃亡,逃到宜城(湖北宜城)山中,在一家酒铺当堂倌,长达十五年之久。平原(首府平原)封国政府小职员成翊世,也因建议皇太后邓绥归还政权,被判罪刑。皇太后邓绥逝世后,东汉帝(六任安帝)刘祜正式接管政府,征召二人前往宫门接待署(公车)报到,任命杜根当执法监察官(侍御史),成翊世当宫廷秘书署助理(尚书郎)。

有人询问杜根说:"当初,你受到迫害时,天下人都尊敬你。而且,你的亲戚朋友又那么多,何至一个人逃至深山,困苦到那种地步?"杜根说:"我如果逃到普通民家,而不是荒村僻壤,万一碰到熟人,行迹败露,会给亲友带来灾祸,所以不肯这么做。"

无论政治迫害或刑案通缉,在重点逮捕之下,一般逃亡客往往投奔亲友,认为他们会给予掩护,结局总是悲剧。一是,人性共安乐易,共患难不易,当你高车驷马前往拜访时,亲友可能发动全城欢迎,但重案压身,情形就不相同,他们一旦改变心肠,你就自投罗网。二是,亲友本身就是一项线索,一旦发现主角逃亡,治安机关不可能漫无目标地到荒山上去乱搜洞穴,当然先监视你的亲友;而且人们往往留下口讯:"下一步投奔张三。"军警顺着追踪,你还没有走到门口,埋伏已经停当。三是,天长地久,你不可能永远躲在地窖,即令如此,送茶送饭,亲友家庭秩序必然呈现异样,要想不走漏消息,可能性太小。

只有投奔跟你三棒子打不上关系的去处,才是保命之道。世人的同情是可贵的,但不可靠,到处都有利欲熏心之徒,或忠于权势之辈。在稍后"党禁之祸"发生时,牵连之广,几乎使全国都染上血迹,使人肃然想到,杜根不但大智,而且大仁。

蔡 伦

刘祜追尊亲爹清河王(孝王)刘庆为孝德皇,亲娘左小娥为孝德后,祖母宋贵人为敬隐后。

最初,长乐宫交通官(长乐太仆)蔡伦,接受窦皇后指使,参与诬陷宋贵人阴谋(参考82年)。刘祜下令蔡伦去司法部(廷尉)报到。蔡伦知道下场是什么,服毒自杀。

这位蔡伦,就是发明纸张的那个宦官。发明纸张,是一件伟大的贡献,但摧残人权,罪恶不可宽恕。纸张竟由一个摧残人权的凶手发明,真是一件憾事,我们可以不要纸张,不能不要人权。

三年之丧

公元121年,刘祜下诏:部长级以上高级官员(二千石),不再守三年之丧(公元116年,恢复古制,准许大臣守三年之丧)。

袁宏曰:"古代帝王,所以能够使人民行为笃实,使社会风气优美,引导人民向善,主要的在于顺其自然,绝不勉强压制先天的感情,而有些人仍然不能感化。何况毁弃礼教,不准他哀思,灭绝天性!"

曾参说:"慎终追远,民德归厚。"原意不仅仅要美化风俗,主要的还是要顺乎人性,流露真实感情。为了使人子在丧亲的痛彻肺腑的悲恸中,适当地表达永诀哀思,葬礼因之而兴。可是儒家学派的丧礼,却十分异样。除了弄一大堆丧服规矩外,又弄了一大堆更复杂、更深不可测的仪式,把死者的妻子儿女,折腾得筋疲力尽,甚至倾家荡产。直到二十世纪三十年代,丧礼中仅只"点主"——请当地乡绅在牌位"王"字上,用朱砂笔捺上一点,就要跪跪拜拜,唱唱喊喊,热闹几个小时,花费一二两黄金之多——点主的那个家伙,不能白来。

然而,最可怖的还是儒家坚持的"三年之丧",当儿子的要对死去的爹娘,哀悼三年,在这三年之中,要不断哭泣,不能吃干饭,只能吃稀粥;不能睡床,只能睡在地面的草席上;不能用枕头,只能枕土块(当然,枕石头大概也行);不能穿普通衣服,只能穿特制的麻质孝服(事实上只能套在衣服上,不能穿到身上,因为它过度粗糙)。而且必须瘦得皮包骨头,脸面黄黑,双目昏花,耳朵半聋。最标准的孝子还要:奄奄一息,有人扶着才能起床,靠着手杖,才能走路;住在用土坯作墙的房子里,三年之间,不能跟妻子亲热,不能有笑容,甚至,不能言语。儒家学派最骄傲,动辄抬出来亮相的一位先生是:"子武丁守丧,三年不说一句话(高宗谅闇,三年不言)。"

这种"三年之丧",在春秋时代便因为行不通而被扬弃,墨家学派只主张守三月之丧就够了,大力抨击守三年之丧的荒谬。但儒家学派却坚决复古,并把三年之丧作为检验一个人道德学问和一个国家盛衰兴亡的标准。

三年之丧是贵族、地主阶级的一种休闲性的游戏,一个升斗小民,一天不工作便没有饭吃,如果守三年之丧,全家岂不都成了僵尸?不但小民无法奉行,对一个政府官员而言,也承受不住三年之丧的打击。三年之后(如果他过度不幸,老娘丧命三年之后,老爹又死,就是六年),再回到政坛,形势已经大变。于是,有些人羡慕别人爹娘死得早,有些人深恨自己爹娘死得迟,有些人一听说爹娘病重,便责备两个老东西为什么不好好保养?有些人一听说爹娘病故,就连夜挖坑,草草埋葬,然后一手遮天,硬说二老仍在。

在以后的史迹上,三年之丧的节目,不断出现,并且成为一种掠夺名声和权势的手段,更成为一种政治斗争武器,父母不但不是人子孝思的对象,反而成了贪婪卑鄙勾当的工具,就更使人遗憾。

黄宪骗局

汝南郡(河南平舆西北射桥乡)郡长山阳(山东金乡西北昌邑镇)人王龚,行政宽大和顺,喜爱人才贤士,任命袁阆当人事官(功曹),袁阆推荐本郡人黄宪、陈蕃等。黄宪推辞;陈蕃则接受推荐,出任官职。袁阆并不标奇立异,但声名显于当世。陈蕃性格爽朗,郡长王龚对他很是礼遇,因为如此,知识分子莫不归心。黄宪家世贫贱,老爹当一名兽医。颍川(河南禹州)人荀淑,前往慎阳(河南正阳),就在慎阳旅舍,遇见年才十四岁的黄宪(黄宪是慎阳人),荀淑大为惊异,自我介绍,相对长谈,一谈就是几个小时。荀淑对黄宪说:"你,真是我的老师!"接着前往拜会袁阆,还没有说寒暄的话,荀淑就叫起来:"贵郡有个颜回,你可认识他?"袁阆说:"你一定看到我们的黄宪啦!"陈蕃跟同郡人周举,曾经交换意见,认为:"三个月不见黄宪,卑鄙可羞的念头,不知不觉会在心底萌芽。"太原(山西太原)人郭泰,幼年时曾游学汝南(河南平舆西北射桥乡)。最先拜访袁阆,当天晚上就行告辞。后来拜访黄宪,一连几天才告辞。有人询问郭泰,郭泰说:"袁阆好像泉源的一个支流,虽然清朗,可是容易舀取。而黄宪却好像万顷海洋,无法使它澄清,也无法使它混浊,不能评估。"最初,黄宪被郡政府保荐"孝廉"(最低级的任官资格),接着被"三公府"征召("三公府",即"三府":宰相府、最高监察署、全国武装部队总司令部),朋友劝他出任官职,黄宪也不拒绝,但只暂时前往京师(首都洛阳),稍作停留,即起程回家,竟然没有到差。四十八岁时逝世。

范晔曰:"黄宪的言论和他的见解,没有留传下来。可是,凡是有品德有学问曾看到他的人,都对他十分佩服,并打消自己的卑鄙念头。莫非是道德灵性的化身,至大至圣?我的曾祖父范汪,认为黄宪是一个柔和的人,顺着时代运转,道理不可衡量,深浅无法估计,清浊没有扰乱他内心的分辨。即令孔丘门下的学生,也不过如此。"

黄宪的风范气度,经过这么多人嚷嚷,他阁下遂在历史上,占一席之地,而且被人当作榜样,列为典故。然而在拜读了他的史迹之后,发现他不过是一个标准的幸运儿,主导或被导一场利禄骗局。

荀淑向袁阆推荐黄宪时,黄宪才十四岁,从袁阆的表情:"你看到我们郡的黄宪啦!"可以肯定袁阆对黄宪的了解,绝非一朝一夕。书上记载,黄宪这位小朋友,十二三岁时,已使郡政府高级官员和天下高级知识分子,佩服得五体投地,如醉如痴。问题在于,这根本是一件不可能的事。天才儿童的意义是,他对某一方面的知识,有特殊的吸收和消化,以及反应能力。但他的心理状态,却仍是一个儿童。十岁时可能读完别人二十五岁时才能读完的大学课程,但他的心理年龄仍是离不开娘亲的十岁孩子。如果说黄宪十二三岁时便可以口若悬河般背诵儒家学派的经典,我们相信,那有可能;如果说他十二三岁时便成了如所形容的,"瞻之在前,忽焉在后"的深不可测,我们不相信,因为超过人类天赋的极限。人类的心理成长,有一定的生命累积,黄宪小娃,不能例外。

在东汉王朝的知识分子群中,我们常看到互相赞美之词。互相赞美本是一件好事,但东汉王朝时代的互相赞美,却是政治手段,跟推荐"孝廉""贤良""方正"之类有关,这是那个时代谋取官职的唯一管道——必须有盛大的知名度,才有可能被遴选举荐,踏入仕途。于是,互相赞美,变成走火入魔的"窝里捧",肉麻当成有趣。

黄宪一生没有一件可称道的事迹,甚至连一句可称道的言论也没有。没有言行的圣贤,跟没有一个字的作家、没有参加过一次战役的名将一样。这种云山雾罩的梦呓,以后还会层出不穷,徒使我们背皮发紧。

反应离奇

朔方郡(内蒙古磴口)以西亭障要塞,很多都已损坏,防御力量减弱,鲜卑部落(内蒙古东部中部及以北地区)因此不断劫掠南匈奴汗国(王庭设美稷【内蒙古准格尔旗】)部众。南匈奴单于(三十四任)栾提拔忧愁恐惧,上书请求修复。东汉帝(八任顺帝)刘保下令,征调黎阳(河南浚县)大营部队,出屯中山国(首府卢奴【河北定州】)北界,令沿边各郡增设步兵,加强要塞戒备及战斗训练。

南匈奴要求修复边塞,而中国东汉政府却在南匈奴移民区的南方黎阳布置大军,这种反应,奇异难测。李贤认为,为了预防南匈奴情急发疯,所以先行堵塞南下之路。胡三省认为,这是一项支持南匈奴的措施。李贤是唐王朝的皇太子,以注释《后汉书》闻名于世,他的推测当然有可能性。胡三省的见解也有相当道理,但是,南匈奴只要求加强防御工事,并没有要求增加协防部队;而且,即令是协防部队,也不能到中山为止,协防部队的主要目的,固然是保护南匈奴不受攻击,同时也限制南匈奴不能返回北方王庭(蒙古共和国哈尔和林市)故地。所以必须布防在代郡(山西阳高),跟五原(内蒙古包头)之间,才可发生功能。总之,南匈奴汗国因西北要塞损坏,要求修复,灾难当然在西北,中国却把大军摆在东南,原因不明。

一定要讲出一个原因的话,这原因是,当时东汉政府,昏聩颟顸,已不可救药。

阴城公主

定远侯班超的孙儿班始,娶刘保的姑妈阴城公主(清河王【孝王】刘庆的女儿)。阴城公主骄傲荒淫,离经叛道,班始累积愤恨,手杀阴城公主。东汉帝(八任顺帝)刘保下令腰斩班始,一母同胞的兄弟姐妹,一律绑赴刑场处决。

东汉王朝公主的名字,史书上都有记载,只阴城公主的名字不详。这位公主,可是中国有史以来,第一个疯狂的女性——她的淫荡不见得居于第一位,但她的疯狂可是留下破天荒纪录。这位仗恃娘家人有钱有势的妻子,根本没有把丈夫看到眼里,于是,情夫如云,姘头似雨。更厉害的是,她还把野男人叫到家里。这对任何做丈夫的都是一种无法容忍的侮辱。但她肯定她的丈夫除了屈服外,别无选择,所以到了最后,她跟野男人在床上赤条条颠鸾倒凤,却命她丈夫跪在床前免费参观。积压在胸中的长期愤怒爆发,班始把她当场诛杀,有钱有势的娘家人,果然展示出威力,把当丈夫的腰斩,连丈夫的兄弟姐妹,也一齐砍头。

这种丑闻悲剧,任何社会都可能发生,但报复之残忍——连丈夫的兄弟姐妹,都加以处决,只有专制封建社会才有此惨事。

孝　廉

二世纪三十年代,东汉政府命令各郡、各封国,推荐保举“孝廉”

人才时，年龄限四十岁以上；儒家学者必须通晓儒家经典；身为现职官吏的必须通晓公文程序，能够书写信件奏章，才可以参加遴选。但是，如果有特别奇才，像颜回、子奇，则不受年龄限制。宫廷秘书长（尚书令）左雄公正精明，能洞察人情真伪，决心坚定。不久，胡广出任济阴郡（山东定陶）郡长，跟其他郡的郡长，共十余人，都因为受到推荐不实的指控，或被免职，或被罢黜。被推荐的"孝廉"中，只有汝南（河南平舆西北射桥乡）人陈蕃、颍川（河南禹州）人李膺、下邳（首府下邳【江苏睢宁北古邳镇】）人陈球等三十余人，被任命当初级禁卫官（郎中）。从此之后，州长、郡长深怀戒惧，不敢再乱七八糟，轻率从事。直到四十年代，遴选工作始终清廉公正，为国家录用不少人才。

"孝廉"是"孝顺"跟"廉洁"的综合称谓，对乡里人民，求他有孝行；对在位的官吏，求他清白。政府用征求"孝廉"的手段，一则吸收新的血轮，一则企图在社会价值判断上，树立标准。然而，因为孝廉的政治利益，至为明显，而且立刻见效，所以不久就流弊丛生，从左雄的改革要点，可看出流弊所在，从此之后，"孝廉"虽由地方政府推荐保举，但到了中央后，却要经过考试。

于是，考试在文官制度中，开始显示功能，逐渐形成制度，而终于演变出"科举"——纯考试，作为小民擢升到政府官员的唯一管道，影响深而且远。

捶击大臣

农林部长（大司农）刘据，因业务过失，受到谴责，东汉帝（八任顺帝）刘保召唤他到宫廷秘书署（尚书），大声呼喝他快点走，接着用棍棒殴打。左雄上书说："部长（九卿）的地位，仅次于三公（三公：宰相、最高监察长、全国武装部队总司令),在大臣行列中,行为有玉石般的雪白高洁,举止有学校的礼仪教养。孝明皇帝(东汉二任帝刘阳)才开始对高级官员扑击,不是古代典范。”刘保采纳,从此,对部长才不再殴打。

刘据的遭遇,带给我们很大的震撼。刘阳殴打官员,还是亲手殴打,而刘据则显然在宫廷秘书署,受到捶击。文言文往往没有主词,或主词不明,需要猜测。所以,殴打刘据,可能是刘保亲自动手,也可能只是宫廷秘书署的官员动手。不管谁动手,都足以证明,身为中央政府部长级高级官员,在君王眼中,不过一条猪狗而已。高兴的时候,把这些人弄到座位上,表演礼贤下士,或赏赐几文金钱,展示恩重如山,这些人就感激得浑身酥软,认为知识分子真是尊贵,对主子非杀身以报不可。不高兴的时候,则把这些人敲敲打打,而敲敲打打还是最轻微的。事实上当庭臭揍,并没有如史书上说的到此为止,不但没有到此为止,随着时代的发展,反而更为残忍。明王朝的“廷杖”,更是集人类羞辱之大成。中国人权不但没有保障,连残余的一点人性尊严,也全被摧毁。

这是制度问题,只能靠制度的改善,不能靠有权大爷的慈悲。

象林事件

象林(越南共和国维川县)蛮族酋长区怜掀起的变乱扩大。执法监察官(侍御史)贾昌,跟交趾州(广东、广西及越南北部)政府、各郡郡政府,合力讨伐,不能取胜,反而被区怜包围一年有余。援军和粮秣,都无以为继。东汉帝(八任顺帝)刘保(本年二十四岁)召集三公、部长、文武官员,以及四府幕僚(最高统帅部【大将军府】幕僚二十九人,全国武装部队总司令部【太尉府】幕僚二十四人,宰相府【司徒府】幕僚三十一人，最高监察署【司空府】幕僚二十九人），共同研究对策；大家都主张派出大将，征调荆州（湖北及湖南）、扬州（安徽中部及江南地区）、兖州（山东西部）、豫州（河南）四州民兵增援。

最高统帅部参谋指挥官（从事中郎）李固反对，四府完全同意李固意见，即行任命祝良当九真郡郡长、张乔当交趾州州长（刺史）。张乔到任后，开诚布公，宣慰诱导，蛮族部落，有的投降，有的解散。祝良到九真郡（越南共和国清化市）之后，单独乘车，直入蛮族叛军大营，应用谋略，展示政府的威望和信誉，蛮族叛军投降的有数万人，并给祝良兴筑郡政府官舍。五岭外地区，秩序全部恢复。

大多数的叛乱，都是官逼民反，在此又多一证明。暴官暴政之下，人民忍无可忍之时，只好用钢刀反击。一旦有一个清廉的或多少有点爱心的官员出现，小民便感激涕零，争先归附。西羌、南蛮，全不例外。

在专制封建制度下，小民的欲望，是何等低微，又是何等容易满足！偏偏，连这也得不到。御用史学家笔下中国人的历史，根本是一部奴役史；他们以帮凶的身份，维护统治者的权力和利益，一味斥责"刁民"，历史真相，遂一直被隐瞒、被歪曲。

西羌为什么"叛"？

公元141年，安定郡（甘肃镇原东南曙光乡）郡政府奏事秘书（上计掾）皇甫规，上书中央说："羌人所以叛变，不是突发事件，全都因为边防将领，不懂安抚治理之道，反而前后相承，以暴虐羌人为天经地义，只贪图小利，终招致大害。偶尔有场小胜，虚报杀伤人数；一旦战败，隐藏掩饰，闭口不言。战士辛劳怨苦，被奸猾的官员压制，前进时不能痛快杀敌立功，后退时不能得到温饱保命。活活饿死在水沟之旁、山谷之内,骨骸堆在荒野,任凭风吹日晒雨打;人民只看到皇家武装部队出塞御敌,却看不到他们战胜回乡。而西羌那些酋长,哭尽眼泪,继而泣血,惊恐惧怕,担心爆发变化,是以不能保持长久平安。而一旦起兵,就要经年累月,使我扼腕捶胸,无限悲叹。请求在两营(扶风"雍营"及京兆"虎牙营")和两郡(安定郡及陇西郡)民兵,担任留守或暂时没有战斗任务的部队中,拨付我五千人,由我跟随赵冲互相呼应,发动出其不意的攻击。羌人地区的地理形势,我素来熟悉,军事行动,我也富有经验;用不着上级颁发印信,也用不着颁发一尺一寸绸缎的赏赐,幸运的话可以铲除祸患,最糟也可以鼓励羌人投降。如果说我年纪轻而官位又低,不能信任,可是那些战败的将领,并不是官爵不高、年纪不老。臣,以万分至诚,冒着死刑的危险,向陛下陈情。"

东汉帝(八任顺帝)刘保不理。

东汉王朝时代,历史上只记载西羌不断叛变,不记载激起叛变的原因,皇甫规在正式公文书上全部道出,仍是古老的病毒:暴政如虎,官逼民反。

李固举例错误

公元145年,东汉王朝(首都洛阳【河南洛阳东白马寺东】)皇帝(九任冲帝)刘炳,在玉堂前殿逝世(年仅三岁)。全国武装部队总司令(太尉)李固向最高统帅(大将军)梁冀建议:"现在物色继位皇帝,应该选择年纪大而有品德,能够亲自处理国家大事的人,请将军仔细考虑大计,想到周勃当初拥护文帝(西汉王朝五任帝刘恒)、霍光当初拥护宣帝(西汉王朝十任帝刘病已),切勿效法邓家班和阎家班拥护幼弱(周勃事参考公元前180年,霍光事参考公元前74年,邓家班事参考105、106年,阎家班事参考125年)。”梁冀不听。

李固建议梁冀效法周勃、霍光,有点异想天开。不提周勃、霍光,梁冀倒还罢了,还可能拥戴一位长君,一提周勃、霍光,恰好是当头棒喝,天下最大的傻瓜,都不会效法周勃、霍光。周勃的下场是被投入监狱,霍光的下场是全族屠灭,连一个孩子都没有留下。

一山不容二虎,这是专制政治内在病毒孕育出来的死结。

二　钟

李膺曾问钟瑾说:“孟轲认为,没有是非之心,简直不是人,你对黑白似乎不太分明?”钟瑾把李膺的话,告诉钟皓,钟皓安慰说:“李膺的祖父、老爹,都是高官,家族鼎盛,所以不在乎什么。从前,国佐总是攻击别人,终于招来报复(春秋时代,齐国国务官国佐,晋见周政府国务官单朝,事后,单朝评论说:“在混乱的政治之下,纵情任性,毫无保留地攻击别人的过失,将结下怨仇。”不久,齐国诛杀国佐)。现在是什么时代?如果希望保全你的身家性命,你的办法是最高贵的办法。”

传统文化中最卑劣的一部分——明哲保身,不断受到鼓励和赞扬;认为是非可以不分,黑白可以不明,活命才是第一。史学家给钟皓、钟瑾二位先生的评价,使人觉得懦夫成了高贵人物,不但心安理得,反而受到圣人赞美,享盛名于千古。一个人如果坚持分辨是非黑白,不但没有人敬佩,反而惹人哄堂大笑,笑他是个没有头脑的傻瓜。

我们绝不拿别人的手指去捅蛇窝,吆喝别人:“上呀,上呀!”也绝不要求别人:“死呀,死呀!”我们对在权势下低头的人,感到无可奈何的悲哀。而我们对敢说敢做,宁鸣而死,不默而生的人,深深了解那是人类中最可贵的道德勇气,从心底深处,生出钦敬膜拜。希望中华人的尊严,就从现代这一代的中华人心头,开始苏醒。我们是一个能分辨是非,能分辨黑白的人类;不是一个不分辨是非,不分辨黑白,而只知道保全身家性命的蟑螂。

崔　寔

公元151年,京师(首都洛阳)地震。东汉帝(十一任桓帝)刘志命文武官员,推荐"独行"人才(独行的意义是特立独行,有高尚的情操志节,坚守立场,不随世俗浮沉)。涿郡(河北涿州)郡政府推荐崔寔,崔寔评论世事,写了一篇文章,名《政论》,内容说:

"救国救民的方法,在于把裂缝补好,把倾斜扶正;根据具体事实,决定所用手段,目的只有一个,那就是:使这个世界,臻于和平安全之境。所以圣人一旦当权,就会因时间和空间的不同,厘定制度。因步骤有差异,理论和实践也跟着有差异。不强迫别人去做根本做不到的事,不会为了一个遥远空洞的理想,去推动不切实际的措施。庸俗的知识分子,跳不出书上的章句,完全被'古'控制,不知道改变方法,只会骄傲地背诵一些教条,却看不见眼前的现实,这种人怎么可以跟他讨论治国经邦、救国救民的大计?所以,提出意见的臣僚,即令君王重视,也终于被这种顽劣之辈在背后掣肘。为什么如此?只因为顽劣之辈,习惯于他所看到的东西,对什么事都漠不关心。根本就不乐意看到大事完成,何况在大事还没有开始时就要他同意!结果大家一致要求:还是遵照旧有法令规章,千万不要变革。即令见识通达的人,也往往看不得别人的贡献和功业,懊恼那么好的策略,怎么没有由我想出?于是妒火中烧,提笔写文章,满纸义正词严,目的只在破坏对方形象。结果,真知灼见的先知,寡不敌众,被摒弃在一旁。这就是使贤能智慧的言论,受到压制,不能伸展的原因。

"拥有政权的君王,不可能全有最高的品德。所以,执法用严厉的手段,则国家安定,一旦宽纵,国家必然混乱。怎么证明?试看孝宣皇帝(西汉王朝十任帝刘病已),了解君王的责任,认识政治的真谛,使用严刑峻法,使奸佞邪恶之辈,心胆俱裂,全国一片升平,天下人心安定。总结他的政绩,高于孝文皇帝(西汉王朝五任帝刘恒)。等到元帝(西汉王朝十一任帝刘奭)登极,行政的尺度放宽,法纪松弛,政府的权威,开始堕落,西汉王朝的灭亡大祸,在他手中奠下基础。严宽的得失,由此可以明辨。

"从前,孔丘作《春秋》,褒扬姜小白,夸奖姬申生,赞叹管仲。孔丘岂有不崇拜姬昌(周文王)、姬发(周武王)的道理?只是为了拯救眼前灾难,必须面对现实。圣人能掌握世界的动向,僵固分子却偏偏愚顽得不知道天下已发生变化,认为上古时代那种'结绳'记事的简陋办法,仍可以治理秦王朝时代纷乱如麻的社会;以为'干戚舞蹈',仍可以解除高帝(西汉王朝一任帝刘邦)平城的包围(参考公元前200年)。

"而今,继承历代君王遗留下的病态,正逢艰苦的时局,几代以来,犯法的人,多受到宽恕。于是,马车伕扔掉了缰绳,马匹抛弃了口勒,驾车的四匹马,横冲直撞,而道路又危险四伏,正应该急剧地勒马刹车拯救,怎么还能銮鸣和应,富有节奏,从容不迫地前进?文帝(西汉王朝五任帝刘恒)虽然废除肉刑,但是应砍掉右脚趾的,改处死刑。他是用严刑峻法使天下太平,不是用宽厚手段。"

崔寔这篇宏观批判文章,把天下混乱的责任,归罪于刑法太轻。因而认为,如果采取重刑主义,世界就会太平。这种奇异的论据使人吃惊,因为那根本不是病源。冒犯了一只白兔,就诛杀十余人,这刑罚还轻?士孙奋娘亲被控偷窃,竟兄弟拷死,家产没收,这刑罚还轻?我们不认为崔寔糊涂,只认为他一时没有探索到问题核心。问题症结不是刑罚的轻重,而是刑罚的公平不公平。刑罚不公平情形下,要求重刑,只不过使手无寸铁的小民,命运更为悲惨。而刑罚的公平性,又要探索到法律掌握在什么人之手。如果谈千秋法则,则涉及专制封建制度。如果谈眼前困境,则罪恶在梁冀一人之身,他连神圣不可侵犯的皇帝老爷,都可说杀就杀,谁还有能力判他的罪、处他的刑?而只有他判别人罪、处别人刑的分。这方面的议论,有点隔靴抓痒。

然而,崔寔对反对改革的顽劣分子,所施的无情攻击,却十分凌厉。我如果是司马光,我就绝不把这篇文章,采集在《通鉴》之中,用它猛掴自己耳光。试看崔寔的指摘:"庸俗的知识分子,跳不出书上的章句,完全被'古'控制,不知道改变方法,只会骄傲地背诵一些教条,却看不见眼前的现实,这种人怎么可以跟他讨论治国经邦、救国救民的大计?"这不仅是猛掴司马光的耳光,而且是剥了司马光的头皮。为什么会如此?崔寔分析:"只因为顽劣之辈,习惯于他所看到的东西,对什么事都漠不关心!偏偏愚顽得不知道天下已发生变化,认为上古时代那种结绳记事的简陋办法,仍可以治理秦王朝时代纷乱如麻的社会,以为'干戚舞蹈',仍可以解除刘邦平城的包围。"而司马光之辈却正是认为伊祁放勋(尧)、姚重华(舜)那一套,可以一直维持万世。

崔寔对崇古成性的儒家学派,了解得如此深刻,使人拍案。他在二世纪描绘出来的僵尸形象,在九百年后的宋王朝旧党身上,复活显现。我们最有兴趣的一个问题是,司马光读了这篇大作,难道不脸红、不心跳?当然是不脸红也不心跳,否则何至引用它以壮声势。一个酱死了的心灵,真是再难唤醒。面对真理而竟浑然不觉,甚至怡然自得,甚至以为那都是说别人的。使我们悚然发现,我们的对手竟是如此的麻木不仁,拯救中华文化的工作,是多么艰巨。

李文姬嘱弟

公元160年正月一日，东汉王朝政府（首都洛阳【河南洛阳东白马寺东】）赦天下。东汉帝（十一任桓帝）刘志（本年二十九岁）下诏寻求故全国武装部队总司令（太尉）李固的后裔。

最初，李固被免职（参考146年），知道大祸已经形成，就把他的儿子李基、李兹、李燮，送回故乡（汉中郡【陕西汉中】）。当时，李燮才十三岁，姐姐李文姬嫁给同乡赵伯英为妻，看到两位哥哥回来，了解事情的本末，发现它的严重性，悲怆说："李家屠灭，就在眼前。自从祖父（李郃）以来，积恩积德，怎么会落得如此下场！"跟两位哥哥密谋，事先藏匿三弟李燮，传出消息说："李燮又回京师（首都洛阳）！"人们全都相信。不久（147年），大祸爆发，州郡政府逮捕李基、李兹，就在监狱里处死。李文姬拜托老爹的学生王成说："你为我父亲行侠仗义，有古人节操。而今，把身高不满六尺的孤儿，托付给你。李家是存续还是灭绝，握在你手。"王成带着李燮，乘长江船舶东下，进入徐州（江苏北部）州界，李燮改名换姓，在一家酒店当仆役，王成则在街头摆卦摊给人算命，二人假装不认识，只在暗中秘密来往。十四年后，梁冀被诛杀，李燮才把身世告诉酒店老板。酒店老板大为震惊，准备车马跟丰富的礼物，要送李燮回乡，李燮都不接受。回家后，重新给老爹李固服丧。姐弟相见，抱头痛哭，感动旁人。姐姐李文姬嘱咐说："我们李家的祭祀香火，几乎断绝，你幸而逃得活命，岂不是天意，从此不要跟外界来往，千万记住，不要对梁家有一句抨击。如果抨击梁家，势必牵连到主上（皇帝刘志），大祸可能再临，我们要做的，只有引咎自责。"李燮接受姐姐训诫。

李文姬吩咐老弟的话，一字一泪，我们除了悲痛之外，还能说什么。然而,善良人的畏惧,正是对邪恶的一种鼓励,应该三思。

房植先下手

东汉十一任帝(桓帝)刘志,还是蠡吾侯的时候,甘陵国(首府甘陵【山东临清】)人周福教他读书。刘志当了皇帝后,延聘周福当宫廷秘书(尚书)。当时,同是甘陵人的首都洛阳市长(河南尹)房植,也有名望。乡人遂编出歌谣:"天下正道有房植/靠当老师做官有周福。"两家的学生门徒,互相讥嘲,攻击排斥,不能兼容。甘陵知识分子遂分为南北,党羽派阀,开始出现。

甘陵南北两派的对抗,是中国知识分子因"师承"不同,而发生火并的起跑枪声。在此之前,不过口头攻击;之后,更升高成为武斗。

甘陵的内讧,大概是房植先行动手,从歌谣的内容可看出他对周福的心理反应,如果不是压根瞧不起,则一定是妒火中烧。周福可能滥竽充数,阴差阳错地当了皇帝的教师,又因缘附会地当了宫廷秘书,可是历史上这一类的人,车载斗量,自会沉沦消失。但经过房植这么一闹,周福反而名垂千古。妒火往往会把对方烧得红起来,恐怕是大出妒主意外。

然而,党派的建立,应归因于"护师动物"的折腾。学生门徒一旦坠入"护师"的漩涡中,便天昏地暗,既看不见真理,也看不见是非,只看见因"护师"而得到的眼前一点小小利益。

中国需要的是尊师,而不需要护师。尊师的意义是:"凡是把握真理的人,都是我师。"护师动物则不过一群封杀异己言论的黑社会打手,使圣洁的学术领域,是非完全混淆。

羌乱平息

公元 169 年，东汉帝（十二任灵帝）刘宏，派皇家礼宾官（谒者）冯禅，前往汉阳郡（甘肃甘谷），说服残余的叛羌投降，破羌将军段颎（音 jiǒng【窘】）认为：春天农耕季节，农夫满布田野，叛羌即令投降，也是暂时性质；而且地方政府没有能力供养，最后一定再叛。不如乘机进击，就可一劳永逸，完全肃清。于是，段颎亲自出动，挺进到叛羌基地凡亭山（宁夏彭阳西南）四五十华里处，把叛羌全部歼灭。不久，再发动攻击，大破叛羌，追击到谷口上下门，深入穷山格杀叛羌酋长、将领以下，一万九千人。冯禅等则招降四千人，分别安置在安定（甘肃镇原东南曙光乡）、汉阳（甘肃甘谷）、陇西（甘肃临洮）三郡。东方羌人的叛乱，全部平定。段颎先后历经一百八十次战役，斩杀三万八千余人，俘获家畜四十二万七千头；费用四十四亿，战士死亡四百余人。东汉政府改封段颎新丰县侯，采邑一万户人家。

羌人以游牧为主，跟匈奴人非常接近，而跟务农的中华人，在生活方式上格格不入。但羌人比匈奴人落后，分为千百以上大小部落，散布在黄河上游和渭水上游，始终不能集结成匈奴那样强大的力量，更谈不到建立国家组织。

公元前二世纪八十年代，中国获得原属于匈奴的河西走廊（甘肃中西部），于是产生两种情况：一、中国势力像一把利刃一样，插在匈奴汗国跟羌人之间，把他们隔开，使羌人无法得到匈奴的援助，以致在以后的战争中，完全孤立。二、中华人在政治军事保护之下，积极向西移民，虽混杂在一起，但界线分明。前一世纪三十年代，羌人最大的部落之一先零部落，曾发动过一次反抗。之后，百余年间，表面相安无事，但羌人不断地被杀被辱，积恨已深。与日俱增的官员们的贪污暴虐,使羌人愤怒的发现,除非把地方政府官员杀尽,他们将永不能平安。武装抗暴行动,遂不可避免。

这种行动,在进入二世纪后,东汉政府除了采取高压手段外,想不到别的解决方法——最有效的方法是使政治清明,这当然办不到。羌战遂从小的冲突,扩张成为大规模战争,而且向中国本部心脏蔓延,直抵首都洛阳近郊。每次战役,死亡人数,都论千论万,可推测参加战斗的兵力,当数倍或十数倍于此。羌人已由消极地挣脱贪官、反抗暴政,进而发展到对中华人全体仇视,所以中华人也遭受到同等残忍的杀戮。不过,虽然如此,那个时代没有现代意识的民族观念,本质上仍是单纯的官逼民反。因为政府官员的贪残对象,一视同仁,不分羌华。

连绵一百二十年之久的巨大民变,使西部中国,举目千里,一片荒凉,白骨遍野,看不到煮饭时的炊烟,幸而残存的人民,无论是羌是华,饥饿使他们坠入人吃人惨境。羌民族因人数太少,而又一盘散沙,惨重的伤亡使他们无以为继,而终于惨败屈服。东汉政府的高压政策取得了决定性胜利。不过,这胜利的代价太大,因为羌战也使东部中国民穷财尽,敲开了东汉王朝覆亡的墓门。

抓头拉尾

最初,范滂等抨击政府,三公、部长以下,对他都恭敬备至。国立大学生(太学生)纷纷学习他的风格,认为学术风气将再兴起,平民出身的知识分子将被重用。只有申屠蟠叹息说:“从前,战国时代,平民讨论国家大事,各国国王甚至亲自扫地,作为前导,结果产生焚书坑儒的灾难,这正是今天的现象(扫地前导,跟焚书坑儒,没有因果关系。犹如上海修建铁路跟旧金山地震没有因果关系一样,而竟然拉上关系，传统知识分子在推理上往往只图满纸热闹）。”遂绝对不踏入梁国（首府睢阳【河南商丘】）跟砀县（河南永城东北）之间；靠着一棵大树建筑一栋房子，把自己当作奴仆。约有二年，范滂等果然陷入党禁大祸，只有申屠蟠因立场超然，没有受到注意。

司马光曰：“太平盛世，正人君子在金銮宝殿上，堂堂正正，纠正小人的罪过，没有人敢不服从。政治混乱，正人君子闭口不言，用以避免小人的陷害，甚至仍不能避免。党人生在政治混乱时代，并不担任主管官职，而天下沸腾，却打算用舆论去营救，评论人物，弃绝浑浊，奖励清高，那可是抓毒蛇的头，拉猛虎的尾。于是身受酷刑，祸连亲友，高级知识分子歼灭，王朝政府也跟着覆亡，岂不可悲！其中只有郭泰，十分明哲，竟能保身。申屠蟠一看情势不妙，立刻回头，不等到天黑。真知灼见，诚不可及！”

明哲保身哲学又及时出现，当全国知识分子精英，在大逮捕下血染刀锋之时，司马光却冷冷讥刺，而对性情圆滑的郭泰，吓破了胆的申屠蟠，赞扬备至，因为他们能明哲保身。看起来诸如岳飞、袁崇焕、文天祥、史可法等等，一些被杀被辱，受万人崇拜的英雄烈士，都成了不自量力的“抓头拉尾”之辈，遗臭万年。如果这是传统文化的精髓——不幸，恰恰的它竟是精髓，岂止可悲，更是可哭。

胡　广

公元172年，皇家师傅（太傅）胡广逝世，享年八十二岁。

胡广担任过四公中的每一个“公”的官职，在政府历时三十余年，曾侍奉六任皇帝（六任刘祜、七任刘懿、八任刘保、九任刘炳、十任刘缵、十一任刘志、十二任刘宏，共七任），受到极优厚的礼遇。每次免职，在家闲住的时间，从没有超过一年，就又再被召入政府。所聘用的大都是天下知名人士,跟旧部陈蕃、李咸,并肩担任三公。对法令和前例,非常熟悉,对政治功能,运用自如。所以首都洛阳有谚语说:“万事不明问胡广,四平八稳有胡公。”然而,胡广过度地温柔敦厚,谨慎小心,态度谦恭,言语卑微,一味向当权派谄媚,没有忠直的气节,天下人也因此对他轻视。

政府腐败到某一种程度时,在高位的官员,如果不是奸邪之辈,就准是精通官场技巧的混世精,前者如孟佗,后者如胡广。孟佗不足挂齿,胡广却成为世人尊敬的偶像——轻视他不过少数人而已,大多数人都会为他的荣华富贵,头昏目眩,所以才有那种“万事不明问胡广”的歌谣出现。胡三省感叹说:“既然强调万事不明问胡广,说明当时大家对他盼望的殷切,岂可以把三十余年周游四公,作为荣耀?”

问题就在这里,世人恰恰把周游四公,作为荣耀,形成一种反淘汰风气,国家政治腐败就更严重。

刘悝被屠

勃海王(首府南皮【河北南皮】)刘悝,当初贬降为瘿陶王时(参考165年),请托寝殿侍奉宦官(中常侍)王甫,游说前任皇帝刘志,如果能恢复原来封国(勃海国),愿送给王甫五千万钱作为谢礼。不久,刘志逝世,遗诏刘悝回任勃海王(参考167年)。刘悝知道这不是王甫的功劳,不肯拿出这笔巨款。王甫决心展示威力。这时,另一位寝殿侍奉宦官(中常侍)郑飒、禁宫高级侍从宦官(中黄门)董腾,经常跟刘悝来往,王甫派出密探,调查清楚,然后告诉段颎(音jiǒng【窘】)。

段逮捕郑飒,羁押北寺监狱。王甫又命宫廷秘书长(尚书令)廉忠诬告说："郑飒等阴谋迎立刘悝当皇帝，大逆不道。"现任帝（十二任灵帝）刘宏下令冀州（河北中部南部）州长（刺史）逮捕刘悝审问，证实确有此事。刘宏严厉斥责刘悝，命他自杀。刘悝的正妻（王妃）、小老婆十一人、儿女七十人、王宫歌女舞女三十四人，都在监狱中处死；亲王师傅（傅）、封国宰相（相）以下官员，全部伏诛。王甫等十二人，因破获一件庞大的叛国巨案，建立大功，一律晋封侯爵。

又是一件"诬以谋反"血案。刘悝这个混账，作恶多端，固然死有余辜，但不应死于叛国罪名。而妻妾儿女，甚至毫无关系的歌女舞女，都惨死黑狱，封建专制的恶毒，司法的被人利用，再次使人兴悲！

桥玄属于奇禽异兽

公元179年，全国武装部队总司令（太尉）桥玄免职。他最小的儿子，在门口玩耍，被匪徒劫持，当作人质，当场要求赎金，桥玄拒绝。京畿总卫戍司令（司隶校尉）、首都洛阳市长（河南尹），派出大批军警包围桥玄家宅，却不敢相逼。桥玄目露怒火，呐喊："匪徒异想天开，我岂能因一个儿子的生命，而让国贼逃脱法网？"催促攻击，匪徒被杀，桥玄的儿子也被杀。桥玄遂上书建议："天下凡是劫持人质勒索的，应同时诛杀，不准用钱财回赎，为奸邪开路。"从此，劫持人质的事件绝迹。

桥玄处理儿子被劫事件，残忍而冷血，为了替自己辩护，他还认定回赎人质是一种"为奸邪开路"，要求政府用法律禁止。史书强调他牺牲儿子的代价是："从此，劫持人质的事件绝迹。"

"保护人质"和"为奸邪开路"，没有因果关系。因保护人质而回赎，是一种对人权的尊重。自从有人类以来，好像只有桥玄一人，心如蛇蝎。正常人类都舍不得眼睁睁看着他的父母、儿女、妻子、丈夫,甚至陌生人,惨死在匪徒之手。所以,只要有绑票,就会有回赎;五千年来,有千千万万回赎,邪恶并没有受到鼓励!而史书强调此后再没有发生过劫持人质事件,更是睁着大眼说谎!灭九族都挡不住谋反,仅仅牺牲人质一个人,岂能阻止犯罪?桥玄属于奇禽异兽,同类不多,多的是愿为儿女付出任何代价的爹娘!而且匪徒既已现身,在二世纪那种静态的农业社会中,他就很难躲藏。用谈判或金钱救出人质后,再捕捉不迟,那时航空既不发达,他总不会要一架飞机,逃到鲜卑部落,我们实在不了解为什么拒绝营救。绞尽心血勉强想出一个理由,那就是,因为我们所不了解的家庭内斗,桥玄正要除掉那个幼儿。虎毒尚且不食子,桥玄比虎毒得多了。

比虎更毒的是,桥玄心肠上面,蒙上一层美丽外衣。使人想到,这世界上多少恬不知耻的嘴脸,和心狠手辣的行为,头上都插着"大义"的标杆。

宦官内斗

公元179年,寝殿侍奉宦官(中常侍)王甫、曹节等,奸邪贪暴,玩权弄威,声势震动天下,全国武装部队总司令(太尉)段颎,是摇尾系统中坚。曹节、王甫的老爹老兄老弟,以及侄儿辈,都当部长、指挥官、全权州长(牧)、郡长、县长,布满全国各个角落,没有一个人不贪污凶暴。而王甫的养子王吉,当沛国(首府相县【安徽淮北】)宰相,尤其残酷,每逢杀人,都把尸体大卸八块,放到囚车上,张贴他的罪状,拉到所属各县展示(沛国是亲王封国,封国宰相等于郡长)。遇到夏季,尸体腐烂,肌肉脱落,则用绳索把骨架绑住,周游一遍,才准家属收葬。看到这种惨景的人,无不震骇恐惧。到任五年,诛杀一万余人(平均每月要杀两百人以上)。宫廷秘书长(尚书令)阳球,常拍自己大腿,发愤说:"如果有一天,我阳球当京畿总卫戍司令(司隶校尉),这种宦官崽子,怎能容许他们横行?"阳球不久就被调任京畿总卫戍司令(司隶)。这时,正好王甫派他的门生在京兆(陕西西安)侵占政府财产七千余万钱,西都长安市长(京兆尹)杨彪提出检举,告到京畿总卫戍司令(卫戍区辖七郡,京兆在内)。适逢其会,王甫正好休假在家,段颎也正好因日蚀缘故,自我弹劾,在自宅等候处分。阳球恰恰在这空档中,入宫谢恩(官员在接到任命时,都要向长官谢恩),顺便向东汉帝(十二任灵帝)刘宏(本年二十四岁)报告王甫、段颎,以及寝殿侍奉宦官(中常侍)淳于登、袁赦、封昆等累累罪恶,要求法办。刘宏允许。遂展开逮捕,王甫、段颎等,以及王甫的儿子(应是养子)永乐宫供应官(永乐少府)王萌、沛国(首府相县)宰相王吉,全部羁押洛阳县监狱。阳球亲自主持,苦刑拷打,五毒全部用上(五毒:鞭打、棍打、火烧、绳捆、悬吊)。王萌也曾当过京畿总卫戍司令,向阳球哀求说:"我们父子犯法,当然应该一死。只求你念及我们前后同官,宽恕我老爹,叫他少受点苦!"阳球咆哮说:"你是什么东西,一身罪恶,万死不足以赎罪,还想跟我套先后任交情呀!"王萌知道无法摆脱,破口大骂说:"从前,你巴结我们父子,像一个奴才,奴才竟然反叛主子!今天乘人之危,落井下石,你会自己受到报应。"阳球命用泥土塞住王萌嘴巴,鞭棍齐下,王甫父子全被活活打死。段颎也自杀。

阳球本是寝殿侍奉宦官(中常侍)程璜的女婿,为了私仇,放逐蔡邕、蔡质,而又派人追杀,根本就不是一个好东西。王萌诟骂他:"巴结我们父子像奴才!"有事实根据。稍后,曹节说:"我们可以自相残杀,却不能叫狗舔我们的血!"我们推测:这可能是一场王甫、程璜之间的内斗。阳球并不是为民除害,只是为岳父扫除绊脚石。

文妖不绝

公元180年,刘宏准备兴建毕圭苑、灵昆苑(李贤原注:毕圭苑有二,东毕圭苑,周围一千五百步,中有鱼梁台;西毕圭苑,周围三千三百步,面积更大。都在洛阳宣平门外)。宰相(司徒)杨赐,上书劝阻。奏章呈上后,刘宏打算停工,询问宫廷随从(侍中)任芝、乐松的意见,二人回答说:"从前姬昌(文王)的御花园有一百华里,人们认为太小。田辟疆(战国时代齐王国二任王宣王)的御花园只有五华里,人们认为太大。而今,陛下跟人民共同享用,对任何人都不会造成伤害!"刘宏大为欢喜,下令动工。

任芝、乐松的言论,使我们再见文妖。截至二十世纪为止,宦官已绝,而文妖不绝,倍增痛心。

封宦官

公元185年,东汉政府以讨伐黄巾首领张角有功的名义,封寝殿侍奉宦官(中常侍)张让等十二人侯爵。

千万在沙场上流血流汗的战士,身体残废的伤兵,以及已入幽冥的忠魂,听到宦官竟然讨伐张角有功,恐怕都会同声一哭。

第一个宦官时代

公元189年,虎贲警卫指挥官(虎贲中郎将)袁术等,为他们的统帅何进报仇,进攻皇宫。宦官张让、段珪等困守寝殿,束手无策。于是裹胁东汉帝(十三任)刘辩,跟皇弟陈留王刘协,约数十人,步行逃出谷门(洛阳北面东门),向北方亡命。深夜,逃到小平津(河南孟津东黄河渡口),皇帝所用的六颗印信,全没有携带,三公、部长级高级官员,没有一个人跟随,只有宫廷秘书(尚书)卢植、首都洛阳市(河南洛阳东白马寺东)市政府中区秘书(中部掾)闵贡,连夜赶到黄河堤岸。闵贡厉声喝责张让等,说:"你还不快点了断,我只有杀你!"手斩数人。张让等恐惧,拱手作揖,然后向刘辩下跪叩头说:"我们死了,陛下保重。"遂投黄河溺毙。

宦官,是中国封建专制体系中最可耻的产物之一,公元前十二世纪时,农业而多妻的周部落——就是被后世儒家学派色授魂迷的姬昌(文王)、姬发(武王)、姬旦(周公)等"圣人帮"当权的政权,在灭掉商王朝后,把这一残酷制度,带入中国,延续三千年之久,直到二十世纪,才随着帝王的消灭而消灭。

一个男主人拥有数目庞大的小老婆群之后,为了防止红杏出墙,最好的办法,莫过于把她们像囚犯一样,关闭在戒备森严的庭院(皇宫)之中,与男人世界,完全隔绝。问题是,皇宫工作,并不能全由女人担任。周部落遂想出一种残酷办法,那就是把男人的生殖器阉割,以供差遣。这种人,称为宦官,成为多妻制度下女人和男人之间最理想的媒介。几乎每一个有钱或有权的家庭中,都有这种可怜的畸形人,皇宫中的数量当然更多,直到十世纪,宋王朝政府下令禁止人民蓄养阉奴,宦官才为皇家所专有。

世界上很少男人高兴阉割自己,宫廷原则上又不接受成年宦官,所以宦官的来源,只有一途,那就是哀哀无告的贫苦家庭。这是中华人历时最久的一种悲惨命运。诗人顾况曾有一首《我儿》的诗,描写宦官的诞生:

我儿啊,你生在穷乡
官员捉住你,把你残伤
为了进贡给皇帝,为了获得满屋金银
为了要下狠心,把孩子带上刑具,当作猪羊
苍天啊,你慈悲何在,使孩子遭此毒手
神明啊,你公正何在,使官员享福受赏

爸爸送别孩子:
“我儿啊,我后悔生下了你
“当你初生时
“人们都劝我不要抚养
“我不忍心
“果然你遭受到如此悲苦下场——”

孩子告别爸爸:
“心已粉碎,流下血泪两行
“爸爸啊,从此远隔天壤
“直到死于黄泉
“再见不到爹娘——”

孩子们被阉割后,即送入宫廷,永远和父母家乡隔离。跟宫女的遭遇一样,同是投进狼群的羔羊,无依无靠、无亲无友,随时会被杀死、虐死、折磨死。而宦官比宫女更为悲惨,宫女在二十年三十年之后,或许还有被释放出宫的可能,宦官则永远没有,而是终身奴隶。中国宫廷是世界上最黑暗的魔窟之一,其中有它特有的行为标准和运转法则,孩子们必须含垢忍辱,用谄媚和机警,以及不可缺少的好运,才能保护自己。最幸运的人,终于有一天接近皇帝。皇帝是权力魔杖,触及——最好是能掌握权力魔杖,才有出人头地的机会。然而,绝大多数孩子都在魔窟中含泪而死,犹如绝大多数的无期徒刑囚犯,都在监狱中含泪而死一样。

因之,宦官是自卑的,因为他们没有表现他们是男子汉的能力。宦官没有高深的知识,因为他们没有机会受到教育。宦官多少怀着对常人仇恨和报复心理,因为他们只因贫苦而被阉割。宦官缺少远见和伟大抱负,因为宫廷生活极度狭窄和现实。宦官缺少节操,因为宫廷践踏节操,有节操的人在宫廷中不能生存。

所以,当宦官一旦掌握大权之后,我们不能希望他们比皇亲国戚,或知识分子士大夫阶层更为高明,那超过他们的极限。

东汉王朝皇帝老爷跟皇后家族(外戚)的斗争,开始于四任帝刘肇。这种斗争,皇帝必须获得外力支持,才能取胜;没有外力支持的皇帝,脆弱的程度,跟平民没有分别。所谓外力:一是知识分子士大夫,一是宦官。但跟知识分子士大夫结合很少可能,因为平常太过疏远。唯一的一条路只有依靠宦官。刘肇就是仗着宦官郑众,诛杀窦宪。十一任帝刘志,更跟五位宦官结盟,对付梁冀。在消除了皇亲国戚之后,宦官遂以正式的政府高官身份,出现政治舞台;他们的家族亲友,也纷纷涌进政府,而这些贫贱出身的新贵,几乎除了贪污和弄权外,什么都不会,比皇亲国戚所做的,更要恶劣。于是知识分子士大夫遂跟皇后家族联合,利用所可以利用的力量,打击宦官,宦官自然予以同等强烈的回报,中国遂开始第一个宦官时代,从公元 159 年十三个宦官封侯,到公元 189 年全体被杀,三十一年间,搏斗惨烈。

不过,我们特别注意到,所有宦官的罪行,多来自知识分子士大夫的一面之词。而宦官滥杀无辜,也不过只有三件:公元 160 年杀赵岐全家,公元 166 年射杀民女,公元 179 年杀人悬尸。

相形之下,知识分子士大夫事实上却更残忍:公元 160 年,连宦官的宾客都杀。公元 166 年,连宦官的朋友也杀,更牵连到宦官的娘亲。而且很多次都在政府颁布赦令之后再杀,更以对宦官苦刑拷打为乐。可能有人说知识分子士大夫只对宦官才如此凶暴,其实对小民也是一样。一位守丧二十年,生了五个孩子的赵宣,他只不过违背了一星点儒家学派的礼教而已,并没有犯法,但宰相陈蕃却把他处死。北海国(首府剧县【山东昌乐西】)宰相孔融,竟把一个他认为在老爹墓前哭声不哀的人斩首。

第一个宦官时代在血腥中结束,宦官彻底失败。但知识分子士大夫的胜利,却很悲惨,董卓的刀子已架到他们的脖子之上。

蔡邕

公元192年,东汉王朝宰相董卓被杀时,皇家左翼警卫指挥官(左中郎将)高阳侯蔡邕,正在宰相(司徒)王允家作客,听到消息,不禁发出一声惊叹。王允立刻翻脸,厉声斥责说:“董卓是国家的巨贼,几乎把东汉王朝颠覆。你是国家的高级官员,应该跟国家同一立场,全心愤慨。想不到你却怀念董卓对你的一点私人恩惠,反而为他悲痛,岂不就是叛徒?”逮捕蔡邕,交付司法部(廷尉)监狱。

蔡邕承认自己有罪,道歉说:“我身虽居于一个不忠的地位,可是,君臣古今的大义,耳所常听,口所常言,岂肯背叛国家,袒护董卓?请免一死,我愿脸上刺字,双脚剁下,允许我完成正在撰写的《汉史》(当蔡邕贬逐朔方郡【内蒙古包头】时,曾上书请求续写《汉书》各志;蔡邕一生精力,在此一书)。”高级知识分子士大夫,很多人怜悯蔡邕,极力营救,王允一律拒绝。全国武装部队总司令(太尉)马日磾,对王允说:“蔡邕对东汉王朝史迹典故,了解最丰。如果能完成这部史书,将是一代巨典;而他的罪名,微不足道,杀了他,岂不使天下失望?”王允说:“从前,武帝(西汉王朝七任帝刘彻)不杀司马迁,使司马迁写出谤书(《史记》),流传后世。而今,国势中衰,兵马就在郊外,不可以使奸佞的文化人,在幼主(十四任献帝刘协)左右执笔,对主上的圣德既没有帮助,却毫无疑问地,我们将受到他的讪笑讥刺。"蔡邕遂在监狱中被处死。

王允坚持非杀蔡邕不可,他说的那些理由,至堪玩味。如果因为蔡邕事奉过董卓,王允也事奉过董卓。如果因为蔡邕受到董卓亲信倚重,王允也同样受到董卓亲信倚重。如果因为蔡邕是董卓所征召,王允也同样是董卓所擢升。仅只一声惊叹,罪何至死?

只有两种解释是合理的,一是,王允妒忌蔡邕史学上的成就。另一是,王允本属于董卓的摇尾系统,他如果不把董卓的马屁拍得舒舒服服,董卓焉能把中央大权全部托付,其中一些丑态毕露的行为,蔡邕可是知道得一清二楚,王允不得不预防蔡邕泄漏他的底细。他抨击司马迁的《史记》是一部"谤书",充分显示出他恐惧什么——恐惧蔡邕的"谤书"。

冠冕堂皇的理由虚晃一枪,真正的理由因为太卑鄙的缘故,往往说不出口。王允是另一类型的文妖。

王 允

王允诬杀蔡邕两月后,董卓部将李傕反击,攻陷长安,逮捕王允,连同妻子儿女一齐处死。李傕命把王允的尸首拖到闹市,任人参观,没有人敢去收葬。旧部属平陵(陕西咸阳西平陵乡)县长、京兆(陕西西安)人赵戬,放弃官位,把王允尸体掩埋。

当初,王允把诛杀董卓的功劳,全部揽到自己头上,宫廷秘书署执行官(仆射)士孙瑞的功劳,也归给王允,因而封不上侯爵,但也正因为如此,逃过李傕报复的灾难。

司马光曰:“《易经》说:‘辛劳而又谦让的君子,吉祥。’(《易经·系辞》)士孙瑞有很大的功勋,却不自夸自负,用来保护身家性命,岂不是智慧过人?”

一个没有政治头脑的人,却坐在必须有政治头脑才能坐的板凳上,实在是一种灾难,他的最大的特征是,深信凭他主观的意志和手中的那点权柄,就可以随心所欲,使太阳从西边升起。

董卓是一条疯狗,他相信军事万能。王允虽是一位高级知识分子,但发疯的程度,不亚于董卓,他相信他的智谋超人。只因为文武殊途,表现的方式所以各异。董卓满身背着诟骂,王允却披着忠贞的外衣。他创造了东汉王朝复兴的契机,不仅不能把握,反而把东汉王朝拖向谷底,使人民受到更长期的痛苦。在影响上,王允跟董卓相等,都罪大恶极。

告状也有罪

公元193年,天下已乱,右北平郡(河北丰润)人田畴,回到故乡无终(天津蓟县),率领田姓家族,深入徐无山(河北玉田东北凤凰顶)中,寻觅到一块广大的盆地定居,亲自耕田,奉养父母。各地流亡的难民纷纷前来投奔,只数年时间,增加到五千余家。田畴遂制定法条:互相杀伤、偷窃、告状诉讼的人,考察罪行的轻重,分别处以适当的刑法,最重的是死刑,共十余条。又制定婚姻嫁娶的礼仪,兴建学校,讲授课业。法条制定后,公告实施,人民都乐于遵从,风俗优美,甚至遗失在道路上的东西,都没有人去捡。

田畴制定的法条中,诉讼告状的行为,竟成为一种罪行,可看出穷苦小民所处的地位。咦,君王从不告状,告状的都是臣僚;奴隶主从不告状,告状的都是奴隶;手握权柄的人从不告状,告状的都是手无寸铁的小民。财产被吞并,妻子女儿被掳去当婢女小老婆,儿子或老爹被乱棒打死……中国人只能无穷无尽地忍受,如果你胆敢向“圣明的君王”,或胆敢向“贤能的父母般的官员”,哀求发还被吞并的财产,哀求放回被抢夺的妻子女儿,哀求处罚那个打死儿子或老爹的凶手,你就成了刁顽之徒,犯了滔天大罪。

田畴反对诉讼告状的观念,不是突然冒出来的,而是腐败的官场产物。任何事情,不公平则一定有反弹,国家设立法庭,就是要消除这种不公平。不消除这种不公平,却只禁止反弹;不消除痛苦,却只塞住嘴巴不准哭叫;不用法律解除人民所受的迫害,却只不准人民诉讼,结果必然产生下列后果:一是奴性被培养得更深,国民质量低落。二是血腥抗暴,用斗争代替诉讼。

世界上只有公平的审判才可以消除不公平,而我们古老的文化中却传播一种思想,认为不准诉讼就可以消除不公平。什么时候,中国人能够用诉讼解决争端,不必含垢忍辱,更不必使用刀枪,中国才能成为一个文明的国度。

笮 融

徐州(江苏北部)全权州长(牧)陶谦,任命笮融当下邳国(首府下邳【江苏睢宁北古邳镇】)宰相,叫他负责督导运输广陵郡(江苏扬州)、下邳国(首府下邳)、彭城国(首府彭城【江苏徐州】)的粮食到州政府所在地郯县(山东郯城)。笮融取得这项权力后,竟把三个郡和封国缴纳的物资,全部扣留,大肆兴建佛教庙院,命人民诵读佛教经典,吸引邻郡的佛教徒移往下邳(下邳国首府),多达五千余户。每逢释迦牟尼生日(四月八日),举办“浴佛会”,在路旁摆设筵席,往往连绵数十华里,费用多到亿亿钱。后来,曹操击破陶谦(参考193年秋季),徐州(江苏北部)惊恐,朝不保夕,笮融率领部众男女一万余人,南下广陵郡(江苏扬州),广陵郡郡长赵昱,盛大接待,把笮融当作上宾;笮融看到广陵郡物产丰盛,人民富有,怦然心动,就在一次筵席上,乘敬酒的机会,击斩赵昱,下令军队烧杀抢掠。然后,再渡长江南下。之前,彭城国(首府彭城)宰相薛礼,受陶谦的压迫,率领部众躲到秣陵(江苏江宁南秣陵乡)。

笮融就渡过长江,前往秣陵投靠薛礼,不久,又击斩薛礼。

扬州(安徽中部及江南地区)州长(刺史)刘繇,命豫章郡(江西南昌)郡长朱皓,攻击左将军袁术所任命的豫章郡郡长诸葛玄,诸葛玄战败,退保西城(南昌市西)。刘繇乘船西上,驻军彭泽(江西湖口东),命笮融协助朱皓。许劭对刘繇说:"笮融出动军队,一向不管别人对他的评价。朱皓忠厚,容易推心置腹、相信别人,要叫朱皓严密提防。"然而,笮融到达后,仍用诈术击斩朱皓,接管朱皓的郡长职位。刘繇大怒,进攻笮融,笮融溃散,逃入丛山,被当地人民诛杀。

在历史上,笮融不过一粒老鼠屎,但他却为全人类提供一个典型,他的特质是:利用别人高贵的情操,做出卑鄙的坏事。赵昱诚心接纳他,他杀赵昱;薛礼诚心接纳他,他杀薛礼;朱皓诚心接纳他,他杀朱皓。他有他的信念,认为任何严重的忘恩负义行为,只要先下口咬定别人忘恩负义,报应就永不会落到自己头上。天下人是骗不完、坑不完的,只要有权有钱,再丑陋都会被人接受。事实证明,这种判断并不是完全不正确,笮融斩击赵昱后,薛礼照样向他张开双臂;笮融击斩薛礼后,朱皓照样向他张开双臂。

鉴赏能力的缺乏,是鼓励邪恶的能源,笮融之所以能通行无阻,在于太多人对善恶不能分辨,即令分辨,也不敢认真。

公孙瓒

公元195年，有童谣说："燕国南疆/赵国北界/中央合不住/大小像块磨刀石/只有那里，可以躲避。"前将军公孙瓒认为是指易县（河北雄县西北）。于是，把大本营迁到易县，环城挖掘十道壕沟，兴筑高大土丘，每个土丘都高达五六丈，再在土丘上建立高楼（这座新的城池坐落在易县县城西，称易京）。位于中央的土丘最高，足有十丈，作为公孙瓒的居处。用铁做门，左右侍从警卫全被隔在门外，七岁以上的男子不准进入，专跟小老婆姬妾美女厮混在一起。正式公文书，或其他文件，都用绳子吊上城堡。训练妇女们放大嗓门，使数百步外可以听到，就用她们传达公孙瓒的命令。公孙瓒遂跟宾客们完全隔绝，智囊和猛将渐渐背叛离散，而公孙瓒也很少再出作战。有人问他缘故，公孙瓒说："想当年，我在塞外驱逐叛变的胡人部落（参考188年11月），在孟津（河南孟津东黄河渡口）扫荡黄巾变民（参考191年10月），自以为天下战乱，可以霎时平定。但是到了今天，战乱才不过刚刚开始，看起来我已无能为力，不如使官兵休息，努力耕田，拯救灾荒凶年。兵法说：'百尺高楼，不可进攻。'我的军营分别驻屯各楼，外有数十重墙堑，粮食聚集有三百万斛，等到把它吃完，大概天下大势，已有分晓。"

公孙瓒跟董卓，是从一个破窑里烧出来的货色。用凶暴的手段把大海搅得波浪滔天之后，却认为仍可躲在一片树叶上，照样保持他的荣华富贵。天下竟有这么多头脑简单的恶棍，而这种头脑简单的恶棍，竟也能平地崛起，原因何在，留给我们一个课题。

祢衡陷鲨鱼阵

平原国(首府平原【山东平原】)人祢衡(祢,音 mí【迷】,姓),自幼便才华出众,辩论敏捷;但刚愎骄傲,盛气凌人。工程总监(将作大匠)孔融推荐给曹操,然而第一次见面,祢衡便破口辱骂。曹操大怒,对孔融说:"祢衡不过一个不知道天高地厚的小娃,我杀他,犹如杀一只老鼠、一只麻雀。但这个人一向有点虚名,外人可能认为我没有容人之量。"于是把祢衡送给刘表,刘表把他当作上宾,祢衡倒对刘表满口赞美,但他却不断讽刺刘表左右亲信,这些亲信遂有计划地进行诬陷,向刘表打小报告,说:"祢衡承认将军的仁爱胸襟,纵是姬昌(周王朝一任王姬发的老爹)也不过如此。但是,他认为你没有决断能力,所以最后不可避免地会归于失败。"这段话恰恰指出刘表的缺点,但祢衡却从没有讲过。刘表大怒,知道江夏郡(湖北新洲)郡长黄祖性情急躁,再把祢衡送给黄祖,黄祖对祢衡也十分礼遇。后来,祢衡在大庭广众之下,侮辱黄祖,黄祖把他诛杀。

祢衡不过是一个没有原则的舞台小丑,从史书上寥寥数语的介绍,可看出他的形象:知识丰富,情绪起伏,对自己的评价,过度高估。有些人认为祢衡不畏惧权势,但在曹操那里吃了亏之后,见了昏庸无能的刘表,却拍尽马屁。祢衡不是不畏惧权势,而是他认为他的虚名可以保护他不死。利用群雄争霸,有权势的人都在珍惜自己羽毛的时代,他以大无畏的外貌出现,随时随地侮辱别人,而肯定别人不敢动他一根毫毛。他的判断正确,曹操、刘表就是如此反应,不幸的是,最后遇到一个不爱惜羽毛的老粗黄祖,不吃这一套,于是斩首。祢衡之死,不是死于他不畏惧权势,而是死于他表态失误。

然而,我们讨论的不是祢衡,而是刘表亲信诬陷祢衡的布局。那段话明明不是祢衡说的,但从语气上以及深刻的观察分析上判断,说它出自祢衡之口,任何人都会深信不疑。这是最厉害的一击,击中刘表的要害。在专制社会中,说真话、说实话的危机,就在于此。闻过则怒,是普通人所有的质量,要害一被击中,神经系统立刻大乱,唯一的反应就是项羽型的报复。他不会去求证是否出于祢衡之口,也不屑去求证,鲨鱼群就用这种方法,把首领驱逐到单行道上。

对刘表的评价,来自于刘表亲信杜撰的诬辞,可看出刘表在他左右亲信心目中,是什么形象。这些人无时无刻,不在毫无破绽地一脸忠贞,但他们对主人的愚劣,却看得清清楚楚,从心底深处,发出暗笑。然后,再把这种暗笑,原封不动地扣到斗争对象的头上,说是斗争对象的暗笑。这是最常见的鲨鱼阵,权柄在握的大家伙在阵中被摆布得暴跳如雷,倒霉分子在阵中被摆布得粉身碎骨。

即令在民主法治国度,也有鲨鱼群,但倒霉分子不至于血肉一团,可以使丑陋程度减低到最低层面,所以我们渴望民主法治。

论成功失败

公元197年,冀州(河北中部南部)全权州长(牧)袁绍,写信给司空(三公之三)曹操,措辞傲慢。曹操对智囊荀彧、郭嘉说:"我打算攻击袁绍,可是力量不如他,应该如何?"二人回答说:"高祖(西汉王朝一任帝刘邦)跟项羽之间,力量悬殊,阁下深知;高祖(刘邦)全靠谋略,战胜项羽。项羽虽然强大,最后仍被击破。而今,袁绍具备十项失败条件,阁下则具备十项胜利因素。袁绍虽然强大,并没有作用。"

荀彧、郭嘉二位对袁绍跟曹操的评估,虽然对曹操有溢美之辞,但溢美跟马屁不同,溢美是稍微夸张,马屁则不仅夸张得凶猛难当,有些更无中生有,能使人全身发麻。

然而,我们感受最深的,是荀彧和郭嘉在评估袁、曹优劣时,提供了十项检验政治领袖优劣的标准:做人原则、政治号召、管理方法、胸襟气度、谋略判断、品德见识、统御能力、英明智慧、执法态度、军事才干。对一个政治领袖而言,在这十项内涵上,给他写出分数,不但可肯定他的优势,且可肯定他的成败。

评估袁绍、曹操如此。评估历史上,甚至现实世界,我们所面对的政治人物,也都如此。如果能谨记这十项标准,在对政治人物作认真的检验之后,就可得到正确的结论。

高　顺

公元198年,东汉王朝最高监察长(司空)曹操,攻陷下邳(徐州州政府所在),生擒吕布、陈宫、高顺。陈宫要求行刑,直出辕门,毫不回顾,曹操忍不住落泪。于是,连同吕布、高顺,同时绞死,然后砍下人头,送回首都许县(河南许昌东),悬挂示众。

高顺是一员良将,只因追随错了人,选择错了集团,遂跟吕布、陈宫之类反复无常的小人物,同一命运,使人扼腕。

孙盛的邪恶

会稽郡(浙江绍兴)郡长孙策,既破黄祖,挥军南下,准备攻击豫章郡(江西南昌),进驻椒丘(江西新建东北),对人事官(功曹)虞翻说:"华歆虽然名满天下,但不是我的敌手。如果不能开门让城,战鼓一旦擂动,不可能避免死伤。请你先去看他,表达我的愿望。"虞翻遂往,向华歆说:"不知道豫章郡的粮秣储存、武器装备,以及人民斗志,比敝郡(会稽郡)当时如何?"华歆说:"大大不如。"虞翻说:"孙将军(孙策)智谋方略,超过当世,用兵如神。之前驱逐扬州州长刘繇(参考195年12月),先生亲眼看到;后来平定敝郡(会稽郡。参考196年8月),先生也曾耳闻。现在,先生困守孤城,全靠自己的一点存粮,可预料无法抵抗。如果不早日决定方向,后悔已来不及。孙将军已抵达椒丘(江西新建东北),我也要告辞,请再加考虑。如果明天中午,仍不能表明态度,我就踏上归程。"华歆说:"我在江南(长江以南)的时间太久,时常想回到北方,孙将军驾到,我就离开。"就在当天夜间,写妥欢迎孙策军的文告。第二天凌晨,派人送到孙策军前。孙策立即前进,华歆便衣便帽,亲自迎接。孙策说:"先生年高德劭,名满天下,远近人心所归。我年幼识浅,请收我当你的弟子学生。"向华歆施礼参拜,尊作贵宾。

孙盛曰:"华歆既没有伯夷、商山四皓(参考公元前195年)那种不慕名利的高风亮节,又失去天子臣属的立场,而且相信邪恶书生(虞翻)的邪恶论调,结交横行江湖的暴徒(孙策)。官位被夺,志节堕毁,没有比这个更大的罪行。"

孙盛斥责虞翻是邪恶的,难道虞翻建议华歆抵抗就是神圣的了?不检查他的分析是否正确,就先飞帽子,是一种打马虎眼的惯技。逻辑上说:孙策是皇帝任命的政府正式官员——讨逆将军,孙盛竟诬称他是横行江湖的暴徒,这才是真正的邪恶行径,怎么还敢开口?

华歆无法克服他所面对的危机,如果抵抗,受屠杀的是千万小民。必须千万小民辗转哀号,家破人亡,孙盛才称心快意,这是一种不道德的心肠。在对抗外国外族的侵略时,我们赞扬誓不屈服,但在纯内部的混战情况下,不过是官员跟官员间的火并,军阀跟军阀间的抢夺地盘,这里面没有大义,只有私利,在我们看来,谁能保护人民的生命财产、谁能使死伤减少到最低限度,谁就值得我们致最高的尊敬。

田　丰

公元200年,官渡(河南中牟东北)之战,袁绍大败北逃,有人告诉因判断大军定会失利,劝阻袁绍停止军事行动,而被囚禁在监狱里的行政官(别驾)田丰说:“你以后一定受到重视!”田丰说:“袁绍外貌似乎很宽厚,但内心恰恰相反,却很猜忌。不会谅解我的一片忠心,只会认为我不断在冒犯他。如果大军胜利,心里高兴,还有赦免我的可能;而今战败,心头恚恨,恼羞成怒,我性命已陷危境。”大家都不相信。部队士卒们都捶胸流泪说:“如果田丰留在军中,必不会失败。”袁绍对逢纪说:“冀州(河北中部南部)人士,听到我前线失利,都会同情我。只有田丰从前曾经劝阻,跟其他人不同,使我感到惭愧。”逢纪乘机陷害说:“田丰得到将军败退的消息,鼓掌大笑,庆幸他的预言实现。”袁绍对他的僚属说:“我不用田丰的计谋,果然被他耻笑。”下令诛杀田丰。

最初,曹操听说田丰没有跟随袁绍大军出征,大喜说:“袁绍一定失败!”等到袁绍军溃散逃走,又说:“开始时袁绍如果用田丰的计谋,结局如何,难以预料。”

刘邦北击匈奴,娄敬劝阻,被投入监狱。等到刘邦白登突围,狼狈逃走,第一个想起的就是娄敬,不但立刻释放,加官晋爵,而且深自检讨,向娄敬致歉(参考公元前200年)。袁绍跟田丰之间的关系位置,几乎是刘、娄二人之间关系位置的历史重演,但反应不同,袁绍的反应是恼羞成怒。

刘邦不愧英雄人物,袁绍不过庸碌之辈,封闭的心灵使他丧失了检讨反省的能力。娄敬跟田丰,都是一代英才,而遭遇不同,田丰把袁绍像玻璃人一样,看得透彻,但不能逃出毒手。大时代中,全国沸腾,再睿智的人,除非有特别机缘,往往身不由己。悲剧之层出不穷,原因在此。可哀。

赵　韪

益州(四川)客军“东州兵团”士卒欺负虐待益州本地住民,征东警卫指挥官(征东中郎将)赵韪,包围益州(四川及云南)全权州长(牧)刘璋所在的成都(益州州政府所在县,四川成都),东州兵团恐怕受到诛杀,作殊死战,赵韪军败,撤退。东州兵团追到江州(四川重庆),斩赵韪。

胡三省曰:“赵韪追随刘焉,同到蜀境(四川),不过贪图富贵,而竟因贪图富贵,丧失生命,证明行险侥幸,不如安坐家中,等候时机。”

赵韪背叛刘璋,就史书上显示的数据,看不出他是贪图富贵,而只看出他是为了反抗东州兵团的暴行。赵韪之所以能深得人心,当然是他向小民认同。当他目睹小民的房屋被烧、妇女被奸、生命被杀,屡屡要求刘璋制止,刘璋却一推二拖三和稀泥时,试问,赵韪应怎么办?难道把所有跪在他面前诉苦的小民,逐出大门,从此不闻不问,以求“明哲保身”?这样做当然受到传统知识分子的赞扬。或是兴起正义之怒,抛弃既得利益,率领被迫害的人民抗暴。这样做的结果是:成则王侯败则贼。成功了,大家掌声雷动,高叫:“这是天命。”失败了,大家讥讽他贪图富贵。

赵韪选择了正义之怒,而又不幸失败。受到诬蔑,在意料之中。中华人什么时候不再用邪恶的成见去解释别人,中华人才有资格成为一个高贵的民族。

袁绍脓包

全国最高统帅(大将军)、冀州(河北中部南部)全权州长(牧)袁绍自大军溃败,羞惭悲愤,卧病在床,吐血不止。202年五月,袁绍逝世。

袁绍是一个颟顸的“公子哥儿”型人物,靠着封建世家,和血缘关系,他可能成为一个成功的小政客,也可能当一个成功的太平宰相。但在大混乱时代,他就成了脓包。试看最初他向何进贡献的阴谋诡计——坚持秘密召集驻屯河东郡(山西夏县)将领董卓,以叛军姿态,向京师进军,用以胁迫何太后诛杀宦官(参考189年7月),那真是天下第一等愚蠢的阴谋诡计,证明他的智商太低。更糟的是,他放弃迎奉皇帝的机会,等到发现皇帝的妙用,竟想靠三寸不烂之舌,劝说曹操放手(参考195年12月、198年4月),岂不异想天开?到了最后,简直跟自己有仇,把凡是可以拯救他危亡,促使他获胜的建议,全部拒绝,完全没有能力分辨是非智愚。于是,只好被一群智商跟他相等的一些天下最愚蠢的智囊谋士,牵着鼻子,走向死亡。

拒绝采纳别人意见的人,他会失败,而采纳错误意见的人,也会失败,比较之下,曹操的英雄形象,跃然纸上。

审　配

公元204年,东汉王朝最高监察长(司空)曹操大军,猛烈攻击邺城(河北临漳西南邺镇),袁家军守城将领审配,在巷战中被俘。辛评全家原被囚禁监狱,辛毗驰往监狱拯救,早已被审配屠杀,一家老幼全死。辛毗用马鞭抽打审配的头,诟骂说:“奴才,你今天死定了。”审配看着辛毗说:“狗辈,正因为你们这些东西,才使冀州(河北中部南部)破碎,我恨不得杀了你。而且,你今天有权叫我活,叫我死呀!”一会功夫,曹操传见,对审配说:“前天我视察前线,你的弓箭可真多!”审配说:“我还恨少!”曹操说:“你效忠袁家,自不得不如此。”有意宽恕他。然而审配意气轩昂,始终不说一句屈服的话。辛毗等又在旁哭号,要求报仇,曹操遂诛杀审配。冀州人张子谦早已归降,跟审配素来仇视,对审配笑说:“老哥,你比我如何?”审配大叫说:“你是降臣,我是忠臣,虽然一死,岂羡你生?”临斩,呵责行刑手,让自己面向北方,说:“我的主人(袁尚)就在北方。”

审配斥责辛毗:“正因为你们这些东西,才使冀州破碎!”似乎理直气壮;可是,史书记载分明,使冀州破碎的,并不是辛毗,而恰恰是审配那批东西。审配以智囊闻名于世,却向主子袁绍层出不穷地贡献一连串最馊的主意,打击唯一可以拯救冀州的沮授,而又违背当时长子继承的宗法制度,排斥袁谭,拥立袁尚,挑拨起严重的夺嫡斗争,使内部先烂。假使不是他阁下如此努力,岂能有以后的发展?他却倒打一耙,希望留下忠贞形象。

审配不过一个私欲如火的小政客而已,屠杀辛姓全家,证明他表面上虽然文质彬彬,内心却是一个暴徒。当然,总比被俘后摇尾乞怜,要高一级,但也不过高一级而已,不能抵销他颠覆冀州,颠覆袁绍一家的恶行。

斗臭手段

官渡(河南中牟东北)之战时(参考200年),袁绍命他的秘书陈琳,撰写讨伐曹操文告;陈琳下笔,文情并茂,细数曹操罪恶,暴露曹操家世,极尽诋毁丑化的能事。等到袁绍失败,陈琳归降曹操,曹操问他:"你当初替袁绍撰写文告,只可以攻击我本人,为什么攻击到我的祖先?"陈琳承认有罪,请求宽恕,曹操不再追究(陈琳的回答是:"箭在弦上,不得不发!"曹操大笑),任命陈琳当最高监察署文书官(记室)。

很多人每当被事实或理性逼迫得无法反驳的时候,很少有勇气承认自己的错误,反而抛弃主题,对主题之外的东西,诸如道德、私生活等,横加诬蔑,然后证明对方所持的事实不是事实,所持的真理不是真理。

这是惯用的"斗臭"手段,一千五百年前,曹操便谴责这种行为说:"你只可以攻击我本人,为什么攻击到我的祖先?"千余年来,大家习惯于这种斗臭手段,动不动就倾盆而出。当张三坚持黑是黑、白是白时,李四只要"揭发"他曾经在日本留过学,一脑筋反动的万世一系帝王思想,就足够打倒张三,而另行建立黑是白、白是黑的进步理论。

这跟丧失思考能力和鉴赏能力有关。假如每个人都能紧握主题不放,斗臭手段得不到市场,甚至反而有恶劣的回收时,自会绝迹。否则的话,我们就会一直被情绪控制,迷失在泥沼之中,围绕着事实旋转,永远远离事实。

荀　悦

皇家图书馆长(秘书监)、宫廷随从(侍中)荀悦,作《申鉴》五篇,奏报东汉帝(十四任献帝)刘协。当时,中央权柄握在最高监察长(司空)曹操之手,皇帝不过恭恭敬敬地坐在那里而已。荀悦希望有积极作为,可是他的见解无法实现,只好著书立说。

荀悦是儒学派重要的思想家之一,司马光对他尊崇备至。从这篇《申鉴》,可看出儒家学派政治主张的精髓:一是阶级森严的定位,最高层的是"君子",最低层的是"小人"。教育只能改变中间阶层人士,中间阶层人士接受教育时,可以跃升成"君子";不接受教育时,则堕落成"小人"。至于"君子"是否还会堕落?堕落成为"小人"?以及"小人"是否会上升成为"君子"?没有说明。不过,很明显的,荀悦的论点:"君子""小人",永恒不变。

另一是,人民奴役性的定位。荀悦强调:君王不可随意惩罚,并不是出于人权,而是不利于统治,意思是说:如果有利于统治,就可以随意惩罚。全部思想体系中,没有看到人的尊严,"仁政"并不是把人当人,而是把人当作工具。如何爱护工具和爱护人——把人当人,意义完全不同。

儒家政治主张的最高指导原则,只看到君王的统御价值,没有看到人民的人格价值。

狗熊与英雄

辽东郡(辽宁辽阳)郡长公孙康,打算取投奔他的袁尚、袁熙二人性命,作为呈献给东汉王朝中央政府一大功劳。于是在马厩之中,埋伏精兵,然后延请袁尚、袁熙进入。还没有落座,公孙康发动埋伏,把二人生擒,立即诛杀,人头送给曹操。

此时已入冬季,天寒地冻,又逢大旱,二百华里内没有水源,又缺乏粮秣,曹操大军屠杀战马数千匹充饥,挖凿地面三十余丈,才见到水。好不容易平安抵达安全地带,曹操下令调查最初规劝讨伐乌桓的人是谁。大家不知道会发生什么事,每人心怀恐惧。然而调查之后,曹操依照名单,重重赏赐,说:"我征讨乌桓部落,实在是危险万分,全靠侥幸,虽然成功,只能说是上天保佑,但这不是正常行动。各位的意见,才是万全智谋,应受到奖励,以后不要闭口不言!"

袁绍杀田丰,刘邦封娄敬,曹操在大胜之后,反而奖赏反对他出军的谏士,狗熊和英雄,在此分界。狗熊最大特点是"智从己出""恩从己出",要处处显示他比别人英明;而英雄则处处不如人,处处需要别人的意见,而且唯恐别人不提出跟他相异的,甚至相反的意见。

田丰临刑时,叹息说:"给愚人画策,应该一死。"这是睿智之士的悲哀,田丰如果跟娄敬换一换位置,娄敬一定被诛杀,田丰当会是西汉王朝的一位侯爵。曹操度量之恢宏,头脑之清晰,大胜之后,并没有沾沾自喜,还回顾忠言,无怪能得部属死力。一个人的失败和成功,不是偶然!

机会岂会不再

曹操北伐乌桓部落(河北北部)时,刘备建议荆州(湖北及湖南)全权州长(牧)刘表袭击首都许县(河南许昌东),刘表不能接受。等到曹操凯旋班师,刘表对刘备说:“没有听你的话,失掉这个大好机会。”刘备说:“天下四分五裂,每天都有战争,大好机会多的是,岂会不再?如果能抓住下一次的大好机会,则这一次的失误,也没有关系。”

刘备的话,含有至理,不应为失去一个机会懊丧,而应把懊丧化作力量,等待第二个机会再来时,立刻抓住。问题是,人的生命有限,幸运之神往往敲门一次,只要稍稍犹豫,她便转往别家,永不再返。

隆中对策

刘备拜访诸葛亮,去了三次,诸葛亮才跟刘备相见。于是,遣开左右侍从人员,秘密谈话,刘备说:“东汉王朝倾覆,奸臣(指曹操)把持政权。我不考虑我的品德不够,不考虑我的力量不足,只盼望向天下展示大义。可是智短谋浅,直到今天,受到一连串挫败。然而雄心壮志,一如往昔,你以为应该如何?”诸葛亮说:“曹操已拥有百万大军,挟持皇帝,号令天下,声势强大,没有人可以把他击败。孙权盘据江东(江苏南部太湖流域),已历三代(孙坚、孙策、孙权),地势险要,人民归附,贤能的人才,都为他尽力;我们只能把他当作朋友,不能当作敌人。而荆州(湖北及湖南),北方屏障汉水、沔水(汉水上游那一段。沔,音 miǎn【免】),南方直到岭南的南海郡(广东广州),东方接连吴会(吴郡及会稽郡。此处是指孙权已占据的地区,包括今江西),西方通往巴蜀(四川),是一个战略上具有高度价值的国度,而主人(指刘表)不知道利用,恐怕正是上天赏赐给将军的资本。益州(四川及云南)四境,关隘险固,土壤肥沃,一望千里,是人间天堂。而主人(益州全权州长)刘璋,昏庸懦弱,北边又有张鲁压境(时据汉中郡【陕西汉中】),人民富庶,政府财力充沛,可是刘璋既不知道珍惜,又不知道运用,有智谋才能人士,希望出现英明的首领。将军既有皇家血统(参考 191 年),而信誉仁义,又四海闻名。如果掌握荆州(湖北及湖南)、益州(四川及云南),据守险要,跟境内境外的所有蛮族,安抚结纳,和平共存,再跟孙权敦睦邦交,缔结盟好。然后,对内修明政治,对外掌握变局,则霸主大业,可以完成,东汉王朝可以复兴。”刘备说:“对极。”跟诸葛亮的情谊,日益密切。

诸葛亮跟刘备的这一夕谈话,史学家称之为隆中对策,跟公元前三世纪末韩信跟刘邦的一夕谈话——汉中对策,虽相隔四百年,但前后辉映,是中国历史上两大重要谋略,也是当时正确的政略战略最高指导原则。可惜的是,关羽刚愎自用,向孙权挑战(参考 219 年),引起一连串无法控制的反应,对策中的计划,全盘破坏。

具有高瞻远瞩能力的,世上能有几人?韩信就在项羽手下,项羽却不能发掘;诸葛亮就在刘表身旁,刘表也不能发掘。有眼无珠的蠢才,一旦手握权力,都自以为英明盖世,其实只不过跟一群摇尾系统在那里鬼混日子,图一个眼前欢乐而已。项羽至死都弄不清他到底犯了什么错误,刘表地下有知,恐怕也不见得会想得通。

人才,是所有行业——包括政治、包括军事、包括在门口摆个地摊,兴废成败的枢纽。得者兴,失者亡。即令今天,面对二十一世纪,仍是真理。

鲁肃及时真言

曹操消灭袁姓家族后,江东(太湖流域)震动,就在这时,曹操写信给孙权,说:"近来,奉天子(东汉帝刘协)之命,讨伐叛徒,军旗向南,刘琮降服。现在,我亲率长江舰队八十万人,希望跟将军在吴王国故地狩猎。"孙权让部属传阅,大家面无人色,有的甚至害怕得还发出呻吟。秘书长(长史)张昭等主张迎接大军,归顺中央。只鲁肃不说一句话。稍后,孙权起身去洗手间,鲁肃追赶到走廊上,孙权知道他的意思,拉住他的手问:"你要告诉我什么?"鲁肃说:"刚才,观察大家的议论,可能引导将军走上歧途,不配讨论大事。要知道,像我鲁肃,可以归降曹操;像你将军,却不可以。为什么?我鲁肃迎降,曹操会把我送回家乡,给我一个官职,再倒霉不过,也会当一个最低级的参谋官(下曹从事),平常乘坐牛车,带着跟班,跟士大夫来往结交,步步上升,将来可能当上州长、郡长。而将军迎降,你要到哪里安身?请早日决定方向,不要听他们的意见。"孙权叹息说:"大家的议论,使我失望,你的睿智分析,跟我的想法完全相同。"

鲁肃一段话,道破千古以来政治市场上一项最大秘密。野心家先考虑到个人一己的利害,才再动手挑选一个适合身材的"大义"外衣。

孙权所以跟曹操对抗,跟曹操是不是"国贼"无关,只是为了一己的私欲,曹操才不得不成为"国贼",历史事件的发展,大多遵循这个轨道。斑斑往事,可以训练我们的鉴赏能力,人民眼睛如果能洞穿"大义"外衣,当可使野心家的私欲,不敢过分猖獗。

张　松

益州(四川及云南)全权州长(牧)刘璋,听到曹操取得荆州(湖北及湖南)消息,十分震撼,派行政官(别驾)张松,晋见曹操祝贺致敬。张松短小精干,为人行为放荡,可是,他的真知灼见,超过常人。曹操当时轻易获得胜利,刘备也狼狈逃走;对其貌不扬的张松,认为并不是重要角色,不再像往日那样,对人亲切结纳。主任秘书(主簿)杨修建议曹操,延聘张松在中央当官,曹操拒绝。张松对曹操的轻视,心怀怨恨,返回益州(四川及云南)后,建议刘璋跟曹操断绝关系,转跟刘备结交,刘璋接受。

习凿齿曰:"从前,姜小白(春秋时代齐国十六任国君桓公)只一次倨傲,自负他的功业,立刻就有九国背叛;而曹操也只一次倨傲,自负他的胜利,天下遂分裂为三。殷殷勤勤数十年累积下来的成果,在低头抬头的刹那之间,就被毁弃,岂不可惜!"

夺取荆州之前,曹操有大海样的胸襟,气度广阔,礼贤下士,可钦可爱,使人甘愿为他肝脑涂地。以张绣的仇恨,一听来归,握手欢宴,封官晋爵(参考 199 年 11 月)。以许攸的狂妄,得到投奔消息,连鞋子都来不及穿,光脚出迎(参考 200 年 10 月)。以陈琳的恶毒攻击,为了爱才,也都宽恕。假使能用待三人者待张松,张松一旦倾心,益州天府之国,便入掌握,岂有刘备立足之地?

胜利能使人头昏,权力膨胀能使人大脑像滚水一样沸腾。曹操尚且如此,何况泛泛之辈?英雄豪杰,甚至任何一个前途如锦人物,最容易犯的一项致命错误,就是沾沾自喜。在获得决定性胜利,或掌握决定性权力之后,对自己的智慧和能力,往往产生过高的评价——忽然间忘了自己是谁。伟大事业之不能完整,奇迹之不能保持,原因在此。岂止可惜，更为可悲！

《自明本志令》

公元 210 年 12 月，曹操发表《自明本志令》。

曹操这项《自明本志令》，光明磊落，字字真挚。他坦率地承认：并不是从小就胸怀大志，而是时势推演，才把他推上高位。而既被推上高位之后，他就等于骑到猛虎背上，到死才能下来。他坦白地说明他面对的困局，这是专制政体特有的困局，任何人都无法突破，那就是：他不能放弃军权。韩信、韩馥等人的命运，都是活生生的前车之鉴。

大多数政治性文告，都是虚情假意，说些谎话、大话、空话。《自明本志令》之可贵，曹操之可爱，就在于有异于此。

何以有此记载

东汉王朝自从迁都许县（河南许昌东）以来（196 年 8 月迄今），皇帝（十四任献帝）刘协不过只端坐他的宝座而已，左右侍从和武装卫士，全是曹家班的人。参议官（议郎）赵彦，常向刘协陈述时势及对策，曹操大感厌恶，于是诛杀赵彦。后来，曹操因事在金銮宝殿参见刘协，刘协无法控制自己的恐惧，遂说："阁下如果愿意辅佐我，感激不尽；如果不愿意辅佐我，求你开恩，放我一条生路。"曹操脸色大变，频频行礼，请求告辞。旧有制度：身为三公，而又兼武装部队统帅时,每逢朝会,都由虎贲武士,手执利刀,左右挟持入殿。曹操既出,回顾左右,汗流浃背,从此不再参见。

三公官位,已够崇高,三军统帅,更是大权在握。晋见皇帝时,皇帝却叫虎贲武士,手执钢刀,在两旁挟持。对东汉王朝这种传统制度,我怀疑它的存在。胡三省注释说:"惧其为变",简直不知所云。平常时期,三公统帅,都是皇帝亲信,根本不会"变";非常时期,该三公统帅如果要变,像梁冀、董卓,岂容你钢刀挟持?曹操是何等人物,他如果乖得像一个婴儿,任你钢刀挟持,岂不早就身首异处?仇家也好,政客也好,何必玩"衣带诏"那一套?而刘协又何至哀哀求告,只要一点头,曹操就会当场身首异处。

而且,既然皇帝所有侍从卫队,都是曹家班的人,虎贲武士更关系性命,怎么会由非曹家班的人担任?所以,即令双刀加颈,曹操也不会汗流浃背。皇帝权力衰弱时,无力如此,皇帝权力强大时,不必如此。而何以有此记载,令人不解。

宛县屠城

公元219年,东汉王朝(首都许县【河南许昌东】)征南将军曹仁攻陷叛变的宛县(南阳郡郡政府所在县,河南南阳),屠城。

宛县(河南南阳)人民受不了暴政的逼迫,才铤而走险,群起反抗。假定历史上有过顺天意应民心的军事行动,侯音领导的此次抗暴军,正是顺天意应民心。

曹仁击破抗暴军之后,不但诛杀义军,而且屠城。千万老弱丁壮、妇女幼儿,在政府军刀锋下,化成一堆血肉。历史上,不断出现的"人相食"场景,说明中国人的苦难。而不断出现的"屠城"悲剧,说明暴君暴官内心的卑怯残忍。使身为中国人的我们,感到羞耻和愤怒。然而,更感到羞耻和愤怒的是,屠城之后,暴政依旧。

曹操畏战

关羽大军包围襄阳(湖北襄樊),曹操亲自统率大军,从洛阳(河南洛阳东白马寺东)出发,南下援救曹仁。臣僚一致认为:"大王(曹操)如果不立即行动,可要注定失败。"只有高级咨询官(侍中)桓阶提出异议,说:"大王(曹操)认为曹仁等人能不能处理当前的困境?"曹操说:"能。"桓阶说:"大王是不是恐怕曹仁等二人(另一人是襄阳守将吕常)不尽全力?"曹操说:"不是。"桓阶说:"那么,你为什么要亲自出马?"曹操说:"我恐怕敌人太多,曹仁等力量不够。"桓阶说:"曹仁等被困在重围之中,所以死守孤城,没有二心,只因有大王在外作为声援的缘故。他们居于非死不可的险地,一定有拼死求生的决心。在内有战死之志,在外有强大的声援。大王控制六军,不立即发动,是显示我们有的是多余的军力。为什么忧愁失败,非亲自出征不可?"曹操认为他的分析有理,遂驻军摩陂(河南郏县东)先后派出殷署、朱盖等十二个梯次部队,增援徐晃。

刘邦是中国历史上最幸运的君王,他只苦战七年(前208至前202),便取得全国统治权。刘秀则苦战十五年(22至36),才统一天下。曹操是最艰难的创业英雄之一,他苦战了三十年之久(190至219),不过使北中国粗定而已,政权并不稳固,仍需要他南征北讨。纵是钢铁好汉,经过三十年艰辛,也都磨损,何况肉体人身。曹操攻击张鲁时,仰望高山峻岭,就有一种胆怯的悔意,阴差阳错取得胜利后,对于唾手可得的益州(四川及云南),已鼓不起兴趣,留下"得陇望蜀"一句著名成语,为自己遮羞(参考215年7月)。樊城之围,竟使他考虑到迁都,可看出情势严重,然而他虽不断派出援军,自己却迟迟地没有积极行动。救兵如救火,这种事如果发生在十年之前,不可能如此反应。

尤其可注意的是两位智囊的高论,劝阻向益州进军的刘晔,最初竭力坚持,认为刘备不堪一击;然而七天之后,却忽然又认为刘备安如泰山,不可动摇,何以转变得如此之快?而桓阶更是奇妙,竟肯定不必往救,只要遥作声势,就可胜利。公孙瓒地下有知,当引为知己。这些怪诞的言论,只有一个解释是合理的,那就是,他们看出曹操对战争的厌倦和畏惧,给他找出一个退缩的理论根据,用以保持他的尊严。

明年(220)正月——也就是三个月后,曹操即行逝世,如果说今年(219)此时,他已面有病容,身体已经不适,并不离谱。英雄老去,不复当初;继承人只会做官,不会做事,遂使中国三分。

关羽之死

关羽得到他的根据地南郡(湖北江陵)被东吴攻陷消息,立即回军南下,不断派人跟东吴占领军统帅吕蒙联系。吕蒙对关羽的使节,特别厚待,并让他走遍全城;家家户户都向使节报告平安,有些还亲笔写信给军中子弟,作为见证。使节回去后,将领士卒们私下向他探问消息,当大家都知道家属如故,而且比过去还过得更好时,于是,军心浮动,人无斗志。关羽知道自己穷途末路,遂向西撤退,抵达麦城(湖北当阳东南)。孙权派人游说他归降,关羽假装承诺,在城头遍插旌旗,树立稻草假人,然后逃走。这时大军已经瓦解,左右只剩下十余个骑兵。孙权早已派出朱然、潘璋,切断他逃亡通道。潘璋的军政官(司马)马忠,在章乡(当阳东北)生擒关羽跟他的儿子关平,斩首。

关羽是二三世纪之交、东汉王朝末年的名将，他的英勇被当时以及后世所肯定。然而，他在中国历史上的地位和在人民心目中的形象，得以永垂不朽，历时一千六百年而始终光芒四射，却不由于他的英勇，而由于他对刘备个人的效忠，这项效忠，被解释为"道义"。尤其是十七世纪清王朝，以满洲民族控制中华民族之后，在关羽身上找到政治号召的取向，强调道义、强调满洲人跟中华人是异姓兄弟，海枯石烂，情义不变。不仅中华人崇拜关羽，就是在朝鲜半岛，也遍地都是关羽庙，受到万家香火。跨国英雄，关羽是第一人。

不过，抛开《三国演义》这本影响力最大的小说，仅就史书上提供的数据，关羽实在没有资格在历史上占据一席之地。他虽然英勇，但事实上不过一个莽汉，既缺谋略，又缺修养，而且心胸狭窄，不识大体。他眼睛只有一个主子和一个小圈圈。一开始就排斥诸葛亮，是刘备把他说服；继而排斥黄忠，如果不是费诗能言善道，谁都不能逆料它的演变：那将是，刘备如果不支持关羽，关羽可能生出二心；如果支持关羽，黄忠可能背叛，麋芳、傅士仁就是例证。

效忠，必须使被效忠的对象受益，才是真正的效忠。如果只能对自己有益——教头目瞧瞧，俺可是为你使出吃奶力气啦！那就不是真正的效忠，而是蠢血沸腾的表态。结果往往使被效忠的对象受害，替被效忠的对象，把天下人得罪净光。关羽之对待孙权跟鲁肃，就是如此。本来可以亲密相处的至亲和盟友，却用粗暴愚妄的手段，逼成死敌。陆逊几封谦卑的信，关羽竟会心花怒放，证明他只是个浅碟子。而在失败后，又派人跟吕蒙交往，使节遂被利用，作为敌人的传信鸽，使全军瓦解。公元前 482 年，吴王吴夫差在黄池，探马驰报首都姑苏陷落，吴夫差立即诛杀探马灭口，为的是怕走漏消息，军心动摇。关羽如果稍有头脑，封锁都来不及，何至使节往返，而且不断往返？不知他希望获得什么？大军解围撤退，反击江陵之日，情势跟当年彭城落入刘邦之手，项羽敌前撤退，反击彭城一样（参考公元前 205 年 3 月），项羽一举就击溃刘邦部队，关羽复仇之师，却边走边散,这是什么样的统帅?

关羽从没有指挥过大兵团作战,突然发动灭国性攻击,乘人不备,创造了震撼全国的奇迹,但徐晃不过二流角色,都无法克制,不得不解除樊城之围。吕蒙背后还没有下手,关羽已经在疆场上战败。即令战胜,大军北进,跟沙场老将曹操面对,我们没有理由相信关羽定会获胜。更显出关羽低能的一件事是,他把基地托付给恨他入骨而又被他轻视的两位将领。刘邦成功,靠萧何主持关中;刘秀成功,靠寇恂主持河内;曹操成功,靠枣祗主持许县屯田。只有关羽的基地建立在火山口上。刘邦对萧何不断加官晋爵,为的是把萧何套牢,免得他发生变化,关羽却宣称回军之后,要惩处二位留守主管,不像是一个历经沧桑的大将,反而像是一个纵情任性的暴发户。

关羽基本的错误是他破坏了诸葛亮十二年前的隆中对策,如果像隆中对策设计的,跟孙权保持和睦,汉中方面同时出军,局势当可改观。由于关羽一人的冲动,遂使全盘战略,成为虚话。

“一脸忠贞学”

孙权跟于禁乘马并行,虞翻向于禁吼叫:“你不过一个俘虏,怎么有资格敢跟我们的领袖(孙权)并肩骑马?”扬起马鞭要打于禁,孙权喝止他。

居于绝对安全地位,义愤填膺,正颜严色,在主子面前指控别人的“过失”,态度激烈得甚至痛哭流涕,咆哮如雷,用别人的眼泪或鲜血,换取自己一点蝇头小利,这是官场文化的特有产品,名之为“一脸忠贞学”。

虞翻愤怒地要鞭打于禁,正是“一脸忠贞学”中精彩的一页,孙权虽然喝止他,但对他的一脸忠贞,当留下深刻印象,自会擢升他的官位或增加他的俸禄。似乎只有堕落的社会，才培养出来这种特技表演，我们用这种特技表演作为标准，检查社会的性质和当事人的质量，会得到一个正确答案。

教化成功

孙权上书给曹操，自称"臣"，强调说："称臣"是上天的旨意。曹操把孙权的奏章向外公开，说："这娃儿想叫我坐到火炉上！"魏国高级咨询官（侍中）陈群等都说："汉王朝政权已经结束，并不从今天开始。殿下（曹操）功劳品德都达到高峰，人民注目仰望。所以连远方的孙权，都向你称'臣'，这是'天''人'感应，众口一辞。殿下应该坐上正式宝座，还有什么可以犹豫？"曹操说："如果上天的旨意，果然如此，我宁愿当姬昌（周王朝一任王姬发的老爹）。"

司马光曰："教化，是国家的紧急工作，伧俗的官员并不了解；风俗，是天下的重要大事，庸碌的君王却往往忽略。只有明智的君子人物，深谋远虑，然后才能知道它们对社会贡献之大、影响之久。刘秀（东汉一任光武帝）正碰上西汉王朝晚年衰败，群雄并起，天下大乱。于是，以一介平民，发愤起兵，继承祖先留下的事业，讨伐四方，每天忙碌，但是仍然崇尚儒家学派经术，用贵宾的礼仪，延聘儒家学派学者，扩大设立学校，研究礼仪圣乐，统一大业固然完成，教育文化也普及大众。然而，州郡拥兵割据的军阀，虽然互相吞噬，却一直尊崇皇帝，作为政治号召。以曹操的残暴骄横，加上对天下建立的大功，心里早就没有皇帝的影子，但直到他死亡那天，仍不敢废除皇帝而自己即位，难道是他不愿意？不过是畏惧名义，强行克制自己而已。从这个观点来看，教化怎么可以懈怠？风俗怎么可以忽视？"

教育文化和风俗习惯的功能和重要性，不容否认。问题是，如果政权腐败到极点,则任何美好的教育文化和任何美好的风俗习惯,都阻挡不住它的崩溃。而且,因为社会有一个公正价值标准的缘故,反而更加强摧毁的力量,使该政权崩溃加速。一团糨糊的教育文化和风俗习惯,因为是非不分、黑白不明,人民丧失鉴别是非黑白的能力,才使一些早就应该被埋葬的政权,仍在那里拖泥带水地挣扎,贻害苍生。

司马光指出:“自从三代灭亡,教化风俗之美,从没有像东汉王朝那样兴盛。”这句话使人有太大的感伤。司马光赞扬的“东汉王朝”,只指刘阳、刘炟当皇帝的那段时间,屈指计算,仅仅三十二年,而三代的最后一代周王朝,于公元前256年灭亡,直到司马光撰写《资治通鉴》的十一世纪,一千二百年间,只出现了三十二年美好的教化和美好的风俗,即令断代到东汉王朝末期,四百年间,才出现三十二年治世。说明中国人的幸福日子,是何等之少;相对的,灾难的日子,又何等之多!司马光用曹操不敢篡位之类的例证,归功于教化的成功。如果教化的功能仅表现在政治号召,而对人民的水深火热,无动于衷。那么,我们认为,美好的教育文化和美好的风俗习惯,应该改换新的内涵。

事后圣人

公元220年,魏王曹丕抵达谯县(安徽亳州,曹丕故乡),在东郊盛大赏赐六军,并宴请父老,设置杂耍、乐队,以及各种节目助兴,官员和人民都来向曹丕祝贺,从早到晚,联欢而散。孙盛曰:“子女为父母守三年之丧,上自天子,下到平民,一律遵从,即令是三代(夏商周)王朝的末期,战国时代七雄(韩、赵、燕、魏、齐、楚、秦)的乱世,也没有人敢在父母刚死了之后十天半月,‘反哭’(送葬后回祭庙再作最后一次哀哭)之日的当天,就脱掉丧服、丢掉丧杖!到了刘恒(西汉王朝五任帝),变更古代制度,人道和纲纪,全部败坏;道德本来已比当年低落,风俗本来已比古代颓废,曹丕既然继承两汉王朝制度,接受两汉王朝礼仪,处于沉重的哀痛之中,却设宴享乐。身为继承大业的第一代,即行坚毁王化的基础。等到接受东汉王朝皇帝的禅让,更公开收纳东汉王朝皇帝的两个女儿。所以我们就知道王朝不会太久,政权一定短促。”

孙盛的评论,跟辛宪英女士(参考217年)的评论一样,都是事后圣人。曹丕既继承两汉王朝制度,刘恒制订而又被后人遵守的制度,难道不是两汉王朝制度,而是唐王朝制度?从曹丕不守三年之丧,便可看出王朝不久,政权短促;那么,从刘恒不守三年之丧,又看出什么?

我们不赞成曹丕在老爹死后,不过半年,便大肆荒唐;但也不赞成任何扭曲的对历史事件的评论。

王朝号国号

公元220年10月,篡夺大事开始。东汉帝(十四任献帝)刘协,向刘邦(西汉王朝一任帝)祭庙焚香禀告,命代理最高监察长(行御史大夫)张音,“持节”,把皇帝御玺、诏书,送给曹丕,要求禅让。曹丕上书三次,谦恭地不肯接受,但刘协坚持。于是在繁阳(河南临颍西北,曹丕登极后改名繁昌)兴筑高台。曹丕登上高台,接受皇帝御玺,正式称帝(曹魏帝国一任文帝)。在郊外祭祀天地、名山、大川;改年号(之前是东汉王朝延康元年,之后是曹魏帝国黄初元年),大赦。

东汉王朝自一任帝刘秀于25年建立,于本年(220)无声无息灭亡,历时一百九十六年。事实上,自189年董卓罢黜十三任帝刘辩,扶立十四任帝刘协,东汉王朝便不存在,幸而曹操崛起,于196年把刘协接到许县(河南许昌东),使东汉王朝勉强延长二十五年寿命,刘协也享受二十五年的温饱荣耀。没有曹操,刘协可能饿死洛阳,即令落到任何一个割据军阀,诸如袁绍、孙权、刘表、刘备之手,命运不可能比现在更好,刘协应该是中国亡国之君中最幸运的一位。

《资治通鉴》是一部编年史,然而,在正文中,我们只看到刘协把皇帝宝座让给曹丕,却看不到东汉王朝灭亡、曹魏帝国代之而兴的记载。仅从文字上检查,曹丕既然坐上东汉皇帝的宝座,当然仍是东汉的皇帝,并没有一个字提及改朝换代。

曹丕以魏王的身份夺取东汉王朝的政权,传统史书只称之为"魏",单音单字是中国文字最大的缺点,不能精确地表达事物。一个王朝亡,一个王朝兴,应该是"魏王朝"才对,但是一个国家不能允许有两个以上的王朝,却能分裂为若干独立的政权。所以,我们对控制全国的政权,称为"王朝",对分裂情形下的独立政权,依它首领名号,分别称"帝国""王国"。历代当权人士,或由于脑筋僵化,或由于政治利益,往往在一个名称上打滚。五千年来,称"魏"的政权,就有四个,难以辨识,万般无奈中,史学家只好在上面加一个字,作为区别,好像"王二麻子的剪刀",有"真王二麻子",有"正王二麻子",有"东王二麻子",有"西王二麻子",有"真正王二麻子"。对于"魏",我们只好分别称"魏"(公元前369年),"曹魏"(就是曹丕先生本年建立的国度),"冉魏"(350年),以及"北魏"(386年。中国历史上称"汉"的有八个,称"燕"的有七个,称"凉"的有五个,称"夏""周""宋"的各有四个,也只好分别在它们头上加点花草,跟保持一人一名一样,保持一个独立政权一个名号,免得鱼目混珠,把我们读史的人累死)。

年号问题

公元221年，汉中王刘备（时在成都【四川成都】）在武担山（成都西北）之南即皇帝位（一任昭烈帝），大赦，改年号章武，任命诸葛亮当丞相、许靖当宰相。（刘备建立的政权，仍称汉王朝，因首都设在蜀郡【四川成都】之故，史学家称之为“蜀汉”，以区别“西汉”“东汉”。中国于本年进入三国时代，曹魏帝国跟蜀汉帝国对抗；孙权在理论上仍是曹魏帝国的藩属。）

司马光曰：“我，司马光，所著述的《资治通鉴》，只打算说明国家的兴衰，记载人民的悲欢，使读者自己判断什么是善，什么是恶；什么是得，什么是失，作为勉励或警惕。并不打算建立像《春秋》那种褒贬的法则，用它来消除混乱，使社会秩序纳于正轨。所以，‘正’‘闰’之间的关系，我不敢多谈，只是根据事实，平铺直叙。问题是，当天下分裂的时候，不可以没有‘年’‘月’‘日’‘时’来记载事情发生的先后。东汉王朝把政权传给曹魏帝国，曹魏接受；曹魏帝国把政权传给晋王朝，晋接受；晋王朝再把政权传给南宋帝国、传给陈帝国、传给隋王朝、传给唐王朝、传给后梁帝国、传给后周帝国，然后由我们宋王朝继承。所以，不得不用曹魏、晋、南宋、南齐、南梁、陈、后梁、后唐、后晋、后汉、后周的年号，记载其他各国的史实，并不是尊崇谁和鄙视谁，更跟所谓的‘正’（正统）‘闰’（闰位）无关。”

司马光是一位极端的保守分子，十一世纪时，领导旧党，跟主张改革的王安石领导的新党对抗，对宋王朝和中国人民，造成严重的伤害。可是，在“正统”问题上，他却有重要的突破。梁启超认为司马光把“正统”给曹魏，是为了宋王朝的利益，我认为他的判断正确，但也可能有另一个原因，迫使他不得不作这样的决定，那就是，如果把

"正统"给蜀汉帝国的话,"264 年"便成了大空位(263 年蜀汉亡于曹魏,而曹魏在 265 年才亡于晋)。换句话说,如果不用司马光的办法,就在 264 年,中国史书上便标不出该年是哪一年。这是一项实质上的困难。

"正统""僭伪""年号""正朔"之类的争执,司马光和梁启超所作的驳斥,我们全都同意。而且了解,司马光所作的这项突破,在当时的政治环境下,冒有很大风险。所以他才不得不作长篇大论,耐心解释。因为他可能被罩上忠"贼"不忠"汉"的铁帽,脑浆崩裂。梁启超迟生了八百年,当然拥有更多的数据和更积极的见解。不过,每个人都无法超越他的时代太远,所以在司马光版的《资治通鉴》上,仍不得不差异处理,像"正统"君王称"帝","僭伪"君王称"主"。而梁启超也只能走到孔丘纪年,不能再进一步,所以他认为用耶稣纪年,其荒谬不容置疑。

我们最大的幸运是站在前人的肩膀上,所以超过前人(同样道理,后人也会站在我们肩膀上,超过我们),能有更好的条件和更好的工具,解决这个问题。那就是,我们直接地使用耶稣纪年。孔丘纪年跟韩国的檀纪、泰国的佛历一样,固然有梁启超所赞扬的特色,但它仍孤立于世界之外,当全世界十分之九的国家都使用耶稣纪年(比梁启超时的二分之一,已大量增多),单独另创一个系统,似乎多此一举。结果仍然得列一个年份对照表,何必再找一个新的绊脚石?纪年只是计时的工具,工具越方便越锐利越好,不应管它是什么人制造。若干对耶稣深恶痛绝的国家,照样使用耶稣纪年,并不伤害国家的尊严。《中国人史纲》首创此例,柏杨版《资治通鉴》跃马继进。并不是我们聪明睿智,而是司马光、梁启超给我们的启示,至为深刻;古史书带给我们的困扰,沉重而繁琐,必须解决,而我们庆幸已经解决,后人会失笑作这件事有什么了不起,但只有突破桎梏的当事人——包括司马光在内,才知道桎梏的僵硬性和杀伤威力。

刘晔的大谋略

公元221年，孙权派人前往洛阳，正式归降曹魏帝国，向曹丕称臣，奏章恭敬卑微，并送于禁返国。文武官员一致道贺，只刘晔警告说："孙权无缘无故，投降归附，内部一定有紧急情况。孙权前杀关羽，刘备一定出兵复仇。外有强大敌人，民心不安，又怕中国（曹魏）乘机动手，所以才献出土地，向我们归降，一则阻止中国（曹魏）的攻击，二则利用中国（曹魏）的声势，振奋国内人心，而使敌人惊疑。天下三分，中国（曹魏）拥有十分之八，蜀汉跟孙权，只不过各保一州（蜀汉帝国只据益州【四川及云南】，孙权只据扬州【安徽中部及江南地区】）。受到山川阻隔，有急难时，互相救援，这是微弱小国有利的地方。想不到却自己互相攻伐，是上天决心灭亡他们，谁也阻挡不住。我们应出动大军，渡江进击。蜀汉攻击他的边境，我们攻击他的心脏，孙权之亡，不出十日。孙权亡，则蜀汉势力孤单，即令把孙权土地割一半给蜀汉，蜀汉也不能长久存在，何况蜀汉只得到他们的边境，我们却得到他们的心脏。"曹丕说："别人投降称臣，我们却乘机翻脸，恐怕阻塞天下英雄归降之心。不如接受，而去袭击蜀汉的背后。"刘晔说："蜀汉远而孙权近，蜀汉发现中国（曹魏）攻击它的背后，一定回军迎战，缠斗不止。现在，刘备正在盛怒，起兵攻击孙权，听说我们也出动大军，知道孙权一定覆亡，心里高兴，一定迅速挺进，跟我们争夺孙权土地，绝对不会克制自己的怒气，作一百八十度转变，反而援救孙权。"曹丕不理，遂接受孙权投降。

孙权之存亡关键，间不容发，刘晔的谋略如果实施，中国历史将从221年开始重写。曹丕不是一个开创性的雄才，夺得帝位后，已经踌躇志满，不知道天下江山，每一寸都要血汗换取。如果曹操迟死三年,对这个天赐良机,定有闪电反应。假定有幸运之神的话,幸运之神正专心一意看顾孙权,使曹丕沉醉在恍惜之境。试看他的理论根据:"别人投降称臣,我们却乘机翻脸,恐怕阻塞天下英雄归降之心。"这话在群雄并起时,是至理名言;而今,孙权之外,不过只剩下刘备,还有其他什么英雄?难道能鼓励出刘备归降之心?

曹丕谋杀于禁

被孙权送还洛阳的于禁,头发胡须,全都雪白,形容憔悴(他内心受到压力的沉重,全部显现),晋见曹魏帝(一任文帝)曹丕,流泪叩拜。曹丕安慰他,引用荀林父、孟明视例证(公元前597年,楚王国攻击郑国,晋国国务官【大夫】荀林父救郑,跟楚军在邲邑【河南郑州东古城村】会战,晋军大败。晋国国君姬獳【二十八任景公】仍用荀林父,灭赤狄部落【山西长治北一带】。公元前627年,秦国大将孟明视,向郑国发动奇袭,在崤山【河南西境】被晋国伏兵生擒。获释后,秦国国君嬴任好【九任穆公】仍委以重任,遂称霸西戎),任命于禁当安远将军,叫他前往邺城(河北临漳西南邺镇)祭拜曹操墓园(高陵)。而曹丕却事先在曹操墓园房舍中,绘出"关羽战胜""庞德发怒""于禁降服"壁画。于禁看见,惭愧悔恨,发病逝世。

专制独裁头目,大都残忍无情,自己怕死怕得要命,却偏偏喜欢慷他人生命之慨,要求别人为他而死。西汉七任帝刘彻,天天求仙找药,希望长生,可是对李陵战败被俘,却大发雷霆,不但诛杀李陵全家,连司马迁也处腐刑。曹丕比刘彻似乎稍好,于禁陷入敌手,含羞而归,曹丕也恰当地援引荀林父、孟明视例证,并不是不明事理,也不是不知道用人之道,可是却用绘画小动作,逼人于死,证明一项事实:说得明白并不就是真正明白,理智明白并不保证他一定有能力实践他的理智判断。观察一个人,绝对不要只听他说什么,还要了解他想什么和看他做什么。

魏延大战略

蜀汉帝国(首都成都【四川成都】)丞相诸葛亮,将对曹魏帝国发动攻击。军事会议上,丞相府军政官(司马)魏延建议:"听说,夏侯楙是曹魏皇家的女婿,既没有胆量,又没有谋略。请交给我精锐部队五千人,另交给我五千人的后勤补给。从褒中(陕西汉中西北褒河镇)出发,沿着秦岭南麓东行,到达子午谷(子午谷长三百三十公里,北起陕西长安西南,南至石泉;北方出口称"子口",南方出口称"午口",悬崖绝壁,栈道桥梁无数,至为险要),即入谷北进,不过十天,就可进抵长安。夏侯楙一听说军临城下,必然逃走。那时候,长安城里,只剩下作战监察官(督军御史)和西都长安市长(京兆太守);曹魏政府的粮仓,以及民间粮食,足够维持我们部队给养。等到曹魏帝国在东方集结兵力,最快也要二十天左右,而丞相的大军,从褒斜谷(陕西太白西南褒河山谷)北上,也应抵达长安城下。如此,咸阳(陕西咸阳)以西,就可一举收复。"诸葛亮认为危险性太大,不如从平坦的大道进军,直接夺取陇右(陇山以西),可以有万全的把握取得胜利,却不必有任何冒险,遂拒绝魏延的计划。

任何人都无法十全十美,也无法万能。只有一种人是十全十美和万能的,那就是摇尾系统口中所谓的"英明领袖",简直这个也懂,那个也精,上通天文,下通地理;上自外层空间辐射线,下到阴沟里忽然发现一只土拨鼠,他都可以发出正确的指示。不过,任何"英明领袖"到最后都会现出原形——他仍是一个普通人,而普通人的最大特点,就是他无法十全十美,无法万能。

诸葛亮也是如此,他是中国历史上最伟大的政治家之一。在漫长的五千年中,伟大的政治家,不过管仲、公孙鞅、王猛、王安石、张居正以及诸葛亮等寥寥几个人而已。然而,政治家跟军事家不同,身为政治家的诸葛亮好像一个篮球教练,现在却叫他在足球场上担任教练,他的球队不能击败对方,在情理之中。

魏延的子午谷袭击战略,是一个极具挑战性的大战略,跟当年韩信暗渡陈仓(参考公元前205年)没有分别;跟曹操进击袁尚的柳城白狼山战役(参考207年),更十分相似,全都危险万状。当时,如果陈仓道上,或白檀塞上,设有伏兵,韩信、曹操二人的命运,将无法想象。问题是,恰恰没有伏兵,所以获得成功。军事行动,有赖冒险。在已知的史料上,看不出子午谷设有伏兵,夏侯楙的智谋,还不到这种水平。而且,从稍后的报导,却看出不仅子午谷一线而已,而且是曹魏全国,都没有戒备。所以乍听到一向静悄悄的西南边陲,忽然大军压境,全国立刻震动。

诸葛亮认为子午谷战略太过冒险,但魏延并不是盲目冒险,而是正常冒险,因为对手恰恰是花花公子夏侯楙之故;对手如果是司马懿,大军一进入谷口,就等于进入地狱。所以魏延的大战略一旦被否决,便永无再行的可能。从此,曹魏帝国安如磐石,诸葛亮的出兵祁山,对曹魏帝国的伤害,不过隔山打牛,徒消耗士卒性命。

诸葛亮的错误决策,由于他天生的谨慎性格,使他追求万全。偏偏军事上没有万全,所以他用尽心力,不能寸进。魏延是当时名将,而终于英雄无用武之地,被驱逐到错误的地点,打绝望的战争,而最后还被诬以谋反,身死自己人刀下,一恸。

马　谡

蜀汉帝国越嶲郡(四川西昌)郡长马谡,才干器宇,超过常人,喜爱谈论军事,诸葛亮认为他是一个奇才,十分器重。一任帝刘备临逝世时,告诉诸葛亮说:"马谡言过其实,不可以交给他重要任务,你要注意。"诸葛亮不同意,所以228年出兵北伐,命马谡担任军事参议官(参军),每次见面谈论,往往从白天谈到夜晚,甚为契合。等到攻击祁山(甘肃礼县东北),诸葛亮不用沙场旧将魏延、吴懿当先锋,而命马谡统御各军,进抵街亭(甘肃张家川北)。马谡却举动失常,琐碎苛刻,违背诸葛亮的指示,放弃水源和城垒,竟在山上筑营。曹魏右将军张郃大军抵达后,切断水源,等到蜀汉军渴得瘫痪时,张郃发动攻击,大破马谡兵团,蜀汉军崩溃。诸葛亮陷于进不能进,守不能守的窘境,只好撤退;裹胁西县(甘肃礼县东北【祁山东北】)居民一千余家,返回汉中(陕西汉中),逮捕马谡下狱,处斩。

一个问题的发生,常因切入点不同,观察深度不同,见解不同,结论有时候竟会恰恰相反。马谡事件,就使我们面对这项困惑。

俗话说:胜败乃兵家常事。除了韩信一人之外,历史上所有名将,都打过败仗。打败仗而不惩罚,军纪荡然,军队当然瓦解。但是如果败一次就斩一将,恐怕所有将领都会死光,包括蜀汉帝国的开国皇帝刘备在内,岂不也要在白帝城斩首?诸葛亮第一次北伐便大败而归,丧师辱国,为什么仅贬三级?

马谡并没有叛国,只是战败,不过缺乏指挥大部队实战的临场经验而已。刘邦如果命张良率军深入垓下,项羽可能击溃十面埋伏。马谡是一个智囊型的谋略人才,放在帷幄之中,可以决胜千里之外,对孟获七擒七纵的攻心战略,出自他的建议。诸葛亮把他放到千里之外,是逼他死于帷幄之中。人,应尽其才。如果赦免他,而留在身旁,再经历练,将来辅佐姜维,可能又是一个局面。

法治是理想的秩序,但法治不能僵化,不能违背现实形势。我们为马谡悲,为诸葛亮惜!

俘掳琉球人民

东吴帝国(首都建业)航海部队,由卫温、诸葛直率领,深入东方大海一年有余,士卒因患病或传染瘟疫而死的十分之八九(去年【230】出发时一万人,已八九千人丧生,每天平均有二十五个尸体抛入大海,诚是可哀)。可是,亶洲(日本)绝远,根本找不到,仅只抵达夷洲(琉球群岛),掠夺数千人而返。卫温、诸葛直被控徒劳无功,诛杀。

数千琉球居民,正在欢乐的家园,拥妻抱子,忽然间中国军队登陆。我们不知道当时发生什么,琉球人是立即武装反抗?或是盛大欢迎传说中可敬的王师?但我们知道结局,数千人被强迫上船,这里面有屠杀、有眼泪、有哀号,惨绝人寰。

我们为死于海上的中国士兵哀,也为离乡背井的琉球人民哀。这是一个转折点,在此之前,孙权英明睿智,从善如流;在此之后,老昏病开始发作,暴虐之事,层出不穷。

孙权与张昭

孙权屡次派人去安慰张昭，向他道歉，张昭坚称他确实患病，不能起床。孙权有次出宫，经过张昭家门，呼唤张昭，张昭说他病重，就要断气。孙权放火烧他的大门，想把他烧出来，张昭仍然不动，孙权只好叫人把火扑灭，停在门口等候；很久之后，张昭的儿子们把张昭从床上扶起来出门相见，孙权请他上车，一同回宫，深切责备自己。张昭不得已，以后才参加朝会。

历史上君王和臣属之间，翻脸无情的固多如牛毛，始终和睦的也并不是没有。不过，即令和睦到看起来似乎水乳相容之境，但在严格的君臣礼法规范之下，不可避免地一直隐藏着一种君尊臣卑的距离感，难有真正水乳兼容的实质。反过来看孙张之间，亦师亦友，火攻土掩的戏剧景观，充满真挚和温馨。时间越到近代——最糟的是明王朝和清王朝，君王如猫，臣属如鼠，只有兽性，没有人味。

魏　延

公元234年，诸葛亮在五丈原军营逝世。秘书长（长史）杨仪，率军撤退。前翼总参谋长（前军师）魏延，率领手下部队，抢先出发，用以阻挠杨仪行程，一进褒斜谷，立即纵火焚烧栈道。杨仪既被栈道阻断，命士兵凿山开道，昼夜兼程，紧随魏延之后。而魏延已先出褒斜谷（陕西太白西南褒河山谷），据守褒斜谷南口，派军阻截杨仪等。

杨仪命将军王平(何平)应战,王平(何平)斥责魏延的先头部队说:“丞相刚刚去世,尸首还有余温,你们怎么敢如此!”魏延部属知道魏延理屈,拒绝为他效命,于是一哄而散。魏延无可奈何,单人独马,跟几个儿子逃亡,奔向汉中(陕西汉中),杨仪派将领马岱追击,捕获,父子一齐斩首,屠杀魏延三族。魏延打算诛杀杨仪,希望大家公推他接替诸葛亮辅政,所以并不向曹魏帝国投降,根本没有反叛之意。

对于并没有发生的事,假定它发生而加以评论,最容易信口开河。但是,魏延是蜀汉帝国残存的唯一大将,应无异议。子午谷大战略如果付诸实施,它成功的可能性极高,昔日刘邦对付项羽场面,又将重演。而魏延一直要求单独进军,诸葛亮偏偏不肯放手,不仅魏延自己叹息怀才不遇,千年之后,我们也为魏延叹息。这次内部火并,如果魏延取得胜利,他可能变成董卓第二,但也可能使战局改观。可惜,我们无法验证。唯一可以验证的是,杨仪不久就露出原形,不过“一脸忠贞学”上的人物,一旦没有了官做,立刻改变立场。而魏延在没有了官做时,不过夺官而已,并没有反叛,但他却身负反叛恶名,三族被屠。

魏延死后,蜀汉帝国命运已定,再无复兴之机。

诸葛亮

蜀汉帝国北伐大军返抵首都成都,二任帝刘禅下诏大赦,封诸葛亮当忠武侯。最初,诸葛亮上书刘禅,说:“我在成都,有桑树八百棵,耕田十五顷,供给子弟饮食衣服,绰绰有余,我没有别的收入,所以财产不会增加。我死的那天,绝不让家里有多余的布匹,外面有多余的钱财,辜负陛下。”诸葛亮逝世后,果然如此。丞相府秘书长(长史)张裔,常称赞诸葛亮说:“丞相奖赏时,再疏远的人,都不会遗漏;

处罚时,再亲近的人,都不会因私心宽恕;没有功劳的人得不到官爵,权势再大的人不能逃避刑责。这就是使贤能的和愚劣的,都忘身报国的原因。”

陈寿曰:“诸葛亮当丞相,安抚人民,建立文官制度,限制官员权力,一切遵照法令规章,诚心追求公道。对忠心耿耿、有益于国家的人,即令是仇家,也要赏赐;对违犯国法、工作懈怠的人,即令是至亲,也要处罚。承认自己错误而情有可原的,再重的罪都可减轻;花言巧语,死不认错的,再轻的过失,也要处刑。善行虽小,也会奖励;恶行虽微,也会贬谪。人情世故,都有深刻了解,对事件一定探讨它的根源,对理论一定考察它实践的结果,极端厌恶虚伪。全国人民对他都心怀敬畏,刑罚虽然严苛,但没有人怨恨,因为他公平正直,明察秋毫,堪称治国的伟大政治家,可以跟管仲(春秋时代齐国宰相)、萧何(西汉王朝相国)相比。”

假如找一个对中国人思想和行为影响深远的历史人物,诸葛亮先生是其中之一。这位伟大的政治家在中国人民心灵中留下的形象,直到今天,依然深刻,最明显的是诸葛亮“三顾茅庐”的故事,被知识分子认为是无上荣耀,人人都希望被长官赏识,在自己百般不情愿的状态下,出来担任官职。它的流弊遂使有些热衷的官僚政客,也要披上被“征召”的外衣,即令是民主时代的竞选,也希望形容为被动的参与。在最后,大家只好呆坐在那里,每天盼望大家伙三顾他的茅庐,盼望不到时,便怨天恨地。

其次是诸葛亮那种“纶巾羽扇”指挥大军作战的从容态度。每个人都想在谈笑之间,使最困难的问题,获得解决。流弊比三顾茅庐更为严重,因为人们只学会了从容,而没有创造出从容必备的条件。犹如只羡慕一朝成名的荣誉,而忘了千日千夜的刻苦耕耘,以致历史上常有“带汁诸葛亮”的大小场景。这是一个只务外表,不务实际的陷阱,诸葛亮地下有知,当会感到遗憾。

诸葛亮的政治才能,是第一流的,无懈可击,张裔和陈寿的评论,已塑出一个万人膜拜的典范。然而,司马光引用陈寿的评论时,似乎故意删去一段,那段话是:“诸葛亮长于治理军事,短于奇谋诡计,政治能力优于作战能力,所以连年劳师动众,不能克敌制胜。从前,萧何推荐韩信,管仲推荐王子城父,都是因为知道自己的缺点,不可能十全十美。诸葛亮手下却没有韩信、城父,所以功业堕坏。”这是最公正的评估。事实上马谡就是张良,魏延就是韩信、城父;问题不是没有名将,而是没有伟大的统帅。诸葛亮身兼将相,而过分谨慎的性格,跟军事上必须有的冒险精神,互相冲突。他培养的接班人,都是保守有余,进取不足,使我们徘徊扼腕,无限痛惜。

刘禅厌恶诸葛亮

蜀汉帝国各地人民,要求给诸葛亮建立庙宇,蜀汉帝(二任)刘禅不准;人们遂每逢节日,在路旁的高地上遥祭。步兵指挥官(步兵校尉)习隆等上书说:“请在诸葛亮墓(诸葛亮安葬陕西勉县南五公里的定军山)附近的沔阳(陕西勉县),建立一座庙宇,禁止私人祭祀。”刘禅这才同意。

刘备托孤给诸葛亮,而且明言要诸葛亮自己接管政权,诸葛亮如果真的接管政权,可真是名正言顺,没有人能阻挡得住。然而,诸葛亮不但没有顺水推舟,坐上宝座,反而拥戴一个仅只十七岁,不过高级中学一二年级学生的大孩子,“鞠躬尽力,死而后已”。在现实政治中,皇帝的宝座,谁的力量大,谁就可以往上坐。但我们对能往上坐而不肯坐的忠臣义士,仍倍感尊敬。因为,那正是大丈夫有所不为的情操。没有这种有所不为的情操,便容易堕落成一个无所不为的下三滥货色。诸葛亮的有所不为,使我们顶礼。

刘禅在诸葛亮在世时,敬畏交加。可是,却在诸葛亮死后,拒绝为他建立庙宇。而立庙之举,在专制封建社会,是一项最大的荣誉,比现代社会建立铜像,意义更大,因为有庙宇就有香火,地下幽魂,还可享受。

刘禅批驳的理由是什么,史书上不载。但我们可以推测:刘禅本年(234)已二十八岁,皇帝的线条开始分明,可能早就不耐烦"权臣"对他的控制。皇宫自成一个体系,从以后黄皓的出现,可知刘禅早已有他自己的摇尾系统,即令刘禅自己甘愿接受拘束,摇尾系统也不准他接受,清王朝三任帝福临在他叔父兼义父的多尔衮死后,立刻翻脸。历史不过提前一千四百年前上演而已。不同的是,蜀汉政府仍在诸葛亮指定的继承人之手,刘禅还不敢在大计方针上改变,但抓住小节,忍不住仍要表表他对诸葛亮的反弹和厌倦之情。

郭女王

曹魏帝(二任明帝)曹叡(本年三十二岁)几次向嫡母皇太后郭女王,询问娘亲甄洛临终情形。235年,郭女王忧惧而死。

郭女王之死,使曹魏帝国宫廷中长达二十年之久的夺床斗争恩怨,作一总结。当曹丕还是东汉王朝魏国太子时,六位妻子中的两位——甄洛和郭女王之间的苦战,已白热化。221年,曹丕正式建立曹魏帝国,带给甄洛的不是喜讯,而是一包毒药。郭女王对情敌甄洛最恶毒的一击是:指控甄洛生的儿子(曹叡)不是曹丕的儿子,而是甄洛前夫袁熙的儿子。郭女王柔情蜜意地对曹丕说:"我倒不认为甄洛真的怀着袁家的孩子,虽然有那种可能性。七八个月生产,也没有什么不对。但我害怕的是,这种消息传播出去,有一天,曹叡继承皇位,万一有野心家拿这作为借口,拒绝对他效忠,就可能影响帝国的安全。"为了此事,曹丕亲自到邺城向甄洛查询,甄洛大哭说:"你当了皇帝,有权选择皇后,但你不该血口喷人,诬蔑亲生之子。我儿已经十六岁,你忍心这么糟蹋你的骨肉?"但甄洛仍难逃一死,幸而,曹叡小娃的命运在一场围猎中,获得转机(参考226年)。曹叡即位之后,直到229年,祖母卞太皇太后逝世,郭女王失去保护伞,抚养曹叡长大成人的李夫人,才把甄洛惨死的情形,告诉曹叡。曹叡这时已有复仇力量,有一次,他向郭女王询问:"我娘亲死时,头发披面,用糠塞口,可是你的主意?"郭女王大吃一惊,她所恐惧的事终于到来,但她已不敢承认她所做过的事,只能哀号说:"是谁拨弄是非,挑拨我们母子感情?"接着为了证明她的清白,她要求开棺验尸——她当然知道在祖先崇拜的封建社会中,一个儿子,即令他是皇帝,也不敢开娘亲的棺。但郭女王没有料到曹叡举出人证。在无可闪躲时,她分辩说:"你娘亲之死,是你老爹干的,为什么问我?"忽然间,郭女王发现她已身陷冰窖,颤声说:"你身为人子,难道仇恨亲爹,枉害继母?"

然而,这不是枉害,这是复仇。年已五十岁的郭女王,现在付出当初夺床胜利的代价,历史重演十五年前的镜头,曹叡派出杀手,强逼郭女王喝下跟他娘亲喝下的同样的毒酒,再同样地使郭女王头发披面,用糠塞口。

这是一件漂亮的复仇,郭女王面对毒酒时的哭泣,掩盖不住世人对这项复仇成功发出的感叹。我们赞美宽恕,但也同情复仇,要求被害人无条件宽恕,是一种"德之贼也"的邪恶心肠,有些仇恨,可以宽恕;有些仇恨,不可以宽恕。

袁宏

公元236年,曹魏帝国最高监察长(司空)、颍阴侯(靖侯)陈群逝世。陈群前后很多次上书,对时政得失,提出建议。每次都用"亲启密奏”,而把原稿毁掉。当时的人,甚至他的子弟,都不知道。舆论遂认为他庸庸碌碌,无所作为。三世纪四十年代时,曹魏帝(三任)曹芳下令收集官员们所呈递的奏章,编辑成册,称《名臣奏议》,大家才发现陈群所提的建议,都叹息敬佩。

袁宏曰:“有人说:‘宫廷供应部长(少府)杨阜,岂不是真正忠臣?看到君王做错事,立刻就作强烈的批评。跟别人谈话时,也毫不隐瞒他所作的批评。’可是我却认为:‘有仁心的人爱人,爱的人如果是君王,就叫做忠;爱的人如果是父母,就叫做孝。而今,当人的臣属,看到领袖有过失,就全力批评他的过失,而且传播他的过失。这种人,可以说是“直臣”,却不能说是“忠臣”。已亡故的最高监察长(司空)陈群却不如此,从早谈论到晚,没有一句话谈到领袖的错误,规劝的建议提出数十次,而外面的人却不知道,正人君子们一致肯定:陈群才是长者。’”

袁宏的著作有《后汉纪》《三国名臣颂》,是古代著名的史学家之一。看了他对杨阜和陈群的评价,那种凝望大家伙颜色的马屁精嘴脸,从纸上跳跃欲出。以杨阜的贡献,他用血肉和眼泪,光复国家的失土(参考 213 年 8 月),而竟然被指控不是忠臣,只因为他向别人透露他曾经指摘过领袖的过失。摇尾系统的“忠”,在传统文化中,遂另有特别定义,那就是:一个部属必须包庇领袖的错误,只因领袖神圣得像他娘的屁股,绝不可摸;即令摸了,也绝不可说。忠是一种高尚道德,但在中国,却必须如此这般用藏污纳垢的手段维护,必须以有实权的领袖的面子作为标准,这种高尚的道德,便完全变了质和走了样,堕落成官场的升官术、固官术,或明哲保身哲学。袁宏之对杨阜贬斥,对陈群尊崇,根据的就是这项官场运转法则。

梁启超先生说过:“自己被奴性所束缚,而又打算煽动后人的奴性。”袁宏就是活生生的这种动物。

曹叡猴急

曹魏帝国主管单位奏报:尊称曹操祭庙为太祖,曹丕(一任文帝)祭庙为高祖,现任帝(二任)曹叡祭庙为烈祖。这三位称“祖”的祭庙,万年万世,都不拆毁。曹叡批准。

儒家学派在封建政治中一项最煞有介事的文字游戏,就是“谥法”。大家伙——不论他是帝王、贵族、大臣,逝世之后,依据他生前的功业事迹,给他一个恰当的绰号,用以表示不同凡品,小民没有资格享受谥法的荣誉,有些知识分子实在忍耐不住时,偶尔也给他所尊敬的人一个绰号,但只能称为“私谥”。

绰号不见得全是美称,也有些是恶称。希望当权派畏惧身死之后的恶称,而不敢有恶行。不过,结果却大出意外,死者即令坏蛋加三级,儿子登极后,谁敢提出恶称?刘彻便是一个例证,夏侯胜只作温和的反对,便被逮捕下狱(参考前72年5月)。所以,只有名不副实的美谥,而没有名实相副的恶谥——当然也有,那些亡国之君,只好由战胜者和革命成功的人摆布。

曹叡因为没有儿子,所以不仅畏惧恶谥,还畏惧他的祭庙因为“亲尽”之故,而被后世拆除,于是索性在生前安排妥当,亲自拟定妙不可言的绰号,并确定万世不迁,可谓创举,使谥法原始意义,更彻底丧失,成了纯粹无聊的自娱,猴急之情,掩饰不住。孙盛责备说:“主管官员在这件事上失去正常!”这岂跟主管官员有关?如果不是曹叡亲自下手,主管官员便是吃了豹子胆,也不敢提出。

曹叡杀妻

曹魏帝曹叡，宠爱西平郡（青海西宁）人郭夫人，对皇后毛女士的爱情，逐渐消失。曹叡游逛后花园，听曲唱歌，尽兴狂欢。郭夫人要求邀请毛皇后参与，曹叡拒绝，并下令左右，不准让毛皇后知道，但仍有小报告悄悄传到毛皇后耳朵。第二天，毛皇后看到曹叡，说："昨天北园（宫廷后花园在洛阳城北）的宴会，快乐不快乐？"曹叡反应激烈，认为左右竟敢不遵守他的禁令，逮捕十余人，全部斩首，而且忽然间火上加油，怒不可遏，下令毛皇后自杀。

毛皇后是一位工人的女儿，老爹毛嘉，既不识字，又没有背景，不知道由于一个什么机缘，女儿被选进当时还是平原王的曹叡的王府当婢女。她的美丽和聪明，使她击败出身高贵的王妃虞女士，身登皇后宝座（参考227年12月）。

曹叡爱她爱得入迷，这由他对待她家属的态度，可以看出。老爹毛嘉从一个伐木工人，平地一声雷，晋封博平乡侯，担任特级国务官（光禄大夫）；老弟毛曾也当御马总监（驸马都尉）。大家当然瞧不起这位暴贵的岳父，夏侯玄甚至拒绝跟毛嘉同坐，于是曹叡特别下令文武百官，都到毛家拜会欢宴，更擢升毛嘉为"特进"（朝会时位置仅在三公之下）；并追封毛皇后的亡母夏女士当野王君（男性封侯，女性封君）。

然而，"色衰爱弛"，靠貌美如花吃饭的女人，最后结局，必然如此。当然也另有一种可能，美女容貌如旧，而男人开始厌倦。不管是什么情况，当毛皇后自以为天下已定之时，劲敌郭夫人却在枕畔崛起，郭夫人比她更年轻、更貌美，而且更新鲜。

但是，曹叡之突然兴起杀机，仍令人吃惊。如果追责"泄密"，毛皇后本人并没有泄密;如果指控施行巫蛊,毛皇后也没有受到这方面的指控,为什么会如此无情屠杀?回忆起来,曹叡不忍射死小鹿,是何等的仁慈(参考226年正月),为什么今天却露出狰狞面目?人性变量太大,权势和金钱使这个变量更成为几何级数扩张,可悲。

曹叡挥霍无度

曹叡把原来设置在长安(陕西西安)的巨钟和悬钟巨架、铜骆驼、铜人、承露盘(西汉王朝七任帝刘彻,在建昌宫用铜铸“承露盘”,高二十丈,大十围,上铸神仙手掌。法术师说,用神仙手掌上的露水,搅拌美玉粉末,喝下去可以不死),全都运到洛阳。承露盘拦腰折断,响声传到几十华里之外(势将造成伤亡)。而铜人太重,勉强运到霸城(陕西西安东北),无法再运,只好留在那里。曹叡下令搜括天下铜器铜矿,另行熔铸两个铜人,命名“翁仲”,分别安置在首都洛阳皇宫司马门外。又熔铸黄龙一条,凤凰一只,放在皇宫内殿之前。又在景阳山芳林园西北角,堆积土山,下令全体高级官员,都去搬运泥土,并在上面种植松树、竹子、杂木,跟美丽的花草;捕捉山中飞禽和奇异野兽,送到丛林豢养。宫廷禁卫官司令(光禄勋)高堂隆一再上书劝阻。曹叡对总立法长(中书监)说:“看到高堂隆的奏章,使我恐惧!”

高堂隆一再沉痛呼吁,唯一的效果是曹叡一拍大腿,然而这已经足够显示领袖人物纳谏的风范。不过,高堂隆担心的,减少或废除官员的薪俸,会断绝他们的生路。关于此点,尽可大大放心,官员们的生路不但不会断绝,反而会越过越好。中国历史上,只有饿死的民,没有饿死的官。因为既不能取自政府,一定取自小民。低薪俸政策必然产生贪污——这是铁律,而贪污就是挖掘政府国家命根的怪手。

司马光反法治

曹魏帝曹叡,对浮华不实的知识分子,深恶痛绝,下诏给政务署文官司司长(吏部尚书)卢毓,说:“遴选人才,不可以根据他的知名度,‘名’这个东西,好像画在地上的煎饼,中看不中吃。”卢毓回答说:“根据知名度选拔,固然不一定能够得到奇异人才,但可以得到正常人才。正常人才接受教化,羡慕善行,然后才会受到称赞。对这种人,不应该讨厌。我愚昧得既没有能力发掘奇异人才,而我的责任又是依照正常程序,任命官职。唯一的办法是,在任职后考察他的行为,是否名实相符。古代,部属们提出建议后,君王就分派他工作,考验他的能力。可是,现在考绩制度废除,官员的任命或罢黜,完全根据舆论对他的论断,有美誉的进,有恶声的退。所以,真的假的混杂在一起,虚的实的更难分辨。”曹叡采纳卢毓建议,命散骑侍从官(散骑常侍)刘劭,制订《公务人员考绩条例》(《考课法》)。刘劭遂制订七十二条(《都官考课法》);又厘定《公务人员考绩条例施行细则》(《说略》)一篇。曹叡交付文武百官研究讨论。

司马光曰:“治理国家最重要的事是:任用人才。至于谁是人才?怎么发现人才?连圣贤都感到困难。于是,只好用听到的‘毁谤’和‘赞誉’,作为标准。喜爱和憎恶遂主宰这项判断,善良和邪恶就混杂在一起。用考绩条例检查他行政效果,一定巧诈横生,真假不明。其实,重要的是:只要大公无私,明察秋毫就够了。在上位的人至公至明,则部属有没有能力,就很清楚地摆在眼前,根本无所遁形。假如不公不明,再好的考绩办法,恰恰被利用作成全私欲、打击异己的工具。为什么如此?因为大公无私,明察秋毫,出自内心;而考绩成效,根据的是外在行为。自己内心都不能正直,而竟去考核别人的行为,岂不太难!在上位的人,只要坚持不因为亲疏贵贱而改变心意,不因为喜怒好恶而改变立场,就很容易发现人才,并任用人才。想知道谁是饱学之士,只要他记忆的和阅读的十分渊博,谈论经典时十分精通,他就是饱学之士。想知道谁是公正法官,只要他有能力分辨真实、虚伪,使人不受冤枉,他就是公正法官。想知道谁是理财专家,只要他能使仓库充实,人民富足,他就是理财专家。想知道谁是优秀将领,只要他战必胜,攻必取,敌人害怕屈服,他就是优秀将领。至于其他文武百官,也都用这种方法考察。表面上看起来,是询问征求别人的意见,但事实上却由自己作主决定;虽然也是根据他们的外在行为,但事实上却由自己内心观察。探讨实情,斟酌形势,是一种最精密的心智活动,不可以言传,也不可以记载,怎么能够预先制定法律,而交给主管单位去办理?"

胡三省曰:"司马光的评论,非常恰当。可是,必须英明的君王,才能实行。自西汉王朝以下,能够根据方案,追究实施成效的,没有一个君王比得上刘病已(西汉王朝十任帝宣帝)。刘病已能够做得那么好,并不是由于师傅传授,或高级辅佐大臣开导。司马光所谓:'不可以言传,不可以记载!'真是万世名言。"

法治人治之争,在中国历史上至少纠缠两千年之久,到了二十世纪之后,法治胜于人治,才成定局。司马光为人治所提出的辩护,徒供后人凭吊,已没有再批判的价值,我们自不浪费笔墨。不过,有一点却十分奇怪,这么一篇严重不合逻辑,矛盾百出的议论,和对政治肤浅的认识,何以被人治派奉为经典?这是不是可借以说明儒家知识分子缺乏推理能力?假如不可以这么说的话,至少可以说,儒家知识分子缺乏逻辑训练。

最可惊的是司马光认为对国家公务人员的擢升或免职,是一种最精密的心智活动,不可言传,也不可记载——不可制定条文法律。这就跟京戏上"审头刺汤"的汤勤先生一样:"我说人头是真,它就是真;我说人头是假,它就是假。"为暴君和贪官污吏,提出施暴的理论根据。而胡三省却认为它竟是万世名言,似乎又显示了一种现象:儒家知识分子,永远以当权者自居,所以只要对当权派有利的建议,就如醉如痴地赞成,永远没有想到自己是个被统治的小民,应如何保护自己的生命财产,和人格尊严。

——当然有很多对君王严厉指责的奏章,也有很多为小民呼吁的奏章,但他们的目的仍是保护君王的利益,警告他如果再继续暴虐,可能丧失政权,而不是警告他不得侵犯人民的利益。

吕壹事件

东吴帝(一任大帝)孙权,任命立法官(中书郎)吕壹当总特务官,负责保卫国家及调查全国官员的忠贞。一开始时,吕壹还十分谨慎小心,久而久之,就作威作福,一点细微的小事,都会用法律条文,把人套牢,构成罪状。于是,排除及陷害善良无罪的人,诋毁政府重要官员,连鸡毛蒜皮的小动作,都报告孙权。皇太子孙登屡次向老爹直言规劝,孙权都不接受,文武百官对吕壹深怀恐惧,没有人敢再表示意见。

左将军朱据的部属,应领取三万串钱,工匠王遂施展手段,把三万串钱冒领。吕壹疑心钱到朱据之手,逮捕主管官员,逼取口供,主管官员遂死在乱棍之下。朱据哀怜该官员无辜冤死,买一个木板较厚的棺材把他埋葬。吕壹认为这就是朱据贪污的证据——该官员为朱据隐瞒,朱据用厚葬他作为回报。孙权几次质问朱据,朱据无法使孙权相信自己的清白,只好搬出家门,睡在草堆上(囚犯待遇),等候定罪。几天之后,中央禁军助理官(典军吏)刘助,发掘出真相,向孙权报告王遂的罪行。孙权突然惊醒,说:"连朱据都受到陷害,何况其他官民?"(朱据娶孙权的最宠爱的女儿孙小虎。)遂逮捕吕壹,严厉追究罪行,赏赐刘助钱一百万。

吕壹处死之后，孙权派立法官(中书郎)袁礼，向各高级将领道歉，并征求对当时局势应兴应革的意见。袁礼回来后，孙权下诏责备诸葛瑾、步骘、朱然、吕岱等，说："袁礼返京(首都建业)，告诉我跟子瑜(诸葛瑾别名)、子山(步骘别名)、义封(朱然别名)、定公(吕岱别名)见面，并请教对时局的和对政治的意见，你们都说只知道军旅，不知道政治，不肯提出建议，全都推到伯言(陆逊别名)、承明(潘濬别名)身上。可是，伯言(陆逊)、承明(潘濬)看到袁礼，泣涕不止，声泪俱下，十分悲苦，甚至充满恐惧，有一种不安全的神情。听到之后，内心怅惘，深感困惑。为什么？天下只有圣人，才能不犯错误；只有聪明绝顶的人，才能看清自己。普通人一举一动，怎么能都正确？我曾经伤害过各位，拒绝过各位的好意，不过一时疏忽，自己当时却不知道，所以使各位避嫌畏难，不敢开口！不然的话，怎么会到这种地步？我跟各位共事，从小时候直到现在，头发已白了一半，总以为表里一致，推诚相见；于公于私，都可互保。大义上我们是君臣，私情上我们如同亲生骨肉，荣耀福分，欢乐忧虑，同受同享。忠臣不应该隐瞒实情，智士不应该隐瞒计略。不管事情是对是错，各位怎么可以袖手旁观？坐在一条船上渡河，我不跟各位磋商，跟谁磋商？姜小白(齐国十六任国君桓公)有善行，管仲没有一次不赞扬！姜小白有过失，管仲也没有一次不规劝；规劝如果不能受到接纳，则永不停止规劝。现在，我自己知道没有姜小白那么好，而各位又不肯开口说话，仍然猜忌担心。就这一点而论，我并不比姜小白差，不知道各位跟管仲相比，又是如何?"

吕壹不过一个小小的特务头目，当权的时间既短，为害的程度也微乎其微，仅就《通鉴》记载，仅只拷死一个军中财务小官而已。对付顾雍，看样子只是要搞垮他，不是要害死他。然而，已使东吴帝国政府，陷于愁云惨雾。特务统治之可怖，正在于恐怖气氛，只要沾上一点，包括最高领袖在内，心灵都会扭曲。

孙权写给各将领的这封长信，称兄道弟，如话家常，感人至深。然而，他强调"亲如骨肉"，要求"规劝如果不能受到接纳，则永不停止规劝”。话说出来好听,写出来更有管仲作为例证,好像这次可是真心。事实上恐怕相反,谁要相信这一套,谁可要大大的倒霉。孟轲就曾提出过警告:“君臣之间,规劝的次数太多,一定招来羞辱;朋友之间,规劝的次数太多,一定疏远。”稍后,就在孙权要罢黜皇太子孙和时,“亲如骨肉”的陆逊受到责骂忧死,女婿朱据索性斩首。

无限权力是一个荒野怪兽,靠规劝谏诤无法控制,孙权是中国历史上最可爱、最富有人情味的君王之一,还被无限权力烧得失去理智,何况其它。凡是权力,只有另一个权力才可以控制,另一个权力才是钢索,拴住怪兽,免得它横冲直撞。柔声软语的规劝谏诤,不过一条线绳,不但拴不住,有时候反而更激使它疯狂。

蒋琬非进取才

蜀汉帝国(首都成都)最高指挥官(大司马)蒋琬,认为诸葛亮几次都从秦川出军(秦川,即陕西中部与甘肃东南部,战国时代秦王国故地,沃野千里。“川”,有时指河流,有时指平原),道路艰险,粮秣运输困难,都不能成功。打算改变战略,建造船舰,准备顺汉水、沔水(汉水上游)东下,袭击曹魏帝国(首都洛阳)的魏兴郡(陕西安康)、上庸郡(湖北竹山西南田家坝)。后来蒋琬旧病不断复发,不能配合东吴帝国(首都建业)北伐行动进军。政府决策官员一致认为:一旦不能取得胜利,撤退困难,不是好的谋略。蜀汉帝(二任)刘禅命政务署长(尚书令)费祎、中央监军官(中监军)姜维等,拜访蒋琬,说明大家的意见。蒋琬遂上书说:“现在,魏国(曹魏帝国)势力,横跨九州,根深柢固,铲除不易。如果能跟吴国(东吴帝国)同心合力,首尾夹击,即令不能立刻呈现效果,但总可以分割他的力量,蚕食他的土地。问题是,跟吴国(东吴帝国)一连数次约定同时出军,每一次都有差误,不能如愿。我常跟费祎等商议,认为凉州(甘肃中部西部)是边塞重要地区,进可以攻,退可以守,而且当地羌人、胡人,思念两汉王朝,好像久渴的人思念泉水。最好请姜维当凉州州长(空头官衔。此时凉州属曹魏)。如果姜维征讨,能够控制河右(即河西,甘肃中部西部),我可以率军继进,作他的后援。现在,涪县(四川绵阳)水陆交通,四通八达,可以应付紧急事变,无论东方西方,发生危险,出军都不困难。因此,我建议把大本营迁移到涪县(四川绵阳)。"刘禅批准。

诸葛亮是一位伟大的政治家,而不是一位杰出的作战指挥官;受诸葛亮赏识的蒋琬,情形相同,不过一位谨慎小心的太平宰相,对军事完全外行。看他准备顺汉水而下,攻击魏兴(陕西安康)、上庸(湖北竹山西南田家坝)战略,简直是痴人说梦。万山丛中,孤舟深入,没有取胜的可能,一旦受挫,恐怕一条船舰都难逃回。然而,最重要的还是,即令连战连捷,夺取两城,对曹魏帝国造成的伤害,也微不足道,而蜀汉会发现真正的战斗,还没开始。

汉中(陕西汉中)是蜀汉帝国的重要屏障,诸葛亮苦苦经营,已经成为一个强大的、可以独立作战的前进基地。蒋琬却一泻千里,南撤到涪县(四川绵阳),进取之志,以及出击之力,全部消失。三年后(244),曹魏帝国突击汉中,如果不是郡长王平反应得宜,汉中可能陷落;汉中陷落,蜀汉帝国不保。而以后姜维不断出击,只因基地太远,终于劳而无功,又加上西北防线戒备废弛,二十年后,曹魏帝国终于长驱直入,造成蜀汉帝国的覆亡。

错误的决策,一定付出错误决策的代价。

下棋怪事

蜀汉帝(二任)刘禅(本年三十七岁),派最高统帅(大将军)费祎,率各军出发援救汉中。动身之际,特级国务官(光禄大夫)来敏,前来送行,要求跟费祎下一盘棋。这时,紧急军事文书,从四面八方,交集而来,人穿铠甲,马备雕鞍,出动命令已经下达。可是,费祎跟来敏对弈,仍兴趣盎然。来敏说:“我是故意考验你罢了,你真了不起,一定可以退贼(曹魏军)。”

战争,是国家大事,三军整装待发,竟然容许来敏这种小聪明动物,使人马暴露原野,留住统帅下棋,可看出他的玩忽心态。救兵如救火,任何城池的陷落,都在刹那之间,援军迟到一分钟,就来不及。来敏竟利用他的权势,加以阻挠,一点都不念及前线将士,正血肉横飞,苦盼救兵!而且统帅会不会临危不乱,要在平时考察,事到临头,再去试探,如果费祎紧张过度,或心急如焚,不能终局,难道临时撤换统帅?何况,大军出动前的小动作,何足为凭?谢玄肥水之战前,也是用的下棋这一套,如果不是运气,晋帝国可能覆亡(参考383年9月);而郭倪在淮河之战前,纶巾羽扇,从容潇洒,更超过费祎、谢玄,结果大溃,被人称为“带汁诸葛亮”(参考《续资治通鉴》1206年)。

历史上这一类怪诞行为,层出不穷,而妄人偏偏喜欢这种小动作,怪诞遂变成佳话。于是,佳话也往往全是怪诞。

孙 霸

东吴皇太子孙和,跟老弟鲁王孙霸,同住在一个宫殿,二人所受待遇,完全相同。政府很多官员,向东吴帝(一任大帝)孙权(本年六十四岁),指出措施失当。孙权遂命二人分开居住,分别建立各人的僚属;于是,亲兄弟之间,感情转恶(僚属既分,就成了相吞之局;摇尾系统各自做出自以为对主子忠心耿耿的动作,灾祸遂不可收拾)。

夺嫡斗争,是君主专制制度下最残忍的斗争之一,本属手足的至亲骨肉,只要夺嫡之念一起,轻者数人流血,重者一场屠杀。然而,奇怪的是,明知道是这种结局,当君王的老爹,却往往亲自制造出这种夺嫡斗争,桩桩件件,《通鉴》上的记载,十分详尽。从战国时代魏国太子魏罃跟老弟魏缓之斗开始(参考公元前 371 年),一直斗到中国最后的清王朝,每一次都是老爹亲自埋下炸药,再由老爹亲自引爆。

但我们最感兴趣的,却是大臣们的规劝之言。所有的夺嫡斗争在流血之前,都有人提出严厉警告,言辞沉痛,像顾谭引用贾谊的话:“权力太大,即令血缘再亲,一定叛逆。”可谓当头巨棒,历尽人生艰难的孙权却不能接受,而明明是救孙霸一命,孙霸不但不感谢,反而怀恨在心。这种情形,过去固层出不穷,将来更会多如牛毛。很多事就是这样,当事人只因一念之私——某一个关节上不能突破,就把拖自己下水的鲨鱼群,当成爱我忠我的不二之臣。而把抛给他救生圈的人,当成仇敌,岂止孙霸一人而已,岂止夺嫡斗争而已。人类只要有一点点私欲遮住眼睛,便无法看到历史上的血迹。

赦与罚

公元 246 年，蜀汉帝国（首都成都【四川成都】）大赦。

刑罚的目的，是使罪恶行为跟社会永远隔离，使犯罪的人，变成善士，在目的还没有达成之前，即行赦免，而且经常赦免，结果是罪恶不但不受法律制裁，反而受法律保护。张三杀了人，本来应该处刑，忽然间遇到赦免，大摇大摆，走到哭声还没有停止的被害人家门口，洋洋得意亮相，没有人敢动他一根毫毛。于是，就会有些暴徒，因为预测将有大赦，而出手行凶，善良的人只有颤栗的分。因之，频繁的赦免，势将把法律摧毁，造成政府威信的丧失和人民质量的堕落。

法律是尊严的，但法律不是万能，如果执行法律会引起更大伤害，就必须停止执行；不能用法律停止执行时，就应用政治阻止执行。法律固然神圣不可侵犯，但法律之上，还有更高的权威，就是正义——人民的良心和良知。在这个关键时间，赦免则是一种必要的政治救赎。姿势太高的人，诸如王允之类（参考 192 年 6 月），他坚持不赦的原则，以显示他所谓的公平正直，结果为全国造成难以挽回的苦难。

夏侯令女

曹爽堂弟曹文叔的妻子夏侯令女，早就守寡，而膝下又没有子女。老爹夏侯文宁打算叫她再嫁，夏侯令女用刀割掉自己两个耳朵，表明拒绝的决心。平常依靠曹爽，曹爽既死，她家人上书政府，声称跟曹爽家断绝姻亲关系,把夏侯令女强迫迎接回娘家,旧事重提,要她再嫁;夏侯令女暗中进入寝室,用刀割下自己鼻子;家人惊骇怜惜,对她说:"人生在世,好像一粒轻尘,落到微弱的小草上面,何必自己这么苛待自己?而且,丈夫家已全屠灭,一个人都没有留下,你又为谁守节?"夏侯令女说:"有爱心的人,不因对方的盛衰,改变态度;有义行的人,不因对方的存亡,改变心意。曹家从前鼎盛之时,我还要守节,而今衰亡,我怎么忍心抛弃?这种禽兽行径,我不能做。"司马懿得到消息,兴起敬意,任凭她领养孩子,作曹家的后裔。

夏侯令女坚贞壮烈的行为,怀着何等高贵的情操,上惊天地,下泣鬼神。然而,一个女性,为了婚姻自主,竟要付出如此可怖的代价,不禁一哭。为她的坚强哭,也为传统文化中,占中国人口一半的妇女们的命运哭。

清　谈

公元249年正月八日,曹爽陪同曹魏帝(三任)曹芳,返回首都洛阳。正月十日,主管官员奏称:"禁宫侍从(黄门)张当,私自挑选宫中美女,献给曹爽,可能有奸诈阴谋。"于是,逮捕张当,交付司法部(廷尉)调查审讯。张当在口供中承认:"曹爽跟政务署执行官(尚书)何晏、邓飏、丁谧,京畿总卫戍司令(司隶校尉)毕轨、荆州(湖北)州长(刺史)李胜等,阴谋叛变,准备在三月中旬发动。"于是,逮捕曹爽、曹羲、曹训、何晏、邓飏、丁谧、毕轨、李胜,以及桓范,收押监狱;上书皇帝,弹劾他们"大逆不道",跟张当同时斩首,并屠杀三族。

曹魏帝国的始祖曹操,是一个力行实践的政治家,他的用人行政,只要求才能,不过问隐私生活。只会讲仁义说道德的儒家学派知识分子,受到冷淡待遇。到了司马懿父子当权后,凡忠于皇帝或被疑心忠于皇帝的高级知识分子,以及现任官员或退休仕绅,大批被杀。连第四任曹魏帝曹髦,也被司马家的武装部队,一矛刺死(参考 260 年),首都洛阳成为血窟,陷入恐怖,知识分子为了自保,遂采取一种最好的避祸方法,就是完全脱离现实,言论不但不涉及政治,也不涉及眼睛所看到的任何事物,以免激起当权派的猜忌和愤怒。清静无为的老庄哲学,正适合这个趋势。知识分子以谈了很久还没有人知道他谈些什么,是第一等学问,因为他没有留下任何可供掌权人物逮捕他的把柄。这种纯嘴巴艺术—— 穷嚼蛆,被称为"清谈",成为知识分子主要的生活内容。在这种潮流冲击下,被称为或自居为"名士"的人物,应运而生,他们不敢对权势直接表示不满,但他们敢对支持权势的"礼教""名教"之类表示不满。有些名士过度饮酒,有些名士装痴装狂,有些名士赤身露体不穿裤子,有些名士老爹死了不但不服三年之丧,反而不落一滴眼泪。

恐怖气氛在晋王朝建立后,虽逐渐和缓,但清谈风气却没有随之过去。它的后遗症十分严重,知识分子把现实生活有关的任何情事,都看作"俗事""鄙事",只有穷嚼蛆才是"上等事""雅事",所有行政官员以不过问行政实务为荣,地方官员以不过问人民疾苦为荣,法官以不过问诉讼为荣,将领以不过问军事为荣,结果引起全国连锁性的腐烂和瘫痪。

司马懿

公元 251 年,曹魏帝国皇家师傅(太傅)、舞阳侯(宣文侯)司马懿逝世(年七十三岁)。曹魏帝(三任)曹芳下诏,擢升司马懿的儿子首都卫戍司令(卫将军)司马师当抚军大将军,主管政府机要(录尚书事)。

胡三省曰:"史书记载,认为司马懿之死是王凌的阴魂索命,难道是真的?假如果有此事,王凌固是忠勇之鬼。"干宝《晋纪》曰:"王凌走到项县(河南沈丘),看见岸上有贾逵庙(贾逵曾任豫州州长,参考220年7月),王凌大喊说:'贾先生,我,王凌,此心忠于帝国,只有你神灵知道。'当年【251】8月,司马懿患病,梦见王凌、贾逵鬼魂,向他复仇,十分厌恶,而竟逝世。"

千年以来,世人对司马懿,异口同唾,全采厌弃态度,甚至他的子孙,都以他为耻;而正式史书,还一口咬定司马懿的后裔,原是奸夫姓牛的子孙,所以应姓"牛"而不应姓"司马"。这一切显示世人对他不仅厌弃而已,还深恶痛绝。然而世界上比司马懿更凶更恶的家伙,不知几千几万!而司马懿又居于"皇帝之爹"的政治优势,地位跟姬昌、曹操相等,摇尾系统的阵容强大,为什么竟落到如此地步,无法改变世人观感,这是一个有趣的课题。可能是,司马懿接受曹叡托孤的一幕,感人太深,中国五千年来的宫廷中,最刻骨铭心的场景,就是曹叡把曹芳托付给司马懿,那不仅是君臣之间的政治责任,也是骨肉之亲的推心置腹。曹叡不但一再叫司马懿认明小娃曹芳,还让曹芳小娃紧抱司马懿的脖子,当时在场的人固然落泪,千年之后展读这项记载,也会动容。而在这种情形下,司马懿竟生出歹念,欺负曹家孤儿寡妇,夺取政权,即令不是禽兽心肠,也不应再是人类。

然而,就史籍显示的数据,真实的司马懿跟世人印象中的司马懿,并不相同。诸葛亮受托之后,并没有遇到曹爽之类的政敌;李严窃弄权威,一纸命令便告解决。而曹爽却是把司马懿整个排除,司马懿对曹爽固然不满,但一直到公元244年,曹爽攻击蜀汉帝国,三军被大雨困在峡谷,司马懿仍忧虑他会失败,劝告退军。假使他那时就心怀不轨,满可闭口不言,等曹爽覆没之后,由他出面收拾残局。

司马懿当初最大的目的,不过是反击曹爽,夺权夺官。公元249年的政变,受到朝野人士一致的爱戴。公元251年王凌起兵之时,司马懿不但没有叛逆的迹象,而且声望正达高峰。王凌所作所为,不过另一次的夺权夺官,阴谋另立中央政府,更是一种私心,看不出他的忠贞,只看出他的权力欲望,司马懿所受的诟骂和咒诅,并不公平。

在专制封建制度下,权柄就像一只猛虎,骑上之后,谁都跳不下,曹操早就说过,他绝不放弃权柄,为的是害怕谋害(参考210年12月)。桓范警告曹爽说:"像你们这种权势地位,想当一个平民,怎么能够?"司马懿既骑上虎背,他就只有杀开一条血路,一直奔驰。我们对任何暴行都严厉谴责,但也了解发生暴行的原因症结在于制度。除非是呆子——像燕王国国王姬哙(参考公元前316年),谁都不会贸贸然跳下虎背,只因一跳下来,立刻就会被撕成碎片。

唯一的救药是改变制度,跳下虎背的人必须有安全保障,才有跳下的可能性。中国人却始终发明不出来这种制度,直到西方的民主在大炮声中移植过来,我们才知道政治上另有天地。

郭 循

蜀汉帝国(首都成都【四川成都】)最高统帅(大将军)费祎,跟全体高级将领,在汉寿(四川广元西南)举行元旦聚会,左将军郭循在座。费祎酩酊大醉,郭循乘机下手,刺死费祎。

费祎性情温和,平易近人,对人从不猜忌。越嶲郡(四川西昌)郡长张嶷,曾经写信警告说:"从前,岑彭手下拥有大军,来歙持有皇帝符节,竟都死在刺客之手(岑彭来歙事,参考35年6月及10月)。你的地位尊贵,权柄又大,却对新归降的人,太过信任。应该把前人的事,作为一面镜子,稍加谨慎。"费祎不能听从,终于受祸。

曹魏帝(三任)曹芳下诏:追封郭循当长乐乡侯,命他的儿子继承爵位。

郭循不忘祖国,虽享有左将军高位(刘备当年入益州时,不过左将军),但仍弃如敝屣,奋身一击,千古忠烈,与日月争光。从曹魏帝国追赠侯爵,叫他的儿子继承爵位的措施上,可看出并没有因为他投降敌人,充任“伪职”,而杀他全家、灭他三族。回溯刘彻之待李陵(参考公元前97年),更为李陵增悲。

诸葛恪暴躁自负

公元253年,东吴最高统帅(大将军)诸葛恪,率大军北伐曹魏失败,狼狈撤退,返抵首都建业(江苏南京),直接到统帅府,召见立法署长(中书令)孙嘿,厉声呵责说:“你是什么东西,怎么敢随便下那么多诏书?”孙嘿惶恐,告辞后,声称有病,回家休养。诸葛恪出征后,政务署考选司(曹)奏准东吴帝(二任)孙亮所任用的官员,诸葛恪下令一律撤职,另行考选。态度更为严厉,对部属不断惩罚,凡是晋见他的人,一个个颤栗恐慌,不敢大声呼吸。诸葛恪又撤换皇家禁卫军军官,用他自己的亲信充任。而且不断下达动员令,打算再次北伐。武卫将军孙峻,因民怨沸腾,众怒所集,阴谋政变,向孙亮打小报告,指控诸葛恪行将弑逆,遂摆下酒筵,宴请诸葛恪。诸葛恪坐车到皇宫大门,而孙峻早已在帷帐之后,埋伏杀手。唯恐怕诸葛恪万一不肯入宫,事情便非泄漏不可;遂亲自出来迎接,对诸葛恪说:“阁下如果身体不舒适,不妨改天晋见,我代你启奏皇上。”用以试探诸葛恪的反应。诸葛恪说:“不必改期,我可以强打精神。”散骑侍从官(散骑常侍)张约、朱恩等,送给诸葛恪一封密函,警告说:“今天宴会情形,气氛特别,可能有变!”诸葛恪拿给滕胤看,滕胤劝诸葛恪回家,诸葛恪说:“这些娃儿能干什么?只怕他们在酒里动手脚。”于是,连靴子也不脱掉(古代席地而坐,必须脱鞋),身带佩剑,进入宝殿(这就是“剑履上殿”,一种殊荣和一种特权),向皇帝孙亮拜谢后,回到他的座位。酒过三巡，菜过五味，孙亮先回后宫，孙峻起身也到洗手间，就在洗手间，脱下长袍，换穿短装，提刀而入，大喝说："奉皇上圣旨，逮捕诸葛恪！"诸葛恪大吃一惊，一跳而起，急拔佩剑，还没有拔出来，孙峻跟助手已双刀齐下，诸葛恪顿时毙命。诸葛恪的两个儿子，诸葛竦、诸葛建，得到事变消息，立刻用车带着娘亲，打算投奔曹魏帝国（首都洛阳）。孙峻派人追杀，斩首。

诸葛恪的兴起和败亡，是一篇寓言性的"聪明人的故事"。没有一个聪明人不学问渊博、言辞锋利、反应迅速，有果断处理事务的能力。然而，一个可怕的缺点使上述种种优点，全化成陷阱，这缺点就是，他把所有的人都当成白痴。有此一念，使他不能提升到智慧的境界，世界在他聪明的眼睛下呈现出来的，完全走样。为了维护他聪明的形象，对不符合他愿望的事实，往往怒不可遏。

诸葛恪写的那篇文告，我们姑且称之为诸葛恪式的理论，可看出他竟对事实曲解到无耻的程度。本年（253），司马师四十六岁，司马昭四十三岁，不能算是儿童，而且在诛杀曹爽的政变中，已显示干才，诸葛恪却向国人宣称他们"幼弱"。对好友的谏诤，只在信件后大批数字："仔细研读我的言论，就可醒悟！"掌权不到一年，便膨胀到六亲不认；孙权批评他刚愎自用，一开头便露出端倪。士卒患病超过一半，一半就是十万人，这是一个使人惊心的庞大数目，诸葛恪只要到各营走走，便可一目了然，不此之图，却闭着眼睛认为值日官有诈，要动手诛杀。如果值日官真敢向统帅谎报军情，当然应该诛杀，而竟没有诛杀，是因为诸葛恪明知道是真，只是不关心部属生死。

更荒唐的是，诸葛恪倾全国兵力，大举出击，竟没有精密的作战计划，走着走着，在半路上就转了弯，回头攻击临时选择的目标。这简直不像是两国交兵，而像是一场儿戏。战败回来，不但死不认错，毫无歉意，气焰反而更凶。诸葛恪希望用满不在乎的态度，挽回人们对他的敬畏。这一怪诞逻辑，不知道是怎么想出来的，比起老叔诸葛亮街亭之败后的自责，比起敌人司马师东关之败后的自责，诸葛恪可是别出心裁。以至到了最后，他还狞笑说："那些娃儿能干出什么？"

跟曹爽的"谁敢!"前后辉映,天下顽劣之辈,都是一个窑里烧出来的产品。

孟轲说:"愚而好自用,灾难必降临到他身上!"天下没有愚人,只有把别人当成白痴的聪明人。

夏侯玄

夏侯霸逃亡蜀汉帝国时(参考249年正月),邀请夏侯玄一齐行动,夏侯玄不肯。等到司马懿逝世(参考251年8月),中央禁军总监(中领军)高阳(河北高阳东)人许允,对夏侯玄说:"用不着再担心了。"夏侯玄叹息说:"老兄,你怎么不懂事?司马懿是前辈长者,仍把我们看成老朋友家的年轻晚辈。他的两个儿子司马师、司马昭,恐怕不会包容。"夏侯玄既被捕下狱,拒绝答复任何问题。身为审判长的钟毓,亲自审问,夏侯玄严肃地对钟毓说:"我有什么罪?你身为部长级高官,却屈身当丞相府的一名职员,审讯别人!一定要口供的话,你替我写好了。"钟毓知道夏侯玄一代名士,节操高尚,不可能使他屈服;可是,又不能不迅速结案。只好连夜代夏侯玄撰写一份坦承不讳的口供笔录,使笔录跟所指控的罪名相符。在送给夏侯玄过目时,忍不住流泪满面,夏侯玄看后,点头而已,不再说话。等到绑赴东街处决,面色不改,举动如同平时(年四十六岁)。

夏侯玄"点头而已",含有无限沉痛。可能有人责备钟毓,然而在某一个角度上,钟毓却多少还有点人性,天良仍未全泯。第一,他仅只代替夏侯玄撰写口供而已,并没有对夏侯玄横加侮辱。换了特务问官,反应恐怕是跳起来就是一耳光:"你叫我做假口供呀,我要你这个狗娘养的反动分子,亲口供出你的罪行!"在酷刑下,夏侯玄不可能保持他的自尊。第二,钟毓了解他审理的是一件血海般庞大的冤狱,所以他痛哭流泪。换了特务问官,为了他已完成一项政治任务,良心不但不会不安,反而还会洋洋得意,认为他在排除道路上的障碍,又建一次奇功。

王祥传奇

京畿总卫戍司令(司隶校尉)王祥,是琅邪国(山东临沂)人。天性孝顺,继母朱女士待他十分苛刻,但王祥对继母越发恭敬谨慎。继母的亲生儿子王览,年仅数岁,每看到王祥被鞭打,就哭泣流泪,抱住娘亲的手。继母叫王祥去做危险艰难的事,王览一定跟着一起前往。王祥长大后,娶了妻子,继母虐待这个媳妇时。王览的妻子也一起承受。继母不愿亲儿亲媳受苦,暴行也就稍稍减少。王祥渐渐享有美好的声誉,继母痛恨嫉妒,把毒药放到王祥常饮的酒里,王览知道后,拿起杯子就喝,王祥不准他喝,王览不肯,继母反而大吃一惊,急忙夺走。从此之后,继母给王祥做饭,王览一定先吃几口,继母恐怕王览被毒死,才中止谋害行为。东汉王朝末年,天下大乱,王祥隐居三十余年,不接受州郡政府的征召延聘。继母逝世,王祥悲恸过度,卧病在床,扶着手杖,才能起身。徐州(江苏北部)州长(刺史)吕虔,任命他当行政官(别驾),把州政府的事,委托他处理。州境之内遂一派升平,政令和教育文化,都能推行。当时人有歌谣说:“徐州安康/全靠王祥/仓库不空/王祥之功。”

中国人把爱心更加精密地分类,而各给予一个专有名词,君王爱人民称“仁”,人民爱君王称“忠”;父母爱子女称“慈”,子女爱父母称“孝”。传统文化中,“孝”是基本的善行,因而求忠臣必于孝子之门,一种单纯的纯洁感情,羼入政治成分,孝行遂被聪明的人,利用当作升官发财的工具。

王祥先生的孝行,流传一千余年,列为二十四个典范之一,在这部二十四个典范的《二十四孝》巨著中,王祥以"卧冰求鱼",受到崇拜。继母冬天想吃鲤鱼,他就卧在河冰上,使河冰溶解,然后从洞口跳出一条鲤鱼。王祥不去凿开冰层,却去用体温使坚冰溶化,教人讶异。因为冰不坚则人不能卧,一卧便沉到了河底;冰如厚到可以承受一个人的重量,用人的体温就无法暖出一个窟窿。

《通鉴》所述的种种奇事,也同样不可思议。继母使用毒酒,王祥如果不知道它是毒酒,老弟先喝一口,他何至阻止?如果知道它是毒酒,为什么不立即倒掉,却任它放在那里,等待王览举杯之时,他才一跳而起,表演救弟节目。而继母死亡,竟伤心到卧病在床,更明显地是一种诈欺:对百般毒害自己的继母——甚至,即令她是亲娘,都不可能产生这种感情。感情是爱出来的。鞭打,打不出爱;毒酒,毒不出爱。王祥表演的是姚重华模式的孝,他们把孝行当作阿里巴巴的"芝麻",用来打开石壁上的门,攫取山洞中的权势和财宝。

至少有一点在王祥身上不能应验,他当曹魏帝国的高官,最后却成曹魏帝国的奸臣叛徒,即令他是孝子,也绝不是忠臣。

孙綝斩朱异

公元357年,曹魏南征,东吴最高统帅(大将军)孙綝,亲率大军,推进到镬里(安徽巢湖西北)。再命朱异率将军丁奉、黎斐等五将领,前往解救寿春(安徽寿县)之围。朱异把辎重粮秣,留在都陆(安徽寿县南),挺进到黎浆(寿县南【都陆北】)。曹魏帝国泰山郡(山东泰安东)郡长胡烈,用奇兵五千人,袭击都陆(安徽寿县南),焚烧朱异所有辎重粮秣。朱异率残兵败将,沿途摘吃树叶,投奔孙綝大营。孙綝命朱异再出军死战,朱异因士卒饥饿疲惫,四肢无力,需要休养,不肯接受命令,孙綝七窍生烟。就在镬里(安徽巢湖西北),斩朱异。遂率大军返首都建业。孙綝既不能把诸葛诞救出重围,而又丧师辱国,诛杀名震国际的高级将领,全国上下,开始对孙綝怀恨。

在兵力相等下,没有不可以解救的重围,内外夹攻,围城军注定腹背受敌。孙綝没有经过磨练奋斗,便早地拔葱,继承父兄事业,“窝里凶”足足有余,对外真刀真枪,便露出草包原状。他亲带大军北伐,自己不动手,只依靠朱异吃树叶的饥饿三万部队作战,而把自己统率的主力部队,聚集在巢湖湖畔,按兵不动,怎么会有这种奇异的谋略?斩朱异之后,主力并没有损失,自己就应该前进。如果自问无力解救寿春,则直指项县,摆出攻击曹魏帝国首都洛阳,或陪都许昌的声势,至少还有可能减轻寿春所受的压力,守军突围的成功机会,也就相对提高。想不到孙綝却一言不发,回头就走。

人们对官大、权重、钱多的人,往往有一种信任感;问题是,草包永远是草包,受信任的程度越高,他为自己和为别人,所招来的灾难也越大。

成　济

曹魏帝国皇帝(四任)曹髦,眼睁睁看着权威从手中滑走,忍不住心头愤恨;累积多年的怒火,突然爆发。公元260年,曹髦召集高级咨询官(侍中)王沈、政务署执行官(尚书)王经、散骑侍从官(散骑常侍)王业,从怀中掏出写在黄色绸缎上的诏书,投到地下,说:“我的主意已定,即令身死,有什么可惧?何况不一定死!”于是进宫报告郭太后。王沈、王业乘空溜走,向司马昭报信,临溜时招呼王经同行,王经拒绝。曹髦遂拔出佩剑,登上辇车,率领皇家禁卫武士,以及奴仆、侍从,擂鼓呐喊而出,直指司马昭处所。中央军事总监(中护军)贾充率军在南宫门下阻截。曹髦挥剑前进,贾充部众不敢冒犯皇帝,打算后退,骑兵司令(骑督)成倅的老弟、太子宫随从官(太子舍人)成济,问贾充说:"情势紧急,应该怎么办?"贾充说:"司马公厚待你们,就是为了今天;今天的事,有什么可问的?"成济抽出长矛,直刺曹髦,曹髦倒在辇车之前,气绝身死。

司马昭得到报告,大吃一惊,立刻入宫,召集文武百官会议。政务署左执行长(尚书左仆射)陈泰晋见司马昭,十分哀恸,司马昭问说:"你看我应该怎么办?"陈泰说:"只有诛杀贾充,才可以略平天下公愤!"司马昭迟疑了很久,说:"你再往下面想想?"陈泰说:"我只能说到这里,不知道还有下面!"司马昭不再继续讨论。

郭太后下令,宣布曹髦罪状,撤销他的皇帝称谓,贬成平民,用平民的礼仪安葬;逮捕王经跟王经的家属,交付司法部(廷尉)审判,诛杀。而王沈,因通风报信之功,封安平侯。司马昭上书,指控成济兄弟大逆不道,屠杀全族。

曹髦的出击是轻率的,但他才二十岁,血气方刚,思虑当然不能周延,他唯一的仗恃是"皇帝"头衔,虽然他自知没有实力,但他仍模糊地寄望这个头衔可以阻吓对方不敢还手,这从他出发时说的:"何况不一定死!"看出隐藏在他内心中的一线希望。却不知道他这样做是把一条凶悍的狗逼到墙角,它非还口不可。而在还口的关键上,成济扮演了里外不是人的凶手角色,但当他一矛刺下时,他并不知道他会里外不是人。他有他的如意算盘,他已为主子解除了一次紧急的灾难;而且"义无反顾"的,甘冒天下大不韪,用别人的血,向主子显示他一片赤胆忠心。

弑君惨案发生在5月7日,连政务署执行官(尚书)王经都被诛杀,可是对凶手却没有动静,全国人民都张大眼睛注视司马昭如何交代。而这件只要一句话便可解决的事,却拖延了二十天之久,是什么原因?

我们推测,整整二十天,贾充处于生死边缘。事情是如此明显,陈泰的言论,应是当时天下人最低调的公论。司马昭只要一声叹气:"罢了。"贾充便身首异处,由忠臣变成叛徒。后来终于仍放过贾充,并不是司马昭对谁特别厚爱，政治是残忍的，只要能把事情摆平，主子对任何人都不会珍惜。意大利范伦铁诺公爵波吉尔，曾命他的将领里米罗，血洗罗马纳。当罗马纳人民群起反抗，影响波吉尔宝座时，波吉尔召见里米罗，四天后，里米罗身裂两段，陈尸广场示众。但诛杀贾充，可能促使摇尾系统的忠心动摇。主子不但无情，而且无义，以后还有谁敢为主子担当？希望借效忠得到利益的热情，一旦降低，就会引起众叛亲离，下一个事变发生时，将丧失反应能力。波吉尔就是栽在罗马纳再次叛变，再没有人为他镇压。

所以，成济成了唯一凶手，因为他的地位较低，杀了他不会影响摇尾系统的信念。但是，纵然如此，司马昭也要做一番善后的工作，向摇尾分子群细作解释，解释不得不诛杀成济的原因；这需要一段时间。而就在司马昭作内部教育时，成济恐怕还在受盛大招待，使他对前途充满了信心，认为荣华富贵已经逼面，不是升官，定是封侯，甚至两者都有。他的家属也会得到明示或暗示，主子会有回报，然后把他们聚集在一起，三天一小宴，五天一大宴，欢乐度日，等候新的命令，而新的命令果然到来。

成济认为“奉命行事”四个字可以保护他，他再没有想到，他只不过一个被利用的工具，一旦问题的严重性超过保护伞的支撑能力，主子只有毁弃这个工具。偏偏很多摇尾杀手坚决相信主子会对他有感谢之情，而且法力无边；所以世间的悲剧，才不断发生。成济二世、三世，甚至无穷世，层出不穷，原因在此。看清楚成济的命运，假设人们有意在历史事件中觅取教训，这是一课重要教程。

说得明白

东吴帝（三任景帝）孙休，任命濮阳兴当丞相；擢升司法部长（廷尉)丁密当左最高监察长(左御史大夫);宫廷禁卫官司令(光禄勋)孟宗当右最高监察长(右御史大夫)。

濮阳兴当会稽郡(浙江绍兴)郡长时,孙休身在会稽郡,濮阳兴对他侍奉得十分周到。左将军张布,曾担任孙休王府的带兵官。所以孙休当了皇帝之后,二人都跟着升官,受到宠爱,并掌握权柄。张布主持宫廷,濮阳兴主持政府,奸诈谄媚,互相支持包庇,帝国臣民大为失望。

孙休喜爱读书,打算经常召见总研究官(博士祭酒)韦昭、研究官(博士)盛冲,到宫中聚会,为自己讲解经典。张布知道韦昭、盛冲,正直而又敢于放胆直言,恐怕一旦事奉皇帝,可能谈到自己的过失,遂坚决劝阻。孙休说:"我对所有书籍,几乎都看过一遍,现在只是跟韦昭等温习温习,有什么不对?你们只是恐怕韦昭等透露臣下谁在为非作歹,所以不想叫他们进宫罢了。对于这种事,我心里有数,用不着等韦昭等开口,我才知道。"张布惶恐道歉说,绝不是害怕这些,而是害怕妨碍皇帝处理国事的时间。孙休说:"政府事务,跟学业研究,是两回事,并不冲突,互相之间,更不妨碍。这样做没有错误,而你们却认为不合适,是怀疑我表面上讨论学问,其实另有企图。想不到你们今天当权,用这种手段对付我,实在遗憾。"张布无法答对,只有叩头。孙休说:"我只是请你想开一点而已,何至于恐惧叩头?你的忠诚,远近皆知,我今天之坐上宝座,都是你的功劳。《诗经》说:'刚开始的时候都很好/可是很少人能从头到尾都很好。'(《大雅·荡》:'靡不有初,鲜克有终。')结局很难掌握,希望你掌握结局。"

然而,孙休仍恐怕张布猜疑恐惧,最后还是依照张布的意思,中止学业,不再使韦昭等入宫。

再强调一次:嘴里说得明白,笔下写得明白,绝不等于心里明白,更绝不等于他能做到;对人,不要听他怎么说,要看他怎么做。

魏　舒

相国府军事参议官（相国参军）魏舒，小的时候，动作迟钝，从不求表现，也从不做偏激的事。只有太原郡（山西太原）人王乂，时常赈济他的穷困，魏舒全都接受，从不推辞。年已四十有余，郡政府呈报每年度工作报告时，推荐他当"孝廉"，遂到首都洛阳参加考试（对策）。从此步步上升，后来担任后将军钟毓的秘书长（后将军长史）。钟毓每次跟部属将领和参谋官等，比赛射箭，魏舒总是担任计分工作。有一次，人数不足，拉魏舒充数（古代射礼，以两个人为一个单元），魏舒态度悠闲，箭不虚发，每发必中，在座的人大为惊骇，没有人能够跟他相比。钟毓叹息道歉，说："我不能使你发挥才能，恐怕跟射箭一样，不仅仅这一件事。"晋公爵司马昭对他十分器重。

魏舒这个人如何，我们没有意见，但对史学家描述他射箭的神奇故事，感到困惑。射击是一种技艺，没有一件技艺出于天授，都须要经过苦练；三天不练，便会生疏。如果说魏舒关住房门，偷下功夫，既没有这个可能，也没有这个必要；如果说他到靶场学习，甚至躲在后院学习，经年累月下来，不会没有人知道。如果从来没有苦练过，而竟百发百中，天下之大，那就根本不可能有这种怪事。

姜　维

曹魏帝国宰相（司徒）钟会，阴谋利用现有的军事力量，叛离曹魏。姜维发现这项秘密,打算使钟会早日发动,掀起混乱,于是挑拨钟会说:"我曾经听说,自从淮南(安徽寿县)事变(参考255年正月)以来,你的谋略和计策,没有一次失误,晋公(司马昭)力量的成长,都是你的贡献。而今再削平蜀国(蜀汉帝国),威望震动世界,人民认为你有最高的功劳,可是,主人却恐惧你的智谋。在这种情形下,什么地方是你安身立命之所?为什么不效法范蠡,泛舟江湖,用以保全你的功业,和自己的生命!"钟会说:"你陈义太高,我办不到。而且,时代不同,现在或许还有其他方法?"姜维说:"其他方法,你的智力足可以完成,我就不多担心了。"因此之故,二人情投意合,出则同车,坐则同桌。决心叛变。钟会计划:命姜维率五万人当先锋,从褒斜谷(陕西太白西南褒河山谷)出击,自己率主力继进;占领长安后,骑兵从陆路,步兵从水路——由渭水进入黄河;计算五天时间,就能抵达孟津(河南孟津东黄河渡口)。然后,步骑兵在首都洛阳城下会师,一夕之间,就可推翻以司马昭为首的中央政府,平定天下。

姜维建议钟会把曹魏远征军的将领,全部诛杀。姜维的阴谋是,在钟会大诛杀之后,他再诛杀钟会,然后坑杀曹魏远征军所有士卒,复兴蜀汉帝国,再拥立刘禅(蜀汉帝国二任帝)称帝;秘密写信给已成曹魏俘虏的刘禅说:"愿陛下再忍耐几天羞辱,我准备使国家由危而安,日月由暗而明。"钟会打算采用姜维的建议,谋杀各将领,但又犹豫考虑,不能立刻决定。消息走漏,大军反击。事先没有人联络布置,事发也没有人出面领导,却不约而同,直向皇城进发。这时,钟会正发给姜维刀枪武器,有人报告外面人声喧哗,一会功夫,报告说军队正奔向皇城,被软禁的将领乘机冲出,沿墙逃跑,跟他们的部队会合。姜维率钟会左右卫士出战,亲手格杀五六人。外军太多,拥上来击斩姜维(年五十三岁)。

姜维是历史上受人争论最多的人物之一,我们选摘若干具有代表性的评议,提供在读者组成的大陪审团之前,是非功过,以及评议者的品格和见识,当可一目了然。

邓艾与岳飞

反抗军击杀姜维后，再争先击杀钟会（年四十岁），钟会部属死亡的有数百人。反抗军更斩杀故蜀汉帝国太子刘璿跟姜维的妻子，然后奸淫烧杀，大肆抢劫，死伤遍地，惨不忍睹。监军官（监军）卫瓘出面收拾乱局，约束各将领，几天之后，才告平定！

邓艾司令部将领，追赶邓艾囚车，准备把邓艾接返成都。卫瓘得到消息，因为自己曾经跟钟会共同陷害邓艾，恐怕邓艾一旦返回成都，向他报复；于是，派军事总监（护军）田续等，率军追击邓艾。田续等星夜北上，在绵竹（四川德阳北黄许镇）西郊，遇到已成自由之身、正庆幸逃过一劫、欢欣南下的邓艾；田续等遂击斩邓艾父子。原先，邓艾攻击江油（四川平武东南南坝）之役，田续畏缩，不敢前进，邓艾要斩田续，但等怒气消失时，又把他赦免。卫瓘命田续追击邓艾时，说："你可以报复江油那次羞辱了。"镇西将军府秘书长（镇西长史）杜预，在大众面前，公开谴责这种行为，说："卫瓘恐怕难逃灾难！身为知名的道德君子，地位声望，都到高峰，既没有品德，又不能用正直行为作部下的表率，却用公权力满足私欲，他怎么承受得住这种重担！"邓艾留在首都洛阳的其他儿子，全被诛杀。把邓艾的妻子及孙儿，放逐到西城（陕西安康）。

邓艾建立盖世奇功，但也遭受盖世奇冤，岳飞功不如邓艾，冤也低过邓艾，而后世给他的回报，千万倍超过邓艾。邓艾在历史上，不但不能扬眉，反而一直蒙上一层污垢。人生有幸有不幸，莫非就是如此！

孙皓登场

264年,东吴帝(三任景帝)孙休病重,不能言语,但仍能写字,于是手书召见丞相濮阳兴进宫,命太子孙湾出来拜见;孙休握住濮阳兴的手臂,指指孙湾,托孤给濮阳兴。孙休逝世(年三十一岁)。文武百官尊称朱皇后为朱太后。高阶层人士认为,蜀汉帝国(首都成都)刚亡,交趾郡(越南共和国河内市东北北宁府)又发生叛变,全国动荡,人心震恐,希望能有一个年纪较长的君王,主持国政。左翼禁军司令官(左典军)万彧,曾当过乌程(浙江湖州)县长,跟乌程侯孙晧(故太子孙和的儿子,参考253年)友善,赞扬孙晧:"才能见识,都很卓越,英明而有决断,可以跟长沙(桓)王(孙策)相比;而且好学不倦,奉公守法。"屡次向丞相濮阳兴、左将军张布推荐。濮阳兴、张布,报告朱太后,打算请孙晧继承帝位。朱太后说:"我是一个寡妇人家,怎么知道国家大事?只要帝国不受伤害,皇家祭庙有所依靠,我就满意。"于是,迎接孙晧登极(本年孙皓二十三岁),大赦。

《通鉴》自公元前403年起,迄今六百六十七年,昏君虽然辈出,但真正的暴君,孙晧这小子却是最突出的一位。濮阳兴、张布等这两位被东吴帝孙休视为赤胆忠心的亲信,主子的尸体还有余温,就把孤儿出卖。我们说他们忘恩负义,固然可以,说他们对国家有严肃的责任心,作此突破,也同样可以。是非对错,只看事情的后果。不幸的是,他们选择了孙晧,如果选择了刘病已(西汉王朝十任帝),当又是一番景观。

万彧对孙晧的赞扬,不见得全是无中生有,孙晧绝顶聪明,他会做出适合他侯爵身份的事,所以使万彧产生良好印象,却忘了无限权力会使人变形。在民主制度下,孙晧的干才可能使他成为一个好的首领,在专制制度下,埋藏在他内心深处的邪恶,一旦爆发,就不可收拾。孙皓固然害了东吴帝国,但专制制度也害了孙皓。